標準テキスト ――――――― スポーツ法学

第3版

日本スポーツ法学会 監修

浦川 道太郎
吉田　勝光
石堂　典秀
松本　泰介
入澤　　充 編著

エイデル研究所

第3版 はしがき

　日本スポーツ法学会は、近時、スポーツ法学の重要性が高まる中、一方でスポーツ法学界における実務法曹を含むスポーツ法専攻者は増加したが、他方で専任教員退職等に伴うスポーツ法学関係講座・科目の減少傾向などについて、対応の必要性を感じてきた。このような状況の中で、スポーツ法学教育の在り方に関する問題を検討する会議体として、「スポーツ法学教育の在り方」検討委員会を設けた。

　同委員会は、二度のアンケートを実施し、まずは、学会員に対してスポーツ法学関係科目の担当の有無、テキスト使用の有無、授業展開上の問題点などの質問を投げかけた。次に、全国の大学に対してスポーツ法学関係課目の設置の有無などを問うとともに、インターネットによる独自調査（スポーツ法学関係科目、シラバス）も行った。そして、これを受けて、2014年12月に開催された日本スポーツ法学会第22回大会では、全体テーマとして「スポーツ法学教育の在り方を考える」を設定し、シンポジウムを踏まえた討論を行った。

　このような事前のアンケートやシンポジウムで明確に指摘されたのは、大学教育の現状にマッチしたスポーツ法学のテキストがないことであった。そこで、様々な形でのテキストが考えられる中、本書は、内容の面に着目して、大学生が勉強しておくことが望ましいテーマについて、標準的なレベルにおいて解説する書を目指した。学会員の協力のもと、2016年6月に本書初版を発行するに至った。以来、幸いにも広く活用され、1年後に第2版を、更に1年後の2018年9月には同版第2刷を発行することができた。

　しかし、2020年オリンピック・パラリンピック東京大会はいうまでもなく、この数年間のスポーツの法を取り巻く状況は激しく、本書のさらなる充実を求められる状況に至っている。このため、ここに『標準テキスト・スポーツ法学（第3版）』を発行することとした。

　第3版の発行にあたり、主として、以下の加筆修正を行った。

- 初版及び第2版発行以降の社会変化、法状況（平成29年6月2日に公布された「民法の一部を改正する法律」（平成29年法律第44号）を始めとする）等の変化に応じ、項目や参考文献の追加・変更、内容のブラッシュアップ・アップデート化を図った。
- 我が国のスポーツ政策の基本である「スポーツ基本法」（2011年）の個別法ともいうべき「スポーツにおけるドーピングの防止活動の推進に関する法律」（2018年)を収録することとした。
- 日本スポーツ法学会活動の成果を同学会年報掲載論文目録として巻末に追加した。

　本書は、スポーツ法学に関わる内容をまんべんなく盛り込んだ「標準テキスト」である。本書を活用されるにあたっては、受講生のレベルと関心に応じて、濃淡をつけ、あるいは、さらに参考書を用いるなど工夫して活用していただきたい。

　最後に、本書出版に向けてご支援とご協力をいただいた日本スポーツ法学会及び会員各位、エイデル研究所山添路子氏に感謝の意を表したい。

2020年4月

日本スポーツ法学会会長
齋藤　健司
編集委員代表
浦川　道太郎

初版 はしがき

　日本スポーツ法学会は、近時、スポーツ法学の重要性が高まる中、スポーツ法学界における大学専任教員研究者の増加対策、スポーツ法学関係科目の減少阻止（専任教員退職に伴う講座の削減など）などについて、対応の必要性を感じてきた。このような状況の中で、スポーツ法学教育の在り方に関する問題を検討する会議体として、「スポーツ法学教育の在り方」検討委員会を設けた。

　同委員会は、二度のアンケートを実施した。まずは、同学会員に対してスポーツ法学関係科目の担当の有無、テキスト使用の有無、授業展開上の問題点などの質問を投げかけた。また、全国の大学に対してスポーツ法学関係課目の設置の有無などを問うた。併せて、インターネットによる調査（スポーツ法学関係科目、シラバス）も行った。

　さらに、2014 年 12 月に開催された日本スポーツ法学会第 22 回大会では、全体テーマとして「スポーツ法学教育の在り方を考える」を設定した。その上で、基調講演「スポーツ法学の今後の方向性」（浦川道太郎：筆者）、シンポジウムとして「アメリカのスポーツ法学教育の現状と課題－法学系学部とスポーツ系学部におけるカリキュラム－」（Daniel P.Connaugthon 教授：フロリダ大学）、「日本のスポーツ法学教育の現状と課題」（石堂典秀、吉田勝光）、「現場からの報告」（井上洋一、鈴木知幸、松本泰介、入澤充、山崎卓也）を行った。

　このような事前のアンケートやシンポジウムで明確に指摘されたのは、大学教育の現状にマッチしたスポーツ法学のテキストがないことであった。様々な形でのテキストが考えられる中、本書は、内容の面に着目して、大学生が勉強しておくことが望ましい標準的なテーマについて、標準的なレベルにおいて解説する書を目指すこととした。

　そこで、スポーツ法学の授業担当経験者が、教育現場の学生を念頭に置きつつ、現在のスポーツ法学教育で取扱うべきテーマを、できるだけ高い水準を保ちつつ客観的観点から解説することとした。執筆者の皆様には、自身の個人的見解は書かず、客観的記述をお願いした。本書は、あくまでも、授業の展開をする上での標準的なベースを担うものと考えている。したがって、授業担当者には、本書の記述を踏まえて、学生の状況に合わせて、独自の授業の展開をしていただけるものと期待している。

　スポーツ法学概説書として、千葉正士＝濱野吉生編『スポーツ法学入門』(体育施設出版、1995 年)、小笠原正監修『導入対話によるスポーツ法学』（不磨書房、2005 年）、日本スポーツ法学会編『詳解スポーツ基本法』（成文堂、2011 年）という日本スポーツ法学会会員である先達による多大な成果がある。本書の執筆においては、大いに参考にさせていただいた。学恩に感謝するしだいである。

　最後に、日本スポーツ法学会及び会員の支援とともに、株式会社エイデル研究所 熊谷耕氏及び村上拓郎氏の本書出版に向けた強い熱意により完成したものである。ここに謝意を表する。

2016 年 4 月

日本スポーツ法学会会長

望月　浩一郎

編集委員代表

浦川　道太郎

5

凡　例

1 本書の構成と特色

本書は、「スポーツ法学」について学ばれる方が、必要な事項を体系的に学べるよう、以下の全 6 編で構成している。

第 1 編　スポーツ法学の入り口
第 2 編　公法とスポーツ
第 3 編　刑事法とスポーツ
第 4 編　民事法とスポーツ
第 5 編　紛争解決法とスポーツ
第 6 編　国際法とスポーツ

各編、各章のはじめに、その編・章で学ぶ概要を記載し、本文を補足するものとして、関連する箇所に「 数字)」を付し、側註で明記、解説をしている。

なお、本書の中で取り上げられている法令及び制度等は、主に 2019 年 2 月の内容をもとに記述している。

2 表記について

本書では、コンパクトに利用できるよう、本文中で使用する団体名は法人格の記述を省略し、同章（第 3 編、第 5 編、第 6 編については同編）初出以降は以下の略語を使用する。

正式団体名	本文内団体名	本文内略称
一般社団法人ジャパン・プロフェッショナル・バスケットボールリーグ	ジャパン・プロフェッショナル・バスケットボールリーグ	B リーグ
公益財団法人スポーツ安全協会	スポーツ安全協会	-
公益財団法人全国高等学校体育連盟	全国高等学校体育連盟	高体連
公益社団法人全日本学生スキー連盟	全日本学生スキー連盟	-
公益財団法人全日本柔道連盟	全日本柔道連盟	全柔連
一般社団法人全日本テコンドー協会	全日本テコンドー協会	-
公益財団法人日本アイスホッケー連盟	日本アイスホッケー連盟	-
公益財団法人日本アンチ・ドーピング機構	日本アンチ・ドーピング機構	JADA
一般社団法人日本 e スポーツ連合	日本 e スポーツ連合	-
公益社団法人日本ウエイトリフティング協会	日本ウエイトリフティング協会	-
一般社団法人日本音楽著作権協会	日本音楽著作権協会	-
公益財団法人日本オリンピック委員会	日本オリンピック委員会	JOC

公益財団法人日本学生野球協会	日本学生野球協会	-
公益社団法人日本芸能実演家団体協議会	日本芸能実演家団体協議会	
一般社団法人日本ゴルフツアー機構	日本ゴルフツアー機構	JGTO
公益財団法人日本サッカー協会	日本サッカー協会	JFA
一般社団法人日本自動車連盟	日本自動車連盟	
一般社団法人日本シニア・ゴルファーズ協会	日本シニア・ゴルファーズ協会	
公益財団法人日本障がい者スポーツ協会	日本障がい者スポーツ協会	JPSA
一般社団法人日本女子プロ野球機構	日本女子プロ野球機構	
公益財団法人日本水泳連盟	日本水泳連盟	
公益財団法人日本スケート連盟	日本スケート連盟	
独立行政法人日本スポーツ振興センター	日本スポーツ振興センター	JSC
公益財団法人日本スポーツ仲裁機構	日本スポーツ仲裁機構	JSAA
一般社団法人日本スポーツ法支援・研究センター	日本スポーツ法支援・研究センター	JSLSRC
公益財団法人日本相撲協会	日本相撲協会	
公益財団法人日本スポーツ協会	日本スポーツ協会	JSPO
公益財団法人日本体育施設協会	日本体育施設協会	JSFA
特殊法人日本中央競馬会	日本中央競馬会	JRA
公益財団法人日本中学校体育連盟	日本中学校体育連盟	中体連
一般社団法人日本独立リーグ野球機構	日本独立リーグ野球機構	-
公益財団法人日本バスケットボール協会	日本バスケットボール協会	JBA
一般社団法人日本バスケットボールリーグ	日本バスケットボールリーグ	NBL
公益社団法人日本フェンシング協会	日本フェンシング協会	-
公益社団法人日本プロゴルフ協会	日本プロゴルフ協会	PGA
一般社団法人日本プロサッカー選手会	日本プロサッカー選手会	
公益社団法人日本プロサッカーリーグ	日本プロサッカーリーグ	Jリーグ
日本プロフェッショナル野球組織	日本プロフェッショナル野球組織	NPB
一般社団法人日本プロ野球選手会	日本プロ野球選手会	
一般社団法人日本野球機構	日本野球機構	
公益財団法人日本ラグビーフットボール協会	日本ラグビーフットボール協会	-
一般社団法人バスケットボール女子日本リーグ機構	バスケットボール女子日本リーグ機構	WJBL

3 参考文献

本書の執筆に当たり参考とした文献は、側註に登載している。

4 索引

事項索引は巻末に登載。なお、当該事項は主要な記述のある頁を摘示している。

Contents

Contents

Contents

Contents

Contents

第1編　スポーツ法学の入り口

第1章　法学の基礎

　多くの大学でスポーツ系の学部・学科が誕生している。大きな大学では、スポーツ系の学部・学科がないのが珍しい。この現象は、高校生のスポーツへの関心の高さと大学へ通うという意識の高さを、多くの大学経営者が認識している証左といえよう。「スポーツへの関心の高さ」は、スポーツエリートになりたい、将来教員（保健体育など）になって部活動を指導したい、公務員（スポーツ系行政職員、警察、消防など）になりたい、スポーツ団体に就職したい、趣味でスポーツを楽しみたい、などの実現を夢見てのものであろう。そのような夢の実現に、「スポーツ法学」はどのようにかかわれるのかを少し考えてみたい。それには、このような夢とどのようにスポーツ法学が関係するかを述べるのが一番であろう。本書全体を、学生諸君の現在及び将来のスポーツライフと関連付けて読み通してもらえば、いかに諸君らと「法」が密接なつながりをもっているかを理解してもらえよう。

　本章では、本書の冒頭に当たり、いくつかに絞ってその概要を話そう。その上で、法学の基礎となる、現在、社会で通用している実定法に関する基本的な知識について説明することとする。

Contents

第1章　法学の基礎

1　スポーツ法学とのかかわり −スポーツと法学と学生

　諸君らは、スポーツをしたり、見たり、する権利を持っている。現代の学生諸君には当たり前な話である。しかし、どこかの大統領がサッカーワールドカップで自国チームが決勝トーナメントに行けなかったことを理由に、そのチームをその後に開催される国際スポーツイベントへ参加することを認めなかった例がある。これはまさに国家権力によるスポーツ権の侵害行為である。アスリートの学生には、自分が日本の代表選手に選ばれるか否かは大きな関心事であろう。そのとき、選手選考が不平等であったらスポーツ仲裁という手段があることを知っておいて損はないだろう。ドーピングについていえば、先般、スポーツにおけるドーピングの防止活動の推進に関する法律が成立し、現在施行されている[1]。自分で自分を律し、自らの身を守らなければならない。

　卒業してプロ選手になったら（選手になること自体も職業選択の自由という権利である）、選手契約を結ぶことになるだろう。そのようなときには、契約というものがどのようなものかを知っておけば、自立したプロ選手としてやっていけるだろう。税法の知識や脱税の違法性を理解していれば、選手生命を失うなんてことはないだろう。保健体育の教員を目指す学生は、様々なことを児童生徒に教えなければならない。スポーツマンシップ（法規範ではないが）のようなスポーツマンとしての在り方や体罰禁止（暴力は刑法犯罪）、いじめなど、体育の授業や部活動などで起こる様々なアクシデントに対応しなければならない。国公立学校の教員は個人的に損害賠償責任を負わないが、指導に大きな手落ちがあれば、刑事罰を科され、犯罪者となる。

　多くの学生諸君は、企業に入って、または地域でスポーツにかかわるであろう。イベントを開催したり、地域でスポーツ指導をしたりする際に、マネジメントが必要とされる、例えば、安全確保や事前・事後の対応などである。この際にも事故発生における法的取扱いを理解しておかなければならない。趣味でスポーツを楽しむときでも（例えば、マラソン大会への参加）、個人的な法的マネジメントが必要

1) 平成30年法律第58号、同年6月13日成立、同年10月1日施行。

である。このように考えると多くの職業のみならずスポーツにかかわる多くの場面で、法的知識が必要とされることを実感しよう。だから、学生時代にしっかり「スポーツ法学」を学ぼう。スポーツ法学は、学生諸君の現在から将来にわたるスポーツライフを支える法的マネジメントの世界を提供してくれるであろう。

② 実定法の体系

（1）まずは法学の基礎を学ぼう！

「スポーツ法学」を学ぼうとする学生諸君は、前述したように様々である。体育学部、スポーツ科学部といった、いわゆるスポーツ系の学部生から、経営学部や産業社会学部といった、ビジネス系の学部生もいる。その数からいって、法学部生は、さほど多くはない。法学部生のほかに、ビジネス系の学部生は、法学の基礎を学ぶ「法学」の科目を履修しているケース（少なくとも民法などの私法）が多い。また、スポーツ系でも、保健体育の教員免許状を取得しようとする学生は、そのカリキュラム上、「法学（含日本国憲法）」といった日本国憲法（以下「憲法」）を含めた、基礎的な法学を学んでいる。このように基礎的な「法学」を学んでいる学生のほかに、全く「法学」を勉強しないでいきなり「スポーツ法学」を学ぶ学生も多い。そのようなことから、本書の最初に、スポーツ法学の前提となる、基礎的な「法学」の学習として、実定法の体系の理解と個別法規にかかわる条文の読み込みの重要さをここで取り上げることとする。

（2）法学とは？

まず、法学とは「法」に関する学問である。そもそも、そこでいう「法」とは何かが問題となる。本書では、ここにいう「法」を、特に指摘しない限り、基本的に、社会（日本、時には国際社会）で人々の行動規範として実際に通用している法（以下「実定法」）を指すものとする。

（3）実定法の体系－公法と私法

実定法は、特定の社会で実効的に行われる法である[2]。すなわち、現在、日本の社会で実際上の法的効力をもっている法である。制定法（条文の形式をとった成文法）のほかに慣習法などが含まれる。これに対して、自然法という概念がある。実定法は、時代や社会の変

2）金子宏ほか『法律学小辞典』487頁（有斐閣、第3版、2001年）

化に従って変化をするのに対して、この自然法は、普遍的で変化しない、自然な状態で「あるべき秩序」として成立している法をいう。

　実定法については、実定法はおおまかに公法と私法に分類されるとする二分説、公法、私法のほかに社会法を加える三分説などがある。二分説は、公法として、憲法、行政法を含め、刑法、刑事訴訟法、民事訴訟法、国際法を加え、私法として、民法、商法などを含むとする。この分類法は、国家機関ないし行政機関がかかわるものが公法であり、国民ないし市民相互の関係を規律するものが私法であるという考えに基づくものである[3]。近時は、三分説も出てきており、公法、私法のほかに、社会法として、労働関係法（例：労働基準法）や社会保障法などを含ませている[4]。

（4）法源

　法源（ほうげん）とは、スポーツ系の学生諸君（法学部でも？）には分かりにくい言葉であろう。語源を探れば、「法が流れ出る源泉と信じられるもの」といわれている[5]。法源は法を適用するに当たって法的根拠として示される法形式である。通常は、法の解釈・適用に際して援用できる規範を意味する[6]。要するに、裁判になったら、解決基準である「法」として示されるものである。また、成文法（源）と不文法（源）に大別される。

〈1〉成文法

　成文法は、文書の形式で制定された法規範をいう。日本では、憲法、民法、刑法などがこれに当たる。成文法は、国際法と国内法に分けられる。国際法は、基本的には国家が合意した専ら国家間の関係を規定した法とされるが、国際組織などに対する規律も含む場合がある。条約という名称であっても、国際規範で条約といえないものもある。

　国内法は、国内に通用する法規範をいう。国レベルのものとして、憲法、法律、命令（政令、内閣府令、省令、外局の規則（規則・庁令））などがある。地方公共団体レベルでは、条例、規則（首長（首長部局）が発するもの、教育委員会規則）などがある。

　憲法は、国の最高法規である（憲法第98条第1項）。最高裁判所は、一切の法律、命令、規則または処分が憲法に適合するかしないかを決定する権限を有する終審裁判所であるとして、憲法の最高法規性を違憲審査権の観点から規定している。憲法は、国民の基本的人権

[3] 金子・前掲注2)349頁

[4] 本書は、「第2編　公法とスポーツ」「第3編　刑事法とスポーツ」「第4編　民事法とスポーツ」「第5編　紛争解決法とスポーツ」「第6編　国際法とスポーツ」という編成を行い、「労働法」関係を「第4編　民事法とスポーツ」の中に組み込んでいる。このため、一見、上記二分説を採用しているように見える。しかし、これは、スポーツに関する諸テーマについて論じる分量などを比較考量しながら適正な配置を意図したがためであって、三分説を排し、二分説を是とするものではない。

[5] 金子・前掲注2)254頁

[6] 竹内昭夫『新法律学辞典』1285頁（有斐閣、第3版、1989年）

を保障し、そのための国家の基本的組織や権限を規定している。

　法律は、国会の議決によって法律として成立したものである。憲法第41条において、国会は国権の最高機関であり、唯一の立法機関とされ、この国会によって制定されたものが法律である。現在では、様々な内容の法律が制定されている。憲法に反することはできないが、その範囲内で、国家の基本方針、組織などが法律によって定められている。例えば、教育基本法、社会教育法、国家賠償法などがある。憲法の下、後述する命令や規則などよりも上位にある法形式である。

　命令は、前記のように政令、内閣府令、省令、外局の規則（規則・庁令）などがある。政令は内閣が制定する命令で（憲法第73条第6号）、内閣府令は内閣総理大臣が制定する命令である（内閣府設置法第7条第3項）。省令は、各省大臣が制定する命令で（国家行政組織法第12条第1項）、外局の規則は、外局である委員会が発する命令である。

　そのほかに、会計検査院規則や人事院規則などがある。命令は、基本的には、もととなる法の規定を執行するために制定される執行命令、もととなる法の委任に基づいて制定される委任命令、もととなる法と関係なく、行政部の独自の権限において制定される独立命令の二つに分類される。現憲法下では、前記第3の独立命令は認められていない。

　ここで、これまで述べた法律や命令ほどではないにしても、実際の行政運営に大きな役割を果たす告示・訓令・通達・通知などについて付言する。告示は公の機関が必要な事項を公示する形式であり、国の行政機関（国家行政組織法第14条第1項）や地方公共団体の機関（地方自治法第7条第6項）などが行う。訓令は上級官庁が下級官庁の権限行使を指揮するために発する命令[7]である。また、訓令は、行政組織内部の規律に留まるとともに、上司が部下の公務員の職務に関して発する職務命令（国家公務員法第98条第1項）とも理論上異なる。訓令が文書によって発せられた場合に、これを通達というのが通例である[8]。通知は、行政庁がある事項を特定のまたは不特定多数の人に知らせる行為である。

　条例は、地方公共団体の議会が、自治立法権に基づいて制定する成文法である。この条例には、法令から委任された権限に基づいて制定される委任条例と法令からの委任に基づかない自主条例がある。

　地方公共団体が定める法規範には、条例のほか、地方公共団体の

7) 前記した法律に対する法源としての命令とは異なる。

8) 金子・前掲注2)254頁

長が定める規則や委員会が定める規則などもある。憲法は「地方公共団体は、……法律の範囲内で条例を制定することができる」（憲法第94条）と規定している。この場合の「条例」は、同条の地方公共団体に自治立法権を認めた趣旨から、議会の議決を経た条例のみならず、地方公共団体の長が定める規則、委員会が定める規則などを含むとするのが通説である。

〈2〉不文法

　不文法にも成文法の場合と同じく、国内法と国際法がある。不文法には、国内法関係では判例法や慣習法が含まれ、条理については、法源とすることに意見の対立がある。国際法関係では、国際慣習法（または慣習国際法）がある。

　判例法とは、判例の中から形成された法をいう。アメリカやイギリスでは、原則的な法形式をなすといわれる。また、慣習法とは、人間社会で繰り返し行われる慣習規範で法的拘束力を有するものである。法的確信がもたれて初めて慣習が慣習法として取り扱われる。条理とは、物の道理とか事物の本性といった表現をされる。法的判断には、最終的には、この条理の判断が影響するケースもあるといってよい。この意味で、条理は、ほかの法源を補充するものである。

（5）上位規範と下位規範（優劣関係）

　法は、前記「本章2（4）法源」で述べるように様々な法形式（法源）によって存在する。それは、すべての法形式が対等であるということではない。そこに優劣、上下関係が存在する。各法形式は、その序列、体系の中でのみ存在する。このように、すべての法形式には序列が存在する。法を学ぶに当たっては、このような法形式の序列、優劣関係を理解しなければならない。法解釈をするに当たっては、この性質を見逃すことはできない。新たに法を作り、また改正するに当たっては、下位規範は、上位規範に反しないようにしなければならない。

　実定法上の優劣関係は、現在の日本の制度としては、主だった法源については、以下のとおりである。

　憲法＞法律＞政令＞内閣府令・省令＞条例・規則

　日本では、条約などの国際法に属するものは、成立すれば直ちに

国内法となると解されてはいない。条約などの国際法は、国会で承認されて初めて、国内で通用する国内法となるのである。これが二元説といわれるものである。

国内法化されても、憲法には劣るものとして扱われる。すなわち、条約などの国際法は、法律よりも上位規範とされるが、憲法には劣ると一般的に解されている（見解の対立あり）。

特に「法学」を初めて勉強するスポーツ系の学生は、すべての法令が同一レベルのものではなく、その間に優位（優先）・劣位（劣後）があることを頭に入れておきたい。

③　条文を丁寧に読もう！

日本の法秩序は、実定法により成立している。その多くが文書形式の成文法である。すなわち規定の内容が条文という形で表現されている。法の理解には、条文の内容を正確に理解することが欠かせない。そこで、公法の一つである刑法の条文と私法の代表格である民法の条文を示して、条文の構成の仕方を示しつつ、条文を正確に理解することの重要性を解説する。

（1）刑法における構成要件と犯罪の成立

刑法第 199 条を見てみよう。「人を殺した者は、死刑又は無期若しくは 5 年以上の懲役に処する」とある。殺人罪の規定である。刑法学では、刑罰の対象として規定された個々の犯罪を構成する要素を「構成要件」という。「人を殺した（者）」（犯罪（者））が構成要件に当たる。そして、この行為を犯した者は、その法的効果として、裁判によって「死刑又は無期若しくは 5 年以上の懲役に処」せられる責任（刑罰）を負うのである。

ところで、スポーツ選手が、恋人にピストルを至近距離から発射し、銃弾が命中してその恋人が死亡した場合、この殺人罪の規定が適用される。仮にピストルを発射した著名なスポーツ選手が「恋人を殺す」つもりでピストルを発射した場合（ピストルを至近距離から発射していることから命中の確率は極めて高く、殺意があったと容易に判断される）であれば、この行為は、殺人罪の構成要件「人を殺した」に該当する。このことは容易に理解できよう。

しかし、この恋人が妊娠しており、もうすぐ子どもが生まれるような状況で、同じような行為をし、恋人だけでなく、お腹の中にい

る胎児も生存することができず、命を落とした場合、この胎児について「人を殺した」行為を行ったといえるだろうか。

　結論を先に述べれば、お腹の中にいる胎児は刑法第 199 条にいう「人」には当たらないのである。一つの命を奪うということを考えれば、胎児の命を奪う行為である。しかし、「人」を殺したことにならないと考えるのが刑法第 199 条の殺人罪である。出生前の胎児は、母の体と離れて独立の攻撃の客体とならないことから、堕胎罪（刑法第 212 条以下）の対象となっても、殺人罪の対象とはならないのである[9]。

　では、スポーツ選手が、恋人のお腹からまさに頭の部分を出したとき、その頭を捻って死亡させた場合はどうだろう。この場合について、一般的な見解は、母体から胎児の一部が出ていれば、母体とは関係なく、胎児に対して死亡させるような攻撃を加えることができることから、殺人罪の「人」に当たると解している[10]。

　このように、「人」といっても、完全に母体から出た子以上の人間を指すものだとは言い切れないのである。法学では、その規定、用語の意味が様々な観点から解釈され、簡単に用語の意味を決め付けることができない。このように、様々な観点から条文の意味を解釈する作業は「法解釈」といわれる。すべての法規にこのような作業が行われる余地があることを意識しながら、条文を読み込んでほしい。

（2）民法における法律要件と法律効果

　実定法が解釈学の学問でもあることは前記「3（1）刑法における構成要件と犯罪の成立」で述べたとおりである。条文の要素を分析することが中心的な作業となる。刑法では、構成要件としての犯罪行為、法的効果としての刑罰という構造を基本的に有する。これに対し、民法では、法律要件と法律効果という基本的構造の理解が条文を読み込む上で極めて重要である。ここでは、具体的な条文を示して説明をする。

　まず、一般的に、法律要件とは、権利義務関係を発生させる一定の社会関係をいう。そして、それから生じる権利義務関係を法律効果という。法律要件を構成する要素は法律事実といわれる。日本では、権利の帰属主体の間に一定の社会関係があればそれを基礎として、一定の権利義務関係が生じ、裁判の役割はその権利義務関係の存否を判断するところにあると考えられているので、法律要件・法

9) 団藤重光『注釈刑法（5）各則（3）§§199 ～ 234』9 頁（有斐閣、1968 年）

10) 団藤・前掲注 9)10 頁

律効果という概念は、社会関係を法律的に処理するための基本的な概念である[11]。日常的な市民生活を規律する民法における法律要件・法律効果概念は、まさに典型的なものといえる。

　民法第 709 条は「故意又は過失によって他人の権利又は法律上保護される利益を侵害した者は、これによって生じた損害を賠償する責任を負う」と規定する。ここで、「故意又は過失によって他人の権利又は法律上保護される利益を侵害した者は」が法律要件に関する規定であり、「これによって生じた損害を賠償する責任を負う」が法律効果に関する規定である。例えば、スキーヤーが、下方で滑っていたスノーボーダーを避けられたのにもかかわらずその措置をとらずに衝突して重傷を負わせてしまった場合は、スノーボーダーに対して損害賠償責任を負うといったケースである。

11) 金子・前掲注 2)1061 頁

第1編　スポーツ法学の入り口

第2章　スポーツ法学の体系及び法源

　第1章では、「法学」に関する基礎的な事項について述べた。本章では、スポーツに関する法（スポーツ法）に絞って話を進める。先の「法学（実定法）」に体系があったように、スポーツ法学にも一つの学問分野として体系がある。その前に、法学とともに重要なキーワードである「スポーツ」について、取り上げる。その上で、スポーツ法の体系を述べる。

Contents

第2章 スポーツ法学の体系及び法源

① 現代のスポーツ概念

（1）スポーツ振興法上の定義

　日本では、1961 年にスポーツ振興法が制定され、そこでは「スポーツ」の定義規定が設けられた。すなわち、「（定義）第 2 条　この法律において『スポーツ』とは、運動競技及び身体運動（キャンプ活動その他の野外活動を含む。）であって、心身の健全な発達を図るためにされるものをいう」と規定された。

　このスポーツ振興法上の「スポーツ」概念について、川口＝西田[1]は、以下のように解説している。すなわち、近代における「スポーツ」という用語は、イギリスから世界に拡大したものである。その語源はラテン語で、その用語本来の意義は、日常の仕事から離れて楽しむ、という意味であった。

　今日、一般的には、スポーツに「運動競技」という訳語を当てるのが普通である。しかし、同法のスポーツの定義は、一般的に言われるこの「運動競技」の概念にさらに「身体運動」や「野外活動」をも加えて新たにその概念を構成した（広義の定義付け）。これは、国民一般の対象とされるスポーツ活動の実態の多様性と同法が振興法であるという特色から、その対象とするスポーツを広義に解する方が望ましいことの理由からである。また、同法によって振興を図る「スポーツ」は、専ら自分自身で実際に「する」スポーツであって、これをすることによって心身の健全な発達を図ることができるものと定義された。

　スポーツ振興法第 2 条の「運動競技」は、一定の規則に従って行われ、競技形式の確立している各種の種目別の競技の総称である。オリンピックの競技種目等はその代表的なものである。同条の「身体運動」は、前記「運動競技」に比べ広い概念で、ここでは、運動競技以外の身体運動を意味する。その「身体運動」とは、大筋活動を伴う身体運動に限られる。これに属する運動としては、体操、遊泳、遊戯、ダンス、民踊等、通常競技を伴わないまたは競技化されていない多彩な身体運動が含まれるとされる。

　身体運動を「大筋活動を伴う」身体運動に限ることから、先に開

1) 川口頼好＝西田剛『逐条解説 スポーツ振興法』28 頁以下（柏林書房、1961 年）

催された広州アジア競技大会（2010年）で開催種目に入っていた「囲碁」や「中国将棋」、その他同種の「チェス」なども大筋活動とはいえないから、同法上の「スポーツ」に入らないこととなる。最近では、「eスポーツ」（Electronic Sports）なる、コンピューターやビデオで行われるゲームも同法のスポーツではないこととなる[2]。

2) 吉田勝光「現代のスポーツ概念に関する一考察」ベースボーロジー 12号31頁以下

同条の「野外活動」は、「キャンプ活動その他」とあるように、自然の山野を背景として行われる徒歩旅行（ハイキング含む）、自転車旅行（サイクリングに相当）等の身体運動を主たる手段とする野外旅行活動をはじめ、スキー、スケート、海水浴等の野外における多様な活動（単に戸外で運動するというだけのものは該当しない）が含まれる。

また、スポーツ振興法第3条第2項では「この法律に規定するスポーツの振興に関する施策は、営利のためのスポーツを振興するためのものではない」と規定された。同条は、同法の振興の対象とされるスポーツは、いわゆるアマチュアスポーツであり、営利のためのいわゆるプロスポーツはその対象外であることを規定している。

伊藤[3]の述べるとおり、同法の「スポーツ」の定義は、同法の対象とする「スポーツ」を明示したものに過ぎない。しかし、現代の「スポーツ」の本質を考える上で、その足がかりとして意義をもつ。

3) 伊藤堯「提言 スポーツ基本法」法律時報65巻5号38頁以下

（2）スポーツ基本法上の「スポーツ」概念の取扱い

前記スポーツ振興法の全面改正により、スポーツ基本法が2011年6月に成立した。それでは、同法において、「スポーツ」概念がどのように扱われているかを見る。「スポーツ」なる用語は、同法で頻繁に登場する。目次や条文の見出しを除いても、条文の内容に176箇所も「スポーツ」の語が登場する。本文35箇条、附則2箇条の計37箇条の中にこれだけ見られるのである。加えて、「スポーツ」はスポーツ基本法における最重要なキーワードである。

ところが、スポーツ振興法第2条に見られるような定義規定はない。定義らしい文言を探すと、同法前文に「スポーツは、世界共通の文化である。スポーツは、心身の健全な発達、健康及び体力の保持増進、精神的な充足感の獲得、自律心その他の精神の涵養等のために個人又は集団で行われる運動競技その他の身体活動であり、今日、国民が生涯にわたり心身ともに健康で文化的な生活を営む上で不可欠のものとなっている」との規定が見られる程度である。すな

わち、「スポーツは、心身の健全な発達、健康及び体力の保持増進、精神的な充足感の獲得、自律心その他の精神の涵養等のために個人又は集団で行われる運動競技その他の身体活動であり」とある。スポーツ振興法が「心身の健全な発達を図るためにされるもの」に限定している表現をしていたのに対し、スポーツ基本法は、「心身の健全な発達のため」の身体活動に限らず、幅広くスポーツというものを捉えようとしている。この点は実態に即しており、評価できるところである。しかし、最近の「スポーツ」概念の定立の難しさを考慮しても、スポーツの文化性や有用性を羅列するのみで、立法技術として定義規定を設けなかったことについては、課題が残るところである。

　スポーツ基本法第2条第6項で「スポーツは、我が国のスポーツ選手（プロスポーツ選手を含む。以下同じ。）が国際競技大会（略）又は全国的な規模のスポーツの協議会において優秀な成績を収めることができるよう、スポーツに関する協議水準（略）の向上に資する諸施策相互の有機的な連携を図りつつ、効果的に推進されなければならない」と規定していることから、同法は、スポーツ振興法と異なり、「スポーツ」概念にプロスポーツを含めていると解される。

（3）これまでのスポーツ法学上の「スポーツ」概念

　前記（1）及び（2）では、成文法に規定されているスポーツ概念を見てきた。ここでは、スポーツ法学上の概念としてどのような「スポーツ」概念が適切かについて検討する。これまで、唱えられてきた見解としては、以下の2説がある。

〈1〉千葉説

　千葉[4]は、「スポーツの定義は、『一定の規制の下で、特殊な象徴的様式の実現をめざす、特定の身体行動による競争』となろう」と指摘する。この前提として、千葉は、スポーツをスポーツたらしめる本質的要因について、アメリカのR．D．マンデルの三要因説を採用している。すなわち、一つ目は特定の身体行動による競争、二つ目はそれを規制する一定の規則、三つ目は実現を目指す特殊な象徴的形式である（ただし、その濃淡はあり）。

　この説に立って、千葉は、「遊び」は、三要因のうち、最も重要な「一定規則」を欠くことから、スポーツではないと理解するようであり、また、「室内スポーツやコンテスト」は、身体行動を要因としてい

4) 千葉正士＝濱野吉生編『スポーツ法学入門』4頁以下（体育施設出版、1995年)

ないから、ここでいう「スポーツ」ではないとする。ただし、一定規則の下の象徴的競争という点ではスポーツと同様であることなどに着目し、これらも「準スポーツ」としてスポーツ法学の補助的対象として扱うことを主張する。

〈2〉小笠原説

これに対し、小笠原[5]は、現代のスポーツは必ずしも三要因説によってだけ理解されるべきではなく、「三要因」を狭義の要因と見て、これに「ルール・競争・様式にとらわれない心身の運動や健康のための運動を中心とした身体行動」を加え、広義のスポーツとして扱うとする。そして、スポーツを三要因説によって定義付けることは難しくなってきている、と述べる。その理由として5点を掲げている。

① 「するスポーツ」に対し、「見るスポーツ」の要素が加わったこと。
② 概念スポーツの練習方式、技術の高度化、ルールの厳しさ等から自由と開放を求める「ニュースポーツ」（マリンスポーツ、マウンテンスポーツ、スカイスポーツ）が発展してきたこと。
③ 高齢化社会を反映した、健康と結びついた運動（ハイキング、ジョギング、ダンベル体操等）が生涯学習社会における生涯スポーツとして重要になってきていること。
④ 身体運動と精神的充実の融合した、内面精神の充実のためのスポーツ（ヨーガ、瞑想、座禅、太極拳等）の存在。
⑤ 余暇を楽しみ、団欒と憩いを充実させるレクリエーションの存在。

〈3〉「eスポーツ」はスポーツか？

「eスポーツ」は、コンピューターゲームの対戦競技である。近時、日本で本格的に普及しつつある。ゲーム選手を養成する専門学校も出てきた。日本eスポーツ協会が発足し、日本オリンピック委員会（Japanese Olympic Committee；JOC）に加入し、2017年のアジア大会への出場を目指す。その市場規模は2014年で230億円という[6]。前記千葉は、「室内スポーツやコンテスト」は、身体行動を要因としていないから、ここでいう「スポーツ」ではないとすることから否定されることになろう。前記小笠原は、身体運動と精神的充実の融合した、内面精神の充実のためのスポーツ（ヨーガ、瞑想、座禅、

5) 小笠原正監修『導入対話によるスポーツ法学』6頁以下（不磨書房、第2版、2007年）

6) 日本経済新聞2016年1月23日夕刊

太極拳等）を認めているが、「身体運動」との表現を用いていることから、必ずしも大筋活動を伴わなくてもスポーツと解しようとしている。しかし、明確な判断はできない[7]。

〈4〉今後の方向性

　以上の諸見解を踏まえて、今後の方向性を概観すると以下のように指摘できよう。

　スポーツ振興法のスポーツは、前記川口らが述べるように「する」スポーツであった。スポーツ基本法は前文及び第2条第1項で「スポーツは、これを通じて幸福で豊かな生活を営むことが人々の権利である」と規定し、スポーツは、スポーツを通じて様々な「幸福な生活」を人々に提供することを述べている。いわゆる「見る」スポーツや「支える」スポーツは、その言語的不適切さ（スポーツを「見る」こと、スポーツを「支える」こと自体はスポーツではない）はともかく、「する」スポーツではないが、前文及び同条項にいう「スポーツ権」の内容となっている、スポーツを楽しむ行為に入る。「する」スポーツは主体的スポーツとして、「見る」スポーツや「支える」スポーツは、「する」スポーツを「見る」、「する」スポーツを「支える」ということで、「する」スポーツを「する」こと以外で享受するものである。スポーツ権は、これらの態様でスポーツの楽しみを享受することをも対象とすべきことから、この点に着目すれば、スポーツ法学の対象はこれらをも含む行為と考えることとなる。このことは、小笠原が「スポーツはすべての国民のものとして保障されるという『スポーツ権』の理念は、特定の身体行動、ルール、競争によって享受されるスポーツがスポーツであるとするスポーツの観念から開放されなければならない」ということと一脈通じるものがある。さらに、スポーツ法学の対象は、「見るスポーツ」「支えるスポーツ」だけではなく、「伝えるスポーツ」「読むスポーツ」など様々なものがある。

② スポーツ法の体系

　スポーツ法、すなわちスポーツ実定法[8]とでもいうべき法体系は、前記「第1章2　実定法の体系」に照らし、スポーツ関係の法規定・法規範を配置したものとなろう。なお、理論上は、スポーツ実定法に対するスポーツ自然法というものが存在し得るが、これまでの文

7) スポーツ基本法上の「スポーツ」概念については吉田勝光「現代のスポーツ概念に関する一考察—e-スポーツ（野球型ゲーム）を踏まえて—」『ベースボーロジー』12号35-51頁（2018年）

8) 小笠原・前掲注5）目次、4頁、15頁

献では見当たらないようである。また、スポーツ公法、スポーツ私
法なる概念も聞き及ばない。三分説論者の諸文献に、スポーツ社会
法なる概念も登場しない。

　スポーツ法学の分野では、公法・私法二元論、公法・私法・社会
法三元論という法体系よりも、スポーツ法学の独自性を見出すべく、
スポーツ国家法・スポーツ固有法論での体系論議がなされている。
この点については、後出「本章 4　スポーツ固有法」で詳述する。

③ スポーツ法の法源

　法源とは、裁判になったら、解決基準である「法」として示され
るものであることは前述したとおりである。すでに一般的な説明は
前記「第 1 章 2（4）法源」で行っているので、ここでは、スポー
ツ関係のもの（スポーツ実定法）を法源ごとに具体的に列挙するこ
ととする。

（1）国内法
〈1〉成文法

　国の最高法規である憲法がある。スポーツという用語は使用して
いないが、いわゆるスポーツ権の根拠として第 13 条（幸福追求権）、
第 21 条（表現の自由）、第 22 条（職業選択の自由）、第 25 条（健
康で文化的な最低限度の生活の保障）などが挙げられていることか
ら、スポーツ法として組み込まれている。法律としては、スポーツ
基本法、スポーツ振興投票の実施等に関する法律、独立行政法人日
本スポーツ振興センター法、社会教育法、生涯学習の振興のための
施策の推進体制等の整備に関する法律、健康増進法、国民の祝日に
関する法律などがある。命令としては、スポーツ振興投票の実施等
に関する法律施行令（政令）、独立行政法人日本スポーツ振興セン
ター法施行令（政令）、社会教育法施行令（政令）、独立行政法人日
本スポーツ振興センターに関する省令（文部科学省令）、オリンピッ
ク競技大会及びパラリンピック競技大会優秀者顕彰規程（文部省令、
文部科学省令）、社会教育主事講習等規程（文部省令、文部科学省令）
などがあり、外局の規則（規則・庁令）としては、セクシュアル・
ハラスメントの防止等（人事院規則）などがある。

　地方公共団体レベルでは、委任条例として岩美町立スポーツ施設
の設置及び管理に関する条例（地方自治法第 244 条の 2 第 1 項に

よる委任）、千葉県障害者スポーツ・レクリエーション設置管理条例（地方自治法第244条の2第1項による委任）、八街市スポーツプラザの設置及び管理に関する条例（地方教育行政の組織及び運営に関する法律第30条による委任）などがある。自主条例としては、山口県スポーツ推進条例、北海道アウトドア条例などがある。規則としては、首長が発したものに兵庫県スポーツ賞規則などがあり、教育委員会が定めたものに東京都立学校の管理運営に関する規則（部活動も教育活動の一部と規定）、愛知県教育委員会事務局組織規則（スポーツ関係の組織・担当課を規定）などがある。

〈2〉不文法

　不文法には、判例法などがあることはすでに指摘したとおりである。スポーツ判例法に該当するものとして、国家賠償法における「公権力の行使」に教師の教育活動が含まれるかについて判断した最高裁判所判例[9]が指摘されている[10]。この判例は「公権力の行使」には、「公立学校における教師の教育活動も含まれると解するのが相当であ」る、としてその後の学校スポーツ事故の判例を拘束していると捉えられている。

　この判例法に類するものとして、スポーツ仲裁判断（日本スポーツ仲裁機構）があり、スポーツ紛争解決の重要な基準を示すものとして無視することができなくなっている。その法源性については今後の研究課題といえる。

　スポーツ慣習法に該当するものとしては、日本の場合については具体的に指摘される例を見出せない。しかし、国際レベルではいくつかの例が挙げられている。オリンピック憲章は、オリンピックムーブメントの中核となる基本的な規定であるが、条約の形式をとっているわけではなく、国家を拘束するものではない。しかし、その事実上の拘束力は強く、各国家もオリンピックに参加する以上は、その遵守を強く意識している。法的確信に至っているか疑問視されているが、スポーツ国際慣習法として肯定する意見もある。この憲章のほかに、世界人権宣言等も該当すると主張する見解もある。

　また、スポーツ法では、スポーツのもつ特殊性から、スポーツマンシップ、フェアプレーの精神、アマチュアリズム、オリンピックの精神等がスポーツ条理法を形成するとし、スポーツ国際条理法といえるとする見解がある[11]。

9) 最高裁判所判決昭和62年2月6日（判例時報1232号100頁）

10) 小笠原・前掲注5)24頁

11) 小笠原・前掲注5)24頁

〈3〉法規範ではなく、法規範と混同しやすいもの

　スポーツの関係では、文部省、文部科学省などから多くの告示、通達や通知が出されている。法規範ではないが、実務上、事実上の拘束力は少なくない。そこで、これらについても、ここに例示しておく。

　告示としては、「健康増進施設認定規程」（厚生労働省告示）や幼稚園、小学校、中学校、高等学校の各学習指導要領（文部科学省告示）などがある。通達としては、「体育の日について」（総理府総務副長官・文部事務次官通達）、「水泳、登山等の野外活動における事故防止について」（文部省体育局長通達）、「学校等の柔道における安全指導について」（文部科学省スポーツ・青少年企画・体育課長通達）などがある。通知としては、「非医療従事者による自動対外式除細動器（AED）の使用について」（厚生労働省局長通知）、「国民の健康の増進の総合的な推進を図るための基本的な方針の全部改正について」（厚生労働省健康局長通知）などがある。

（2）国際法

　成文法としては条約がある。

　不文法としては、慣習国際法（国際慣習法）がある。前記「本章3（1）〈2〉不文法」で述べたように、スポーツ慣習法やスポーツ条理法の分野では、国際関係での成立が容易とも考えられ、スポーツ国際慣習法やスポーツ国際条理法なる概念が形成されている。

 4 スポーツ固有法

（1）スポーツ国家法

　スポーツ法学の体系化を早くから企図していた千葉[12]は、スポーツ国家法について以下のように述べている。すなわち「一般に言う法とかや法律とかは、一国家がその組織と国民の社会秩序を維持するために正統的権威をもって鼎立し実施する法すなわち国家法を意味し、それ以外に社会で実際に行われている規則や規範の類は、当人たちは自分らの法と考えていても、国家の諸機関にしたがって現行の法学はこれを法とはみなさない。よって、スポーツ法とは、法学の常識ではスポーツ国家法と同義になる。……スポーツ国家法といえば、典型的にはスポーツを規制する『法令』のことであるが、これには性質上二種の別が認められる」と。そして、以下のように

12) 千葉正士『スポーツ法学序説』
　72頁以下（信山社、2001年）

分類をしている。第 1 に、スポーツに関し直接の規制を目的とする国家法である。例えば、スポーツ振興法（2011 年に全面改正されスポーツ基本法となった）その他の法令である。これを補充する形で市民に具体的に関係の深い地方自治体の条例や規則がある。第 2 に、スポーツの規制を直接には目的としないが実際には市民のスポーツに関する権利義務を確定するものがある。例えば、民法や刑法がある。これには、条文化された一般的な明文の規定とともにこれを個々の事件に特殊的に解釈適用した判例も含まれる。

（2）スポーツ固有法の意義

　スポーツ法学では、国家法と並んで、スポーツに固有な「生ける法」の決定的重要性を認め、スポーツ法学として、この 2 種の法を理論的にも実践的にも総合的に体系化することを目標としている [13]。そして、スポーツに固有に見られる法規範をスポーツ固有法と呼んでいる [14]。

　スポーツ固有法は、国家に代わる法主体としてスポーツ団体（内部構成員または関係団体に管理権限を有する）を想定している。そして、スポーツ固有法が、国家法に対して正当に独自性を主張するには、その法主体による特有な管理機構でもって正統的な管理権力を保持し、特有の原理理念の指導の下、一応の規範構造に体系化されていることが条件とされる [15]。ただし、この権利義務関係は、国家法として国家から直接容認されたものではなく、この観点からは非公式の法ということになる。

　現在、スポーツ固有法に属するものは、「社会に生ける法」[16] として、国内外に広範に及び、スポーツ法学の分野として重要な位置を占めている。

（3）スポーツ固有法の対象
〈1〉スポーツ国家法とスポーツ固有法の区分

　スポーツ国家法とスポーツ固有法の体系化・分類化について、これまで公刊された主要文献を整理すると表 1 のとおりである。不文法（スポーツ慣習法、スポーツ判例法、スポーツ条理（法）、スポーツ国際慣習法）やスポーツ・ルール、スポーツ団体協約等の取扱いに差が見られる。

13) 千葉＝濱野・前掲注 4) はしがき「発行に当たって」

14) 千葉＝濱野・前掲注 4)41 頁

15) 千葉・前掲注 12)183 頁以下

16) 千葉＝濱野・前掲注 4)42 頁

表 1．スポーツ国家法とスポーツ固有法の区分一覧表

書籍名	スポーツ法学入門 （1995 年）	スポーツ法学序説 （2001 年）	導入対話によるスポーツ法学〔第 2 版〕 （2007 年）
スポーツ国家法	〔執筆者：小笠原正〕 「第 2 章スポーツ国家法」で以下を解説する ＜成文法＞ ・憲法 ・法律 ・命令 ・規則 ・条例・規則 ・条約 ＜不文法＞ ・スポーツ慣習法 ・スポーツ判例法 ・スポーツ条理（法）	〔執筆者：千葉正士〕 ・法令 ・条例・規則 ・判例 ※日本国憲法を明示的には掲げず。	〔執筆者：小笠原正〕 ＜スポーツ実定法＞ ・憲法 ・法律 ・命令 ・規則 ・自治体立法（条例・規則） ※「スポーツ国家法」の表現（用法）なし。ただし、「第 4 章 スポーツの振興」中、「2 スポーツ振興法」（執筆者：齋藤健司）内で、「スポーツ国家法」の表記が 2 箇所登場。
スポーツ固有法	〔執筆者：森川貞夫〕 (1) 競技規則（スポーツ・ルール） (2) スポーツ団体協約 (3) スポーツ理念（スポーツマンシップ・フェアプレイ・アマチュアリズム）	〔執筆者：千葉正士〕 (1) スポーツ・ルール (2) スポーツ団体協約 (3) スポーツ法理念	〔執筆者：小笠原正〕 ＜スポーツ固有（の）法＞ 22 頁以下「2 スポーツ固有の法」で以下 4 項目を取り上げている。 (1) スポーツ慣習法 (2) スポーツ国際慣習法 (3) スポーツ判例法 (4) スポーツ条理法 　スポーツ国際条理法 以下の 3 項目は、「スポーツ社会特有の法社会学的存在としての意味のスポーツ固有の法である」とする。 ①スポーツ・ルール ②スポーツ団体協約 ③スポーツ理念（条理）
スポーツ国際法	・スポーツ国家法の延長として存在 ・スポーツ国際法の実を発揮しているのがオリンピック憲章その他の非政府間国際法 ・「条約」をスポーツ国家法の中で取り上げている。	・国際法は国家法の延長 ・スポーツ国際法はやや性質を異にするがスポーツ団体協約の一例	・スポーツ国際慣習法 ・スポーツ国際条理法

〈2〉スポーツ国際法の取扱い

　スポーツ法の分類について、これまではスポーツ国家法とスポーツ固有法に分け、国際的なレベルでのスポーツ法については、スポーツ国家法の延長である「スポーツ国際法」として論じられ（千葉）、またはスポーツ国際慣習法について触れる中で論じられてきた（小笠原）。

　これに対し、最近では、小寺は次のような見解を「国際スポーツ法」との呼称を使い提示している[17]。

　国際スポーツ法（international sports law）とは、スポーツ法の中でオリンピックムーブメントを中核とするトップアスリート（「国際級アスリート」とも呼ばれる）に関するトップスポーツ、プロスポーツ、学校スポーツ、地域スポーツ等でその法的性質が変わることに対応したものである。スポーツ法全般の中では特殊な分野である。トップアスリートを対象にするスポーツ法が「国際スポーツ法」と呼ばれるのは、トップアスリートの展開するトップスポーツが国境を越えて展開され、国際的な注目を集めるためである。

　国際スポーツ法の法源は、オリンピック憲章、国際競技団体（International Federations；IF）の規約、世界アンチ・ドーピング機構（World Anti-Doping Agency；WADA）のアンチ・ドーピング規程（World Anti-Doping Code；WADC）等である。さらに国際連合教育科学文化機関（United Nations Educational, Scientific and Cultural Organization；UNESCO）の作成した「アンチ・ドーピング条約」などのように国家間条約も法源に挙げられる。

　国家スポーツ法の対象となる主体は、トップアスリート、国際オリンピック委員会（International Olympic Committee；IOC）、IF、WADA、各国競技団体（National Federations；NF）等である。国際スポーツ法は国家を横断して適用されるためにいずれかの国でもなく、国にかかわりなく個人や団体に適用されるという点で「世界法」の性格をもつ。

　国際スポーツ法は、スポーツ法そのものではない。オリンピックムーブメントの外のプロスポーツ（例えば、アメリカ大リーグ（Major League Baseball；MLB））におけるアンチ・ドーピング規則とWADCが異なるといえば、その違いは分かろう。サッカーを筆頭にプロスポーツにも国際スポーツ法の浸透が急務である。

　国際スポーツ法の対象事項は、オリンピック憲章等の法源をなす規律文書が示すように非常に広範である。スポーツ仲裁裁判所

17) 道垣内正人＝早川吉尚編著『スポーツ法への招待』95頁以下（ミネルヴァ書房、2011年）

（Court of Arbitration for Sport；CAS）の係争案件から浮かび上がる中心的な分野は、ドーピング、国際競技大会への代表出場権や出場資格である。

（4）具体的内容

千葉[18]は、スポーツ固有法は三つの類型に分けられるとする。

①スポーツ・ルール

スポーツ・ルールは、個々のスポーツの存立と実行を可能にする一定の規則である。スポーツの当事者の資格、施設・会場等の要件、振興の原則と規則、禁じられる行動、進行を管理する審判の規準と権限、違反が生じた場合の処置等の諸関係者の権利義務を定めるもので、スポーツとして存在し機能するための前提要件である。

②スポーツ団体協約

スポーツ団体協約は、あるスポーツを享受する目的で関係者が結成する団体の組織と運営に関する規約、あるいはその複数が取り交わす協定の類いである。様々なスポーツ団体があり、それに応じて様々な協約があり得る。

③スポーツ法理念

スポーツ理念とは、フェアプレーとかスポーツマンシップとかいうスポーツ理念もそれに関係するが、スポーツ法としては、「安全」と「公正」とを特記すべきである。千葉は、この二つに仲間との協働とスポーツ参加者の自主性を加えて、スポーツ法理念と主張する[19]。

（5）スポーツ国家法・固有法の体系化に向けた課題

スポーツ法の体系化の試みとして、スポーツ国家法・スポーツ固有法の理論形成が試みられてきている。しかし、前掲表1（38頁）に見られるように、論者によって見解の一致を見ないケースがある。ここではいくつか指摘しておきたい。

第1に、不文法に属するスポーツ慣習法、スポーツ判例法、スポーツ条理（法）は、スポーツ国家法として論じるのか[20]、スポーツ固有法に含まれるのか[21]。これと関連して、スポーツ・ルールなどの自主的規制とスポーツ慣習法という不文法としての法的規制との関係をどのように捉えるかが現段階では必ずしも明確にされていない。

18) 千葉・前掲注 12)75 頁以下

19) 千葉・前掲注 12)167 頁以下

20) 小笠原は、スポーツ国家法に含めている（千葉＝濱野・前掲注4)37 頁以下）。

21) 小笠原は、スポーツ・ルール、スポーツ団体協約及びスポーツ理念（条理）の3項目を法社会学的存在としての意味にスポーツ固有（の）法であるとしつつも、スポーツ慣習法、スポーツ判例法及びスポーツ条理法をスポーツ固有法に属するものとして記述している（小笠原・前掲注5)22 頁以下）。

　第 2 に、慣習法は、法的確信に至って初めて「法」といえる。現在、スポーツ慣習法に該当するものが存在することを前提として、この議論が展開されているように推測されるが、果たして妥当といえるか検討する必要がある。スポーツ・ルールやスポーツ団体協約は、いわゆる事実たる慣習であるとし、慣習法とは見なさない見解[22]もある。

22) 小笠原・前掲注 5)23 頁

　第 3 に、「スポーツ理念」（森川）と「スポーツ法理念」（千葉）はどのように違うのか。「法」の有無はどのように理解するか。同じく、「スポーツ条理（法）」と「スポーツ理念」との関係が必ずしも明確にされてはいないように思われる。

　第 4 に、スポーツ国際法の取り扱いをどのようにするか。どこで取り扱うか。「国際スポーツ法」概念との識別化をどのようにするか。

　第 5 に、法政策的観点からスポーツ固有法で規制する範囲とスポーツ国家法で規制する範囲をどのように按配するかについての課題も指摘されている[23]。

23) 菊幸一ほか編『スポーツ政策論』45 頁以下（成文堂、2011 年）

第2編　公法とスポーツ

第1章　憲法

　本章では、スポーツと憲法について解説する。

　憲法は、国家の最高法規であり、国民の基本的人権と、これを守るための国家統治の根本規範が定められた法である。

　このような憲法の中で、特に、スポーツに関して議論されるのは、基本的人権としての「スポーツ権」である。これは、スポーツが、人間の人格的発展にとって不可欠の要素であり、文化的な価値が認められることから、憲法上の基本的人権として認められないか、という議論である。これまで基本的人権の根拠としては、第13条の幸福追求権に基づくものと、第25条の生存権に基づくものに分類されてきた。

　日本においては、1978年に、「体育およびスポーツに関する国際憲章」が採択されて以来、活発な議論がなされてきたが、ついに、2011年8月に日本で施行されたスポーツ基本法においては、「スポーツを通じて幸福で豊かな生活を営むことは、全ての人々の権利」であることが明記されるに至った。

　これまでの議論においては、このようなスポーツ権とは具体的にどのような権利なのか。従前からは、男女平等、障害者、国籍、人種、環境をめぐるスポーツ権の具体的内容が議論されてきたが、近年は、競技者の公正公平な選手選考、懲戒処分、暴力、パワハラ、セクハラの防止、そして、アンチ・ドーピング、八百長などのインテグリティに関する公正公平な競技会への参加、その他普遍的なスポーツ観戦をめぐるスポーツ権の具体的内容などが議論されている。そして、スポーツ実務においては、このようなスポーツ界のステークホルダー（利害関係人）に関するスポーツ権の問題が、これらを構成員とするスポーツ団体の定める団体内規約（いわゆるスポーツ固有法）の内容に大きな影響を及ぼすことになる。

　本章では、このような最高法規に基づくスポーツ権の具体的内容を概説しながら、スポーツ界に与える影響、バランスのあるスポーツ権の内容を解説する。

Contents

第 1 章　憲法

1　憲法の概要

（1）憲法の意義

　憲法は、国家統治の基本を定めた根本法であり[1]、その他の各種法律は憲法の理念に基づき制定される。つまり、憲法は国家の最高法規としての性格を有し、各条規に違反する法令は効力を有しない。また、憲法は国民に対してその遵守を強制するものではなく国家に対して憲法に基づく統治を行うことを強制しているという性格をもつものである[2]。

　日本国憲法（以下「憲法」）は、1947 年に大日本帝国憲法の改正として制定されたものであるが、恒久平和主義、基本的人権の尊重、国民主権を基本原則とし、国民生活を統治するために立法、行政、司法の三権分立制を採用して権力の集中を排除した。この制定の経緯については様々な議論があるが、戦後 70 年余り日本はこの憲法の下、「平和で文化的な民主国家」を目指すことを国是としてきたのである。

（2）基本的人権

　基本的人権とは「人間が生まれながらに有している権利」[3]という意味である。憲法第 12 条で自由及び権利の保障を定め、かつこの自由及び権利は国民の不断の努力で保持しなければならないとした。と同時にこの権利は濫用してはならないとも定めている。憲法第 13 条では個人の尊重、幸福追求権を保障し、以下具体的に、平等権、自由権（精神的自由、人身の自由、経済的自由）、社会権、参政権、国務請求権等々を保障している。

　自由権は国家が国民の自由を束縛してはならないということで、市民生活において国民自身が個人の責任で行使していくことで実効性が発生する。一方、社会権は人間らしく生きる権利の実現のために「国に積極的な配慮を求める権利」[4]でもある。

　人権を考える中で留意しなければならないことは、自由権の中には社会権の性格を有しているものもあることから上記の「分類の体系を絶対的なものと考えてはならないことである」[5]。例えば、憲

1）芦部信喜＝高橋和之補訂『憲法』10 頁（岩波書店、第 6 版、2015 年）

2）このことを立憲主義という。

3）新村出『広辞苑』（岩波書店、第 6 版、2008 年）

4）芦部＝高橋・前掲注 1）269 頁

5）芦部＝高橋・前掲注 1）85 頁以下

第 2 編　公法とスポーツ

法第 26 条の教育を受ける権利は教育人権として社会権の範疇にあるが、憲法第 23 条の学問の自由とは切り離せないものであり、憲法第 27 条の勤労の権利と義務は、憲法第 22 条の職業選択の自由と深く関係するということである。

　基本的人権は、さらに憲法第 97 条で「永久不可侵の権利として信託されて」いると定められているように、私たちは日常生活で常に点検評価していかなければならないことをかみしめておきたい。

② スポーツ権

（1）基本的人権としてのスポーツ権

　オリンピック憲章は、オリンピズムの根本原則で「スポーツを行うことは人権の一つである。各個人はスポーツを行う機会を与えられなければならない」と定めている。また「人種、宗教、政治、性別、その他の理由に基づく国や個人に対する差別はいかなる形であれオリンピック・ムーブメントに属する事とは相容れない」としている。これは憲法の概要の節で見たところの自由権、平等権、国務請求権の内容を示すものである。

　さらに、国際連合教育科学文化機関（United Nations Educational, Scientific and Cultural Organization ; UNESCO）の「体育およびスポーツに関する国際憲章」[6] も、第 1 条で「体育・スポーツの実践はすべての人にとって権利である」と定めている。このように国際的には早くからスポーツは権利であるという認識があった。

　日本では、日本スポーツ法学会（以下「スポーツ法学会」）がスポーツ権理論を深めてきたが、2011 年に制定されたスポーツ基本法によってようやく「権利としてのスポーツ」という概念が国内法において明示された。ここに至るまでスポーツ法学会は権利内容を考えるために様々な理論構築を図ってきた。そこで、以下、スポーツ権の内容に関する議論を主な学説から概観してみよう。

（2）日本スポーツ法学会で展開された学説 [7]

〈1〉憲法第 13 条からの考察

　スポーツは人が精神的身体的諸能力を一定のルールに従い、技能を用いて創造的に表現し、それらの諸能力を発達せしめる身体運動であり、それは自己実現の人格的活動と見なすことができる。スポーツが、人が精神的身体的諸能力を駆使して表現する自己実現のため

6) 1978 年第 20 回 UNESCO 総会で採択。

7) 例として、〈1〉は松本忠士「スポーツ権」法律時報 1993 年 4 月号 60 頁、〈2〉は濱野吉生「スポーツ権をめぐる諸問題」日本スポーツ法学会年報 1 号 63 頁（1994 年）、〈3〉は永井憲一「国の「文化」としてのスポーツ－スポーツ法学の対象・方法とその課題－」日本スポーツ法学会年報 1 号 41 頁以下（1994 年）。他に井上洋一「スポーツと人権」中村敏雄ほか編集主幹『21 世紀スポーツ大事典』90 頁以下（大修館書店、2015 年）参照。

の人格的活動であって、現代社会の生活条件の下で人の基本的欲求
であり、基本的価値となっているとすれば、憲法第 13 条が保障す
る幸福追求の権利の対象領域に十分含められる。幸福追求権が、人
格の発展としての活動の自由を含むと解されるとすれば、スポーツ
活動はこの権利の要件を満たす。スポーツは具体的権利の性格をも
つ自由権である。

〈2〉憲法第 25 条からの考察

　憲法第 25 条でいう「健康」とは、健康を維持・増進することも
含まれると考えられるのであり、また、「文化」のうちにスポーツ
が含まれることも自明のことである。健康の維持・増進機能を有す
る文化としてのスポーツの実践は、人間の全面的発達に寄与するも
のであることから、スポーツ権は健康の維持を目的とする健康権と、
人間的に成長発達する権利としての学習権に接続しながら、しかも
独自の基本権として、本来の保障対象となっていると解されるので
ある。

〈3〉新しい人権からの考察

　教育を受ける権利を保障するための教育（公教育）を主に国の費
用負担で実現してきたように、これからは人間の社会的自立のため
の「健康」の必要性が社会的に承認され、そのためのスポーツの存
在形態が、例えば、従来の教育や福祉と同じような、一つの行政対
象となるゾーン（スポーツ文化といわれる領域）として形成される
ことが強く望まれる状況になっている。そうであれば、国民の"権利
としてのスポーツ"（スポーツ文化）の実現のためには、現代社会に
おける"新しい人権"といわれる「情報権」「環境権」と並列する「ス
ポーツ権」という用語に統一して、新時代のスポーツの権利性を主
張することになってよい。

（3）スポーツ基本法

　2011 年に制定されたスポーツ基本法前文及び第 2 条は「スポー
ツを通じて幸福で豊かな生活を営むことは、全ての人々の権利」と
したが、この規定によって国内でもスポーツをすること、観ること、
スポーツの仕事に携わること等々が基本的人権として保障された。
しかし、「その権利の内容はなお抽象的なものにとどまっている」[8]
という指摘もある。権利内容は「具体的な事案において法令解釈を

8) 伊東卓「スポーツ基本法逐条解
　説」菅原哲朗＝望月浩一郎編集代
　表『スポーツにおける真の指導力』
　152 頁（エイデル研究所、2014 年）

補う基準となったり、価値判断の基準になったりすることはあり得るから、今後の事例の積み重ねによって、権利の内実が明らかにされていくことは考えられる。また、スポーツ基本法の下に個別法が定められることによって、権利」を明確化[9]させていくことが重要ではないだろうか。

9) 伊東・前掲注8)

（4）代表選手選考、懲戒処分をめぐるスポーツ権

　憲法で明記されているわけではないが、アスリートにはアスリートとしての人権がある。憲法上のどの人権規定を根拠にするかについては諸説あるが、いわゆる人格権の一種と考えられている。

　アスリートとしての人権が問題となるケースとしては、代表選手選考や団体による懲戒処分などがある。世界大学柔道選手権大会の選考会に参加できなかった選手が、不当な資格制限により当該大会出場の可能性が奪われたとして全日本柔道連盟を相手に慰謝料を請求した裁判で、裁判所は、「わが国柔道界唯一の統括団体として」「被告（全日本柔道連盟）には、学生柔道の世界チャンピオンを決定する国際大会である本件世界選手権大会の日本代表選手を選考するに当たり、世界大学スポーツ連盟競技規則の定める平等取り扱い条項に則り」「わが国を代表するにふさわしい最高の選手を選考すべき責務があ」るところ、「本件選考会において、学生柔道選手の個人的利益を害する不合理な参加資格の制限を設けて、原告らを本件選考会から排除した」とし、全日本柔道連盟の行為が「裁量権を逸脱するものであ」ったと認定して慰謝料の支払いを命じた[10]。

10) 東京地方裁判所判決昭和 63 年 2 月 25 日判例タイムズ 663 号 243 頁

　代表選手選考をめぐっては、2000 年のシドニーオリンピックにおける競泳の代表選手選考に関して、選考会の日本選手権で優勝しながら選考からもれた千葉すず選手が、これを不服としてスポーツ仲裁裁判所（Court of Arbitration for Sport；CAS）へ提訴した事案がある。CAS の仲裁パネルは、選考結果自体は日本水泳連盟の専権事項であるとしたが、選考基準の開示等に一部不備があり、当該選手に不利益が生じたことを認定した。この仲裁判断以降、代表選手選考の際に各スポーツ団体が事前に選考基準等を確定し公表するようになった。そのため、不備があると選考やり直しの事態も発生している[11]。

11) 例えば、日本スポーツ仲裁機構仲裁判断（JSAA-AP-003）では、ロンドンオリンピックにおけるボートの代表選考をめぐって、選考方法が著しく不公正な方法によるものであったとして、日本ボート協会の決定が取り消された。

　ところで、憲法が保障する結社の自由に関連して、団体には自治が認められている。団体による懲戒処分も自治に含まれる。懲戒処分が団体の裁量の範囲だとしても、競技者の人権を尊重する観点か

ら、一般社会の法規範に則した取扱いが期待されている。

　日本スポーツ仲裁機構（Japan Sports Arbitration Agency；JSAA）の第1号事案は、資格停止処分を受けた指導者による不服申立て事件であった。JSAAの仲裁パネルは、団体の懲戒処分手続に瑕疵があったことを認め、懲戒処分を取り消す仲裁判断を下した（JSAAAP-2003-001）。また、これまでの仲裁判断等から、スポーツ団体の決定手続や懲戒処分手続の在り方に関しては、以下のような項目が要件と考えられる。

　　①裁定委員会の構成
　　②規則に基づくこと
　　③手続の公正
　　④告知・聴聞の機会
　　⑤代理人をたてる権利
　　⑥聴聞の手続
　　⑦上訴手続
　　⑧選手選考における公平性

　従来は、アスリートのかかわるほぼすべての事項についてスポーツ団体が一方的に決定し、アスリートはただそれに従うだけであったが、スポーツ団体とアスリートの関係性を見た場合、現在ではそのような運営は認められない。スポーツ団体とアスリートは主従関係ではなく、一種の契約関係と見ることができるので、団体による決定手続においては、上記の要件を満たすことで、アスリートのスポーツ権の保障が可能となる。

（5）暴力、パワー・ハラスメント、
　　セクシュアル・ハラスメントをめぐるスポーツ権

　スポーツ指導では、指導者とアスリートの身体的接触が不可欠であり、上命下服の特殊な人間関係の下で暴力、パワー・ハラスメント（以下「パワハラ」）、セクシュアル・ハラスメント（以下「セクハラ」）が発生しやすい状況がある。また、スポーツの商業主義化、勝利至上主義により、指導者はアスリートの人権よりも勝利を優先しがちであることもその背景となっている。さらには、指導を受けるアスリートの側にも、指導者による暴力を「愛の鞭」として肯定し、自らが指導者となったときに暴力による指導が繰り返される負の連鎖

が生じている。

　これらのスポーツにおける暴力、パワハラ、セクハラについて、スポーツ基本法が定める「スポーツ権」の規定内容等に照らし合わせると、次のようなことが指摘できる。

　まず第一に、スポーツ指導者による暴力・パワハラ・セクハラは、スポーツにより心身の健康を害することになるため、スポーツ基本法の基本理念を定める第2条第1項の「スポーツは、これを通じて幸福で豊かな生活を営むことが人々の権利」であるとする規定に反するとともに、指導者による青少年に対する暴力等は、同法第2条第2項において、「スポーツは、とりわけ心身の成長の過程にある青少年のスポーツが、……人格の形成に大きな影響を及ぼすものであり、国民の生涯にわたる健全な心と身体を培い、豊かな人間性を育む基礎となるもの」とする規定に反している。

　さらには、学校の運動部活動で児童・生徒・学生が顧問教諭から体罰に基づく指導やセクハラを受けることは、「教育の目的」を定めた教育基本法第1条の「教育は、人格の完成を目指し、……心身ともに健康な国民の育成を期して行われ」なければならないとする趣旨に反する。また、「教育の目標」について定めた同法第2条第1号の「幅広い知識と教養を身に付け、真理を求める態度を養い、豊かな情操と道徳心を培うとともに、健やかな身体を養うこと」の趣旨にも反している。

　これらのほか、学校教育法第11条に基づき、校長及び教員は、教育上必要があると認めるときは、児童、生徒及び学生に懲戒を加えることができ、同条但書により、体罰を加えることはできないとされている。そのため、中学・高校の部活動の顧問教諭等が懲戒目的で体罰を行うことは同条に違反するとともに、児童、生徒、学生に対する体罰を行った教員は、民事上・刑事上の法的責任が問われることになる。

　これら指導者による暴力・パワハラ・セクハラを受けたアスリートは、そのことを訴えれば自分の選手生命を失うのではないかという恐れ等から、その被害から逃れられず、事態が深刻化してしまう場合がある。例えば、県のバドミントン協会の役員から強姦された実業団のバドミントン部の女性選手が、その後も意に反した性関係を半年ほど継続的に強要され、恋人を失い、ついにはバドミントン部を退部し、選手生命を奪われ、退職を余儀なくされたセクハラ事件[12]では、当該役員の社会的地位と影響力を背景とし、当該役員

12) 熊本地方裁判所判決平成9年6月25日判例時報1638号135頁

の意向に逆らえば選手生命を絶たれるかもしれないと思わせる関係の中において、そのような関係が継続されたことが裁判所による事実認定の中で明らかにされ、当該役員に対して 300 万円の慰謝料の支払いを命じる判決が下された。

　日本スポーツ協会（Japan Sport Association；JSPO）では、倫理に関するガイドラインの中で、暴力行為、セクハラ、上下関係を利用した人道的に反する行動や強要をしないことを定め、暴力・パワハラ・セクハラを禁止している。今後は、イギリスのチャイルド・プロテクション制度 [13] にならい、指導者への定期的な研修の義務付けや指導者資格と連動させること等により、実効性のある制度構築を図っていく必要がある。

（6）アンチ・ドーピングなどインテグリティをめぐる
　　スポーツ権

　インテグリティ（integrity）とは、字義的には、誠実、正直、高潔、清廉、品位、及び完全という意味であるが、スポーツにおける「インテグリティ」とは、「スポーツが様々な脅威により欠けるところなく、価値ある高潔な状態」を指す [14]。スポーツには人々を幸福にする力があり、社会を善い方向に導く力があり [15]、国や国籍が違っても、それぞれの競技において決められたルールの中で、努力して得られる勝利こそ私たちが守りたいスポーツのインテグリティである。しかし、スポーツ界が徐々に、スポーツのインテグリティを欠くといった、急速に高潔性を失う状態が指摘されている。

　具体的事例を挙げれば、大相撲では、白星がお金で売買され、2011 年の春場所が中止になってしまった八百長や無気力試合。プロ野球選手が野球賭博で解雇された事件やバドミントン世界ランキング上位の選手が違法カジノで賭博をしていた違法賭博やノミ行為。コーチや監督の意向に逆らうと選手として起用されなくなり、競技そのものを続けることもできなくなることを恐れて、問題があっても黙認され、選手も泣き寝入りをせざるを得ないことが多かった各種ハラスメント行為。選手のプレーでの失敗や監督に言われたことができないことで起こっていたスポーツ指導における体罰や暴力・暴言。権威や権力を武器に起こるいじめ。国際サッカー連盟（Fédération Internationale de Football Association；FIFA）の役員の不正賄賂問題。サッカーのスペインリーグの試合で、バルセロナの選手に観客が黒人選手などを猿扱いする差別行為でバナナを投げ

第2編
公法とスポーツ

13) イギリスのチャイルド・プロテクション制度については、「イギリスのチャイルド・プロテクション制度に倣う体罰問題への対応のあり方」入澤充編著『体育・部活動指導の基本原則』108-121 頁（エイデル研究所、2015 年）。

14) 日本スポーツ振興センター「スポーツに関する活動が公正かつ適切に実施されるようにするため必要な業務」http://www.jpnsport.go.jp/corp/gyoumu/tabid/516/Default.aspx

15) 日本スポーツ振興センター・前掲注 14)

込んだ人種や性差別問題。組織の統合性や内部統制を欠くようなスポーツ団体による不正経理など、いわゆるスポーツ団体のガバナンスの欠如などの事象などが挙げられる。このようにスポーツのインテグリティを脅かす要因が溢れてきた。

このようなスポーツのインテグリティ、ひいてはスポーツ権を脅かす主な要因は、図のようになろう。

Integrity of Sportを脅かす要因

Australian Sports Commission 及び Oxford Research A/S (2010) を参考に作成
【参考文献】Oxford Research A/S,2010.　Examinaion on Threats to the Integrity of Sports　16)

スポーツのインテグリティの確保は国際的な課題になっているが、ここではそれらのうちドーピングをとりあげる。「ドーピング」とは、「競技者がその競技能力を向上させることを目的として、薬物などを不正に使用すること」と一般的に理解されている [17]。現在、オリンピックや国際スポーツイベントにおいて、その国におけるドーピングの防止や摘発体制を整えることが、招致、開催の条件になっている。その背景には、薬物による競技力強化などのドーピングのいわゆる開発競争が行われている現実がある。そのため、ドーピング防止管理体制が整っていない競技会での結果や記録は公正さを欠き妥当なものといえない。

ドーピングがなぜ禁止されるのかという点については、第１に、使用した薬物の副作用のため、死亡や、重い後遺症を負うことである。それでも、結果や勝利だけにこだわり、禁止薬物によって競技能力を高め、意図的に自分だけ優位に立ち、勝利を得ようとするドーピングの誘惑に負けてしまう競技者は後を絶たない。第２にドーピングは、倫理に悖り、スポーツに参加する世界中の人々が公平で公正なスポーツに参加することを保証されないことである。スポーツルールに明らかに違反する行為であり、フェアプレーの精神に反す

る、不誠実で利己的な行為がスポーツに蔓延することで、公平な競技が成立しなくなるだけではなく、スポーツのインテグリティが冒されていくことになる。第 3 にドーピングが発覚した場合、スポーツ及びスポーツ界にダメージを与えてしまうという問題点があることである[18]。競技者の資格停止、競技会に協賛するスポンサーが撤退し運営に悪影響が生じるなどスポーツの社会的信用の低下を招く社会問題につながり、直接的にはその競技種目のファンを失望させてしまうなどの様々な理由が挙げられる。

アンチ・ドーピングに関しては、試合の公平さやアスリートの健康を保護するために、世界アンチ・ドーピング機構 (World Anti-Doping Agency；WADA) の規程等に基づき、国際的に統一されたルール・基準及びモニタリング体制が整備され、国内においてもWADA 規程等を遵守したドーピング防止活動 (検査・教育・研修等)が実施されている[19]。

スポーツは、社会全体に支えられ、スポーツが社会から注目されることから生じる不可避的な社会的責任があることを自覚し、スポーツを普及し、振興し、さらには競技力を強化していく上でも、スポーツのインテグリティを保持し、透明性や公平性・公正性を育成・確保していくことが課題である。スポーツ基本法（第 2 条 8 項）では「ドーピング防止の重要性に対する国民の認識を深める」、スポーツ基本計画では「ドーピング防止活動の推進」、2013 年 5 月に改正された独立行政法人日本スポーツ振興センター法（第 15 条第 1 項第 6 号）では「スポーツにおけるドーピング防止活動の推進」が定められている。

2018 年 6 月成立した「スポーツにおけるドーピングの防止活動の推進に関する法律」が 2018 年 10 月に施行された。これからは本法律のもとで国内アンチ・ドーピング活動が展開されることとなる。競技者をはじめ競技団体などは、スポーツのインテグリティの保護強化に向けアンチ・ドーピング対策は強化義務があるといえよう[20][21]。

（7）ジェンダー（男女平等）をめぐるスポーツ権

ここでは、ジェンダーをめぐるスポーツ権について、アジェンダ2020[22]、オリンピック憲章[23]、タイトルⅨ及び男女共同参画社会基本法を検討し、若干の提言を述べたい。

まず、2014 年に国際オリンピック委員会（International Olympic

18) 日本スポーツ仲裁機構「平成 26年度ドーピング紛争仲裁に関する調査研究報告書解説」2 - 3頁 http://www.jsaa.jp/ws/dopingreport2014.pdf

19) 文部科学省「スポーツインテグリティ保護について」http://www.mext.go.jp/sports/b_menu/shingi/001_index/bunkabukai/shiryo/__icsFiles/afieldfile/2016/10/25/1378466_003_1.pdf#search=%27 インテグリティ＋スポーツ＋保護 %27

20) 菅原哲朗「スポーツが求める高潔さ（Integrity）」小笠原正ほか『スポーツ六法 2014』206 頁 (信山社、2014 年)

21) 菊幸一「競技スポーツにおけるIntegrity とは何か―八百長、無気力試合とフェアネス―」『日本スポーツ法学会年報』20 号 6-40 頁（2013 年）

22) アジェンダ 2020 は、「オリンピック・ムーブメントの未来に向けた戦略的な工程表」である。日本オリンピック委員会（JOC）「オリンピック・アジェンダ 2020」http://www.joc.or.jp/olympism/agenda2020/

23) オリンピック憲章は、「IOC によって採択されたオリンピズムの根本原則、規則、付属細則を成文化し」、「オリンピック・ムーブメントの組織、活動、運用の基準であり、かつオリンピック競技大会の開催の条件を定めるもの」である。日本オリンピック委員会（JOC）「オリンピック憲章」http://www.joc.or.jp/olympism/charter/

Committee；IOC）総会で採択されたアジェンダ 2020[24] を見ると、勧告 11 は、男女平等の推進のために、IF とともにオリンピックへの女性の参加率を 50％にすること及びオリンピックの参加機会を拡大し、女性のスポーツ参加・関与を奨励することを IOC に求めている。また、同勧告は、IOC に男女混合のチーム種目の採用も促している。次に、勧告 14 は、オリンピズムの根本原則 6 項に性的指向を理由とする差別の禁止を規定するよう IOC に求め、同勧告はオリンピック憲章（2014 年版）[25] で実現されている。さらに、勧告 38 は、IOC 委員の候補者選出について、「一連の基準を満たした候補者のプロフィールは指名委員会を通じ、IOC 理事会に提出され承認を受ける」とし、「一連の基準」に「男女のバランス」を挙げている。

　次に、オリンピズムの根本原則等を成文化したオリンピック憲章の最新版[26] を見ると、オリンピズムの根本原則 6 項では、性差別を含む「いかなる種類の差別も受けることなく、確実に享受されなければならない」としている。また、オリンピズムの奨励及びオリンピック・ムーブメントの主導を使命とする IOC の役割について、「男女平等の原則を実践するため、あらゆるレベルと組織において、スポーツにおける女性の地位向上を奨励し支援する」（オリンピック憲章第 2 条第 8 項）としている。さらに、招待及び参加登録の申請（オリンピック憲章第 44 項）について、付属細則 13 は、「男女いずれも 12 チームを超えてはならず、8 チーム以上でなければならない」が、「IOC 理事会がこれと異なる決定をした場合は、その限りではない」としている。

　また、1972 年にアメリカで連邦法として成立したタイトルIX [27] は、その名称「1972 年教育修正法第 9 編」[28] のとおり、体育及びスポーツの領域を含む教育における性差別を禁止する。同法は、アメリカにおける女子のスポーツ参加の促進及びスポーツ参加の機会の男女平等化に貢献している。LGBT [29] の人々に対する差別の禁止について同法を見ると、文言に具体的な規定はないが、トランスジェンダー[30] の人々に対する差別を性差別と認める判決[31] が下されている。この判決はスポーツに直接かかわりはないものの、今後 LGBT のアスリートに対する性差別を扱うケースにおいていかに適用されるのか、関心が高まる。

　さらに、1999 年 6 月 23 日に成立した男女共同参画社会基本法[32] は、「男女共同参画社会の形成を総合的かつ計画的に推進する

24) International Olympic Committee, "Olympic Agenda 2020 20 + 20 Recommendations" http://www.olympic.org/documents/olympic_agenda_2020/olympic_agenda_2020-20-20_recommendations-eng.pdf. 日本オリンピック委員会（JOC）「オリンピック・アジェンダ 2020 20 + 20」http://www.joc.or.jp/olympism/agenda2020/pdf/agenda2020_j.pdf

25) 日本オリンピック委員会（JOC）「オリンピック憲章 2014 年版・英和対訳」http://www.joc.or.jp/olympism/charter/pdf/olympiccharter2014.pdf

26) 日本オリンピック委員会（JOC）「オリンピック憲章 2019 年版・英和対訳」https://www.joc.or.jp/olympism/charter/pdf/olympiccharter2019.pdf

27) U. S. Department of Education, "Title IX of the Education Amendments of 1972" http://uscode.house.gov/view.xhtml?req=20+USC+1681%3A+Sex&f=treesort&fq=true&num=10&hl=true&edition=prelim&granuleId=USC-prelim-title20-section1681

28) 正式名称は "Title IX of the Education Amendments of 1972" である。2002 年 10 月にタイトルIX の原案を起草した 1 人であるパッツィ・タケモト・ミンクの名をとってタイトルIX は「パッツィ・タケモト・ミンク平等教育法（Patsy Takemoto Mink Equal Opportunity in Education Act）」に改称された。

29) LGBT とは、Lesbian（レズビアン：女性同性愛者）、Gay（ゲイ：男性同性愛者）、Bisexual（バイセクシュアル：両性愛者）、Transgender（トランスジェンダー：心と体の性が一致しない人）の総称である。

30) トランスジェンダー（Transgender）の定義を注 29）に示したが、研究者によってその定義の仕方は様々である。新井喜代加「アメリカのトランスジェンダーに関する判例の日本のスポーツ界への示唆」日本文化社会学研究 5 号 37-39 頁（2014 年）

31) 例えば、モンゴメリー対インディペンデント学区 709 番（Montgomery v. Independent School District No. 709, 109F. Supp. 2d.1081(D.Minn.2000)）では、原告である ジェシー・モンゴメリーがジェンダー・ステレオタイプからの逸脱を理由にいじめを受け、校内スポーツへのアクセスを阻まれたと主張した。裁判所は、他の生徒が、ジェシーの性的指向に対して抱く認識から、ジェシーを日頃からいじめていたと理解し、他の生徒が期待するステレオタイプ的な男らしさからジェシーが逸脱していることを理由に、ジェシーをいじめの標的にしたとする原告の主張を認めた。

32) 内閣府男女共同参画局「男女共同参画社会基本法」http://www.gender.go.jp/about_danjo/law/kihon/9906kihonhou.html#anc_top

こと」を目的とし、第13条に基づき男女共同参画基本計画（以下「基本計画」）が策定されている[33]。第4次基本計画[34]をスポーツ関連施策について見ると、①スポーツ団体における女性の参画拡大、②女性のスポーツ参加促進等の環境整備、③スポーツ指導者における女性の参画促進、④女性アスリート特有の課題に対応した競技環境改善の促進、⑤指導者等による性犯罪等の予防対策や指導者等への啓発の強化、⑥セクハラ被害の実態把握と効果的な被害防止対策の推進が挙げられる。また、LGBT関連施策について見ると、性的指向を理由として困難な状況に置かれている、あるいは差別や偏見にあっている人々への対応が求められている。

近年、日本ではいわゆる「LGBT差別禁止法」の整備を求める声が広がりつつある[35]が、スポーツ界でも両性の平等のみならず、多様性の受容を目指して、アジェンダ2020をはじめ、オリンピック憲章、タイトルIX、男女共同参画社会基本法等をいかに実施していくかということを検討することが肝心であろう。

（8）障害者をめぐるスポーツ権

ここでは、障害者の権利に関する条約（以下「障害者権利条約」）、障害を理由とする差別の解消の推進に関する法律（以下「障害者差別解消法」）及びスポーツ基本法に絞って、障害者スポーツ関連規定を確認してから、若干の提言を述べたい。

まず、2006年12月に国連総会で採択された障害者権利条約[36]は、「全ての障害者によるあらゆる人権及び基本的自由の完全かつ平等な享有を促進し、保護し、及び確保すること並びに障害者の固有の尊厳の尊重を促進すること」（障害者権利条約第1条）を目的とし、スポーツに関して、障害者権利条約第30条第5項が、締約国に「障害者が他の者との平等を基礎としてレクリエーション、余暇及びスポーツ活動に参加することを可能とする」ための「適当な措置[37]」を取るよう求めている。

障害者権利条約の特徴の一つは、社会モデルを採用している点である[38]。従前、障害者が受ける不利益の原因を機能障害とする医学モデルが主流であった。一方、同条約は、障害者が受ける不利益の原因を、機能障害を考慮しない社会によって創られた社会的障壁とする社会モデルを採用する[39]。例えば、下肢障害をもつ者がスポーツ施設の利用のしにくさを訴える場合、社会モデルは、段差やエレベーターの不備を不利益の原因つまり社会的障壁と捉える。

第2編
公法とスポーツ

33) 男女共同参画基本計画は、2000年12月12日に第1次、2005年12月27日に第2次、2010年12月17日に第3次、2015年12月25日に第4次が日本政府によって策定されている。

34) 内閣府男女共同参画局「第4次男女共同参画基本計画（平成27年12月25日）」http://www.gender.go.jp/about_danjo/basic_plans/4th/pdf/print.pdf

35) 2016年1月19日に民主党は「次の内閣」会議を開催し、「性的指向又は性自認を理由とする差別の解消等の推進に関する法律案」の骨子を了承した。民主党「軽井沢バス転落事故対策プロジェクトチームの設置を決定「次の内閣」会議」https://www.dpj.or.jp/article/108184。また、LGBT法連合会は「性的指向および性自認等による差別解消、ならびに差別を受けた者の支援のための法律（LGBT差別禁止法）」の整備を目指して活動している。LGBT法連合会「事例&ポンチ絵付き「法律に対する考え方」」http://lgbtetc.jp/wp/wp-content/uploads/2016/03/ポンチ絵付き私案.pdf

36) 外務省「障害者の権利に関する条約（略称：障害者権利条約）（Convention on the Rights of Persons with Disabilities）」http://www.mofa.go.jp/mofaj/gaiko/jinken/shogaisha_jk.html

37) 障害者権利条約第30条では、適当な措置に「(a) 障害者があらゆる水準の一般のスポーツ活動に可能な限り参加することを奨励し、及び促進すること、(b) 障害者が障害に応じたスポーツ及びレクリエーションの活動を組織し、及び発展させ、並びにこれらに参加する機会を有することを確保すること。このため、適当な指導、研修及び資源が他の者との平等を基礎として提供されるように奨励すること、(c) 障害者がスポーツ、レクリエーション及び観光の場所を利用する機会を有することを確保すること、(d) 障害のある児童が遊び、レクリエーション、余暇及びスポーツの活動（学校制度におけるこれらの活動を含む。）への参加について他の児童と均等な機会を有することを確保すること、(e) 障害者がレクリエーション、観光、余暇及びスポーツの活動の企画に関与するものによるサービスを利用する機会を有することを確保すること」を挙げる。外務省・前掲注36)

38) 外務省「障害者権利条約」http://www.mofa.go.jp/mofaj/gaiko/jinken/ebook/index.html#page=1

39) 社会的障壁については、障害者権利条約前文 (e) 及び第1条（目的）を参照。外務省・前掲注36)

もう一つの特徴は、合理的配慮の否定を差別とする点である[40]。障害者権利条約第２条は、差別に「合理的配慮の否定を含む」とし、「合理的配慮」を「必要かつ適当な変更及び調整であって、特定の場合において必要とされるもの」「均衡を失くした又は過度の負担を課さないもの」と定義する。例えば、スポーツ施設入り口の段差解消のために板を敷いたり、スロープを設置する等が「合理的配慮」に当たる。この社会モデルと合理的配慮の考えは、2011年に改正された障害者基本法及び2013年に成立した障害者差別解消法にも貫かれている[41]。

次に、2013年６月に成立し2016年４月１日より施行された障害者差別解消法[42]は、差別を解消するための措置等を規定することにより、「障害の有無によって分け隔てられることなく、相互に人格と個性を尊重し合いながら共生する社会の実現に資すること」（障害者差別解消法第１条）を目的とし、行政機関等及び事業者における障害を理由とする差別を禁止する（障害者差別解消法第７条及び第８条）。禁止される差別には「不当な差別的扱い」と「合理的な配慮をしないこと[43]」が含まれる。例えば、障害を理由にスポーツクラブ入会・利用を断ることは「不当な差別的扱い」に、先述の障害者権利条約の「合理的配慮」の例と同様に段差解消に努めないことは「合理的な配慮をしないこと」に当たると考えられる。

「合理的配慮」について、「障害を理由とする差別の解消の推進に関する基本方針[44]」は、「……内容は、技術の進展、社会情勢の変化等に応じて変わり得るものである」としていることから、スポーツにかかわる「合理的配慮」の事例を蓄積していくことが期待されているといえよう。

最後に、2011年６月に成立したスポーツ基本法[45]は、第２条第５項で「スポーツは、障害者が自主的かつ積極的にスポーツを行うことができるよう、障害の種類及び程度に応じ必要な配慮をしつつ推進されなければならない」と、障害者スポーツの振興を規定している。また、スポーツ基本法第10条の下に策定された第１期[46]（2012年度〜）と第２期[47]（2017〜21年度）のスポーツ基本計画には、障害者スポーツに関する施策が記されているが、これらの施策に障害者関連法に貫かれる社会モデルと合理的配慮の考えをいかに浸透させるかということを検討することが望まれる。

40) 外務省・前掲注38)

41) 社会モデルの考えは、障害者基本法では第２条（定義）及び第４条（差別の禁止）に、障害者差別解消法では第２条（定義）及び第５条（社会的障壁の除去の実施についての必要かつ合理的な配慮に関する環境の整備）に反映されている。合理的配慮の考えは、障害者基本法第４条（差別の禁止）につながり、さらに同基本法第４条を具体化したものが障害者差別解消法である。外務省・前掲注38)、日本障害フォーラム「障害者差別解消法ってなに？」http://www.normanet.ne.jp/~jdf/pdf/sabetsukaisyohou2.pdf

42) 内閣府「障害を理由とする差別の解消の推進に関する法律」http://www8.cao.go.jp/shougai/suishin/pdf/law_h25-65.pdf

43) 障害者差別解消法第８条第２項の下、事業者による「合理的な配慮」は努力義務である。

44) 障害者差別解消法の第６条第１項に基づき、2015（平成27）年２月24日に閣議決定した。

45) 文部科学省「スポーツ基本法」http://www.mext.go.jp/a_menu/sports/kihonhou/attach/1307658.htm

46) 文部科学省「スポーツ基本計画」（第１期）http://www.mext.go.jp/component/a_menu/sports/detail/__icsFiles/afieldfile/2012/04/02/1319359_3_1.pdf

47) 文部科学省「スポーツ基本計画」（第２期）http://www.mext.go.jp/prev_sports/comp/a_menu/sports/micro_detail/__icsFiles/afieldfile/2017/03/23/1383656_002.pdf

（9）国籍をめぐるスポーツ権

スポーツ基本法第2条第5項は「スポーツを行う者に対し」不当な差別的取扱いをしてはならないと定めている。人種や性別などでスポーツイベントに参加させないことは許されないが、国籍条項を盾にして参加資格がないとスポーツ団体の規則（固有法）で定めることは不当な取扱いといえるだろうか。本パートでは、国籍条項が問題になった国民体育大会の裁判例からスポーツ権と国籍の関係について述べることにする。

〈1〉 国民体育大会出場権

国民体育大会はスポーツ基本法第26条で定めるスポーツ競技大会であるが、かつてこの大会に出場資格のあるアスリートは日本国籍を有する者とされていた。

現在はこの国籍条項は緩和され、国民体育大会開催基準要綱細則[48]により、参加資格は日本国籍を有する者であることを条件とするが、出入国管理及び難民認定法に定める在留資格のうちの「永住者」及び学校教育法第1条[49]に規定する学校に在籍する学生または生徒で、大会実施要項が定める参加申込時に1年以上在籍している人たちなどは参加できることになっている[50]。

〈2〉 外国籍の選手の国民体育大会出場を求めた事例

前記の国民体育大会出場資格、国籍条項の当否について争われた裁判で福岡地方裁判所平成5年8月3日判決は、参加資格を「日本国民や県民に限ったとしても、右憲法の規定に違反する」とはいえないし、参加資格を決定するのは「立法政策、行政政策の問題に過ぎない」と原告の訴えを却下した。同じように外国人の日本の大学職員が国民体育大会開催基準要綱及び同細則で参加資格を日本国籍に限定しているのは憲法第14条等の趣旨に照らし違法であると県に対して損害賠償を求めた裁判で、最高裁判所は原告の訴えを退ける判決を出している[51]。

〈3〉 スポーツ固有法と国籍条項

前述したように各スポーツ団体は国籍条項についてそれぞれの固有法で定めている。例えば、ラグビーは、国の代表は「15人制では当該国の国籍を持っている選手以外に①出生地が当該国、②両親、祖父母のうち1人が当該国出身、③当該国で3年以上継続して居住

48) 日本体育協会（JASA）平成27年3月12日版

49) 学校教育法に定める学校種に在学する者。

50) 詳しくは、国民体育大会開催基準要綱細則。

51) 近藤敦「国民体育大会と国政条項」法学セミナー597号110頁。なお判決は最高裁判所第2小法廷判決平成16年6月11日。

歴がある……のいずれかを満たした場合、代表資格が得られる」と
されている [52]。

　各種あるスポーツ団体でもこのラグビーにおける国籍条項はほか
の団体とはまた異なる内容であり、注目されるところである。重要
なことは各スポーツ団体の規則の中に国籍による差別、人種差別、
性による差別等々を定めてはならないということである。

(10) 人種差別とスポーツ権

　オリンピック憲章の根本原則第 4 項では、「スポーツをすること
は人権の 1 つである。すべての個人はいかなる種類の差別も受ける
ことなく、オリンピック精神に基づき、スポーツをする機会を与え
られなければならない。オリンピック精神においては友情、連帯、
フェアプレーの精神とともに相互理解が求められる」、さらに同じ
く第 6 項では、「このオリンピック憲章の定める権利および自由は
人種、肌の色、性別、性的指向、言語、宗教、政治的またはその他
の意見、国あるいは社会的な出身、財産、出自やその他の身分など
の理由による、いかなる種類の差別も受けることなく、確実に享受
されなければならない」と述べられている [53]。

　そのほか、多くの IF の規約でも、特に人種による差別の禁止を
うたっている。これらの世界人権宣言に基づく普遍的な人権尊重の
原則は、これまでスポーツに対する国際的な理解を得るうえでも重
要な下支えをしてきた。

　特に、20 世紀後半からの優秀な黒人アスリート等の活躍は、ア
スリートのパフォーマンスへの称賛や国際スポーツの交流場面な
ど、華やかな部分では人種や国家を超えた評価を得ながら、公平、
平等なスポーツの世界を花開かせたようにみえる。

　しかしながら一方では、過去をさかのぼると、黒人及び有色人種
に対する差別的言動、ベースボールやフットボール等の重要ポジ
ションへの差別 (スタッキング) やゴルフ、テニス、水泳、レスリング、
スケートなどへの参加機会を制限してきた差別意識の存在などがい
われてきた。これらの様々な社会で生じてきた人種をもとにする差
別は根が深く、時としてナショナリズムとも錯綜してスポーツ界で
は噴出することがある。

　例えば、ヨーロッパサッカー界での度重なる人種差別的事件は
記憶に新しいところである。黒人アスリートにバナナを投げ入
れるような行為や観客席からの人種差別的応援歌等が多く報告さ

52) Sponichi Annex 2015. 9 .21。
　なお、その他の競技団体の国籍
　条件について詳しくは、森浩寿
　「国籍をめぐる諸問題」中村敏雄
　ほか編集主幹『21 世紀スポーツ
　大事典』97 頁以下 (大修館書店、
　2015 年)。

53) 日本オリンピック委員会 (JOC)・
　前掲注 23)

れ、欧州サッカー連盟や各国の協会から処分が下されている。それらに呼応して、FIFA は 2013 年 5 月総会で、「人種差別主義及び差別撲滅に関する決議（Resolution on the fight against racism and discrimination）」を採択した。

　そのような中、2014 年 3 月 8 日、日本においてもプロサッカー浦和レッズのゴール裏入り口付近に「JAPANESE ONLY」と書かれた横断幕が掲げられた事件が起こった。この行為は、まさに偏狭な排外主義、純血主義による差別行為であり、誰もがスポーツを見る権利やスポーツ活動にアクセスする権利の侵害に当たるものである。日本プロサッカーリーグ（以下「J リーグ」）は、これを重く受け止め、浦和レッズに対して譴責及び無観客試合 1 試合という処分を下した。

　また、最近ではツイッターでの発言が問題となり、これまで表舞台では問われなかった事例でもアスリートが処分されるケースが生じている。ギリシャの陸上三段跳び女子、パラスケビ・パパクリストウ選手は、2012 年のロンドンオリンピック大会に出場予定であったが、アフリカからの移民に対する差別的な発言をしたとして、ギリシャ選手団から外されている [54]。

　このように、日本では理解が十分とはいえないスポーツ界の人種差別問題は、基本的人権とかかわる課題として、今後も各機関での継続的な教育活動と自主規制が求められる。

(11) スポーツと環境をめぐるスポーツ権
〈1〉スポーツと環境をめぐる法的動向

　20 世紀に大きく発展した国際的文化であるスポーツは、社会を映す鏡であるともいわれる。身体的健康、精神的充足、社会的関係の形成といった効用がある一方で、現代の国際的課題、例えば政治、経済、人種、民族、宗教、人権そして環境等の問題は、スポーツとのかかわりにおいても同様に重要な課題である。

　1992 年、リオデジャネイロの地球サミットで確認された「アジェンダ 21」以来の国際的な流れを受けて、オリンピック憲章の IOC の使命と役割の項では、「環境問題に対し責任ある関心を持つことを奨励し支援する。またスポーツにおける持続可能な発展を奨励する。そのような観点でオリンピック競技大会が開催されることを要請する」[55] とし、環境問題とスポーツの持続可能な発展は、今日強く意識付けられている。このように、オリンピック運動では、「ス

54) 朝日新聞デジタル「差別的つぶやき、出場取りやめギリシャ陸上女子選手」2012 年 7 月 26 日

55) 日本オリンピック委員会（JOC）・前掲注 23）

ポーツ」「文化」「環境」を柱に持続可能な環境を整えながら、スポーツ文化を享受し、発展させようとする方向性が 1990 年代以降明確に求められ、今や招致計画等においても重要なポイントとなっている。

　また一方、日本でも 2011 年に成立したスポーツ基本法は、第 19 条（スポーツに係る国際的な交流及び貢献の推進）で「……環境の保全に留意しつつ、国際相互理解の増進及び国際平和に寄与するよう努めなければならない」そして、第 27 条（国際競技大会の招致又は開催の支援等）では、「国は、国際競技大会の我が国への招致又はその開催が円滑になされるよう、環境の保全に留意しつつ、……」と環境の保全を重視している[56]。

　このように、国際的にも国内的にも環境への負荷を減らし、地球と環境の自然な循環を尊重する「循環型社会」をスポーツ界も目指している。

〈2〉 日本のスポーツと環境問題

　さて、日本でのスポーツと環境の法的問題はどのように変化してきたのだろうか。最初にスポーツ施設と近隣の住民の環境権が裁判上で取り上げられた例として、藤井寺球場ナイター公害差し止め仮処分決定が挙げられる。1973 年 2 月、近畿日本鉄道は藤井寺球場を本拠地とするため、ナイター化を進める増改築工事に着手した。これに対して、周辺住民は、騒音、交通渋滞などで居住環境が害され、ナイター公害が発生するとしてその工事差し止めを求めた。大阪地方裁判所は、同年 10 月に工事の続行を禁止する仮処分を決定している[57]。

　照明や騒音のほかにもスポーツの環境公害ともいえる事例として、ゴルフ場、スキー場建設のための森林伐採、水上スポーツによる水質汚染（琵琶湖）、農薬や塩化カルシウムによるゴルフ場や運動場への土壌汚染、競技場等周辺の交通渋滞、ゴミ（登山、アウトドア施設）、プールの塩素臭、また、特殊なものとしてはスタジアムの振動等の問題が起きている。

　これらのうちでも、ゴルフ場の開発では農薬使用の禁止を求めた訴えや開発許可をめぐる行政訴訟などが生じている。

　なお、冬季オリンピックのスキーアルペン種目においては、すでに札幌大会（1972 年）のときには恵庭岳の滑降コースの復元が環境団体から要請され、また長野大会（1998 年）では、同じく滑降

56) 文部科学省・前掲注 45)

57) 大阪地方裁判所決定昭和 48 年 10 月 13 日近鉄藤井寺球場の増改築禁止仮処分第 1 審決定判例時報 717 号 23-29 頁

のコース設定において、国際スキー連盟の規定と国内の自然保護法との衝突が起こり、保護区域を飛び越えるというような珍妙な妥協策で解決した事例もあった。これらスポーツ施設をめぐる紛争では、自然公園法、都市公園法をはじめ森林法、河川法、港湾法、漁業法、あるいは環境関係の条例等に基づいて判断されることとなる。

　以上のように、その多くはスポーツ活動や施設が人々の環境権や自然環境そのものを侵害する可能性のある問題として浮上してきたのである。

〈3〉スポーツの環境と今後

　スポーツは、よりよい環境があってこそ成り立つ文化である。したがって、スポーツを行う側の自主規制はもとより、スポーツ界からの持続可能な環境づくりの発信は重要であり、そのことがすべての人々の環境権と自然を守ることにもつながる。かつて、スポーツは自然から距離を取ることによって成立してきたものも多いが、今後は人権を踏まえた上で、自然とのふさわしい距離間の再検討が迫られている。

（12）スポーツ観戦をめぐるスポーツ権

　スポーツ基本法は、スポーツは世界共通の人類の文化であるとしたが、この文化の担い手としてスポーツ観戦者も含まれる。さらに観戦者はスポーツを安全並びに自由に楽しむ権利を有している。一方、観戦者に対してもスポーツ会場ではマナーや試合を妨げてはならないといったルールの遵守も求められる。

　そしてまた、観戦者もアスリート同様試合中のスポーツに内在する危険に同意して観戦をすることが要求されている。本パートでは試合観戦中に観戦者が負傷した二つの事故事例からスポーツ観戦者のスポーツ権について考えてみよう。

〈1〉野球観戦中ファウルボール直撃負傷事故事件

　仙台地方裁判所は、2011年2月24日に宮城クリネックススタジアムでプロ野球の試合観戦中、打者の打ったファウルボールに直撃されたことにより右眼眼球破裂等の傷害を負った被害者が、球場の所有者と球場を運営管理していた者を相手にして、適切にファウルボール等から観客を守るネット等の安全装置を設置する義務を怠ったとして、球場所有者には国家賠償法第2条第1項に基づき、運営

管理者には民法第 717 条第 1 項、同法第 709 条に基づき損害賠償等を求めた事案に対して請求を退ける判決を出した[58]。

判決理由は、「野球は、攻撃側のバッターが守備側のピッチャーが投げる硬式野球ボールをバットで打ち返すという競技スポーツであることから、実際に競技をしている選手はもちろんのこと、観客に対しても、本質的に一定の危険性を内在しているということができる」とし、さらに「近時、選手に近い目線で野球観戦を楽しめるよう、内野席をグラウンドの最前線（ファウルゾーン）までせり出す形で観客席を設けている球場も複数見られ、それらの観客席が好評を博していることからすれば、臨場感もプロ野球の観戦にとっては無視することのできない本質的要素といえるのであって、必要以上に過剰な安全施設を設けることは、プロ野球観戦の魅力を減殺させ、ひいてはプロ野球の発展を阻害する要因ともなりかねない」と判示した。

〈2〉札幌ドーム野球観戦中負傷事故事件

一方、同じプロ野球観戦中に負傷した事件で、札幌地方裁判所は 2015 年 3 月 26 日に、「本件ドームは、打球に類するファウルボールの飛来を遮断できるものではなく、これを補完する安全対策においても、打撃から約 2 秒のごく僅かな時間のうちに高速度の打球が飛来して自らに衝突する可能性があり、投手による投球動作から打者による打撃の後、ボールの行方が判断できるまでの間はボールから目を離してはならないことまで周知していたものではない」から「ドームに設置されていた安全設備は、ファウルボールへの注意を喚起する安全対策を踏まえても、本件座席付近にいた観客の生命・身体に生じ得る危険を防止するに足りるものではなかった」[59]として観客の訴えを認め、損害賠償の支払いを命じている。なお、控訴審でも観客の訴えを認めている。

このようにスポーツ観戦者の権利に対して異なる判決があるが、スポーツ観戦者の権利保障として、施設設備の設置者は安全確保と安心して観戦ができる喚起を啓蒙する義務が課せられていることに留意しなければならないのである。

③ 人権規定の第三者効力と部分社会論

スポーツ団体は団体の運営に関する規約（定款や寄付行為）や倫理規定を定め、スポーツ団体の構成員である役員、アスリート等が

58) 仙台地方裁判所平成 23 年 2 月 24 日「損害賠償請求事件」http://www.courts.go.jp/app/hanrei_jp/detail4?id=81125

59) 札幌地方裁判所平成 27 年 3 月 26 日「損害賠償請求」http://www.courts.go.jp/app/hanrei_jp/detail4?id=85019。札幌高等裁判所平成 28 年 5 月 20 日判決。

それらの規定に反する行為をした場合に懲戒処分をする権限を有している。そこで問題となるのが、スポーツ団体によって課された懲戒処分等が国の法規に照らし合わせた結果、違法になると考えられる場合に、スポーツ団体の内部規定と国の法規のどちらが優先適用されるかということである。

したがって、本章の「2 スポーツ権」で考察したスポーツの様々な場面で保障されるスポーツ権が侵害された事態が発生した場合に、スポーツ基本法で保障され、憲法第13条・第25条・第26条に根拠を有するスポーツ権[60]の侵害を裁判上救済できるかが問題となる。

まず、憲法学説としては、憲法上の人権規定を私人間に直接適用できるかの問題について、間接適用説と直接適用説が唱えられてきた。そのうちの通説・判例が間接適用説である。この説は、規定の趣旨・目的ないし法文から直接的な私法的効力をもつ人権規定を除き、その他の人権（自由権ないし平等権）については、公序良俗に反する法律行為は無効であるとする民法第90条のような私法の一般条項を憲法の趣旨を取り込んで解釈・適用することによって、間接的に私人間の行為を規律しようとするものである[61]。この説の考え方を本章の「2 スポーツ権」で考察した、様々な場面でスポーツ団体とアスリートとの間で紛争が発生し、スポーツ権が侵害されたとアスリート側が主張する場合には、スポーツ団体によってアスリートに課された不利益処分が民法第90条の公序良俗規定の趣旨に照らして違法であると考えられる場合には、裁判上その違法性を主張できる可能性がある。

ただし、このような場合に考慮しなければならない問題として、部分社会論がある。この部分社会論は、米内山事件に関する最高裁判所決定[62]で表明された「法秩序の多元性」論に端を発し、最高裁判所は村議会議員の出席停止の懲罰が争われた事案[63]と富山大学単位不認定事件に関する判決[64]で採用した[65]。このうち後者の事件の概要は次のとおりである。国立富山大学経済学部に所属していた6人の学生と同学部専攻科の学生1人が、1966年度、教授会により授業担当停止の措置を受けていた同学部A教授担当の経済原論などの講義に出席して試験を受け、合格の判定を受けた。それに対して大学側は、当該科目の講義及び試験は正当なものと認められないとして6人の学生の単位を認定せず、専攻科の学生については修了の認定をしなかった。6人の学生と専攻科の学生は、富山大学学

60) スポーツ権については、森克己「スポーツ権研究序説」鹿屋体育大学学術研究紀要26号67-75頁（2001年）を参照。

61) 芦部＝高橋・前掲注1)

62) 最高裁判所大法廷判決昭和28年1月16日

63) 最高裁判所大法廷判決昭和35年10月19日

64) 最高裁判所大法廷判決昭和52年3月15日

65) 結城忠「スクールリーダーのための学校法制の基礎知識　学校特別関係論と学校部分社会論」週刊教育資料第1248号17頁

長などを相手どり、単位認定の違法確認ないし修了認定不作為の違法確認を求めて訴えを提起した。これに対して、最高裁判所は、「大学は、国公立であると私立であるとを問わず、学生の教育と学術の研究とを目的とする教育研究施設であって、その設置目的を達成するために必要な諸事項については、法令に格別の規定がない場合でも、学則等によりこれを規定し、実施することのできる自律的、包括的な権能を有し、一般市民社会とは異なる特殊な部分社会を形成しているのであるから、このような特殊な部分社会である大学における法律上の係争のすべてが当然に裁判所の司法審査の対象になるものではなく、一般市民法秩序と直接の関係を有しない内部的な問題は右司法審査の対象から除かれるべきものである」として、単位認定問題を司法審査の対象外とした[66]。但し、このような自律的部分社会論は特別権力関係論の単なる表現上の言い換えに過ぎないのではないかとの批判も出されている[67]。

　以上のことから、スポーツ権の侵害を裁判上争う場合には、憲法の人権規定の第三者効力と部分社会論を念頭に置いた理論構成が求められる。

66) 同判決については、結城・前掲注 65)、首藤重幸「自律的部分社会論」法学教室 237 号 31 頁参照。

67) 首藤・前掲注 66)28 頁

第2編　公法とスポーツ

第2章　行政法

　本章では、スポーツと行政について解説する。

　行政権の行使に関する法的根拠やその権限内容を定める法律全般を行政法というが、行政機関は、行政法規が整備されることによりその権限を発揮でき、行政政策は、このような行政法規に定められることにより、予算が執行され、行政権の行使により、実施されていくのである。

　スポーツ界においても、国家や地方公共団体が行うスポーツ政策が、どのような法的根拠をもって、どのような内容において進められるかは、スポーツの普及、振興にとって極めて重要である。特に、日本のスポーツ界においては、1961年に定められた「スポーツ振興法」が、極めて大きなターニングポイントとなった。また、直近であれば、その50年後に全面改正された「スポーツ基本法」、スポーツに関する総合施策を実施する機関としてのスポーツ庁の開設を定めた、いわゆる「スポーツ庁設置法」、そして、2020年オリンピック・パラリンピック東京大会に向けて定められた「平成三十二年東京オリンピック競技大会・東京パラリンピック競技大会特別措置法」などによって、日本のスポーツ政策が進められている。そして、このような大枠の行政法、行政組織法を受けて、日本のスポーツ行政は、文部科学省が定めるスポーツ基本計画に具体化され、実施されているのである。

　また、一方で、地方におけるスポーツ施策は、政策の基本を定める条例や、地方スポーツ推進計画などにより具体化され、実施されている。

　本章では、現在、日本で行われている様々なスポーツ政策について、行政法の観点から、その法的根拠、権限内容を概説し、日本のスポーツ界の未来のために、どのような政策が実行されているかを解説する。

Contents

第 2 章　行政法

2015 年にスポーツ行政官庁の組織が大きく変わった。去る 2011 年に制定されたスポーツ基本法附則第 2 条により検討事項とされていたスポーツ庁が、10 月 1 日に開設された（文部科学省設置法第 13 条：いわゆるスポーツ庁設置法）。そして、1988 年ソウルオリンピック 100m 背泳ぎで金メダルを獲得した鈴木大地氏が初代長官に就任した。また、国のスポーツ審議会が設置され（スポーツ審議会令（政令））、シドニーオリンピック女子マラソン金メダリストの高橋尚子氏らが就任した。

また、国公立学校で体育授業中や部活動中に事故が発生すると、被害児童・生徒の保護者との間で訴訟となることがある。直接指導していた教員ら学校関係者は損害賠償責任を負わず、学校の設置者である地方公共団体が責任を負うものとして訴えられる（国家賠償法第 1 条）。この法的取扱いについて、被害者側の中には不満を抱く者もいる。

このように、スポーツ行政法には、行政組織に関するものや公的機関において事故が発生した場合の、関係者の救済に関するものがみられる。

① 行政法の概要

行政法は、行政権の組織及び作用に関する法であるとされる[1]。ここに行政権とは、国家統治権の一つであり、立法権、司法権に対するものである。さらにここに立法とは、法規を定めることであり、司法とは、法的な紛争を一定の手続きを経て解決することを意味する。そして、行政は、国家作用（地方公共団体の作用も含む）のうちから、この立法及び司法を控除したものをいう（控除説）と解されている。行政法は、この意味での行政に関する法である。行政法は、法学の体系上、憲法とともに公法に属する。

行政法といっても、民事関係における民法典、刑事関係における刑法典のように、行政法に関する「行政法典」といったような一般的な法典をもたない。しかし、個別には、多くの法典をもつ。組織に関する法としては、国家組織関係では、内閣法、国家行政組織法、

1) 金子宏ほか編『法律学小辞典』213 頁（有斐閣、第 3 版、2001 年）

第 2 編　公法とスポーツ

国家公務員法などがあり、地方公共団体の組織関係では、地方自治法、地方公務員法などがある。救済に関する法としては、行政不服審査法、行政事件訴訟法、行政手続法、国家賠償法などがある。

　行政法の分野では、多く成文法（憲法典や法律のように文書の形で制定された法規範）が存在する。憲法、条約、法律、命令、条例・規則などである。多くの領域で成文法が適用されることになる。しかし、成文法がない領域では、その補完をする不文法というものがある。慣習法、判例法、行政上の法の一般原則である。特に判例法の果たす機能が実際上重要であるといわれている[2]。

2) 塩野宏『行政法I』1頁以下（有斐閣、第4版、2005年）

2　スポーツと行政法

（1）概説

　行政法は、国または地方公共団体の組織及び行政作用に関する法である。このような行政法に属する法規範は少なくない。日本では、スポーツに関する行政も重要な地位を占めていることから、スポーツ行政に関する法（以下「スポーツ行政法」）が多数ある。これらは、大きく三つに分類される。①その法全体がスポーツ行政に関する場合、②その法の一部においてスポーツ行政に関するものである場合、③前記①及び②のようではなく、その法自体はスポーツに関する法ではないが、スポーツに関する行政的規制を含んでいる場合である。

（2）法全体がスポーツ行政に関するもの

　まず、スポーツに関する基本的な行政法としてのスポーツ基本法がこれに該当する。その施行のためのスポーツ基本法施行令（政令）がある。このほかにも、いわゆるtotoくじに関して定めたスポーツ振興投票の実施等に関する法律、同法律施行令（政令）、独立行政法人日本スポーツ振興センター法、それを施行するための同センター法施行令（政令）、同センターに関する省令などがある。地方公共団体関係としては、21世紀出雲スポーツのまちづくり条例、山口県スポーツ推進条例、北海道アウトドア活動振興条例、兵庫県スポーツ賞規則などがある。

（3）法の一部がスポーツ行政に関するもの

　国民の祝日に関する法律は、「体育の日」を定めている（国民の祝日に関する法律第2条）、社会教育法は、社会教育の中に「体育及

びレクリエーション」を含むとして規定している（社会教育法第 2
条）。地方教育行政の組織及び運営に関する法律では、教育委員会
の職務権限として、原則としてスポーツに関することを処理する旨
を規定している（地方教育行政の組織及び運営に関する法律第 23 条、
第 24 条の 2 第 1 号）。これらのほかにも多く存在する。

（4）その法自体はスポーツに関する直接的な法ではないが、スポーツに関する行政的規制を含むもの

　これに該当するものとしては教育基本法がある。スポーツは教育
の一環として行われる場合がある。例えば、学校体育の授業、課外
での部活動などは、同法でいう教育に含まれる。そのため、同法は、
スポーツ関係の法として扱われるのが通常である。国家賠償法も、
国公立学校の教育活動中の事故（いわゆる学校事故）において適用
され、その事故がスポーツ事故であった場合には、スポーツ行政法
として適用されるのである。健康増進法、環境基本法、児童福祉法、
男女共同参画社会基本法、労働基準法、建築基準法、都市公園法、
地方自治法など、同様のスポーツ行政法は多い。

（5）スポーツ行政法以外による政策行政

　スポーツに関する行政を執行するためにはスポーツ行政法の重要
性が否定できない。行政機関が政策を展開するに当たっては、基本
的な方針（目的、組織や職務分担）を定めることが必要であり、そ
のようなものに法という手段を使うことは極めて肝要である。しか
し、法の制定以外にもスポーツ政策を実現するために執られる手段
もある。その代表格はいわゆる宣言と行政計画である。
　スポーツに関する宣言（スポーツ宣言）は、地方公共団体により
行われることが多い。平和都市宣言など同団体の姿勢を示すケース
である。例えば、苫小牧市スポーツ都市宣言、戸田市生涯スポーツ
都市宣言などがある。スポーツに関する行政計画としては、国家的
なものとしてスポーツ基本計画（2012 年）があり、地方公共団体
のものとしては、現在、全都道府県で策定され、市町村レベルでも、
策定されつつある。行政計画は、法よりも具体的であることから、
実際の行政に与える影響は大きい。

③ スポーツと行政組織

（1）スポーツ庁

　日本のスポーツ振興は、文部科学省[3] が、同省設置法及び組織令に基づき、主体的に政策を執行してきた。その一方で、国土交通省（公園内運動施設等）や厚生労働省（障害者スポーツ等）などの各省庁も、長年にわたり、自らの行政課題に対する対策として、スポーツ効果を利用してきたため、日本のスポーツ政策は省庁間に分散しており、非効率的であると指摘されてきた。

　特に、1987年の臨時教育審議会[4] において「我が国のスポーツ行政は、文部省体育局（後のスポーツ・青少年局）を中心として行われているが、各省庁が行っているスポーツ活動に関する施策を有機的に行うとともにその振興を図るためには、さらにスポーツ省の設置など中央における行政組織を強化充実すべき」と答申されたことをきっかけに、省庁間のスポーツ政策を統合して一元化する組織の必要性が高まり、その後の審議会等においてスポーツ省（庁）を検討すべきとの答申が続いた。

　その経緯を経て、2011年に成立したスポーツ基本法の附則において、スポーツ庁は、政府の行政改革の基本方針との整合性に配慮することを条件に創設が検討され、2015年10月1日に文部科学省の外局として設置されたのである。なお、初代長官には、水泳競技のオリンピック金メダリスト鈴木大地氏が就任した。

　加えて、日本のスポーツは、学校の体育教科や運動部活動を基盤として発展してきた経緯を踏まえれば、スポーツ施策を効果的に展開する上で、学校体育行政との連携が不可分であるとして、体育教科と運動部活動もスポーツ庁に移管されることとなった。

　その結果、新組織は、表1のように、これまでの文部科学省「スポーツ・青少年局」の3課1参事官がスポーツ庁に移行し、他府省からの職員派遣も加えて、新たに5課2参事官で構成されている。そのうち、「オリンピック・パラリンピック課」は2020年までの時限付きとして大会準備業務を担うこととなっている。また、政策課の中に「学校体育室」が設置され、体育教科や運動部活動の業務を担当する。

3)2001年の中央省庁再編に伴い、科学技術庁と統合し文部科学省となる。

4)1984年公布の臨時教育審議会設置法に基づき総理府に設置された行政機関のこと。

表 1．スポーツ庁の組織構成と主な業務について

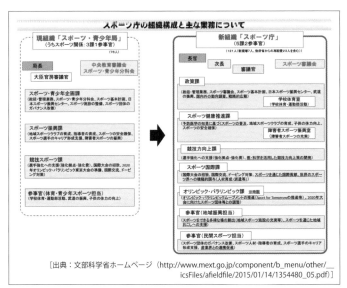

[出典：文部科学省ホームページ（http://www.mext.go.jp/component/b_menu/other/__
icsFiles/afieldfile/2015/01/14/1354480_05.pdf）]

　スポーツ庁の所掌事務は、2015 年に改正された文部科学省設置法において、旧来のスポーツ事務に加え、「スポーツに関する基本的な政策の企画及び立案並びに推進に関すること」「スポーツに関する関係行政機関の事務の調整に関すること」「心身の健康の保持増進に資するスポーツの機会の確保に関すること」の三つを新設した。

　また、スポーツ庁の創設理念は、スポーツ基本法の前文に示されている「スポーツを通じて、国民が生涯にわたり心身ともに健康で文化的な生活を営むことができる社会の実現を目指す」ことを掲げ、今後のスポーツ行政はスポーツ庁が司令塔的役割を果たし、他省庁と連携して多様な施策を一元的に展開するとしている。特に、厚生労働省とは、国民の健康寿命延伸や医療費抑制のために、健康増進に資するスポーツ機会の確保や障害者スポーツの充実を図るとしており、国土交通省や農林水産省及び環境省とは、地域社会の活性化のために、スポーツの多様な場の創出や地域おこし等の支援を行い、外務省とは国際交流・国際貢献を、経済産業省とは国民経済の発展にスポーツ振興を通じて寄与するとしている。

（2）日本スポーツ振興センター

　日本スポーツ振興センター（Japan Sport Council；JSC）は、現在、文部科学省所管の独立行政法人である。同センター法の第 3 条（センターの目的）には、スポーツ施設の運営、スポーツの振興援助、

児童生徒等の災害給付、調査研究等を行い、もって国民の心身の健全な発達に寄与することを目的にすると規定されている。特に、学校管理下における児童生徒等の災害（障害、死亡等）に対し、医療費や見舞金の支給を行う災害共済給付業務は、従来からの重要な制度であり、全国の園児から高校生までが対象となっている。

なお、前記目的のうち、「スポーツの振興援助」とは、同センターが所管する「スポーツ振興投票くじ（toto やスポーツくじといわれている）」による財源支援業務であり、1998 年に成立した「スポーツ振興投票の実施等に関する法律」をもとに、2001 年から全国発売された。

なお、同法の第 1 条（目的）には、スポーツの振興のために必要な資金を得るため、スポーツ振興投票の実施等に関する事項を定め、もってスポーツの振興に寄与すると規定されている。さらに、第 4 条において、スポーツ振興投票の対象となる試合は、サッカーと規定しているが、近年はバスケットボール（B リーグ）など他競技も対象にする可能性について検討がなされている。

販売実績は、2015 年を例に見ると約 1,084 億円となっており、売上金の使途は、独立行政法人日本スポーツ振興センター法と投票法の規定によって、当せん払戻金（50％）と運営費のほかに、スポーツ振興の助成金、国庫納付金、特定金額に分類され配分されている。

このうち、スポーツ振興の助成金は、主に、地域スポーツ施設の整備、総合型地域スポーツクラブの活動、地方公共団体のスポーツ活動、将来性を有する競技者の発掘及び育成活動、スポーツ団体のスポーツ活動、国際競技大会の開催、大規模スポーツ施設の整備への助成金などに活用している。

なお、「特定金額」とは、当分の間、新国立競技場等を整備する特定業務に充当する金額として新たに設定され、2013 年から 2015 年までは総売上金の 5 ％、2016 年から 8 年間は 10％とすることで、その執行が続いている。

（3）スポーツ界のガバナンス確保の対策

スポーツ基本法の第 5 条（スポーツ団体の努力）には、「スポーツ団体は、（中略）スポーツを行う者の権利利益の保護、心身の（中略）安全の確保に配慮し（後略）」と努力義務を明記されており、この基本法に基づき策定された「第 1 期スポーツ基本計画」の政策目標にも、「スポーツ界における透明性、公平・公正性の向上を目指し、（中

略）スポーツ団体のガバナンスを強化し組織運営の透明化を図る（後略）」と、示されてきた。

　にもかかわらず、日本のスポーツ界においては、大相撲の暴力体質、大学アメフトの違法タックル、ボクシング会長の独裁体制、レスリングや体操競技の役員・指導者による選手等へのパワハラ、アジア大会バスケ代表選手の買春発覚など、ガバナンスを崩壊させる様々な事案が続いているのである。

　このような悪しき事案が連続することを見かねて、2018 年 6 月、スポーツ議員連盟プロジェクトチームが、文部科学省に対して「スポーツ・インテグリティの体制整備について」[5] を緊急提言し、第三者による相談・調査体制の構築や、適正なガバナンスを担保するための基準の設定・検証をもとに、スポーツの健全性を確立するためには、国等が関与する仕組みが必要であるとして検討を求めた。

　この提言を受けた文部科学省は、同年 12 月、「スポーツ・インテグリティの確保に向けた対応方針」をスポーツ庁に示して、日本スポーツ振興センター（JSC）とともに早急に対応するよう指示をしたのである。

　スポーツ庁は、これらの提言や指示を踏まえて、スポーツ界の透明性、公平・公正性の向上を図り、スポーツ団体における適正なガバナンスを確保するとして、「スポーツ・インテグリティの確保に向けたアクションプラン」[6] を策定し、次のような手順を踏まえる制度設計を公表した。①スポーツ庁が、ガバナンスコードを策定する。②スポーツ団体が、コード遵守に係る自己説明を公表する。③日本スポーツ協会（JSPO）、日本オリンピック委員会（JOC）、日本障がい者スポーツ協会（JPSA）の統括 3 団体が、コードに基づく適合性の審査を行う。④スポーツ庁と JSC に統括 3 団体が加わる 5 団体が、スポーツ政策推進に関する円卓会議を開設する。⑤ JOC が、中央競技団体（NF）に対するモニタリングを実施する。⑥ JSC が、ガバナンス問題に係る第三者調査支援制度を創設する。⑦スポーツ庁と JSC が、スポーツ団体への公的支援とその適合性を審査する。などの制度構築である。

　さらに、この制度の実効性を高め、スポーツを行う者の権利利益を保護するために、「指導者等の資質・向上及び教育・啓発の促進」「相談窓口の設置・活用」「仲裁の自動応諾促進」を強化するとしている。

　特に、上記の「①ガバナンスコードを策定」については、スポー

第 2 編　公法とスポーツ

5) スポーツ庁「スポーツ・インテグリティの体制整備について」http://www.mext.go.jp/sports/b_menu/shingi/001_index/shiryo/attach/1408217.htm

6) スポーツ庁「スポーツ・インテグリティの確保に向けたアクションプラン」http://www.mext.go.jp/sports/b_menu/sports/mcatetop10/list/detail/1412109.htm

ツ庁が組織したプロジェクトチームによって、中央競技団体（NF）
が遵守すべき原則・規範を定めた、「スポーツ団体ガバナンスコード」
を制定するとともに、それに準じた、一般団体向けのコードも策定
したのである。

　加えて、スポーツ庁は、本格稼働した、一般社団法人大学スポー
ツ協会（UNIVAS）に対しても、このガバナンスコード等を活用して、
大学スポーツのガバナンス確保を図るよう、制度適用を求めたので
ある。

　また、JSPO は、ガバナンス強化を図るため、全加盟団体に対し
て公益法人（財団、社団）への移行を義務化した。税制面で優遇さ
れている公益法人には、国に対して運営状況の報告が求められてお
り、組織の透明化が期待されるためである。さらに、加盟の資格有
効期間（4 年間）を設け、遵守事項を条件にした加盟更新性も導入
したのである。

4　スポーツと行政施設

　地方自治体が設置する公共スポーツ施設は、地方自治法第 244
条に定める「公の施設」[7] として、住民の福祉を増進する目的を持っ
て整備され、地方自治体が規定する設置条例に基づいて管理・運営
されている。

　特に、大規模スポーツ施設の設置は、国民体育大会などの開催を
機に、国土交通省のまちづくり補助金などを頼りに、総合公園や運
動公園の中に数多く整備されてきた。しかし、公園内施設は、都市
公園法により商業的行為などの規制が多く、建設後の維持管理経費
は、地方財政に大きな負担となってきた。さらに、財政が豊かであっ
たバブル経済期に建設された施設が多く、今や、老朽化による更新
期を迎え、震災の多発により耐震化の新たな対策も加わったことで、
地方行政が抱える喫緊の課題となっている。そのため、国は、「イ
ンフラ長寿命化基本計画」に基づき、地方自治体に対して、今後の
公共施設の在り方について、ファシリティーマネジメントを駆使し
た公共施設白書等を策定するよう求めた。それに対して、地方自治
体は、スポーツ施設を含めて、すべての公共施設の再編、統廃合、
複合化、改修等への取組を、厳しい財政のなかで段階的に強化して
いる。そのため、文部科学省の社会教育調査（2019 年）によれば、
全国に設置されている公共体育施設は、2017 年をピークに微減し

7)「公の施設」とは、住民の福祉を
　増進する目的をもってその利用に
　供するための施設をいう。

続けている。

　その一方で、大規模スポーツ施設は、「ネーミングライツ」を導入したり、様々な文化・芸能的イベントを積極的に誘致するなど、維持管理費の確保に苦慮している自治体が増えている。

　また、管理・運営については、住民サービスの向上と行政コストの縮減を高めるために、地方自治法の 2003 年改正により「指定管理者制度」が創設された。それに伴い、地方自治体の出資法人（外郭団体）でなければ管理・運営を委任できなかった「公の施設」が、民間事業者によっても管理できるようになり、管理・運営への民間参入が続いている。

　一方、地方自治法が適用されない国は、民間資金を利用して施設整備と公共サービスの提供を委ねるため、1999 年に「PFI（Private Finance Initiative）」の法整備[8]を行い、2011 年、内閣府に「民間資金等活用事業推進室（PPP/PFI 推進室）」を新設した。

　そのうえで、地方自治体にも「PFI」活用と、公共施設の所有権を自治体に残したまま、長期間の施設運営権を民間事業者に設定する「コンセッション（Concession）方式」の導入を推奨しているところである。

　ちなみに、オリンピック・パラリンピック東京大会に合わせて改修した、新たな国立競技場も、大会後は、膨大な維持管理費を確保するために、コンセッション方式、ネーミングライツが導入される予定となっている。

⑤ スポーツと住民訴訟

（1）概説

　地方公共団体は、その行政の一環として、様々な施策を展開し、執行する。その活動に関する財務行政の適正さを確保するために、住民が行政の内部機関に対して、住民監査請求をすることが認められている（地方自治法第 242 条）。また、この手続きを経た上で、裁判所に住民訴訟を提起することが認められている（地方自治法第 242 条の 2。住民監査請求前置主義）。両制度は 2002 年 3 月に一部改正がなされている。

　この制度は、行政活動全般に関するものであり、スポーツにかかわる行政にも適用され、実際にそれらの制度が住民によって利用され、また、その利用の可能性が報道される場合もある。最近では、

8) 「PFI 法」とは、「民間資金等の活用による公共施設等の整備等の促進に関する法律」のこと。

2020 年オリンピック・パラリンピック東京大会の会場となる新国
立競技場の建設費が基本設計案（1,625 億円）を大幅に上回ること
が確実となり、文部科学大臣が東京都に対して 500 億円超の工事
負担を求めたケースがあった。マスコミは都民の税金を拠出するこ
とになれば、住民訴訟の提起の可能性を指摘した[9]。また、大分県
国東市が企業に市所有のマリーナを売却したところ、その売却額が
不当に安く公益性がないとして市民が住民訴訟を提起した[10]。ま
た、サッカー松本山雅の練習場の建設をめぐり、市民が松本市を相
手に約 12 億 4,800 万円の支出差し止め等を求める住民訴訟を提起
している[11]。

9) 読売新聞 2015 年 6 月 21 日

10) 朝日新聞 2015 年 5 月 23 日

11) 朝日新聞 2014 年 5 月 14 日

（2）住民監査請求制度

　普通地方公共団体の住民はその団体の長、委員会、委員、職員に
ついて、違法、不当な公金の支出、財産の取得、管理、処分、契約
の締結・履行、債務その他の義務の負担があると認めるときや、違
法、不当に公金の賦課、徴収、財産の管理を怠る事実があると認め
るときは、監査委員に対して、監査を求め、その行為を防止し、是
正し、その怠る事実を改め、その行為や怠る事実によってその団体
の被った損害を補填するために必要な措置を講ずべきことを請求す
ることができる（地方自治法第 242 条第 1 項）。その趣旨は、違法・
不当な財務会計行為を、行政内部の判断により迅速に是正しようと
するところにある。対象は、財務会計上の違法・不当な行為に限ら
れる。法律上の行為能力が認められる限り、自然人でも法人でもよ
い（1 人でも可）。

（3）住民訴訟

　住民が上記（2）の住民監査請求を行った場合、次のときは、住
民訴訟を提起することができる（住民監査請求前置主義）。すなわち、
①監査委員の監査の結果・勧告、勧告に基づいて長等が講じた措置
に不服があるとき、または②監査委員が監査・勧告を 60 日以内に
行わないとき、である（地方自治法第 242 条の 2 第 1 項）。その趣旨は、
普通地方公共団体における違法な公金の支出や財産管理（違法な財
務会計上の行為）または公金の徴収や財産管理を怠る事実は、究極
的に納税者である住民の負担になることから、住民訴訟は、これを
裁判によって是正するところにある。なお、住民訴訟は住民が同団
体に対して提起する訴訟であるが、同種の理由で国に対して国民が

提起する国民訴訟というものはない。

　最近の裁判例（一部）を掲げると以下のとおりである。

①市がＡ高校の甲子園出場後援会に対し交付した補助金について提起した住民訴訟 [12]

②大阪市が開催都市として立候補した 2008 年オリンピックの招致活動の一環として市長らの職員をシドニーオリンピックに合わせてシドニーに出張させたことについて提起した住民訴訟 [13]

③実現可能性のないことが明らかな J リーグの誘致のために調査委託料を支出したことについて提起した住民訴訟 [14]

④県立高校の生徒が剣道部の活動中に熱中症で倒れ救急搬送されたが死亡した事故について、県に対し、国賠法に基づき賠償を命じた確定判決に従い遺族が受領を拒否した賠償金を供託したところ、住民である被控訴人らが、部活動の指導教員らに対する求償権の行使を怠る事実の違法確認と同求償権行使の義務付けを求めた住民訴訟 [15]

6　スポーツと法政策

（1）スポーツ基本法（個別立法の方向性含む）

　スポーツ基本法 [16] は、スポーツ振興法を全部改正するものであり、前文、5 章、35 条文及び附則 7 条文から構成され、2011 年 6 月 24 日に公布された [17]。

　前文では、スポーツの価値や意義及びスポーツの果たすべき役割の重要性を示し、スポーツ立国を実現することを国家戦略として位置付けている。特に、スポーツ基本法は、前文及び第 2 条において、「スポーツを通じて幸福で豊かな生活を営むことは、全ての人々の権利」であることを確認し、いわゆる「スポーツ権」に関する規定を日本において初めて実定法上定めた法律であるところに意義がある。また、このスポーツ権に関する規定は、日本国憲法第 13 条で保障されている幸福追求権がスポーツの次元においても存在することを根拠付けるものと考えることができる [18]。

　スポーツ基本法第 1 章「総則」第 1 条は、同法の目的を、「スポーツに関し、基本理念を定め、並びに国及び地方公共団体の責務並びにスポーツ団体の努力等を明らかにするとともに、スポーツに関する施策の基本となる事項を定めることにより、スポーツに関する施

12) 盛岡地方裁判所判決平成 26 年 12 月 19 日「判例秘書」アカデミック版 LLI 統合型法律情報システム搭載：不適法却下、仙台高等裁判所判決平成 27 年 7 月 15 日「判例秘書」アカデミック版 LLI 統合型法律情報システム搭載：原判決取り消し・原審差戻し

13) 旧 4 号訴訟、大阪地方裁判所判決平成 18 年 3 月 15 日：棄却、判例地方自治 165 号 55 頁以下

14) 旧 4 号訴訟、徳島地方裁判所判決平成 8 年 10 月 18 日：棄却、判例地方自治 165 号 72 頁以下

15) 大分地方裁判所判決平成 28 年 12 月 22 日（一部認容）LLI/DB 判例秘書：L07151158（第一審）及び福岡高等裁判所判決平成 29 年 10 月 2 日（認容）LLI/DB 判例秘書：L07220436（控訴審）

16) 平成 23 年法律第 78 号。本書 362 頁以下

17) 官報・号外 134 号 28 頁以下

18) 齋藤健司「第 5 節　スポーツに関する権利とスポーツ基本法の基本理念」日本スポーツ法学会編『詳解スポーツ基本法』19 頁以下（成文堂、2011 年）

策を総合的かつ計画的に推進し、もって国民の心身の健全な発達、明るく豊かな国民生活の形成、活力ある社会の実現及び国際社会の調和ある発展に寄与すること」と定めている。特に、スポーツ基本法は、スポーツの推進の役割を担う主体として、国及び地方公共団体だけでなく「スポーツ団体」[19]（スポーツ基本法第 2 条第 2 項）を位置付けており、それまでのスポーツ振興法が行政によるスポーツの振興を図ることを目的とした法律であったこととは異なり、私的なスポーツ団体にまでも法の射程範囲を拡大し、単なる行政主体に関する法律関係を定めた行政法とは異なる性格を備えるものである。さらに、スポーツに関する施策に関して、第 3 条では国の責務を、第 4 条では地方公共団体の責務を定めるとともに、第 5 条ではスポーツ団体の努力に関して、「スポーツを行う者の権利利益の保護、心身の健康の保持増進及び安全の確保」（第 1 項）、「スポーツの振興のための事業を適正に行うため、その運営の透明性の確保」（第 2 項）、「スポーツに関する紛争について、迅速かつ適正な解決」（第 3 項）を定めている[20]。

　スポーツ基本法第 2 条は、スポーツに関する基本理念として、以下の八つのことを定めている。

①スポーツを通じて幸福で豊かな生活を営むことが人々の権利であることに鑑み、国民が生涯にわたりあらゆる機会とあらゆる場所において、自主的かつ自律的にその適性及び健康状態に応じてスポーツを行うことができるようにすること。

②青少年のスポーツが、国民の生涯にわたる健全な心と身体を培い、豊かな人間性を育む基礎となるものであるとの認識の下に、学校、スポーツ団体、家庭及び地域における活動の相互の連携を図ること。

③地域において、主体的に協働することによりスポーツをより身近に親しむことができるようにするとともに、これを通じて、当該地域における全ての世代の人々の交流が促進され、かつ、地域間の交流の基盤が形成されること。

④スポーツを行う者の心身の健康の保持増進及び安全の確保が図られること。

⑤障害者が自主的かつ積極的にスポーツを行うことができるよう、障害の種類及び程度に応じ必要な配慮をすること。

⑥スポーツは、日本のスポーツ選手（プロスポーツの選手を含む）

19) スポーツの振興のための事業を行うことを主たる目的とする団体のこと。

20) 齋藤健司「スポーツ基本法制定と今後の課題」日本スポーツ法学会年報 19 号 6 頁以下（2012 年）

が国際競技大会または全国的な規模のスポーツの競技会において優秀な成績を収めることができるよう、スポーツに関する競技水準の向上に資する諸施策相互の有機的な連携を図ること。

⑦スポーツにかかわる国際的な交流及び貢献を推進することにより、国際相互理解の増進及び国際平和に寄与するものとなるよう推進されること。

⑧スポーツを行う者に対し、不当に差別的取扱いをせず、また、スポーツに関するあらゆる活動を公正かつ適切に実施することを旨として、ドーピングの防止の重要性に対する国民の認識を深めるなど、スポーツに対する国民の幅広い理解及び支援が得られるよう推進されること。

　特に、第 2 条第 8 項に定めるスポーツの公正にかかわる理念は、スポーツの健全性（インテグリティ）の確保、ドーピングその他の不正の防止、スポーツ団体のガバナンスの確保、スポーツ紛争解決の公正性の確保などとも関連し、新しい基本理念として示された。また、これらの基本理念は、国、独立行政法人、地方公共団体、学校、スポーツ団体及び民間事業者その他の関係者に共通するものとして定められている [21]。

　このほか、「総則」では、国民の参加及び支援の促進（スポーツ基本法第 6 条）、国、独立行政法人、地方公共団体、学校、スポーツ団体及び民間事業者その他の関係者の関係者相互の連携及び協働（スポーツ基本法第 7 条）、政府によるスポーツに関する施策を実施するため必要な法制上、財政上または税制上の措置（スポーツ基本法第 8 条）を講じることを定めている。

　第 2 章「スポーツ基本計画等」では、まずスポーツに関する施策の総合的かつ計画的な推進を図るため、文部科学大臣がスポーツの推進に関する基本的な計画（スポーツ基本計画）を定めることを定めている（スポーツ基本法第 9 条）。そして、同条に基づき、実際に 2012 年 3 月 30 日にスポーツ基本計画（文部科学省告示第 65 号）が策定された。さらに、2017 年 3 月 24 日に第 2 期のスポーツ基本計画（文部科学省告示第 46 号）が策定された。第 10 条では、都道府県及び市（特別区を含む。以下同じ）町村の教育委員会（地方教育行政の組織及び運営に関する法律第 24 条の 2 第 1 項の条例の定めるところによりその長がスポーツに関する事務 [22] を管理し、及び執行することとされた地方公共団体（以下「特定地方公共団体」）にあっては、

21)「スポーツ基本法等の施行について（通知）」（平成 23 年 8 月 11 日付け地方公共団体等宛て文部科学副大臣通知）23 文科ス第 418 号

22) 学校における体育に関する事務を除く。

その長）は、スポーツ基本計画を参酌して、その地方の実情に即したスポーツの推進に関する計画（地方スポーツ推進計画）を定めるよう努めることを定めている。

第 3 章「基本的施策」は、「スポーツの推進のための基礎的条件の整備等」（第 1 節）、「多様なスポーツの機会の確保のための環境の整備」（第 2 節）、「競技水準の向上等」（第 3 節）の三つの施策から構成されている。

スポーツの推進のための基礎的条件の整備等については、指導者等の養成等（スポーツ基本法第 11 条）、スポーツ施設の整備等（スポーツ基本法第 12 条）、学校のスポーツ施設の利用（スポーツ基本法第 13 条）、スポーツ事故の防止等（スポーツ基本法第 14 条）、スポーツに関する紛争の迅速かつ適正な解決（スポーツ基本法第 15 条）、スポーツに関する科学的研究の推進等（スポーツ基本法第 16 条）、学校における体育の充実（スポーツ基本法第 17 条）、スポーツ産業の事業者との連携等（スポーツ基本法第 18 条）、スポーツにかかわる国際的な交流及び貢献の推進（スポーツ基本法第 19 条）、スポーツの競技会において優秀な成績を収めた者及びスポーツの発展に寄与した者の顕彰（スポーツ基本法第 20 条）について定めている。

多様なスポーツの機会の確保のための環境の整備については、住民が主体的に運営するスポーツ団体（地域スポーツクラブ）の事業への支援、住民が安全かつ効果的にスポーツを行うための指導者等の配置、スポーツ施設の整備など、地域におけるスポーツの振興のための事業への支援等（スポーツ基本法第 21 条）、スポーツ行事の実施及び奨励（スポーツ基本法第 22 条）、体育の日 [23] の行事（スポーツ基本法第 23 条）、心身の健全な発達、生きがいのある豊かな生活の実現等のために行われるハイキング、サイクリング、キャンプ活動その他の野外活動及びスポーツとして行われるレクリエーション活動（スポーツ・レクリエーション活動）の普及奨励（スポーツ基本法第 24 条）について定めている。

競技水準の向上等については、優秀なスポーツ選手の育成等（スポーツ基本法第 25 条）、国民体育大会 [24] 及び全国障害者スポーツ大会（スポーツ基本法第 26 条）、国際競技大会の招致または開催の支援等（スポーツ基本法第 27 条）、企業、大学等によるスポーツへの支援（スポーツ基本法第 28 条）、スポーツにおけるドーピングの防止に関する国際規約に従ってドーピングの防止活動を実施するため、日本アンチ・ドーピング機構（Japan Anti-Doping Agency；

23) 国民の祝日に関する法律の一部を改正する法律（平成 30 年法律第 57 号）により 2020 年 1 月 1 日から「スポーツの日」に改正。

24) スポーツ基本法の一部を改正する法律（平成 30 年法律第 56 号）により 2023 年 1 月 1 日から「国民スポーツ大会」に改正。

JADA）と連携した国によるドーピング防止活動の推進（スポーツ基本法第 29 条）について定めている。

　第 4 章「スポーツの推進にかかわる体制の整備」では、まず、政府が、スポーツに関する施策の総合的、一体的かつ効果的な推進を図るため、スポーツ推進会議を設け、文部科学省及び厚生労働省、経済産業省、国土交通省その他の関係行政機関相互の連絡調整をすることを定めている（スポーツ基本法第 30 条）。他方、都道府県及び市町村に、地方スポーツ推進計画その他のスポーツの推進に関する重要事項を調査審議させるため、条例で定めるところにより、審議会その他の合議制の機関（スポーツ推進審議会等）を置くことができることを定めている（スポーツ基本法第 31 条）。さらに、市町村の教育委員会（特定地方公共団体にあっては、その長）が、当該市町村におけるスポーツの推進に係る体制の整備を図るため、スポーツ推進委員を非常勤として委嘱することを定めている（スポーツ基本法第 32 条）。

　第 5 章「国の補助等」では、まず国の補助について（スポーツ基本法第 33 条）、国は、地方公共団体に対し、予算の範囲内において、政令で定めるところにより、①国民体育大会及び全国障害者スポーツ大会の実施及び運営に要する経費であって、これらの開催地の都道府県において要する経費、及び②その他スポーツの推進のために地方公共団体が行う事業に要する経費であって特に必要と認められるものについて、その一部を補助することを定めている。また、国は、学校法人に対し、その設置する学校のスポーツ施設の整備に要する経費について、予算の範囲内において、その一部を補助することができることを定めている。さらに、国は、スポーツ団体であってその行う事業が日本のスポーツの振興に重要な意義を有すると認められるものに対し、当該事業に関し必要な経費について、予算の範囲内において、その一部を補助することができることを定めている。

　次に、地方公共団体の補助について（スポーツ基本法第 34 条）、地方公共団体は、スポーツ団体に対し、その行うスポーツの振興のための事業に関し必要な経費について、その一部を補助することができることを定めている。

　ただし、国または地方公共団体が社会教育関係団体 [25] であるスポーツ団体に対し補助金を交付しようとする場合には、あらかじめ、国にあっては文部科学大臣が第 9 条第 2 項の政令で定める審議会等の、地方公共団体にあっては教育委員会 [26] がスポーツ推進審議会

25) 社会教育法（昭和 24 年法律第 207 号）第 10 条に規定する社会教育関係団体をいう。

26) 特定地方公共団体におけるスポーツに関する事務（学校における体育に関する事務を除く）に係る補助金の交付については、その長が意見を聴かなければならない。

等その他の合議制の機関の意見を聴かなければならないことを定めている（スポーツ基本法第 35 条）。

「附則」では、特に第 2 条で、スポーツに関する施策を総合的に推進するための行政組織の在り方の検討について定められ、政府は、スポーツに関する施策を総合的に推進するため、スポーツ庁及びスポーツに関する審議会等の設置等行政組織の在り方について、政府の行政改革の基本方針との整合性に配慮して検討を加え、その結果に基づいて必要な措置を講ずるものとすることが定められた。この規定に基づき、文部科学省設置法の一部を改正する法律[27]により、文部科学省の外局として、スポーツの振興その他のスポーツに関する施策の総合的な推進を図ることを任務とする「スポーツ庁」が設置された。また、スポーツ審議会令[28]により、スポーツ審議会が設置された。

スポーツ基本法は、スポーツに関する基本理念及びスポーツを行う者などの権利利益を定めており、理念立法としての性格を備えている。また、スポーツに関する施策を総合的に推進し、スポーツにかかわるすべての関係者の連携や基本的な関係を定めた総合立法としての性格を備えている。今後、スポーツ基本法の理念やスポーツに関する権利をさらに検討するとともに、スポーツに関係するその他の特別法との関係を整備し、スポーツ基本法を中心としたスポーツ法の体系が構築されることが求められる。また、スポーツ基本法の理念及び諸規定に基づいて、税制・財政、スポーツ団体[29]、スポーツ紛争解決、スポーツ事故補償・安全対策、中央地方関係、スポーツ施設整備などに関する個別立法の整備を進める必要がある。実際にアンチ・ドーピングについては、スポーツにおけるドーピングの防止活動の推進に関する法律（平成 30 年法律第 58 号）が制定された。

（2）スポーツ基本法以外のスポーツに関する法律

スポーツに関する法律はスポーツ基本法以外にも存在し、スポーツ振興の基本方策を定める法律とスポーツ振興に関係する法律に大別することができる。スポーツ振興の基本方策を定める法律として、スポーツ基本法の制定以前に存在したスポーツ振興法のほか、独立行政法人日本スポーツ振興センター法、スポーツ振興投票の実施等に関する法律及びスポーツにおけるドーピングの防止活動の推進に関する法律が挙げられる。スポーツ振興に関係する法律は多様に存在するが、スポーツ振興にかかわる行政組織に焦点を絞ると、省庁

27) 平成 27 年 5 月 20 日法律第 21 号

28) 平成 27 年 9 月 18 日政令第 329 号

29) スポーツ団体の中には、スポーツ統括団体や国内スポーツ連盟から地域のスポーツクラブまでが含まれる。

の設置規定を定める国家行政組織法及び文部科学省設置法（以下、文科省設置法）が挙げられる。また、2020 年オリンピック・パラリンピック東京大会の準備及び運営のために制定された平成三十二年東京オリンピック競技大会・東京パラリンピック競技大会特別措置法も、スポーツ振興に関係する法律として捉えることができる。

〈1〉 スポーツ振興法

　1961 年に制定されたスポーツ振興法は、スポーツ振興に関する施策を定めた日本における最初の法律であった。戦後、生活水準の向上や産業の近代化による余暇の増大等に伴い、スポーツやレクリエーション活動に対する国民の関心や欲求が高まっていった。このような社会状況を受けて、1949 年の社会教育法第 2 条に規定される「体育及びレクリエーションの活動」を、具体的に推進していくための立法化が検討され、1964 年の東京オリンピック開催が決まったことを契機として、スポーツ振興法は制定された。スポーツ振興が国民の心身の発達及び国民生活の形成に寄与することを基本理念としたため、スポーツ振興法には営利のためのスポーツの振興を対象としないことが定められた（スポーツ振興法第 3 条第 2 項）。しかし、スポーツを取り巻く社会環境の変化に伴って、プロスポーツ選手の競技技術の活用に関する規定が、1998 年の改正で加えられた（スポーツ振興法第 16 条）。なお、この改正は第 1 次改正[30]であり、そのほかの 12 回の改正はほかの法律の改正に伴った改正であった。

〈2〉 独立行政法人スポーツ振興センター法

　2002 年に制定された独立行政法人日本スポーツ振興センター法は、日本体育・学校健康センターの業務等を承継して設置された JSC の名称、目的及び業務の範囲等に関する事項を定めている。具体的な業務の範囲として、センターが設置するスポーツ施設の運営、スポーツ団体の活動に対する援助、アスリート及び指導者の活動に対する援助、スポーツ振興投票、児童生徒等への災害共給並びに学校における安全教育及び安全管理等が規定されている（独立行政法人スポーツ振興センター法第 15 条第 1 項）。また、2013 年の改正に伴って、スポーツに関する活動が公正かつ適切に実施されるようにするために必要な業務が加えられ、暴力やドーピング等の様々な脅威からスポーツの健全性や高潔性を守る取組が行われている。

[30] スポーツ振興法の一部を改正する法律（平成 10 年 5 月 20 日法律第 65 号）

第 2 編 公法とスポーツ

〈3〉スポーツ振興投票の実施等に関する法律

　1998年に制定されたスポーツ振興投票の実施等に関する法律は、スポーツ振興投票の対象となる試合、実施方法、収益の使途、対象試合開催機構、雑則及び罰則に関する事項を定めている。スポーツ振興くじ等と呼ばれるスポーツ振興投票は、国際競技力の向上を含むスポーツ環境の整備のための財源を確保する手段として導入されたもので、スポーツ振興投票の実施等に関する法律は、収益の３分の１を国庫へ納付し（スポーツ振興投票の実施等に関する法律第22条）、残りの３分の２をスポーツ振興のための助成に充てること（スポーツ振興投票の実施等に関する法律第21条）等を定めている。

〈4〉スポーツにおけるドーピングの防止活動の推進に関する法律

　2018年に制定されたスポーツにおけるドーピングの防止活動の推進に関する法律は、スポーツ基本法及びスポーツにおけるドーピングの防止に関する国際規約の趣旨に則って制定された法律で、総則（第１条〜第10条）、基本方針（第11条）及び基本的施策（第12表〜第16条）から構成される。総則では、ドーピング防止活動の基本理念、スポーツにおけるドーピングの禁止及び法制上の措置等について定めている。また、国の責務、日本スポーツ振興センターの役割及びスポーツ競技会運営団体の努力のほか、関係者は相互に連携を図りながら協働するよう努めなければならない（スポーツにおけるドーピングの防止活動の推進に関する法律第８条）と定めている。

〈5〉国家行政組織法

　国家行政組織法は、内閣府以外の国の行政機関の設置及び組織を定める法律で、各省の組織における内部部局等の細分化について定めている。国家行政組織法は文部科学省の設置に関する様々な規定を定めているが、各組織細目の名称等については文部科学省設置法が定め、さらに政令及び省令等の下位の命令が規定している。

〈6〉文部科学省設置法

　文科省設置法は、文部科学省の設置、任務、所掌事務並びに文部科学省に置かれる職及び機関等を定める法律で、スポーツ庁に関する事項も定めている。具体的には、外局にスポーツ庁及び文化庁を置き（文科省設置法第13条）、スポーツ庁の長はスポーツ庁長官とする（文科省設置法第14条）。また、スポーツ庁は、スポーツの振

興その他のスポーツに関する施策の総合的な推進を図ることを任務とし（文科省設置法第 15 条）、文部科学省の所掌事務（文科省設置法第 4 条）のうち体育及びスポーツに関する事務を担当する（文部科学省設置法第 16 条）。なお、スポーツ庁の設置に伴う改正で、スポーツに関する基本的な政策の企画及び立案並びに推進に関すること（文科省設置法第 4 条第 69 号）、スポーツに関する関係行政機関の事務の調整に関すること（文科省設置法第 4 条第 70 号）、心身の健康の保持増進に資するスポーツの機会の確保に関すること（文科省設置法第 4 条第 73 号）が、新たに加えられた。

〈7〉平成三十二年東京オリンピック競技大会・東京パラリンピック 競技大会特別措置法

　2020 年オリンピック・パラリンピック東京大会の開催に伴って制定されたのが、平成三十二年東京オリンピック競技大会・東京パラリンピック競技大会特別措置法で、当該大会の円滑な準備及び運営に資するため必要な特別措置について定めている。具体的には、当該大会推進本部の設置に関すること、国有財産の無償使用に関すること、寄附金付郵便葉書等の発行の特例に関すること及び組織委員会への国の職員の派遣等に関することである。

　日本で開催された過去 3 回のオリンピック[31]はもちろん、2002 年に日本と韓国の共催で行われたサッカーワールドカップ及び 2019 年開催のラグビーワールドカップにおいても、同様の特別措置法が制定された。このように、国際的なスポーツイベントの開催には国の関与が必要となるため、特別措置を講ずるための法律が制定されることが多い。

（3）スポーツ基本計画、スポーツ推進会議

　スポーツ基本計画は、日本のスポーツ施策の基本方策を定めたスポーツ基本法の理念を具体化し、スポーツ施策の具体的な方向性を示すものとして策定されたものである。また、スポーツ推進会議は、スポーツ施策に関係する行政機関の連絡及び調整を行う組織として設置された。

〈1〉スポーツ基本計画

　スポーツ基本計画は、スポーツ基本法第 9 条に基づいて、文部科学大臣がスポーツに関する施策の総合的かつ計画的な推進を図るた

31) 1964 年の東京大会、1972 年の札幌大会（冬季）、1998 年の長野大会（冬季）

めに定めるものである。また、スポーツ基本計画は、法的拘束力の面から捉えると国民に対する要望に留まるものであるが、国、地方公共団体及びスポーツ団体等の関係者が一体となって、スポーツに関する施策を推進していくための重要な指針として位置付けられ、「行政権が一定の公の目的の実現のために目標を設定し、その目標を達成するための手段を総合的に提示する」[32] 行政計画にあたる。

2012年3月、第1期スポーツ基本計画が策定された。計画は4章で構成されており、スポーツをめぐる現状と今後の課題を整理し（1章）、今後10年間を見通したスポーツ推進の七つの基本方針を示している（2章）。次に、それらの基本方針に沿って、2012年から2016年までの5年間に総合的かつ計画的に取り組むべき施策の政策目標を掲げ、政策目標ごとに複数の具体的な施策を列挙し、各施策に対する目標、現状及び課題並びに今後の具体的施策展開を提示している（3章）。最後に、施策の総合的かつ計画的な推進のために必要な事項を挙げている（4章）。

第1期の計画が定める5年間が経過したため、2017年3月に第2期スポーツ基本計画が策定された。計画は4章で構成されており、第2期スポーツ基本計画の策定の概略について述べ（1章）、四つの観点からスポーツの価値を捉えて基本方針を示している（2章）。次に、第1期の計画における政策目標、施策目標及び具体的施策という基本的な構造を踏まえた上で、その内容を大括りにして体系化を図り、第2期の計画における四つの政策目標、19の施策目標及び139の具体的施策を示している（3章）。最後に、施策の総合的かつ計画的な推進のために必要な事項を挙げている（4章）。

文部科学大臣は、スポーツ基本計画を定めるとき、またはこれを変更しようとするときは、あらかじめ政令で定める審議会の意見を聴かなければならないとされている（スポーツ基本法第9条第2項）。第1期の計画では、中央教育審議会が諮問を受けたが、第2期の計画においては、スポーツ庁の創設に伴って新たに設置されたスポーツ審議会が諮問を受けることになった。

〈2〉スポーツ推進会議

日本のスポーツ施策は、文部科学省が中心となって実施されてきた。しかし、国土交通省の総合運動公園の整備事業や総務省のスポーツ拠点づくり事業のように、ほかの省庁でもスポーツ関連施策は展開されており、それらの施策を効率的に展開していくためには、省

32) 塩野宏『行政法Ⅰ』（有斐閣、第6版、2015年）

庁間の連携を図っていく必要がある。そこで、スポーツ基本法では、スポーツ施策の総合的、一体的かつ効果的な推進を図るために、スポーツ推進会議を設置することが定められた（スポーツ基本法第 30 条）。

　2012 年 3 月 26 日、第 1 回の会議が、スポーツ推進会議の設置とスポーツ基本計画の策定を議題として開催された。その後、数年間開かれていなかったが、第 2 期スポーツ基本計画の策定に関連して、2016 年 6 月に第 2 回が、同年 12 月に第 3 回が、2017 年 3 月に第 4 回が開催された。また、スポーツ審議会が 2018 年 8 月にとりまとめた答申「スポーツ実施率向上のための行動計画について〜「スポーツ・イン・ライフ」を目指して〜」及び「スポーツ国際戦略について」を受けて、同年 9 月に第 5 回が開催された。

　スポーツ基本法は、推進会議の所掌事務や組織については定めていない。しかし、ほかの法律を見ると、組織や運営に関する事項について定めている場合がある。例えば、環境基本法や食育基本法である。環境基本法は、環境省に設置される公害対策会議の所掌事務（環境基本法第 45 条第 2 項）、会議を組織する会長、委員及び幹事の任命等について定めている（環境基本法第 46 条）。また、食育基本法は、内閣府に設置される食育推進会議の所掌事務（食育基本法第 26 条第 2 項）、組織（食育基本法第 27 条）、会長（食育基本法第 28 条）及び委員（食育基本法第 29 条）等について定めている。

　2015 年 10 月にスポーツ庁が発足したが、基本計画の変更においては関係省庁と連絡調整を図っていかなければならない。そのためには、政令等で推進会議に関する規定を定めていくことが必要である。

（4）スポーツ基本条例及び地方スポーツ推進計画との関係

　条例は、地方公共団体が自治権（その区域内においてもつ支配権）に基づいて定める、その地域内での最高規範である。スポーツに関する条例は、いくつかみられる。例えば、スポーツ施設の利用料に関する条例、スポーツ推進審議会条例、登山をする際に届出書の提出を求める条例などである。中には、スポーツに関する基本的な政策を制定したものがある [33]。スポーツ振興に着眼した「倶知安町スポーツ振興条例」（1972 年）、スポーツによるまちづくりを企図した「21 世紀出雲スポーツのまちづくり条例」（2006 年）や、スポーツが文化とともに制定された「ふじみ野市文化・スポーツ振興

33) 吉田勝光「地方自治体におけるスポーツ立法政策の展開—条例政策研究の視座—」松本大学地域総合研究 12 号 139 頁以下（2011 年）

条例」（2015 年）などである。このようにスポーツに関する基本的な政策を定めた条例を「スポーツ基本条例」[34]または単に「スポーツ条例」と呼ぶ[35]ことがある。スポーツ基本条例を制定した上で、それを法的根拠として、行政計画（スポーツ振興計画・スポーツ推進計画）を策定し、スポーツ政策を展開する地方公共団体も 30 件程度みられる。その理由の一つとして、ほかの政策の展開と同様、スポーツ政策の展開に当たっても法的根拠が必要であるとするものもある。

　21 世紀出雲スポーツのまちづくり条例制定の際には、その点が強調された。最近では、スポーツ基本法（2011 年）の制定を契機に、スポーツ基本条例の制定を検討する地方公共団体が出てきている。条例が、地方公共団体の議会（住民から選挙された議員で構成される）によって議決される法規範であるのに対し、行政計画は、地方公共団体の行政機関が策定した内部的な行動指針である。多くの地方公共団体は、スポーツ基本条例を制定しないで、行政計画を策定してスポーツ政策を実施する手法を採用している。すでに 47 都道府県すべてで策定され、最近では市レベルでの策定が盛んである。長野県を例にとっても、大町市スポーツ推進計画（2013 年）、松本市スポーツ推進計画（2015 年）、塩尻市スポーツ推進計画（2015 年）などが策定されている。

34) 本書はこの用法に従う。吉田勝光『地方自治体のスポーツ立法政策論』7 頁以下（成文堂、2007 年）

35) 吉田隆之＝吉田勝光「スポーツ条例の比較考察―文化条例との対比の視点から―」日本スポーツ法学会年報 21 号 106 頁以下（2014 年）、吉田勝光＝吉田隆之『文化条例政策とスポーツ条例政策』（成文堂、2017 年）

第2編　公法とスポーツ

第3章　教育法

　本章は、教育法とスポーツ法の関係について独立の章が必要であるという認識の中で第3版から新設された。実際に講義において学校スポーツ部活動事故と不法行為責任、体罰の法律問題などを取り上げたときに教育法学の内容に触れる必要が生じていた。

　本章では、1. 教育法の概要、2. スポーツ法学授業の嚆矢、3. スポーツ法と教育法の交錯—隣接科学研究の重要性、4. 学校運動部活動の意義と問題点という構成で、教育法学からスポーツ法学研究のアプローチを行い、最後に5. 学校部活動の課題—部活動指導員の導入について課題的に提示した。

　特に、教育法の概要では、スポーツ法学と教育法学との関係性を明らかにした。教育法学は、憲法26条を基盤にして、教育基本法や学校教育法、社会教育法、さらには学校事故補償・賠償研究に密接に関連してくる独立行政法人日本スポーツ振興センター法、学校保健安全法等々の関連法規の理解によって深化してきているからである。紙面の都合上概略にとどまっているが、脚注で示した文献を参照していただくとその理解は増してくる。

　本書は、スポーツ法と関連法学について詳述されているが、本章では教育法の交錯—隣接科学研究の重要性において、特に教育法からのアプローチが重要であることを強調した。現代社会におけるスポーツの複雑な諸問題解決のためには、隣接科学からのアプローチは欠かせない。重要な視点は、教育基本法第1条に定める教育の目的とスポーツ基本法第2条2項に定める「人格」規定である。前者は教育目的を人格の完成とし、後者はスポーツは青少年の体力を向上させ、公正さと規律を尊ぶ態度等を培う「人格形成」に大きな影響を及ぼすとしていることについて隣接科学各方面からのアプローチが重要であることを指摘した。

　そして、特筆しておきたいことは5. 学校部活動の課題—部活動指導員の導入の節である。2017年から取り入れられている部活動指導員（学校教育法施行規則第78条の2）の在り方について提示をした、ただし部活動を社会教育に移管すべきだという議論には触れていない。今後、全国的に部活動指導員が積極的に取り入れられるようになれば、新たな問題（法的責任、資格等々）についても研究課題となってくるだろう。

Contents

教育法

① 教育法の概要

　スポーツ法学は、教育法学との関係性が深い。その理由の一つは、学校体育授業中の事故問題を研究するには、どうしても教育法規を理解しながら進めていかないとその本質に迫れないからである。そもそもスポーツ法学研究の始まりの一つは「学校体育事故」問題研究からといってもよいだろう。二つ目の理由は、学校運動部活動の意義との関係である。学校運動部活動は教育課程外として存在しているが、教育活動の一環[1]として行われている以上、教育基本法や学校教育法の理解が必要である。

　教育法学研究は、教育問題を法的に解明するために1970年代から活発になってきた。民法のように「法典」として教育法は存在しているのではなく、憲法第26条を基盤にして、教育基本法や学校教育法、社会教育法、さらには学校事故補償・賠償研究に密接に関連してくる独立行政法人日本スポーツ振興センター法、学校保健安全法等々の関連法規を総称して「教育法」といっている。

　そして教育法は、「教育制度に特有な法論理の体系」[2]、あるいは「教育における正義を実現することを目指して、教育に関連する事項を定めた一連の法令」[3]、さらには「教育法学という学問分野は、一口で言えば、日本国憲法が初めて国民の権利として、その二六条に保障した「教育を受ける権利」を中心とする教育基本権（教育人権）を現実に保障するための法律（広義での）を研究対象」[4]するという視点から研究が進んできた。特にこの学説は、学校事故問題研究に大きな視座を与えるものとなっている。

② スポーツ法学授業の嚆矢

　スポーツ法学の内容を1971年から「安全教育」[5]、その後1974年には「運動事故及び補償論」という名称で教育課程として設置し授業を開講してきた大学[6]があるが、その後同大学は1994年度から「スポーツ法学」という名称に変更し今日に至っている[7]。現在、学部を問わずスポーツ法学を内容とした教育課程を置いてい

1) 最高裁判所第1小法廷平成9年9月4日判決他多数

2) 兼子仁『教育法〔新版〕』7頁（有斐閣法律学全集、1978年）

3) 森部英生＝入澤充『教育法要説』12頁（道和書院、2008年）

4) 永井憲一『教育法学の原理と体系』3頁（日本評論社、2000年）

5) 学校法人藤村学園『藤村学園100年の歩み』104頁（2002年）

6) 東京女子体育大学で開講されていた。

7) 前掲注5)114頁

る大学は 60 校近くある [8]。

「安全教育」科目の設置経緯は、体育授業中に学生が事故にあい、その責任、保障問題等について研究・教育をしなければならなくなったという事情があった。1969 年に伊藤堯氏が『体育と法』（道和書院）の「はしがき」で以下のように述べられていることから推察できる。「事故をおそれて、安全なことばかり無為無策に漫然と行われる体育の指導程、意義のないものはなく、あくまで積極的に進歩的に活發に行われるべきであります。しかしながら事故は起こしてはならず、学生、生徒の人権は尊重されなければなりません」と記し、体育教師を目指す学生達が、体育事故の原因、さらにそれに伴う刑事、民事、行政の各法的責任についての法的知識を身につけていくことの重要性を指摘していた。

③　スポーツ法と教育法の交錯──隣接科学研究の重要性

スポーツ法は、教育法のように教育に関する各種法律があるわけではない。2011 年に制定されたスポーツ基本法の下に 2018 年 6 月に「スポーツにおけるドーピングの防止活動の推進に関する法律」が制定されているのみで、今後の法整備の検討が必要である。

現代社会におけるスポーツの複雑な諸問題解決のためには、隣接科学からのアプローチは欠かせない。特に教育法からのアプローチは重要である。例えば、学校運動部活動は、教育課程外として位置づけられているにも関わらず学習指導要領 [9] にその意義が提示され、また、判例 [10] によっても学校教育活動の一環として位置づけられている以上、教育法の視点からの考察は欠かせないだろう。

特に重要な視点は、教育基本法第 1 条に定める教育の目的とスポーツ基本法第 2 条 2 項に定める「人格」規定である。前者は教育目的を人格の完成とし、後者はスポーツは青少年の体力を向上させ、公正さと規律を尊ぶ態度等を培う「人格形成」に大きな影響を及ぼすとしている。

人格とは、広辞苑第 7 版によれば「④法律関係、特に権利・義務が帰属し得る主体・資格」とあるが、その前に③として「道徳的行為の主体としての個人、自律的意志を有し、自己決定的であるところの個人」とある。この両方の意義を学校教育やスポーツ活動で子ども達に理解させていくことが教師や部活動顧問の役割である。そうであるならばスポーツ法と教育法の共同研究はさらに推進されて

8) 日本スポーツ法学会年報 22 号 39 頁以下（2015 年）

9) 2017 年 3 月告示中学校学習指導要領では、以下のように記述されている。「第 5　1　教育課程の改善と学校評価、教育課程外の活動との連携等　ウ　教育課程外の学校教育活動と教育課程の関連が図られるように留意するものとする。特に、生徒の自主的、自発的な参加により行われる部活動については、スポーツや文化、科学等に親しませ、学習意欲の向上や責任感、連帯感の涵養等、学校教育が目指す資質・能力の育成に資するものであり、学校教育の一環として、教育課程との関連が図られるよう留意すること。その際、学校や地域の実態に応じ、地域の人々の協力、社会教育施設や社会教育関係団体等の各種団体との連携などの運営上の工夫を行い、持続可能な運営体制が整えられるようにするものとする」（下線部、筆者注）

10) 最高裁判所第 2 小法廷判決平成 18 年 3 月 13 日最高裁判所民事裁判集第 219 号 703 頁「教育活動の一環として行われる学校の課外のクラブ活動においては、生徒は担当教諭の指導監督に従って行動するのであるから、担当教諭は、できる限り生徒の安全にかかわる事故の危険性を具体的に予見し、その予見に基づいて当該事故の発生を未然に防止する措置を執り、クラブ活動中の生徒を保護すべき注意義務を負うものというべきである。」

いかなければならない。

④ 学校運動部活動の意義と問題点

　現在、学校運動部活動は様々な問題が噴出してきている。例えば、指導者の「体罰」[11]、暴言を含んだ指導方法、部員に有無を言わせない強制的な指導、それによって部員自身が自らの意思を放棄してしまっている現状、さらには指導者＝顧問教諭の長時間労働問題等々。これらの問題を解決するに当たっては、やはり教育法学からの問題提起も必要である。

　ここでは、前述した「人格」形成の意味から部活動問題の在り方を提起しておきたい。学校教育は個人を未来の主権者・生活者として育成していくことでもあるが、そこには個人の尊厳を基盤として自律的意思をもって自立的に生活を営むことが出来るように補完していくことが含まれる。自律とは、個人の意思で善悪を判断し、規範意識をもって行動することでもあるが、このことが指導されていれば 2018 年に発生した日本大学アメリカンフットボール部のような事案[12] は生じないはずである。個人の自律する芽を摘むような指導が行われていないか、部活動指導者はもういちど指導方法を見直すべきではないだろうか。スポーツ基本法第 16 条は、スポーツに関する科学的研究の推進等を定めているが、部活動指導者はこの科学的研究の内容を理解しなければいけない。

⑤ 学校部活動の課題—部活動指導員の導入

　2017 年から学校教育法施行規則の改正（第 78 条の 2）により中学校、義務教育学校の後期課程、高等学校、中等教育学校並びに特別支援学校の中等部及び高等部において「部活動指導員」の配置が可能となった。これは外部指導員の導入を法規化したもので顧問教諭の負担軽減と学校における部活動指導体制の充実という意図がある。

　通知「学校教育法施行規則の一部を改正する省令の施行について」（平成 29 年 3 月 14 日）によれば部活動指導員の職務は「学校の教育計画に基づき、生徒の自主的、自発的な参加により行われるスポーツ、文化、科学等に関する教育活動（学校の教育課程として行われるものを除く。）である部活動において、校長の監督を受け、技術的な指導に従事すること」である。通知はさらに具体的に以下のよう

11) 体罰禁止は学校教育法 11 条で定められているが、文部科学省は 2013 年 3 月 13 日に「体罰の禁止及び児童生徒理解に基づく指導の徹底について」通知を出している。しかしその後も部活動中の体罰事例は多々発生している。例えば、朝日新聞 2017 年 12 月 1 日「足利工大附高で暴行　バレー部コーチ、部員蹴る」。スポーツ報知 2017 年 12 月 8 日「北海道栄野球部監督、体罰で退任・・・授業中に 3 年生部員を」。朝日新聞デジタル 2018 年 1 月 12 日「部活の顧問教諭が生徒につば、通算 80 回　平手打ちも」。毎日新聞 2018 年 1 月 17 日「佐野日大高　女子バレー部の元顧問が体罰」、同「聖カタリナ学園　女子ソフト部監督、セクハラ発言や体罰」等々（詳しくは、入澤充「体罰裁判の問題点と体罰根絶への課題—体罰の不条理と教育の条理—」國士舘法学 51 号（2019 年）参照）。

12) 詳細は、本書第 3 編 4「アメリカンフットボール違法タックル事件の概要」110 頁以下

な職務内容を示している。「実技指導、安全・障害予防に関する知識・技能の指導、学校外での活動（大会・練習試合等）の引率、用具・施設の点検・管理、部活動の管理運営（会計管理等）、保護者等への連絡、年間・月間指導計画の作成」等々。また事故が発生した場合の現場対応について「部活動指導員は、事故が発生した場合は、応急手当、救急車の要請、医療機関への搬送、保護者への連絡等を行い、必ず教諭等へ報告すること。特に、重大な事故が発生した場合には、学校全体で協力して対応する必要があるため、直ちに教諭等に連絡すること」とある。生徒指導にかかる対応なども通知に示されている（詳しくは通知を参照）。

　この職務内容を専任の教員でない部活動指導員が確実に遂行していくためには、スポーツ基本法第 32 条で定めるスポーツ推進委員の活用や大学体育学部やスポーツ関係学部で一定の教育課程を履修してきた者達を充てることが一つの方策である。しかし、果たして現実にそのような人材の活用システムはできているのか。さらには職務内容を各学校が部活動指導員、あるいは候補者に徹底しているかは甚だ疑問である。前述したように学校部活動には様々な問題があり、それらを解決しなければ持続可能な部活動はのぞめない。部活動指導員は、ただたんに勝利を目指すだけの指導者だけではなく問題解決と課題形成ができる人材として要請されているという認識を持つべきだろう。

第3編　刑事法とスポーツ

　本編では、スポーツと刑事責任について解説する。

　スポーツは決められたルールの中で行われる私的な行為であり、そのもの
が刑事責任を発生させる行為ではない。そして、たとえ、ボクシングなどの
格闘技において、対戦相手に対して有形力の行使をしたとしても、法的に暴
行罪、傷害罪は問われない。

　しかしながら、スポーツ界においては、いくつか刑事責任が発生する場面
が存在する。

　一つは、スポーツ指導における暴力、セクシュアル・ハラスメント（セク
ハラ）がエスカレートした場面や、スポーツイベントや施設におけるスポー
ツ事故の場面である。このような場面においては、暴行罪、傷害罪、強制性
交等罪、強制わいせつ罪などのほか、被害者の死亡などの重大結果の発生に
より、スポーツ指導者やスポーツイベントの主催者、施設管理者などに業務
上過失致死罪の適用などが問題になる。

　また、一方で、スポーツ界においては、スポーツビジネスが発展する中で、
金銭をめぐる刑事責任が発生する。スポーツ団体内の金銭管理における横領
罪、背任罪、税法違反（脱税）などの適用場面は、その一場面であろう。

　そして、近年、大きな問題となっているのが、巨大スポーツビジネスにお
ける利権から発生する賄賂罪の問題である。2015 年に世界的に大きく報道
された国際サッカー連盟（FIFA）の賄賂問題は記憶に新しい。日本のスポー
ツビジネスにおいては、スポーツイベントにおけるダフ行為（迷惑防止条例
違反）、暴力団排除（暴排条例違反）などの適用が問題とされる場面もある。

　そして、今後のスポーツビジネスにとって大きな検討課題となるのは、賭
博罪の問題である。日本においては賭博一般が禁止され、競馬、競輪など国
家管理による賭博が実施され、その利益がスポーツ界に還元されているが、
世界的には、賭博を許容する法制も存在し、スポーツビジネスにおいては、
スポーツギャンブル市場からの収入が大きなビジネスとなっている。

　以上のような刑事責任は、昨今スポーツ界の様々な場面で問題となってい
るため、本編では、上記のようなスポーツ実務において刑事責任が問題とな
る場面も概観し、アスリートの活動やスポーツ団体の経済活動において留意
すべき点について解説する。

Contents

1 刑事法の概要

　まずは、刑事法の概要をつかんでもらうために、ごく簡単にではあるが、刑法、刑事訴訟法の意義を確認したうえで、刑事法と密接な関係を有する憲法の考えに触れつつ、刑事手続きの一般的な流れについて説明する。

（1）刑法と刑事訴訟法
〈1〉刑法について [1]

1) 大塚仁「刑法概説（総論）［第三版］」1-3頁・52頁

　刑法とは、犯罪と刑罰とに関する法である。

　たとえば、殺人罪は刑法典において、「人を殺した者は、死刑又は無期若しくは五年以上の懲役に処する。」（199条）という形式で、傷害罪は「人の身体を傷害した者は、十五年以下の懲役又は五十万円以下の罰金に処する。」（204条）という形式でそれぞれ規定されている。条文の前半に、法律要件として、一定の犯罪の要件を示すとともに、後半には、これに対する法効果としての刑罰の種類及び範囲を限定して定めている。すわなち、殺人罪を例にとると、「人を殺した者は」という犯罪の要件を示したうえで、これに対する法効果として、「死刑又は無期若しくは五年以上の懲役に処する」という刑罰の種類及び範囲を限定して定めている。

　このように、ある行為を犯罪として刑罰を科すためには、立法府によって制定される法令に明確に規定しておかなければならないとする原則を「罪刑法定主義」という。通常、「法律がなければ犯罪はなく、法律がなければ刑罰はない。」という標語によって示される。

〈2〉刑事訴訟法について [2]

2) 田宮裕『刑事訴訟法（新版）』1-2頁（有斐閣、1996年）

　刑事訴訟法とは、刑法を実現するための手続きを定めた法律である。

　民事上の紛争は当事者の話し合いで解決を図ることもできるが（私的自治の原則）、刑事上の犯罪事件はことがらの重大性に鑑み、原則として、必ず法が定めた刑事手続きを経由する必要があるという違いがある。

　すなわち、刑法は刑事訴訟の手続きに従わなければ実現することができず、犯罪が起きても犯人を直ちに処罰することはできない。標語的に、「手続きなければ刑罰なし。」といわれているように、刑事訴訟が発動されなければ、刑法は実際上意味を持たない。

〈3〉刑事法について

　刑事法という言葉も、しばしば使用される。これは、刑法を含むより広い観念であり、刑法と刑事訴訟法その他の刑事裁判手続に関する法を総称した言い方である。

（2）刑事法と日本国憲法 [3)]

3) 芦部信喜・高橋和之補訂『憲法（第三版）』221 頁(岩波書店、2002 年)

　刑事法は、歴史的に憲法と深い結びつきを有する。

　憲法とは、一般に、国家権力を制限して国民の権利・自由を守ることを目的とした国家の基本法のことをいう。

　専制主義が支配していた時代には、不法な逮捕・監禁・拷問、及び恣意的な刑罰権の行使によって、人身の自由が不当に踏みにじられた。しかし、人身の自由の保障がなければ自由権そのものが成り立たないので、近代憲法は、過去の苦い歴史を踏まえて、人身の自由を保障する規定を設けるのが通例となっている。

　日本国憲法は、1947 年（昭和 22 年）、日本が第二次世界大戦において連合国に無条件降伏し（1945 年）、ポツダム宣言を受諾し連合国軍（実際にはアメリカ軍）の占領下において、明治憲法が破棄され制定されたものであるが、その日本国憲法においても、第 18 条において人権保障の基本ともいうべき奴隷的拘束からの自由を定めている。

　さらに、日本国憲法は、その第 31 条以下において人身の自由に関し、諸外国の憲法に例をみないほど詳細な刑事手続きに関する規定を置いている。これは、明治憲法下での捜査官憲による人身の自由の過酷な制限を徹底的に排除することを目的としたものである。

（3）刑事手続きの一般的な流れ

　以上見てきたとおり、各種の犯罪は刑法典等の法律に明文をもって規定されており、それらの犯罪が起きて国家が犯人を処罰しようとする場合には、刑事訴訟法に規定された手続きに従って行われる。刑事手続きは身柄の拘束など人権侵害が起きやすい状況にあるため、日本国憲法の要請に従い、手続きが厳格に定められている。

　日頃、新聞やニュースの報道で、「逮捕」や「送検」、「勾留」、「保釈」、「起訴」、「起訴猶予」、「判決」、「実刑」、「執行猶予」といった言葉をよく目にする。これらの言葉は主に刑事訴訟法の中で使われる用語であるが、これらの意味を正しく理解することは、本編のテーマ「刑事法とスポーツ」を学習するうえで大いに役に立つ。

以下、下図を参照しつつ、刑事手続きの一般的な流れについて解説する。

図1.［刑事手続きの一般的な流れの概念図］（筆者作成）

```
                            ── 無罪推定の原則 ──
主な機関    警 察            検 察
                                起訴                              刑期終了
            逮捕    勾留請求      ── 公判手続き ──      刑の執行
    捜査    送検                        判決確定
            48H    24H    原則20日
            以内   以内    以内     保釈請求

身柄事件  呼び方    被疑者              被告人          受刑者
          収監場所  警察署内の「留置場」  刑事施設の「拘置所」
          身柄拘束状態  逮捕        勾留      刑の執行（有罪(実刑)の場合）
                                          有罪（執行猶予）の場合
                                          無罪の場合
                    不起訴
                    保釈            刑の執行（有罪(実刑)の場合）

在宅事件                            刑の執行（有罪(実刑)の場合）
```

〈1〉捜査 [4]

事件が発生すると、普通はまず警察の捜査がはじまり、やがて検察官による公訴提起（起訴）を経て、裁判所の公判手続きへと至り、有罪判決になれば、刑の執行まで進むことになる。このように、捜査→起訴→公判→刑の執行という順序で手続きが進行するので、刑事手続きは捜査からはじまるといってよい。

捜査とは、捜査機関（警察、検察官等）が犯罪が発生したと考えるときに、公訴の提起・遂行のため、犯人を発見・保全し、証拠を収集・確保する行為をいう。捜査機関のもとに集まってくる犯罪についての情報の手がかりを「捜査の端緒」といい、被害者の申告による「告訴」や「被害届」、第三者の申告による「告発」、警察官の活動による「職務質問」などがある。

〈2〉逮捕・勾留 [5]

「逮捕」とは、被疑者に対して最初に行われる強制的な身柄拘束処分である。通常逮捕、現行犯逮捕、緊急逮捕の三つの方法がある。逮捕後は、被疑者が拘束された時から48時間以内に、書類・証拠物とともに被疑者を検察官に送致（「送検」と呼ばれる）する手続きをとる。これを受け取った検察官は、留置の必要があると判断したら、被疑者を受け取った時から24時間以内で、当初の拘束から

4) 田宮・前掲注 2)39-40 頁

5) 田宮・前掲注 2)74 頁

72 時間以内に、裁判官に勾留を請求する。

「勾留」とは、逮捕に引き続く次段の身柄拘束処分をいう。勾留の期間は、その請求をした日から 10 日であり、原則さらに最長 10 日まで延長することができる（逮捕から計算すると最長 23 日）。

勾留の場所は「拘置所」であるが、実務では勾留されている者のうち「被疑者[6]」は警察署の「留置場」に収容する慣行が定着している（起訴後は法律上「被疑者」は「被告人」と呼ばれ、拘置所へ移されることが多い）。

〈3〉起訴・起訴猶予[7]

捜査を終えると、刑事手続きの舞台は公訴へと移る。

検察官による終局処分には、公訴の提起（起訴）と不起訴がある。

「起訴」は、裁判所に対して審判を求める意思表示であり、検察官が起訴状を裁判所に提出することによって行われる。

一方、検察官が犯罪の嫌疑がないと判断した場合（真犯人が見つかった場合など）、あるいは犯罪の嫌疑が不十分と判断した場合（証拠が不十分な場合など）には起訴は行われず、「不起訴」となる。なお、犯罪の嫌疑が有るにもかかわらず、諸般の事情から訴追の必要がないと判断して不起訴にする処分を「起訴猶予」という。

このように、検察官には事件を起訴するかどうかの裁量権が与えられているが、検察官が不起訴と結論づけた事件に対し市民の判断で起訴しうる制度が存在する。この制度は、市民感覚を反映させる司法制度改革の一環として 2009 年に検察審査会法が改正されたもので、一般国民 11 人で構成される検察審査会が 2 度にわたって起訴すべきである（起訴相当）と議決した場合、裁判官が指定した検察官役の指定弁護士が、強制的に起訴する制度である[8]。

〈4〉公判手続き・判決・刑の執行[9]

公判手続きとは、公訴の提起から判決が確定して事件が裁判所の手を離れるまでの全過程を示す言葉である。

被疑者が勾留中に起訴されると、そのまま当然に被告人の勾留に移行し、拘束が継続する（「身柄事件」と呼ばれる）。逮捕も勾留もされていない在宅被疑者が起訴されたときは（「在宅事件」と呼ばれる）、もちろん在宅のまま手続きが進むことも多いが、裁判所は職権で被告人を勾留することもできる。

被告人を勾留するには相応の理由があるわけであるが、被告人に

6) 捜査機関から犯罪を犯したと疑われている起訴前の者を法律上「被疑者」というが、マスコミ報道では「容疑者」という言葉がよく使われている。

7) 田宮・前掲注 2)156 頁・161-163 頁

8) 強制起訴の事案として「松本市柔道教室事件」がある。この事件は、2008 年に柔道教室で指導者が教え子にかけた投げ技により教え子が大けがを負った事故であり、警察は業務上過失傷害の容疑で書類送検したが検察は嫌疑不十分で不起訴処分とした。その後、検察審査会の起訴相当の 2 度の議決を経て強制起訴が行われ、禁固 1 年・執行猶予 3 年の有罪判決が確定した。

9) 田宮・前掲注 2)233 頁・255-257 頁・517 頁

はなお「無罪の推定」が働くことに加え、身柄の拘束は重大な犠牲を強いるものであるから、勾留が原則であってはならず、他に方法があれば回避すべきである。そのため、法は保釈という制度を設けている。

「保釈」とは、勾留を観念的には維持しながら、保証金を納付させて、不出頭の場合は没取するという条件で威嚇し、被告人を暫定的に釈放する制度である。

審理が終了すると（結審）、有罪判決・無罪判決の言い渡しがある。有罪判決の場合には、刑の執行が行われる。懲役刑は刑事施設に拘置して行われる（「実刑」）。一方、有罪判決であっても、「執行猶予」が言い渡されたときは、一定の期間、刑の執行が猶予され（刑事施設に拘置されない）、猶予期間が無事に経過すると刑罰権は消滅する。

② スポーツ活動中の行為と刑事責任

（1）スポーツ活動中の行為と正当業務行為（刑法第35条）

ボクシングで相手を殴る行為やアメリカンフットボールで相手にタックルする行為は、刑法の暴行罪（第208条）や、場合によっては傷害罪（第204条）の犯罪構成要件に該当する行為であるが、処罰されることはない。

これは、一般に、犯罪が成立するためには、当該行為が犯罪構成要件に該当し、違法かつ有責であることを要するところ、スポーツ活動中の行為については、正当な業務行為（第35条）として違法性が阻却されるからであると説明されている[10]。

しかし、スポーツ活動中の行為であれば全て違法性が阻却されるのかといえば、そうではない。スポーツにはルール（競技規則）が存在し、この社会的に是認されたルールに則って行われるからこそ、スポーツが社会的に肯定され、正当業務行為として違法性が阻却されるのである。

したがって、社会的に許されない態様でルールに違反して相手に攻撃を加えて怪我を負わせたような場合には、もはや正当な業務行為とはいえず、違法性は阻却されずに犯罪が成立するということがあり得る。

たとえば、第3節で取り上げる裁判例②[11]（大学日本拳法部しごき傷害致死事件）は、「被告人の本件行為は日拳部の練習時間、練習場所において行われたものであるが、いかなる観点からもスポーツ

10) スポーツに参加する者は予め内在する危険を知って加わるのであり、スポーツから生ずる危険に対して自らの責任において危険を回避すべきという理論（「被害者の承諾」あるいは「危険の引き受け」）で違法性が阻却されるという考え方もある（「ダートトライアル事件」千葉地方裁判所判決平成7年12月13日）

11) 大阪地方裁判所判決平成4年7月20日

として是認される日本拳法の練習とはいえず、それに名を借りた制裁行為と見るべきであり、到底正当行為とみることはできない」と判示して、正当業務行為を否定している。

また、第４節で取り上げるアメリカンフットボール違法タックル事件についても、ルールを逸脱したタックルにより相手選手を負傷させた行為につき、本件は不起訴処分となったため裁判所の判断は示されていないものの、本件行為の態様からすれば、正当業務行為とは認められないであろう。

（２）スポーツにおける「体罰」（パワハラ、セクハラを含む）と刑事責任

〈１〉スポーツ界における暴力行為根絶宣言

2012 年 12 月、大阪の公立高校バスケットボール部の顧問を務めていた男性教諭が同部キャプテンを務める２年生男子生徒に体罰を与え、同生徒が自殺したという痛ましい事件が起きた。この事件は、翌 2013 年１月、当時の大阪市長である橋下徹氏の発言とともに、マスコミに連日大きく報道された。

時を同じくして 2013 年１月、女子柔道強化選手が指導者から恒常的に体罰を受けていたとする告発文が選手 15 名の連盟で日本オリンピック委員会（JOC）に提出されていたことが、マスコミで連日大きく報道された。

これら二つのスポーツ界における体罰事件が引き金となって、スポーツ界を中心に暴力根絶プロジェクトが発足し、2013 年４月には、日本体育協会（現日本スポーツ協会（JSPO)）、日本オリンピック委員会（JOC）、日本障がい者スポーツ協会、全国高等学校体育連盟（高体連）、日本中学校体育連盟（中体連）の連名で、「スポーツ界における暴力行為根絶宣言」が公表された。

この宣言は、スポーツ界から一切の暴力を根絶させるのだというスポーツに携わる者の強い意志の現れである。

〈２〉体罰の歴史について（「体罰否定のタテマエと実態の乖離」）[12]

このようにスポーツ界に深く根付いている体罰であるが、この体罰問題は戦前からの教育と深く関係する。

第二次世界大戦期に国民学校や軍隊で体罰が横行していたことはよく知られた事実であり、これらは戦前の国民教育と徴兵制下の軍隊教育に深くかかわる問題であった。ところが、他方で、戦前にお

12) 江森一郎『体罰の社会史（新装版）』249 頁・255-259 頁（新曜社、2013 年）

ける初等教育での体罰は「教育令」等の法律でほぼ一貫して禁止されていた。このように、日本では、戦前から体罰は法律で禁止されていたにもかかわらず、実際には至る所で横行していた。

この状況は戦後も変わっていない。すなわち、戦後すぐの1947年に公布された学校教育法第11条で体罰が禁止され、その2～3年後までに「体罰とは何か」について、「殴る蹴るはもちろん、肉体的苦痛を与えるような懲罰、たとえば、端座、直立など特定の姿勢を長時間にわたって保持させるならば、それも体罰とされる」などの公的見解が示された。また、1957年には「体罰は、法律により厳に禁止されているところである。教職員は児童生徒の指導にあたり、いかなる場合においても体罰を用いてはならない」との通達も出された。

このように、戦後日本においては、法律、通達及び公的見解によってより明確に体罰は禁止されているにもかかわらず、先に取り上げた高校バスケットボール部の事件や女子柔道の例から分かるとおり、体罰は今なおスポーツの現場に蔓延している。「体罰否定のタテマエと実態の乖離」は戦前から変わっていないのである。

〈3〉スポーツの現場に今なお体罰が残る理由

では、なぜスポーツの現場に体罰が根強く残っているのであろうか。

一つには、体罰は「正しい教育」と勘違いしているスポーツ指導者の存在を指摘することができる。スポーツ指導者が、愛のある体罰は許されるのだと妄信し、痛みや恐怖心で根性をつけるという非合理的な手法で選手を精神的・肉体的に限界に追い込み、選手やチームの勝利を目指す、そしてその手法が功を奏したときの成功体験が代々引き継がれ、体罰はいけないものだと思いつつも必要悪だと正当化され、こうしてスポーツの現場に「体罰否定のタテマエと実態の乖離」が生じてきたのではなかろうか。

〈4〉スポーツにおける「体罰」と刑事責任について

体罰は法律で禁止されているのであるから、スポーツ・運動部活動における体罰が正当業務行為（刑法第35条）に当たらないことは明らかであり、違法性が阻却されることはない。スポーツ指導者はときに「体罰」を、選手やチームを勝利に導くための「愛の鞭」と称して正当化しようとするが、体罰は客観的には暴行罪あるいは傷害罪の犯罪構成要件に該当する違法な行為そのものである。

　また、体罰のみならず、スポーツ活動における指導者や先輩からの「しごき」についても、それが社会的に是認することのできない態様で行われた場合には、違法性が阻却されずに刑事責任が問われる可能性があることについても論を待たないであろう。

　したがって、スポーツ指導者は、まず「体罰」や社会常識を逸脱した「しごき」が刑事責任を問われる犯罪そのものであることを自覚しなければならない。

（３）スポーツ指導者の「注意義務違反」と刑事責任

　スポーツ指導者は、体罰の例のように故意に行った場合だけではなく、過失による不注意で選手に被害を生じさせた場合にも刑事責任を問われる可能性がある。

　刑法は、故意犯処罰を原則としているが（第38条１項）、結果の重大性等に鑑み、不注意で結果を発生させた場合にも処罰する場合がある。たとえば、故意に人を殺した場合には殺人罪で処罰されるが（第199条）、不注意で結果的に人を死に至らしめてしまった場合には過失致死罪（第210条）あるいは業務上過失致死罪（第211条前段）で処罰されることがある。法定刑がそれぞれ異なり、殺人罪の場合は「死刑又は無期若しくは五年以上の懲役」であるのに対し、過失致死罪は「五十万円以下の罰金」、業務上過失致死罪は「五年以下の懲役若しくは禁固又は百万円以下の罰金」である。

　スポーツ指導における「体罰」は通常は故意犯で、選手や生徒に怪我を負わせた場合は暴行罪（第208条）あるいは傷害罪（第204条）で処罰される（後記の裁判例①参照）。

　一方、スポーツ指導における「しごき」には、故意に怪我を負わせたり（傷害罪）、あるいは、その結果死に至らしめるケース（傷害致死罪・後記の裁判例②参照）と、不注意で結果的に怪我を負わせたり、死に至らしめてしまったという過失のケース（業務上過失致死罪・後記の裁判例③参照）が想定される。

③　スポーツに関する刑事裁判例

　前節では、スポーツ活動中の行為と刑事責任の理論面について検討したが、本節では、具体的な事件として、スポーツに関する刑事裁判例を三つ紹介する。

（1）高校バスケットボール部体罰傷害事件（裁判例①）[13]

〈1〉事案の概要

　本件は、大阪の高校教諭でバスケットボール部の顧問である被告人が、部活動の指導に際し、同部キャプテンＡ（当時17歳）に対する暴行（いわゆるビンタ）を繰り返し加え、傷害を負わせるなどした暴行罪・傷害罪に問われた事案であり（被害者は自殺）、裁判所は、懲役1年・執行猶予3年を言い渡した。

〈2〉判決要旨

> 　本件は、教師であった被告人が部活動の指導に際し、平手で顔面や頭部を強く殴打する暴行（いわゆるビンタ）を繰り返し加え、傷害を負わせるなどした事件である。被害者は、肉体的な苦痛に加え、相当な精神的な苦痛を被っており、これは被害者の自殺及び被害者作成の書面からも明らかである。<u>被害者は、罰を受けるようなことは何らしておらず、要するに被告人が満足するプレーをしなかったという理由で暴行を加えられたのであって、このような暴行は、被害者が書き残したように理不尽というほかない。</u>また、被告人は、本件以前に、同僚の教師が体罰等で懲戒処分を受けたり、自己の体罰ないし暴力的指導について父母から苦情を受けたりするなど、<u>自己の指導方法を顧みる機会があったにもかかわらず、効果的で許される指導方法であると妄信して、体罰ないし暴力的指導を続けてきた。</u>これらの事情からすると、<u>被告人の刑事責任は軽視できない。</u>なお、被害者の自殺を量刑上大きく斟酌することは、実質的に、審判対象でない傷害致死の罪責を負わせることとなり相当ではない。
> （※下線は筆者）

〈3〉解説

　本件は、前述したとおり、スポーツ界における暴力行為根絶運動のきっかけとなった事件である。

　そして、本件は教諭の刑事責任を問う刑事裁判であるが、自殺との間に刑法上の因果関係が認められない（立証することが困難）ことを前提に傷害の罪で起訴されたものである（死との因果関係が立証できると検察が判断していれば傷害致死罪で起訴されていた）。一方、遺族は大阪市に対し国家賠償法に基づく損害賠償請求の民事裁判を提起しており[14]、この民事裁判では、教諭による継続的な暴行

13) 大阪地方裁判所判決平成25年
9月26日

第3編 刑事法とスポーツ

14) 東京地方裁判所判決平成28年
2月24日

や威圧的言動と生徒の自殺との間の民事上の因果関係を認め、約7500万円の支払いを命じた。このように、自殺との因果関係が刑事裁判では認められない場合でも、民事裁判では認められる場合があることに留意が必要である。

　本判決の「被告人が満足するプレーをしなかったという理由で暴行を加えたことは理不尽というほかない」との判示は、指導者による体罰が教育的指導という理由からであっても決して許されるものではないことを判示したものと解される。また、「自己の指導方法を顧みる機会があったにもかかわらず、効果的で許される指導方法であると妄信して、体罰を続けてきた」との判示は、そのことが被告人自身の量刑判断に影響を与えることはもとより、被告人が体罰を繰り返していることを知りながら放置してきた学校側の責任にも警笛を鳴らすものである。

（2）大学日本拳法部しごき傷害致死事件（裁判例②）[15]

15) 大阪地方裁判所判決平成4年7月20日

〈1〉事案の概要

　本件は、大学の日本拳法部部員である被告人（当時3回生）が、新入部員である被害者（当時20歳）が退部届を提出したことに立腹し、練習の名のもとに制裁を加えようと、いわゆるスーパーセーブと称する空手用の面を同人に装着させ、パンチンググローブを着用した手拳で同人の顔面を2回殴打する暴行を加えて致命傷を負わせ、その傷害により、同人を死亡するに至らしめて、傷害致死罪を問われた事案であり、裁判所は、懲役1年6カ月の実刑を言い渡した。

〈2〉判決要旨1（正当行為の主張に対する判断）

　スポーツとして行われる格闘技及びその練習が正当行為として違法性を阻却されるためには、スポーツを行う目的で、ルールを守って行われ、かつ相手方の同意の範囲内で行われることを要するものと解される。本件では、特に、被害者が本件の半月ほど前から退部を申し出ており、本件直前にも退部届を提出していること、被告人の本件前後における被害者及び同部員らに対する言動、被告人と被害者の日本拳法の実力差、本件における防具の選択及び装着状態等からして、本件は、被害者が退部届を出したことに憤った被告人が、被害者に退部を思い止まらせ、また他の部員が退部するのを防ぐ見せしめのため、制裁として行ったものと認める外なく、心身の鍛錬

に基づき技を競い合うというスポーツの練習を行う目的でなされた
ものとは到底認められない。

　また、日本拳法の試合及び互いに実際に打ち合う練習方法である
乱稽古の場合は、鉄製の面、胴布図、胴、金的、日本拳法用グロー
ブを装着して行われるのがルールであるが、本件においては、互い
に防具の着用が全く不十分なままで行われており、外形上も到底日
本拳法のルールが守られていた正規の練習とは言えない。

　さらに、被害者は、被告人の「稽古」の申し出を明示的に拒絶し
ていないけれども、先輩からの申し出を拒絶できない立場にあった
ため、やむなくこれに応じたものであり、被害者には本件「稽古」
について真意に基づく同意があったものとは認められない。

　以上のとおり、被告人の本件行為は日拳部の練習時間、練習場所
において行われたものであるが、いかなる観点からもスポーツとし
て是認される日本拳法の練習とはいえず、それに名を借りた制裁行
為と見るべきであり、到底正当行為と見ることはできないというべ
きである。

〈3〉判決要旨2（量刑の理由の判断）

　本件犯行は、日拳部の練習時間、練習場所において行われたもの
ではあるが、日本拳法の有段者（二段）である被告人が、入部して
間がない日本拳法の初心者であり、運動能力や体力的側面において
も劣り、ほとんど試合形式での練習などしたことがなく、そのうえ
再三退部を申し出て、練習を続けていく気の全くない被害者に対し、
正規の日本拳法用の面の代わりに、衝撃が直に伝わる空手用の面で
あるスーパーセーブを着用させ、身体には胴布図と称する防具を着
けさせただけの状態で、しかも正規の日本拳法用のグローブよりも
破壊力の大きいと思われるパンチンググローブで手加減を加えるこ
となくその顔面を殴りつけたものであって、被告人の犯行は悪質か
つ危険なものである。

　そして、被告人は、大学側に対して、本件は練習中の事故であっ
た旨報告し、下級生等にも口裏を合わせるように指示する等犯行後
の犯情も悪質である。

　さらに、その動機は、再三退部を申し出ていた被害者が、上級生
の説得にもかかわらず、なおも退部届を提出したことから、制裁を
加えて退部を思い止まらせ、また他の部員が退部しないように見せ

しめにする目的で行われたもので、短絡的かつ個人の自由意思を尊重しない軍隊的思考ともいうべきものであり、酌量すべき事情は全く存しない。

要するに、本件は、正規のスポーツ又はその練習過程において、過ってその度を過ごし、被害者に傷害を負わせたという、いわゆるスポーツ事故とは全く性質を異にするのである。

〈4〉解説

本判決は、スポーツ活動中の行為が正当行為として違法性が阻却されるための要件として、①スポーツを行う目的で行われたこと、②ルールを守って行われたこと、③相手方の同意の範囲内で行われたこと、の三つの要件を挙げた点に先例的な価値を有する。その上で、本件事実関係の下ではこれらの要件を満たさないことはもとより、スポーツに名を借りた制裁行為と見るべきであり、「到底」正当行為には当たらないと判示した。

本件は、大学の日本拳法部の先輩が後輩に対し退部を思い止まらせるために、練習と称しつつ実際には制裁目的で殴って死に至らしめた事案であるが、相撲界でもこれとよく似た刑事事件が起きている（名古屋高等裁判所判決平成22年4月5日）。この相撲部屋の事件は、新弟子が稽古や人間関係の厳しさから部屋を脱走したことに親方が憤慨し、兄弟子らに「かわいがってやれ」と指示して異例の長時間にわたるぶつかり稽古を行わせ、新弟子が倒れた後も蹴りを入れたり金属バットで殴打するなど暴行を加えて死に至らしめたという事件である。この事件でも、本件と同じように正当業務行為（刑法第35条）には当たらず違法性は阻却されないと判断されている。

また、本件は犯行に及んだ動機と関連して、一旦入部すると容易に退部を認めず、退部を申し出た者に対しては練習に名を借りたしごきを行うという慣行があり、それを伝統と称して監督や大学側もこれを改善することに必ずしも積極的ではないという、大学運動部の旧態依然ともいうべき実態が存在する点に言及していることも特徴的である。

本判決で指摘されているように、体罰やしごきを黙認するという大学運動部の旧態依然とした実態を改めていかなければならない。

16) 東京高等裁判所判決昭和 51 年 3 月 25 日

（3）高校ラグビー部日射病業務上過失致死事件 [16]

〈1〉事案の概要

　本件は、高等学校のラグビー部の一行が、長野県下に赴いて夏季合宿練習を実施していた際に、1年生の部員1人が日射病で死亡するに至ったことにつき、その高校の教諭で、当該ラグビー部の顧問としてこれを引率し全般的な指導監督に当たっていた被告人が、業務上過失致死の罪責を問われた事案であり、裁判所は、禁固2か月・執行猶予1年を言い渡した。

〈2〉判決要旨

> ラグビーは、本来継続的な全力疾走や、肉体同士の激しいぶつかり合いを伴う極めて疲労度の高いスポーツであって、対外試合を目的としこれに備えるためには、厳しい訓練によって、そのような身体の酷使に堪え抜くだけの体力と精神力を養うことが不可欠なのであるから、自発的な意思でクラブ活動としてのラグビー部に入り、合宿にも参加した生徒に対し、いわば体力の限界にいどむような厳しい訓練を課することも、指導者として当然許されるのであって、その過程においてたまたま不幸な事故が発生したからといって、その結果からさかのぼって引率教師に刑事上の責任を負わせることはもとより十分に慎重であるべきで、いやしくも教師に結果責任的な過重な負担を負わせることになってはならないし、仮にその教師に何らかの注意義務違反が認められる場合でも、その責任をあげてその教師のみのものとするのは相当でない。
>
> 　しかしながら、記録を精査し、当審における事実取調の結果をも加えて検討すると、本件の具体的事実関係のもとにおいては、結論として、被告人は業務上過失致死罪の責任を免れないものと考える。

〈3〉解説

　本件は一審と控訴審で結論の分かれた、過失の有無の判断が微妙な事案である。控訴審では、炎天下の練習中にグラウンドで被害者は2回倒れているが、2回目に倒れた段階では異常な様相を呈しており、このような場合、ラグビー部の顧問として部員を引率し全般的な指導監督にあたっていた者としては、それまでの練習の経過、気象条件、本人の体調、練習実績特に1年生であることをも考え、そのまま放置するとどのような不測の結果が発生するかもしれない

第3編 刑事法とスポーツ

と危惧し、直ちに医師の診察、治療を受けさせるための適切な措置をとるのが普通であったがそれを怠ったとして、被告人の過失を認定した。

　スポーツ活動中の指導者の過失行為を理由として刑事責任が問われた裁判例は決して多くはないが[17]、本判決は詳細な事実認定のもと刑事責任を肯定した先例としてその価値は大きい。紙面の都合により判決全文を引用することはできないが、どのような事実関係のもとで引率教師に業務上過失致死罪の刑事責任が負わされることになったのかについて、是非、判決文にあたって学習してもらいたい。

④ スポーツ選手と刑事弁護

　プロスポーツ選手や大学・社会人のスポーツ選手に対し警察の捜査が入り、刑事事件に発展しそうな場合がある。そのような場合に、当該選手及びチーム・団体はそれぞれどのような対応をとるべきか。

　本節では、これらの点に関し、以下、一般論を論じる中で、適宜、2018 年 5 月に起きたアメリカンフットボール違法タックル事件[18]（以下、本節において「本事件」という。）を参考にしつつ、刑事弁護の視点から解説する。

【アメリカンフットボール違法タックル事件の概要】

（1）2018 年 5 月 6 日、甲大学アメリカンフットボール部（以下「甲大アメフト部」）と乙大学アメリカンフットボール部（以下「乙大アメフト部」）との定期戦（以下「本試合」）が行われた。甲大アメフト部所属の A 選手は、本試合に至る練習等の過程で、C 監督や D コーチから精神的に過酷な指導を受ける中で、両氏からルールを逸脱した危険なタックルの指示を受けたと思い（※）、これに従わなければ当時置かれていた苦しい状況を打破することはできないとの精神的重圧に抗しきれず、本試合においてこれを実行し、乙大アメフト部のクォーターバックの B 選手に対し、右膝軟骨損傷、腰部打撲等の傷害を負わせた。

（※）第三者調査委員会報告書では「指示を受けた」と認定している。一方、警視庁は「指示をしたとは認められない」として傷害容疑で告訴されていた両氏を「犯罪の嫌疑なし」とする捜査結果で検察庁に書類送検している。

（2）その後 B 選手は 5 月 21 日までの間に警察に被害届を提出し、翌 22 日には A 選手の記者会見で C 監督・D コーチからの指示があっ

17) スポーツ活動中における生徒の死傷事故について教諭の刑事上の過失責任が争われた裁判例として、悪天候をついての登山中に疲労のため動けなくなった生徒に対する注意義務の争われたものがある（山形地方裁判所判決昭和 49 年 4 月 24 日）。

18) 甲大学アメリカンフットボール部における反則行為に係る第三者委員会「中間報告書」平成 30 年 6 月 29 日、同「最終報告書」平成 30 年 7 月 30 日

た旨の報告があり、翌23日にはC監督・Dコーチの記者会見で指示を否定する旨の回答がなされ、マスコミで大きく報道された。

そして、5月29日には関東学生アメリカンフットボール連盟がC監督・Dコーチの除名（永久追放）、A選手・甲大アメフト部の2018年度シーズン終了までの公式試合の出場資格停止の処分を決めた。

5月31日にはA選手とB選手の間で示談が成立するとともに、B選手はC監督及びDコーチを傷害罪（共同正犯又は教唆犯）の容疑で警察に告訴した。

さらに7月30日には甲大学がC監督及びDコーチを懲戒解雇とした。

（3）翌2019年2月5日、警視庁はC監督・Dコーチを「犯罪の嫌疑なし」で検察庁に書類送検、刑事処分はされない見通しであると報じられた。また同日A選手も傷害容疑で書類送検されたが、被害者B選手と示談が成立していることなどから、起訴を求める「厳重処分」ではなく、検察に判断を委ねる「相当処分」の意見を付したことから、A選手についても刑事処分はされない見通しであると報じられた。

（1）捜査の端緒

一般に、警察は、被害者からの被害届の提出あるいは告訴によって事件の存在を知り、捜査を開始する。

〈1〉被害届の提出

たとえば、スポーツ選手が店で酒に酔って暴力を振るい、周りの客に怪我を負わせてしまったという場合、被害者が警察に被害届を提出すると、通常は警察が捜査を開始することになる。ただし、被害届はあくまで被害があったという事実を申告するものであって、捜査の開始を義務付けるものではない。したがって、被害届の提出は捜査の端緒としての役割を果たすものの、実際に捜査を開始するかどうかは被害届の内容等を勘案のうえ捜査機関側の判断に任されている。

本事件では、B選手は2018年5月21日までの間に警察に被害届を提出しており、その頃より、少なくともタックルをしたA選手に対する捜査は開始されていたものと思われる。

〈2〉告訴状の提出

　告訴は、被害者が犯罪事実を示して国（警察・検察等）に犯人の処罰を求める意思表示であるから、告訴状が捜査機関に正式に受理されると、捜査が開始され、起訴・不起訴等の捜査機関による何らかの処分が行われれる。

　本事件では、B選手は2018年5月31日にC監督及びDコーチを傷害罪（共同正犯又は教唆犯）の容疑で警察に告訴したため、その頃より、C監督及びDコーチに対する本格的な捜査が開始されたものと思われる。

（2）捜査の開始

　警察による捜査が開始されると、その後、被疑者が逮捕・勾留されて捜査が進展していく場合と（身柄事件と呼ばれる）、逮捕・勾留されずに捜査が進展していく場合とがある（在宅事件と呼ばれる）。

〈1〉身柄事件の場合

　被害届や告訴状が提出されて捜査機関が捜査を開始し、証拠もそろって嫌疑が高まってくると、捜査機関は被疑者を逮捕する必要があるかどうかの判断を行う。被疑者が逃亡したり、証拠を隠滅するおそれがある場合には、起訴及びその後の公判手続きに向けて被疑者の身柄を確保しておく必要があるため、捜査機関は被疑者を逮捕・勾留して身柄を拘束する。

　捜査機関に身柄を拘束されると、日常の社会生活を送ることができず、また、捜査機関による取調べが待ち受けており、被疑者の受ける精神的・肉体的ダメージは大きい。そのため、被疑者から依頼を受けた弁護人としては、被疑者が逮捕・勾留されないような弁護活動を行っていくことが求められる。

〈2〉在宅事件の場合

　一方、被疑者が逃亡するおそれも証拠を隠滅するおそれもない場合には、そもそも逮捕をする必要性がないため、捜査機関は被疑者を逮捕することができない。

　捜査機関が被疑者を逮捕することができない場合は、被疑者は従前の日常生活を送りつつ、一方で捜査機関は捜査を継続する。捜査機関が被疑者から事情を聴きたいという場合には、捜査機関が被疑者に協力を求めて、被疑者の任意の意思で取調べを行うことになる。

身柄事件でも在宅事件でも、警察や検察が被疑者の取調べを行うと調書と呼ばれる書面が作成されるが、この書面は被疑者から聴き取った内容を捜査機関側の考える内容や表現で記載されている場合があるので、調書の内容を確認する際に少しでもニュアンスが違うと思ったら、その場でその誤りを正してもらうことが大切である。

本事件では、A選手についてもC監督・Dコーチについても、いずれも在宅事件として捜査が進められた。逃亡のおそれも、証拠隠滅のおそれもないと判断されたためであろう。

（3）不起訴に向けた弁護活動

〈1〉 事実関係の調査・確認

被疑者から相談を受けた弁護士としては、まずは被疑者が起訴されないように、不起訴処分に向けた弁護活動を行っていくことになる。その前提として、まずは当該事件の事実関係を調査・確認する必要がある。

事実関係を確認するにあたっては、被疑者からの聴き取りが中心となるが、物的証拠など客観的な証拠との整合性、被害者や関係者、目撃者からの聴き取り情報との整合性を検討して、被疑者が正しいと考える事実関係を組み立て、内容を固めていくことになる。

本事件では、A選手との関係では、試合を録画した動画が存在しているので、タックルの様子はその動画から客観的に把握することができ、これとA選手及び関係者からのヒアリング結果により、事実関係を固めていくことになる。

他方、C監督及びDコーチとの関係では、違法なタックルをA選手に命じたかどうかが争点になるため、C監督・Dコーチからのヒアリングを中心に、関係者からの事情聴取と合わせて事実関係を固めていくことになる。

〈2〉 弁護方針の確認

事実関係の調査・確認を一通り終えたら、弁護活動の方針を固める。

たとえば、本事件でいえば、A選手については危険なタックルをしてしまったことは認めているため、捜査機関に対してもその事実自体は認めたうえで情状による起訴猶予を目指して、まずは被害者との示談交渉を進め、またA選手のアメフト選手としての将来を見据えた対応を行っていくという方法が考えられる。

本事件では、A選手は2018年5月22日に記者会見を開いたが、

通常は訴追のおそれを懸念して本人自らが説明することは少ないところ、A選手は、実名で堂々と説明を行い、本事件の真相究明に向けた意思を国民に伝えた。このようなマスコミ対応も重要な弁護活動の一環である。

　一方、C監督・Dコーチについては無罪を主張しているため、相談を受けた弁護士としては、「犯罪の嫌疑なし」あるいは「犯罪の嫌疑不十分」による不起訴処分に向けた弁護活動を行っていくという方法が考えられる。

〈3〉起訴猶予に向けた弁護活動

　警察の捜査が終了すると事件は検察に送致され、検察において起訴するかどうかの観点からさらに捜査が行われ、そして最終的に起訴するかどうかの決定がなされる。

　検察官は、被疑者が犯罪を犯したことが証拠上明白であっても、被疑者の性格、年齢、境遇、犯罪の軽重と情状、犯罪後の情況により訴追を必要としないと判断される場合は、検察官の判断により起訴を猶予して不起訴とすることがある（起訴猶予）[19]。

　そのため、被害者との間で示談が成立し、さらに、被害者から厳しい処罰を望まない旨の嘆願書などが提出されると、起訴猶予の判断に傾く一つの材料となり得る。

　そこで、依頼を受けた弁護士としては起訴猶予処分を目指して、被害者と示談交渉を進め、示談書及び嘆願書の獲得に向けて弁護活動を行っていくことが重要な業務となる。

　本事件では、A選手は2018年5月31日にB選手との間で示談を成立させた。その後、在宅事件としてA選手、C監督及びDコーチについて捜査が続き、翌2019年2月5日、警視庁は、C監督・Dコーチを「犯罪の嫌疑なし」で検察庁に書類送検され刑事処分はされない見通しとなった。また同日A選手も傷害容疑で書類送検されたが、B選手と示談が成立していることなどから、A選手についても刑事処分はされない見通しであると報じられた。

（4）所属チーム・競技団体側の対応
〈1〉事実関係の調査・確認

　所属チームや競技団体の選手が何らかの刑事事件に巻き込まれたという情報を受けた場合、チーム・競技団体側の対応としては、まず、当該選手及び事件の関係当事者に対する処分の必要性があるか否か

19) 検察庁「捜査について」http://www.kensatsu.go.jp/qa/qa2.htm

を検討するために、事実関係の調査に取り掛かる必要がある。選手らを処分する前提として、事実関係を確認する必要があるからである。

　調査はまず第1次的には、団体内部で調査委員会等を立ち上げ、内部的な調査を行うことになる。しかし内部調査では、団体内部の関係者同士が証拠収集・保全の作業を行うことになるため、中立性や公平性、公正性の観点から問題を指摘される場合がある。また、事実関係を調査して事実を認定していく作業にあたっては、法律的な知識や経験が要求されるため、調査報告書の内容面についても問題が指摘される場合がある。

　そのため、内部調査には限界があり、迅速性の観点から第1次的な調査としての意義は強いものの、内容の正確性や公正性という観点からは調査報告書として十分とはいえない場合がある。そのような場合には、団体組織から独立した存在の第三者委員会に調査を依頼することになる。

　本事件では、関東学生アメリカンフットボール連盟（関東学連）が規律委員会を設けて第1次的な内部調査を実施し、その後、第三者委員会が設置されて詳しい調査が実施され、その調査報告書が公表されている。

〈2〉関係者に対する処分

　競技団体側としては、調査の結果、当該選手や関係者らの不正が確認された場合は、内部規則に従って当該選手及び関係者に対し、出場停止や除名などの処分を行うことになる。

　本事件では、関東学連はA選手を出場資格停止処分とし、C監督・Dコーチを除名処分とした。また、甲大学はC監督及びDコーチを懲戒解雇処分とした。

〈3〉調査結果を受けてのガバナンスの強化

　団体内部の調査委員会や第三者委員会による調査を行った結果、当該事件は何が主な原因で生じたのか、その理由をある程度把握することができる。競技団体側としては、調査報告書の提言等を参考にして、再発防止に向けて団体内部のガバナンスの強化、新しい組織づくりに向けた取組みをしていくことが重要である。

　本事件では、再発防止に向けた取組みとして、監督・コーチ等の指導者の質を確保するための措置、選手の自主性・主体性を確保す

るための措置、フェアプレー精神の確保や暴力的体質を改善するために必要な措置、組織改編、役職の兼任の禁止などが提言された。

図２.【参考】一般的な刑事弁護手続きの流れの概念図（筆者作成）

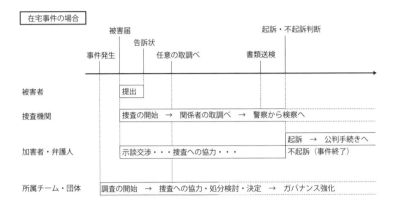

20) 詳細は、『標準テキスト スポーツ法学（第２版）』第３編 88-102 頁

21) 詳細は、高山佳奈子「ドーピングの刑法的規制」法学論叢 170 巻 4 - 6 号 360 頁（2012 年）、森本陽美「ドーピング規則違反と『厳格責任』原則について」法律論叢 83 巻 2 - 3 号 303 頁（2011 年）

⑤ 「刑事法とスポーツ」のその他の諸問題[20]

（１）ドーピングと刑事罰[21]

　ドーピングとは、スポーツにおいて競技成績を向上させるために薬物などを使用する行為を指すが、日本において、ドーピングに対して刑事罰を科する規定は存在しない。したがって、スポーツ団体による厳しいチェックや厳しい制裁は存在するものの、法律そのものに触れることはない。日本以外の国を見渡すと、その規制は多様である。ベルギーでは世界で初めて刑事罰が導入されたものの、現在では禁止物質の自己使用が罰せられることはない。しかしながら、所持することは罰則の対象となる。これは、ドイツも同様で、他人の健康に対する危険を防止するという考え方を基礎としている。イタリアやオーストリアでは禁止薬物の使用に対しても刑事罰が科せられる。アメリカでは、禁止薬物を処方箋なしに販売することに対して、刑事罰が設けられている。

（２）セクシュアルハラスメントと刑事罰

　スポーツにおいてセクシュアルハラスメントがあれば、その態様により刑事法上、強制性交等罪（刑法第 177 条）や強制わいせつ罪（同第 176 条）に該当する場合がある。

　スポーツの場合、競技によっては男女が練習やマッサージなどで肉体的な接触をもつ機会が多いことや、長期の合宿で寝起きをとも

にするなどの機会が多いことに加えて、厳しい上下関係や監督・コーチが代表選考の権限をもつなど、アスリートの活動や将来に大きな影響を与える可能性があることから、セクシュアルハラスメントが起きやすい環境であるとはいえる。ただ、セクシュアルハラスメントにおいては、スポーツ指導者が行うマッサージやゴール後の抱擁など微妙な場合があること、基本的に密室あるいは他人の目のない場所で行われるため被害事実の立証が困難である場合があること、被害者も加害者からの更なる不利益を避けたいと考えて秘匿しがちであること、また公になること自体で二次被害を生じかねないため問題を顕在化させることを避ける傾向があることなどの特殊性が、問題の発見とその解決を困難にしている。そのため、いかに予防するのかが極めて重要となる [22]。

かつて、柔道界において、コーチが教え子に酒を飲ませて乱暴し、刑事裁判において被害者の同意があったとの被告人の主張を退け、懲役5年の実刑判決を受けたという事件があったが、セクシュアルハラスメントは選手生命も指導者生命も閉ざしてしまう可能性のある行為だということを認識しなければならない。

（3）スポーツ団体における横領、背任、脱税等
〈1〉日本スケート連盟不正経理事件

2006年2月下旬のトリノオリンピック直後、日本スケート連盟の不正経理が発覚した。当時の理事ら8人が連盟の支払規定にない「委員通信・事務運営費」を毎月受け取っていたことなどが判明し、加えて、元会長が連盟と取引があった旅行会社に経費を水増し請求させて裏金を捻出していたことも判明した。この事件は、結局刑事事件にまでなり、当時の理事のうち、1人が業務上横領罪（刑法第235条）と背任罪（同第247条）で、さらに1人が背任罪で起訴され、いずれも執行猶予付きの有罪判決がなされている。

〈2〉FIFA汚職事件

2015年5月、アメリカの司法省がFIFA（国際サッカー連盟）の幹部ら9人を含む14人を組織的不正の罪で起訴した。米当局の調べによると、9人は中南米で行われるサッカーの国際大会の広告（スポンサー）権や放映権などの獲得に便宜を与える見返りに、スポーツマーケティング会社やスポーツメディアから1億5000万ドル以上の賄賂を受け取っていたという。

22) 高島秀行＝高木宏行「スポーツと法」『公認スポーツ指導者養成テキスト・ワークブック共通科目II』（日本体育協会、2014年）http://www.japan-sports.or.jp/Portals/0/data/ikusei/doc/k2-23.pdf

〈3〉プロ野球脱税事件

　プロ野球界において、1997 年、多数の選手らが経営コンサルタント名義の偽の領収書で架空経費を計上するなどして所得を隠して脱税していたことが発覚し、世間を騒然とさせた。選手らの多くは所得税法違反などで起訴され有罪判決を受けている。ある一人の被告人が刑事裁判で「世間を騒がせてすいませんでした」と陳述したところ、裁判官は「あなたは脱税という法律違反を犯し、その罪を悔いて反省すべきなのである。その言葉からは本当に罪を自覚しているのか極めて疑問だと言わざるを得ない。」という厳しい言葉が返されたという。

（4）スポーツイベントにおけるダフ行為、迷惑防止条例違反、暴力団排除

〈1〉ダフ行為の禁止

　ダフ行為とは、スポーツ試合などの観戦チケットを転売目的で入手し、これを入手希望者に売りさばくことを指す。チケットや券を意味する「札（フダ）」を逆にしたことが名前の由来となっている。ダフ行為そのものをターゲットとして禁止する法律はないが、いわゆる迷惑防止条例[23]によって禁止されている都道府県は存在する。たとえば、東京都で規程する「公衆に著しく迷惑をかける暴力的不良行為等の防止に関する条例」において、第 2 条が観戦チケットなどを不特定の者に転売する行為や、転売するために公共の場所でうろついたり、人につきまとったり、声をかけたりする行為を禁止しており、違反した者に対して 6 カ月以下の懲役または 50 万円以下の罰金の刑罰を科している。

〈2〉暴力団排除とスポーツ

　特定地域や事業活動などから暴力団の関与や活動を排除することを「暴力団排除（活動）」、略して「暴排」という。暴力団員による暴力的要求行為の規制、暴力団の対立抗争による危険防止措置などを目的とし、暴力団対策法[24]が 1992 年に施行されたが、暴力団との関係を断とうとする企業に対する報復が相次いだため、2012 年までに何度か改正され、一定の暴力団組員が不当な要求やつきまとい行為をすることを禁止した。また、各都道県において、暴力団排除条例が定められ、暴力団員を雇用することを禁止することなどが規定されている。

23) 各都道府県で定められている条例の名称で、都道府県により名称が異なる。

24) 正式には、「暴力団員による不当な行為の防止等に関する法律」

（5）賭博法制 [25]

〈1〉賭博法制の国際比較 [26]

　諸外国において、賭博、とりわけスポーツ賭博に焦点を当ててみると、その規制の在り方は様々である。

　イギリスでは 1961 年に国内の賭博法制を一新し、ライセンス制により、民間企業がブックメーカー [27] を営むことを認めてスポーツ賭博が盛んに行われており、ヨーロッパでは、スポーツの勝敗に賭けることは一般的な文化として浸透している。アメリカでは、1992 年に制定されたプロ・アマスポーツ保護法（PASPA）により、一部の州を除き、スポーツ賭博が禁止されていた [28] が、2018 年 5 月に、同法がアメリカ連邦最高裁判所において違憲と判断されたため、現在、スポーツ賭博をどのように規制するかは、各州法に委ねられており、2019 年末の時点で、既に 20 州がスポーツ賭博を合法化するに至っている。一方、韓国では、日本と同様賭博罪が設けられ、公営で認められた競馬や競艇、闘犬以外の賭博は認められていない。

〈2〉日本の賭博法制

　日本では、賭博行為そのものを処罰の対象としており（刑法第185 条）、一部公営で行われるギャンブルが認められているのみである。イギリスなどのように、民間企業がブックメーカーになることは認められていない。賭博とは、二人以上の者が、相互に財物を賭け、偶然の勝負によって得喪を決めることをいうとされている [29]。スポーツ観戦の楽しさは、まさに結果の予想がつかないことにあるからこそ、他国ではスポーツ賭博が盛んに行われているわけであるが、日本国内においては法律で禁止されているのである。

　また、「富くじ」をした者も、処罰の対象としている（刑法第 187 条）。富くじとは、番号入りの札や券などを販売し、抽選など偶然により当選者を決め賞金を支払うくじのことである。日本では、特別法により、宝くじ以外にも、競馬、競輪、サッカーくじなどが認められているが、あくまでも同法の例外として位置づけられている。

〈3〉公営ギャンブル（競馬、競輪、オートレース、ボートレース、スポーツ toto）の概要と収益の使途など

　日本では、刑法において賭博一般を禁止していながらも、様々なギャンブルが合法的に行われている。それらはすべて法律の根拠に

25) 詳細は、Paul M. Anderson,Ian S. Blackshaw, Robert C.R.Siekmann, Janwillem Soek「Sports Betting: Law and Policy」(ASSER International Sports Law Series), Walter Champion Jr.「Gaming Law in a Nutshell」

26) その他諸外国の賭博法制については、IR＊ゲーミング学会ウェブサイト内のコラムが詳しい (http://www.jirg.org/archives/category/column/)

27) 賭けの対象や倍率を決め勝者に配当すること

28) 松本泰介「スポーツベッティング」間野義之ほか監修『スポーツビジネスの未来 2018-2027』108 頁以下（日経 BP、2017 年）

29) スポーツ問題研究会編『Q&A スポーツの法律問題』268 頁（民事法研究会、第 3 版、2012 年）

基づいたものである。

　競馬は競馬法、競艇はモーターボート競走法、競輪は自転車競技法、オートレースは小型自動車競走法、totoはスポーツ振興投票法とそれぞれの法律に従って運営されている[30]。

30) 宝くじは当せん金付証票法

　それらの収益の使途に関しては、たとえば中央競馬は「畜産の振興、社会福祉の増進、医療の普及、教育文化の発展、スポーツ振興及び災害の復旧のための施策」に役立てられているし（競馬法第23条の9）、オートレースであれば、「小型自動車その他の機械の改良及び機械工業の合理化並びに社会福祉の増進、医療の普及、教育文化の発展、体育の振興その他住民の福祉の増進を図るための施策」に役立てられたりと（小型自動車競走法第26条）、各産業の発展のために用いられている。

〈4〉国内の賭博・八百長に絡む事件

①黒い霧事件

　1969年に発覚した「黒い霧事件」では、プロ野球界の試合において賭博に絡んで数名の選手が八百長をし、後述するオートレース八百長事件にも関与するなどして6人の現役選手が永久追放されるというショッキングな事件であった。さらに、2015年にも読売ジャイアンツの選手3人が賭博を行っていた疑惑が発覚している[31]。

31) 日本野球機構「読売巨人軍選手3人に係る有害行為について調査結果報告書（要旨）」http://p.npb.jp/npb/20151110chosahokokusho.pdf

　また、相撲界において、2010年に数十名に及ぶ大相撲力士や年寄[32]が野球賭博に関与していたことが発覚した。この件では、結果的に9人の力士が賭博罪で略式起訴（刑事訴訟法第461条以下）された[33]。

32) 日本相撲協会の構成役員

33) 被告人の同意の下、簡易な手続きで行われる。刑事訴訟法第461条以下に定められている

②山岡事件

　1965年に恐喝事件で逮捕された暴力団構成員が、その取調べ中に中央競馬の騎手を抱き込んで、八百長行為を仕組んでいたと自白したことから発覚した事件である。競馬法第31条3号に「競走について財産上の利益を得、又は他人に得させるため競走において馬の全能力を発揮させなかった騎手」には「三年以下の懲役又は三百万円以下の罰金」と規定されており、その規定により山岡騎手は有罪判決を受けた。

③オートレース八百長事件

　暴力団員とプロ野球選手が共謀してオートレースの選手に現金を

渡し、八百長を仕組んでレース配当を儲けていたという事件が発覚
した。オートレースにおいても競馬と同様の規定があり、小型自動
車競走法第65条において「小型自動車競走の選手が、その競走に
関して賄賂を収受し、又はこれを要求し、若しくは約束したときは、
三年以下の懲役に処する。よって不正の行為をし、又は相当の行為
をしなかったときは、五年以下の懲役に処する。」と定められており、
また同法第68条では賄賂を渡した者についても3年以下の懲役ま
たは300万円以下の罰金に処せられる。これにより、オートレー
スの選手や八百長に勧誘したプロ野球選手も起訴されたが、無罪判
決が出た者もいた。

第4編　民事法とスポーツ

第1章　民法総則、商法総則

　本章では、民事法とスポーツの初章として、民事法の基本となる、民法総則、商法総則について解説する。

　本書においては、これまで憲法、行政法などの公法、刑事法といった国家と私人間を規律する法について解説を行ってきた。一方で、スポーツ界を含め、一般市民が最も経験する法律関係は私人同士の関係であり、このような関係には、できる限り公権力の介入を避け、私人間の約束のみによって拘束される、いわゆる私的自治の原則が適用される。

　そして、スポーツ実務においても、選手などの個人やスポーツ団体の自由な活動により、様々な法的行為が行われ、選手などの個人やスポーツ団体に様々な権利、義務が発生する。このような法的効果は、どのような法制度に基づくものなのか、なぜ選手やスポーツ団体は法律行為を行う権利能力を有しているのか、どのような行為が民法の特則としての商法の適用が認められるのか。このような民事法の根本原則を定めるのが、民法総則、商法総則である。

　民法総則、商法総則には、民事法の根本原則がいくつか定められているが、特にスポーツ実務において問題となるのが、法人化していないスポーツ団体をめぐる権能なき社団の問題や、スポーツ界のステークホルダー（利害関係人）間の契約やスポーツ団体が定める団体内規約に関する民法第90条（公序良俗）違反、消費者契約法違反などの無効の問題である。

　本章では、このような民事法の基本原理である私的自治に触れた後、民法総則、商法総則に規定された内容を概観し、スポーツ界で関連する事例、法的課題を解説する。

Contents

第1章　民法総則、商法総則

1　民法の基本原理

　日本の民法典は、自由平等な市民を基調としたヨーロッパ近代法を継受している。民法の基本原理は、個人の自由平等、私的所有、私的自治、自己責任である。自由平等の原則の下、すべての人は、国籍、年齢、性別、職業等によって差別されることなく、等しく権利義務の主体となる。私的所有権は資本主義社会の根幹をなすものであり、財産権の私的所有をもとに経済活動が営まれている。私的自治は近代私法の根本原則ともいわれ、個人の私法関係をその意思によって自由に規律させることを原則とする近代私法の理念である。私的自治の原則の下、契約自由、遺言自由、団体設立の自由の諸原則がある。団体設立行為は私的自治のための法的手段である法律行為の一つでもある。この私的自治に限界を画すのが信義則や公序良俗である。スポーツ団体の自治も私的自治の原則の下にあるといえ、その運営などが信義則や公序良俗などに反する行為は無効となる。

　自己責任の原則とは、過失責任の原則ともいわれ、個人の自由な活動を保障する反面、その行為の結果、他人に損害を加えた場合、その損害の発生について故意、過失がある場合にのみその賠償責任を負うとする。

2　民法の基本構造

　民法は、日常生活に関する法律であり、スポーツの世界とも非常に密接に結びついている。民法（典）は、総則、物権、債権、親族、相続という五つの編から構成されている。前3編を「財産法」、後の2編を「家族法」とも呼んでいる。民法は私法の一般法である。商法は民法に対する特別法とされ、特別法は一般法に優先して適用される。民法の特別法としては、消費者契約法、利息制限法、借地借家法、不動産登記法などがある。

　民法が制定されたのは1896年、それから約120年間、債権法にはほとんど見直しがされてこなかった。2020年の改正では、人々

の暮らし方が変わり、社会経済の変化への対応を図ることや、裁判上の判例や取引実務のルールを条文上明確化することを目的に改正が行われた。今回の改正では、契約などに関して約200項目に及ぶ改正が行われたが、主要なものとしては、①保証人の保護に関する改正、②定型約款の新設、法定利率の改正、④消滅時効に関する改正、⑤意思無能力規定の新設、⑥賃貸借に関する改正などが挙げられる。

　また、今回の改正とは別途、成年の規定も改正され、2020年から18歳が成年となる。

（1）民法総則

　民法総則は、「人」「物」「法律行為」の順で規定が設けられている。「人」について民法は、「私権の享有は出生に始まる」（民法第3条第1項）と定めている。人であるということは権利の主体になることができることを意味し、この権利の主体ないし契約当事者になることができる地位のことを「権利能力」と呼んでいる。権利能力は人だけでなく、会社のような組織についても契約主体となる必要があることから、法が特別に権利能力を付与している。これを「法人」という。法律行為とは、私的自治の原則の下、当事者の意欲する意思表示の効果を生じさせる要件とされる。この意思表示に欠缺または瑕疵がある場合には、法律行為として無効、取り消されることになる。法律行為の態様は、「単独行為」「契約」「合同行為」に分けられる。また、権利を行使しない状態が一定期間継続することにより、その権利を消滅させる制度として消滅時効がある。所有権以外の財産権はすべて消滅時効にかかる。債権は、民事は10年、商事は5年、それ以外の財産権は20年の不行使によって消滅する。

（2）物権

　物権とは、物を直接支配することができる権利である。所有権がその典型で、所有者はその所有物を自由に使用し、収益し、処分することができる（民法第206条）。物権は、物を直接支配する権利であるから、同一物に同一内容の物権が並立することはできず（物権の排他性）、その客体は原則として特定した独立の物であることが必要である。その効力は、物権相互間では先に成立した物権が優先し、債権との間では物権が優先する（物権の優先的効力）。また、物権の実現が妨害される場合にはその妨害の排除を請求できる（物

権的請求権)。物権は、法律で認められたもの以外は創設すること
ができない (物権法定主義)。

　物権の対象となる「物」は有体物に限られる (民法第 85 条)。液
体及び気体は有体物であり、電気、熱、光等のエネルギーは無体物
となる。無体物の所有権については、知的財産法 (特許法、著作権
法など) がある。

　物権には、所有権のほか、占有権、用益物権 (地上権、永小作権、
地役権、入会権)、担保物権 (留置権、先取特権、質権、抵当権) があ
る。用益物権とは、他人の土地を一定の目的のために使用収益する
権利である。例えば、地上権を設定することで、他人の土地に建物
を建てることができる。担保物権は、貸金など債権を担保するため
に目的物の交換価値を支配することを目的とする権利である。例え
ば、抵当権は、貸金が期日までに弁済されないことで、担保不動産
を競売してその代金から優先的に弁済を受けることができる。

　占有権は、物を占有することによって生じる権利で、占有という
事実状態を保護することを目的としたもので、物を一定期間保持す
ることで取得時効が成立する。また、占有者には占有訴権が認めら
れている。スポーツイベント等を主催し、スポーツ施設等を利用す
る場合、占有者として工作物責任を負う場合もある (民法第 717 条)。

(3) 債権

　債権とは、特定の者 (債権者) がほかの特定の者 (債務者) に対
して一定の行為、すなわち給付を請求することを内容とする権利と
される。例えば、売買契約において、売主は買主に対して代金の支
払いを求める権利 (債権) を有し、買主は売主に対して売買の目的
物を引き渡すことを求める債権を有している。債権・債務を包括す
る法律関係を債権関係という。物権が物に対する直接の支配を内容
とし排他性を有する関係であるのに対し、債権は人に対する請求を
内容としている点に違いがある。

(4) 債権の発生原因

　債権の発生原因としては、契約のほかに、「事務管理」「不当利得」
「不法行為」がある。

　事務管理とは、法律上の義務がないのに他人のためにその事務を
処理することである。例えば、頼まれたわけでもないのに、隣人の留
守中に、台風で破損した屋根を修繕したりする行為がこれに当たる。

第4編　民事法とスポーツ

不当利得とは、法律上の原因なしに他人の財産または労務によって利益を受け、そのため他人に損害を及ぼす行為である（民法第703条）。例えば、無効な売買契約に基づいて目的物の引き渡しを受けたり、債務が存在しないのに弁済を受ける場合に不当利得が問題となる。判例は他人から金員を騙取した者が、その金員をほかの債権者に対する債務の弁済に充てた場合、社会通念上被騙取者の金銭でほかの債権者の利益を図ったと認められるだけの連結がある場合に不当利得の成立を認めている[1]。受益者が善意の場合はその利益の存する限度で、悪意の場合は利益の全部に利息を付して返還しなければならない（民法第703条）。2013年に全日本柔道連盟の指導者が、日本スポーツ振興センター（Japan Sport Council；JSC）からの助成金を不正受給したとされる問題が発覚したが、それ以降も不正受給の事例は後を絶たない。

不法行為とは、故意または過失によって他人の権利または法律上保護される利益を侵害し、これによって他人に損害を生じさせる行為をいう。一般の不法行為（民法第709条）と、その特則としてより重い責任の認められる特殊の不法行為がある。特殊の不法行為としては、幼児など責任能力のない者の行為に対する監督義務者の責任、使用者責任[2]、工作物責任などがある。

1) 最高裁判所判判昭和49年9月26日最高裁判所民事判例集28巻6号1243頁

2) 公立学校における学校事故が発生する場合、国家賠償法第1条第1項に基づく損害賠償責任が問題となる。私立学校においては、民法第715条に基づく使用者責任が問われることになる。

③ 商法総則

商法は、企業活動、商取引に関する事項について適用される法律である。会社の設立、組織、運営及び管理については会社法が定めている。

商法は、民法の特別法とされ、商法の規定が優先されることになる。学生であるAさんがBファイナンス（株式会社）からお金を借りた場合、Aは商人ではないが、Bは商人であり、Bの貸付行為は商行為である。

商法は、企業活動の主体を商人と呼び、企業活動を商行為と称している。商人とは、商法上、自己の名をもって商行為（絶対的商行為及び営業的商行為）をすることを業とする者である（商法第4条）。商人でない者であっても商行為を行えば、商法が適用されることになる。例えば、旅館、飲食店、映画館など客の来集を目的とする場屋取引は、営業的商行為の一つとされ（商法第502条第7号）、客の寄託品や携帯品に対する場屋の主人の損害賠償責任が定められて

いる（商法第 596 条）。

これは、その団体が法人であるかどうかに関係なく、適用されることになる。客のキャディバッグを紛失したゴルフ場の経営者に商法第 596 条第 1 項の損害賠償責任を認めた事例[3]やスポーツクラブの貴重品ボックスから客のキャッシュカードが窃取された事件で、たとえ免責規定があっても、当該クラブに対して場屋営業主としての責任を認めた裁判例がある[4]。

商法の規定が民法に優先して適用されることになるが、多くの場合、民法の規定が企業の商取引についても適用されている。例えば、消滅時効に関する民法の規定は、時効期間を除き、原則的に商事債権にも適用されている。

4 権利能力なき社団

日本では、法人は一定要件を満たして登記をなすことにより法人格が取得される。法人の登記をしない団体は、民法上、組合と扱われることになる。そのため、大学のサークルやクラブ活動などは組合ということになる。民法は、組合契約は、各当事者が出資をして共同の事業を営むことを約することによって成立するとしている（民法第 667 条）。民法上の組合は権利能力がないので、組合財産は組合員の共有[5]に属するとされている。しかし、現実には、社団[6]の実体を備えている団体や設立準備段階の財団などについては、「権利能力なき社団（財団）」として法人に準ずる権限を認めてきた。

（1）権利能力なき社団

権利能力なき社団とは法人として未登記であるが、実態として法人と同様の活動をしている団体をいう。法人格が認められないため完全な権利能力は認められないが、一般社団法人の規定を類推適用することが妥当と解されている。権利能力なき財団についても同様に解されている。

権利能力なき社団といい得るためには、団体としての組織を備え、多数決の原則が行われ、構成員の変更にもかかわらず団体そのものが存続し、その組織によって代表の方法、総会の運営、財産の管理その他団体としての主要な点が確定しているものでなければならない[7]。

権利能力なき社団が構成員の資格要件を変更する規約改正を総会

---

[3] 名古屋地方裁判所判決昭和 59 年 6 月 29 日判例タイムズ 531 号 176 頁

[4] 秋田地方裁判所判決平成 17 年 4 月 14 日判例時報 1936 号 167 頁、東京地方裁判所八王子支部判決平成 17 年 5 月 19 日判例時報 1921 号 103 頁

[5] 組合財産については、組合員は、組合財産の分割や共有持分の処分が制限されている（民法第 668 条）ため、実質的には、組合財産は合有であると解されている。

[6] 社団とは、一定の目的を持って組織された人の集合体で、その団体自身が個々の構成員から独立した単一体として存在する。社団の構成員は社員と呼ばれる。財団とは、一定の目的のために結合された財産の集合体を指す。

[7] 最高裁判所判決昭和 39 年 10 月 5 日最高裁判所民事判例集 18 巻 8 号 1671 頁

第 4 編　民事法とスポーツ

の決議によって行った場合、その改正規定は決議に承諾しなかった構成員にも効力が及ぶとされている[8]。

（2）権利能力なき社団の財産関係

社団の資産である不動産は、本来は、構成員の総有に属するものとされているが、不動産等の登記については、構成員全員のため信託的に社団代表者個人の所有とされ、代表者の名義で登記をすることになる[9]。

また、権利能力なき社団の代表者が社団名義でした取引上の債務は、その社団の構成員全員に総有的に帰属し、社団の総有財産だけがその責任財産となり、構成員各自は、個人的債務ないし責任を負わないとされ、有限責任とされている[10]。また、この場合、代表者も個人的責任を負うことはない。法人ではない社団・財団も民事訴訟の当事者となり得ることは、明文で認められている（民事訴訟法第29条）。また、権利能力のない社団のうち、一定の収益事業を営むものは、税法上、法人と見なされている。

（3）法人格否認の法理

法人としての存在が法律上認められていても、活動の実態がないとか、法人格を濫用しているような場合には、信義則もしくは権利濫用の法理により、法人格が否定される[11]。

京都市の住民らが、京都マラソン実行委員会が京都市の主導で設立されたものであって、京都市とは別個独立した存在であるとはいえないから、京都マラソンに関して、京都市全域で回覧された文書の作成・回覧費用の支出は公金の支出に当たるとして、不法行為による損害賠償を求めた事案で、裁判所は、本件実行委員会の委員長が京都市の関係者ではないこと、全委員に占める京都市の職員の割合が50％に満たないこと、京都市の負担金の実質的割合が50％に留まることなどから、本件実行委員会が権利能力なき社団に該当するとした上で、京都マラソンの企画及び運営等を同実行委員会に行わせることには必要性及び合理性があると判断した[12]。

⑤　民法第90条（公序良俗）違反

（1）民法第90条

民法第90条は、「公の秩序又は善良の風俗に反する法律行為は、

8) 最高裁判所判決平成12年10月20日判例時報1730号26頁

9) 最高裁判所判決昭和47年6月2日最高裁判所民事判例集26巻5号957頁

10) 最高裁判所判決昭和48年10月9日最高裁判所民事判例集27巻9号1129頁

11) 最高裁判所判決昭和44年2月27日最高裁判所民事判例集23巻2号511頁

12) 京都地方裁判所判決平成27年4月10日

無効とする」と規定している。「公の秩序」とは国家や社会の一般的な利益（社会の一般的秩序）とされ、「善良の風俗」とは社会の一般的道徳観念とされ、通常は両者を区別することなく、公序良俗として一体として捉えている。

　私的自治・契約自由の原則からすれば、当事者が合意すればどのような契約も有効であると考えられるが、麻薬の売買契約のように犯罪にかかわるようなものも有効にするわけにはいかない。また、強行法規違反に該当しなくても社会的妥当性を欠く法律行為を規制するために公序良俗という概念が機能している。具体的には、①犯罪にかかわる行為、②取締規定に反する行為、③人倫に反する行為（愛人契約）、④射倖行為、⑤自由を極度に不当に拘束する行為（芸娼妓稼働契約）、⑥暴利行為、⑦個人の尊厳・合理的な理由のない差別的取扱いなど基本的人権を侵害する行為が公序良俗に反するとされている。

（2）免責条項

　スポーツクラブへの入会、スポーツイベントへの参加、レジャースポーツなどの参加、スポーツ施設使用の際に、主催者や所有者の責任を免除する旨の「免責同意書」に署名することが求められることがある。実際に事故が発生した場合にこの種の同意書の有効性が争われることになる。

　スキューバダイビング講習会に参加し、練習海域に移動する途中で溺れた事故で、裁判所は「人間の生命・身体に対する危害の発生について、被免責者の故意、過失に関わりなく一切の請求権を予め放棄するという内容の免責条項は、少なくともその限度で公序良俗に反し、無効といわざるを得ない」[13]としている。また、スポーツクラブのプールにおいて、ロッカールームに通ずる廊下を歩行中転倒した事案で、裁判所は、「会員資格取得の手続、本件スポーツクラブの管理、運営に関する事項を定めるものである場合には、公序良俗に反するものでない限り、原則として合理性を肯定することができる」としながらも「施設の設置または保存の瑕疵により事故が発生した場合のクラブ側の損害賠償責任は、スポーツ施設を利用する者の自己責任に帰する領域のものではなく、もともと規定の対象外である」[14]と判断した。

13) 東京地方裁判所判決平成13年6月20日判例タイムズ1074号219頁

14) 東京地方裁判所判決平成9年2月13日判例時報1627号129頁

第4編　民事法とスポーツ

⑥ 消費者契約法

　2001年4月1日に消費者契約法が施行された。消費者契約法の下では、消費者と事業者との間で締結された契約については消費者と事業者との間には情報量や交渉力において格差があり消費者の利益の擁護を図る上で、①消費者が誤認・困惑した場合における消費者契約の取り消し、②事業者の損害賠償責任の免除等消費者の利益を不当に害することとなる消費者契約の条項の無効、③適格消費者団体による差止請求等について定めている。

　消費者契約法では、第8条第1項第1号及び第3号において、「事業者の債務不履行により消費者に生じた損害を賠償する責任の全部を免除する条項」及び「事業者の債務の履行に際してされた当該事業者の不法行為により消費者に生じた損害を賠償する民法の規定による責任の全部を免除する条項」は無効であると定めた。その結果、先述のスポーツクラブ入会契約など同法施行後に締結された免責条項は無効と解されることになる。

第4編　民事法とスポーツ

第2章　契約法

　本章では、スポーツと契約について解説する。

　契約とは、複数当事者間において法律上の権利義務を発生させる行為であり、単なる口約束ではなく、法的な権利執行を可能にする法律行為である。日常生活を送る上で、契約に触れない人間はおらず、最も身近な法律ともいえよう。

　そして、スポーツ実務においても、契約が関連する場面はほぼすべてにわたるといっても過言ではないが、主な実例としては、①スポーツビジネスにおけるステークホルダー（利害関係人）間の事業契約、②スポーツ団体と構成員との間のルールについて定める団体内規約、③一般市民がスポーツを楽しむ際に締結するサービス利用契約などが存在する。

　①については、例えば、選手と所属球団、クラブとの契約、エージェント契約や、スポーツビジネスの収益を上げるための興行権契約、スポンサー契約、放映権契約、商品化契約などが存在する。②については、スポーツ団体における、基本規程から始まり、選手、指導者登録、エージェント登録、代表選考、懲戒処分（暴力指導、ドーピング、八百長など）などの団体内規約が、構成員に登録の際契約上の遵守を求めることで、構成員とスポーツ団体間の契約の一内容となっている。③については、ゴルフ場やフィットネスクラブなど、一般市民が実際にスポーツを行う場面における会員契約、施設利用契約が代表例である。

　このような契約それぞれにおいては、いったいどのような内容の契約が締結され、どのようなトラブルが発生しているのか、このような基本的契約内容を理解していないと、スポーツ実務では合理性のある契約を交渉し、締結することができない。

　本章においては、このようなスポーツ界に特化した契約の具体的内容について解説する（なお、上記②については、法的には契約であるものの、実務上は、スポーツ団体が定めるルール（いわゆるスポーツ固有法）となっているので、本編第4章 法人法、組織法にて解説する）。

Contents

第2章　契約法

① 契約法の概要

（1）契約の種類 [1]

　我々の日常生活は「契約関係」で成り立っている。例えば、コンビニでお弁当を買うのは「売買契約」（民法第 555 条）、マンションを借りるのは「賃貸借契約」（民法第 601 条）、銀行に口座を作るのは「預金契約（消費寄託契約）」などのように、契約は我々が生活していく上で必要不可欠なものといえる。売買契約とは、当事者の一方（売主）がある財産権を相手方（買主）に移転することを約束し、相手方（買主）がこれに対してその代金を支払うことを約束する契約である。契約は一つの約束であり、申し込みと承諾という意思表示の合致により成立する。契約の成立には必ずしも契約書のような書面は必要とされていない。当事者の合意だけで成立する契約を諾成契約という。これに対し、契約の成立に当事者の合意のほか、引き渡しを必要とする契約を要物契約という。要物契約の例としては、消費貸借（民法第 587 条）、寄託（民法第 657 条）などがある。

　民法では、贈与、売買、交換、消費貸借、使用貸借、賃貸借、雇用、請負、委任、寄託、組合、終身定期金、和解という 13 種類の契約類型（典型契約）について規定している。現代社会では、リース契約、フランチャイズ契約、ライセンス契約（特許権、著作権、商標、ノウハウ、営業秘密など）など新たな契約が取引実務では生まれている。これら典型契約に該当しない契約を非典型契約ないし無名契約といい、これら契約も契約自由の原則により自由に締結することができる。スポーツ法の分野は、むしろ後者の非典型契約がよく利用されている。

（2）契約自由の原則

　近代私法の理念として、個人は自由・平等な存在であり、法律関係をその自由意思によって形成させることができるという考え方に基づいている。これを私的自治の原則という。契約自由の原則もこの考え方に基づき、契約内容が反社会的なものでない限り、当事者が自由な意思で契約を締結することができるとされている。契約自

[1] 契約の種類としては、①典型契約・非典型契約、②双務契約・片務契約、③有償契約・無償契約、④諾成契約・要物契約などがある。

第4編　民事法とスポーツ

由の原則には、①契約を締結するか否かの自由（契約締結の自由）、②契約相手を選べる自由（相手方選択の自由）、③どのような契約内容かを定める自由（契約内容の自由）、④契約書面等の形式を必要とせず締結の仕方を選択できる自由（契約方式の自由）がある[2]。

しかし、資本主義経済の発達に伴い、私的自治の原則が当てはまらない分野も増えてきている。例えば、交通機関の利用や電気・水道の供給などは当事者の意思表示の合致がなくともその利用という事実的な行為に基づいて契約関係が成立したと考えている（事実的契約関係）。また、保険契約、運送契約、電気や水道の供給契約のように、契約当事者の一方があらかじめ定めた定型的な条項（約款）によって契約内容が規定され、相手方はこれを包括的に承認するか否かの選択しかできない。このような契約を附合契約と呼ぶ。

（3）約款規制

約款とは、多数の取引に対して一律に適用するために事業者により作成され、あらかじめ定型化された契約条項のことをいう。これは、多数の者を相手とする取引において、個別の契約によらずに取引の簡易化を図ろうとするものである。しかし、現実の社会では、自由・平等・対等な法律関係が必ずしも存在するわけではなく、社会的・経済的強者が弱者を強制する場合も生じる。その弊害を防止するため、労働基準法、特定商取引法、利息制限法、割賦販売法[3]、消費者契約法等の特別法が存在している。約款に関しては、司法的規制、行政的規制、立法的規制などが行われている。スポーツ法の分野では約款契約が多くみられる。

2020年の民法改正では、約款について「相手方の権利を制限し、又は相手方の義務を加重する条項であって、その定型取引の態様及びその実情並びに取引上の社会通念に照らして民法第1条第2項に規定する基本原則に反して相手方の利益を一方的に害すると認められるものについては、合意をしなかったものとみなす」（民法第548条の2）と規定している。

（4）債務不履行

契約が履行されないとき、債務不履行が問題となる。債務不履行とは、債務者が債務の本旨に従った履行をしないことで、履行遅滞、履行不能、不完全履行の3類型に分かれる。履行遅滞とは、債務の履行が可能であるのに履行期に履行しないことをいう（民法第

2）潮見佳男『民法（全）』362頁（有斐閣、2017年）

3）訪問販売や割賦販売などにおいて、購入者が、購入後の一定期間内であれば、申込みの撤回や契約の解除を行うことができるクーリング・オフ制度がある（特定商取引法第9条等、割賦35の3の10等）。なお、特定商取引のうち、通信販売については、クーリング・オフの制度がない。

412 条）。履行不能とは、債務の成立時には可能であった給付がその後に不能になることで、債務者の責めに帰すことのできない事由で履行不能になったときは、債務者は債務を免れる（民法第 543 条）。不完全履行とは、債務の履行として給付がされたが、その給付が債務の本旨に反して不完全である状態をいう。債務不履行がある場合には、契約当事者は、履行が可能な場合にその強制履行を求め、損害賠償を請求し、契約の解除をすることができる（民法第 415 条、第 541 条）。

（5）履行補助者と安全配慮義務

　学校事故やスポーツ事故などにおいては、学校やスポーツ指導者と被指導者との間には明示的ないし黙示的な指導契約が存在し、この指導契約に付随して、指導者は被指導者の生命及び健康などを危険から保護するよう安全配慮義務を負っているとされる。安全配慮義務とは、ある法律関係に基づいて特別な社会的接触の関係に入った当事者間において、当該法律関係の付随義務として当事者の一方または双方が相手方に対して信義則上負う義務とされている [4]。契約の主体は、スポーツクラブや学校など法人である場合が多いが、指導者個人は指導契約上の安全配慮義務の履行補助者となる。履行補助者とは、債務者が債務の履行のために使用しまたは利用する者で、履行補助者の故意、過失による損害は、債務者の責任となる [5]。

（6）スポーツと契約法

　スポーツの世界でも、契約は密接なかかわりを有している。例えば、プロスポーツの世界では、球団・クラブ、選手、ファン、メディア、スポンサー、スポーツ用品メーカー、企業、自治体、スポーツ施設管理者等の間で様々な契約関係が存在する。ここでは、どのよ

4) 最高裁判所判決昭和 50 年 2 月 25 日民集 29 巻 2 号 143 頁

5) 県立高校の授業として実施されたカヌー実習において生徒が溺死した事故について、カヌー実習での生徒らへの指導を委託されたカヌー業者を履行補助者として設置者たる県の安全配慮義務違反による債務不履行責任が認められた事例がある（東京地方裁判所判決平成 20 年 10 月 29 日判例タイムズ 1298 号 227 頁）。

第 4 編　民事法とスポーツ

図 1. スポーツをめぐる契約関係

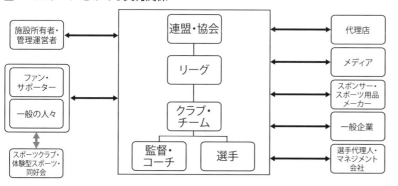

うな契約関係が存在するのか、団体内部の法律関係とスポーツ団体を取り巻く法律関係に分けて考察する[6]。

〈1〉 団体内部の法律関係

どのような団体を設立するかということは、私的自治の下、団体設立の自由が保障されている。スポーツ団体（連盟・協会等）の設立行為は、民法上、ある共通の目的のために団体を結成しようとする球団やクラブ等の合同行為とされる。例えば、プロ野球では、日本野球機構（日本プロフェッショナル野球組織（Nippon Professional Baseball；NPB）はその内部組織とされている）を構成しているのは、球団を運営する株式会社（例えば、読売巨人軍等）である（日本プロフェッショナル野球協約（以下「野球協約」といい、2016年度版を引用する[7]）第1条）。サッカーについても日本サッカー協会は日本プロサッカーリーグ（Japan Professional Football League；Jリーグ）のチーム、都道府県サッカー協会等から構成されている。そして、このような団体を運営するためには、内部的な規範（ルール）が必要となる。多くのスポーツ団体では、プロ野球「野球協約」や日本サッカー協会「基本規程」のような内規を有し、これを登録者、加盟団体に遵守させるために包括的な同意義務を定めているが、原則的には契約の自由（内容決定の自由）の下、有効と解されている。

スポーツイベント、試合を開催するためには、当然のことながら、プレーを行う選手が必要となる。選手契約について、野球やサッカーの場合には、球団やクラブが個別に選手との間で統一選手契約書のような形で締結されている。個人競技の場合には、選手は、スポーツイベント・試合を主催する団体と個別に参加契約を結ぶことが多い。また、団体が選手をスポーツイベントに派遣する場合には、民法上の雇用契約が成立すると考えられている[8]。企業に所属する選手は、企業との間で雇用契約や嘱託契約を結んでいる。選手契約がいわゆる約款の形で締結される場合には、約款契約の合理性が問題となる可能性がある。監督やコーチ、審判員なども専属の契約を締結することになるが、これも所属する団体によって異なってくる[9]。必要な範囲を超えた専属義務は独占禁止法上問題となる可能性がある[10]。

〈2〉 スポーツ団体を取り巻く法律関係

スポーツイベントの主催は、スポーツ団体を中心に行われること

6) 加藤君人ほか『エンターテイメントビジネスの法律実務』412頁以下（日本経済新聞社、2007年）

7) 日本プロ野球選手会「日本プロフェッショナル野球協約2016」http://jpbpa.net/up_pdf/1471951971-129176.pdf

8) 千葉正士＝濱野吉生編『スポーツ法学入門』154頁（体育施設出版、1995年）

9) プロ野球の場合には、審判員は日本プロ野球機構との間で審判員契約が結ばれているが、審判員が解雇され、その正当性が争われたケースもある（東京地方裁判所判決平成20年2月26日労働判例961号87頁）。

10) 公正取引委員会・競争政策研究センター「人材と競争政策に関する検討会報告書」32頁参照。欧州委員会は、国際スケート連盟（ISU）が公認していないスピードスケートの大会に参加した選手に対して厳罰を課すとする同連盟の規則は欧州競争法に違反しているとの判断をしている（オリベリオ＝石堂＝高松「スポーツ法の法源：EUとCASとの関係性について」（共著）中京ロイヤー28号（2018年参照）。

が多いが、試合やイベントを行うスタジアムを使用するためには、スポーツ団体と所有者との間で施設利用契約（賃貸借契約）が結ばれることになる。試合を観戦する観客との間には、明示・黙示を問わず、試合観戦契約が結ばれている。試合の中継に関しては、放送局やメディアとの間で放送権契約が結ばれる。また、試合やスポーツイベントそのものを広告代理店に委託契約をする場合もある。さらに、チームのロゴや選手の肖像権を使って、スポンサー企業や一般企業との間でスポンサー契約や商品化契約が結ばれる。また、代理人やマネジメント会社と代理人（エージェント）契約をする選手もいる。

〈3〉その他スポーツ活動における法律関係

　一般の人々がスポーツをする場合でも、自治体が所有する体育館やスポーツ施設を利用する場合には利用方法や禁止事項が定められた利用規約に従うことになる。また、スポーツクラブ等に入会する場合には、スポーツクラブとの間で施設利用契約やインストラクターとの指導契約が結ばれることになる。

　スポーツにかかわる契約については書面でなされていない契約も多い。また、書面でなされていてもその内容をめぐって争いが生じる場合、裁判所では「契約の解釈」が行われる。そこでは、慣習・任意規定、条理、信義則などを用いて、当事者の意思を探求し、契約の空白部分を補充したり、契約内容を修正する作業が行われる（補充的解釈）。

② スポーツに関連する契約

（1）アスリートにまつわる契約 [11]

　ここでは、アスリートにまつわる契約として、「選手契約」について解説する。

　選手契約とは、競技を実施し、その対価に報酬を得ることを目的にして、選手とイベント主体または所属団体との間に成立する契約関係をいう [12]。契約を規律する民法には、特定の労働に対してその対価を支払うことを規定した雇用契約（民法第 623 条以下）や、特定の仕事の完成に対してその対価を支払うことを規定した請負契約（民法第 632 条以下）といった契約類型が規定されているが、選手契約といった名称の契約類型は規定されていない。したがって、

11) 川井圭司『プロスポーツ選手の法的地位』410 頁以下（成文堂、2003 年）、グレン・M・ウォン＝川井圭司『スポーツビジネスの法と文化・アメリカと日本』43 頁（成文堂、2012 年）、水戸重之「リーグ・スポーツと選手制度」道垣内正人＝早川吉尚編著『スポーツ法への招待』140 頁以下（ミネルヴァ書房、2011 年）、多田光毅ほか編著『紛争類型別スポーツ法の実務』30 頁以下（三協法規出版、2014 年）、髙山崇彦＝栗山陽一郎「プロスポーツ選手の選手契約」内田貴・門田正人編集代表『講座 現代の契約法 各論 3』287 頁以下（青林書院、2019 年）

12) 浦川道太郎「プロスポーツと契約」千葉＝濱野・前掲注 8) 165 頁

具体的な選手契約の中身（債権・債務）については、民法に規定された典型契約を参考にしながら、個別の契約を検討することになる。

もっとも、スポーツの内容（競技の内容）ごとに契約内容は異なり、スポーツごとの特性に応じて契約内容も解釈されなければならない（意思表示の合理的解釈）。

〈1〉 選手契約の類型

選手契約といえば、年俸や賞金などがすぐ思い浮かぶが、これらの金額は、前述した「競技を実施し、その対価に報酬を得ることを目的にして、選手とイベント主体または所属団体との間に成立する契約関係」つまり、選手契約に基づき選手が取得した報酬を指す。しかし、それら報酬の支給方法を見ると次のとおり違いがある。すなわち、選手が何らかの団体に所属し、継続的に競技を行う場合では、報酬は所属団体から支給されるのに対し、団体に所属することなく、個人でスポーツイベントに参加する場合は、報酬（賞金）は試合で勝つことによってスポーツイベントの主催者から支給されるものである。

このような選手契約については、どちらのパターンにせよ、一度に多くの選手が出場することが想定されるため、選手と契約を締結する主催者や所属団体は、この大量の選手契約を一律に管理するために、統一的に取扱うことを志向する。そして、このような主催者や所属団体が統一的に扱う選手契約の法律上の問題点については、契約関係の不透明さ、契約内容の一面的な形成、便宜的な契約解釈などの指摘がなされている。

以下では、プロ野球とJリーグの選手契約の例を中心に、選手契約の具体的内容、契約法上の問題点を紹介する。

〈2〉 主な契約内容（出場条件、サラリー等）

まず、選手契約の主な項目としては、選手の義務としての選手のスポーツイベントへの出場と、主催者や所属団体の義務としての選手に対する対価の支払いということになるであろう。これに付随する内容として、選手の義務としては、イベントのプロモーション活動への協力、肖像等の取扱い、選手の禁止事項、健康診断やドーピング検査の受診義務が定められ、一方で、主催者や所属団体の義務として、対価についても、賞金や基本報酬だけでなく、インセンティブ報酬を定めたり、スポーツイベントへの出場に伴う費用負担、精

算方法、補償・保険への加入などを定めることになる [13]。

ア　プロ野球

　プロ野球における選手契約は、選手と所属チームとの間で締結されるが、その内容（選手契約条項）は、「統一契約書様式」（以下「統一契約書」といい、2017 年度版を引用する [14]）により定めるとされている（日本プロフェッショナル野球協約（以下「野球協約」）第 45 条。ここでは野球協約 2017 年度版を引用する [15]）。この野球協約はプロ野球に関するほとんどすべての事項を定めていることから、「球界の憲法」とも呼ばれている。この野球協約を理解する上で、プロ野球の組織構成について少し述べておく。

　プロ野球の組織構成は、セントラル野球連盟（セ・リーグ）を構成する 6 球団と、パシフィック野球連盟（パ・リーグ）を構成する 6 球団の合計 12 球団が、日本野球機構（以下「野球機構」）の内部組織として NPB を構成している（野球協約第 1 条第 1 項）。野球協約は、1951 年に、NPB の組織及び運営の細目を定めるものとして規定され（野球協約第 3 条）、プロ野球に関するほとんどすべての事項を定めており、その内容は、組合的集合契約であるといわれている [16]。そして、野球協約では、選手と球団の関係を統一的に処理するための球団間の取り決めも細かく規定されており、これに加え、統一契約書第 29 条では、「球団と選手は野球選手の行動および選手と球団との関係にかんする日本プロフェッショナル野球協約およびこれに付随する諸規程を諒承し、かつこれに従うことを承諾」するとされており、野球協約は統一契約書と一体となって、プロ野球の選手契約の内容を形成している。

　このような構造をもつプロ野球の選手契約の法的特性を見ると、おおよそ次の点が挙げられる [17]。

a　選手契約の法的性質

　アメリカ大リーグ（Major League Baseball；MLB）では、MLB 所属の選手は被用者（employee）であると明確に位置付けられており、選手契約が雇用契約であることについて争いはない。しかし、日本のプロ野球においては、野球協約や統一契約書に選手の法的地位を定めた規定はなく、その法的性質をめぐっては、以前より議論がある。

　球団関係者や国税庁の税務通達が採用しているのが「請負契約説」である。その根拠は、大蔵省通達（昭和 26 年直所 2 -82、直所

13) 加藤ほか・前掲注 6)430 頁以下

14) 日本プロ野球選手会「統一契約書様式」http://jpbpa.net/up_pdf/1523253119-909280.pdf

15) 日本プロ野球選手会「野球協約」http://jpbpa.net/up_pdf/1523253145-022870.pdf

16) 浦川道太郎「プロ野球の選手契約」ジュリスト 1032 号 17 頁。組合契約とは、各当事者が出資をして共同の事業を営むことを約する契約であり、野球協約は、各球団が出資を予定していないとしても、保有球団と他球団との間で共同事業としてプロ野球興行（試合）を実施するための法的関係に規律した契約であると解されている。

17) 浦川道太郎「プロスポーツと契約」千葉＝濱野・前掲注 8)172 頁以下、村山眞「プロ野球界の取引慣行と独禁法（上）・（中）・（下）」NBL513 号 13 頁以下、514 号 32 頁以下、515 号 29 頁以下

5-23、直所＝国税庁直接税部所得税課）及び所得税法第204条第1項第4号（報酬、料金、契約金などの源泉徴収に関する規定）において、プロ野球選手は給与所得以外の所得者として取り扱われていることによる。その内容を要約すると、①選手の稼働態様や報酬額の決定があたかも芸能人の出演契約のようなものであって、一種の請負的性格を有し、民法の雇用の規定または労働基準法などによって規制されるべきものではないこと、また、②社会通念として野球選手のような高額所得者は労働者の範疇に入らないことなどが指摘される。税務実務においては、この見解に従い、プロ野球選手の所得に対して給与所得としてではなく、事業所得としての課税を行っている。また、1957年5月25日の「コミッショナー[18]から選手会長への説明要点」（10年選手の契約金制限に関するもの）の中で、コミッショナーは、「選手は事業者であって給料の支払いを受ける労働者ではないから、労働組合等組織されないのは当然である」と説明し、球団関係者は請負契約説に立っている。

　これに対し、雇用契約説は、①選手が球団に対して提供する野球のプレーという一種のサービスの提供について、選手は球団の厳しい指揮命令下によって統率されており、球団と選手の関係は選手が行うサービスの提供について支配・服従の関係にあること、また、②選手を含む野球機構の従業員について社会保障として退職年金制度が設けられていることを根拠として主張される。これに関し、日本プロ野球選手会は、1980年に旧社団法人として設立され、1985年に東京都地方労働委員会に労働組合の認証手続を取り、同年に同委員会から組合認証を受けている。このことは必ずしも選手と球団との間の契約関係が雇用契約であると認定された結果ではないが、プロ野球選手が独立した事業者ではなく、球団に対して使用従属的関係があることを前提とした結果であると受け止められている。

b　附合契約性

　プロ野球の選手契約の条項、すなわち野球協約と統一契約書で定められている条項は、契約当事者の合意によっても変更することはできないとされており（野球協約第47条）、野球協約の規定に違反する特約条項及び統一契約書に記入されていない特約条項は無効である（野球協約第48条）。このように選手が交渉できる条項が限定されているのは、専らプロ野球経営に内在する特殊性から説明されている。すなわち、プロ野球企業の収入源は他球団との試合による

18) コミッショナーとは、MLBの制度を模したものであり、NPBを代表し、組織を管理統制し、さらにプロ野球に関する最終決定を下す機関をいう（野球協約第2章）。

入場料や放映料であり、それらは、他球団との共同生産物であるため、球団間の力の不均衡が増大すれば魅力的な試合が提供できずに、入場者の減少による入場料の減少や放映料の減少につながる。したがって、プロ野球の繁栄のためには、各球団の共存共栄が前提であって、戦力の源泉たる優秀選手を球団間に均等に配分し、選手に関して球団間の競争を制限し、画一的処理を行うために、選手契約においては、選手側の契約に対する交渉の余地が制限され、一方的に球団側の意思に拘束される附合契約の性質を有しているのである。

c　統一契約書の条項内容

　以上のようにプロ野球の選手契約についての法的特性を概観したが、以下では統一契約書に記載されている主な契約内容について述べる。

参稼報酬（統一契約書第3条）

　球団は選手にたいし、選手の2月1日から11月30日までの間の稼働にたいする参稼報酬として金・・・・・・円（消費税及び地方消費税別途）を次の方法で支払う。

　契約が2月1日以後に締結された場合、2月1日から契約締結の前日まで1日につき前項の参稼報酬の300分の1に消費税及び地方消費税を加算した金額を減額する。

　本条項は、選手契約が1年度契約であること（同内容の規定は野球協約第87条第1項にもある）、契約内容として野球活動の範囲を明示したものであること、それに対する報酬として支払われる金額とその支給方法を規定したものである。参稼報酬は、1シーズン（2月1日から11月30日）ごとに支払われ、歩合払・請負払は禁止されている（野球協約第88条）。参稼報酬については最低保障があり、年額420万円とされている（野球協約第89条）。

　ところで、本条項は選手契約が1年契約であることが明記されているが、後述するフリーエージェント（FA）制度導入に伴い、FA資格選手の他球団への移籍を防ぐため、複数年契約が締結されることもある。

　また、選手契約が1年契約であることから、契約年の翌年は他球団との契約が自由にできるように思えるが、後述する保留制度（野球協約第9章以下）のため、保留選手の公示がなされると、他球団

と契約ができない制度になっている。

野球活動（統一契約書第4条）

　選手は・・・年度の球団のトレーニング、非公式試合、年度連盟選手権試合ならびに球団が指定する試合に参稼し、年度連盟選手権試合に選手権を獲得したときは日本選手権シリーズ試合に参稼し、また選手がオールスター試合に選抜されたときはこれに参稼することを承諾する。

　本条項は、選手が出場しなければならない試合についてその範囲を定めたものである。

写真と出演（統一契約書第16条）

　球団が指示する場合、選手は写真、映画、テレビジョンに撮影されることを承諾する。なお、選手はこのような写真出演等にかんする肖像権、著作権等のすべてが球団に属し、また球団が宣伝目的のためにいかなる方法でそれらを利用しても、異議を申し立てないことを承諾する。なおこれによって球団が金銭の利益を受けるとき、選手は適当な分配金を受けることができる。さらに選手は球団の承諾なく、公衆の面前に出演し、ラジオ、テレビジョンのプログラムに参加し、写真の撮影を認め、新聞雑誌の記事を書き、これを後援し、また商品の広告に関与しないことを承諾する。

　統一契約書第16条は、選手の肖像権が球団に属することを定めるものである。

　これに関し、プロ野球選手が12球団を相手にしたプロ野球選手肖像権訴訟事件においては、この第16条に定められた「宣伝目的のため」という文言について、選手の氏名や肖像を専ら球団の宣伝目的のためだけなのか、それとも球団による商品化目的をも含むのか、という解釈が問題になった。判決では、「統一契約書が制定される以前から、球団ないし日本野球連盟が他社に所属選手の氏名及び肖像を商品に使用すること（商業的使用ないし商品化型使用）を許諾することが行われており」、「かかる実務慣行のあることを前提にして起草された」ことを理由として、「『宣伝目的のためにいかなる方法でそれらを利用しても』とは、球団が自己ないしプロ野球の知名度の向上に資する目的でする利用行為を意味するものと解され

る。そして、選手の氏名及び肖像の商業的使用ないし商品化型使用は、球団ないしプロ野球の知名度の向上に役立ち、顧客吸引と同時に広告宣伝としての効果を発揮している側面があるから、選手の氏名及び肖像の商業的使用ないし商品化型使用も、本件契約条項の解釈として『宣伝目的』に含まれるというべきである」と判示している[19]。

イ　Jリーグ[20]

　プロサッカーであるJリーグの選手（以下「Jリーガー」）も、クラブとの間で選手契約を締結する。選手契約の締結に当たっては、日本サッカー協会選手契約書（以下「プロ選手統一契約書」[21]）に基づいてクラブとの間で契約を締結している。選手は、Jリーグ規約[22]第5章「選手」の規定で定められた規定を遵守することが義務付けられている。また、特約条項等を定めることはJリーグ規約や日本におけるサッカー競技の統括団体である日本サッカー協会の寄付行為等の規定に反しなければ許される前提となっている。

a　選手契約の法的性質

　Jリーグの選手契約は、前述のとおりプロ選手統一契約書及びJリーグ規約、これに加えて「プロサッカー選手の契約、登録および移籍に関する規則」[23]（以下「選手契約規則」）によって規定されている。しかしながら、選手契約の法的性質については、プロ野球と同様、プロ選手統一契約書やJリーグ規約、選手契約規則にも明記されていない。なお、税務上もプロ野球選手と同様、Jリーガーは事業所得者に分類されており、給与所得者ではない（労働者ではない）という立場をとっている。

b　統一契約書の条項内容

> 報酬（プロ選手統一契約書第4条）
> 　クラブは選手に対し、次の報酬を支払う。ただし、当該報酬には消費税を除く、所得税、住民税その他一切の税金を含むものとする。
>
> （1）基本報酬
> 　　・総額　金・・・・円（　　　ヶ月分）
> 　　（月額金・・・・円　ただし、　　月は　　　　円）

19) 知的財産高等裁判所判決平成 20 年 2 月 25 日

20) 池田正利「統一契約書およびJリーグ規約の概説」自由と正義 45 巻 11 号 44 頁以下、桂充弘「Jリーグとプロ野球の比較」自由と正義 45 巻 11 号 56 頁以下

21) 日本サッカー協会「日本サッカー協会選手契約書〔プロA契約書〕」http://www.jfa.jp/documents/pdf/basic/06/01.pdf

22) Jリーグ「Jリーグ規約」http://www.jleague.jp/docs/aboutj/regulation/2017/02.pdf

23) 日本サッカー協会「プロサッカー選手の契約、登録および移籍に関する規則」http://www.jfa.jp/documents/pdf/basic/br20.pdf

第4編　民事法とスポーツ

（2）変動報酬、その他の報酬についてはクラブと選手が別途合意
　　した基準による。

有効期間および更新手続き（プロ選手統一契約書第12条）
　①本契約の有効期間は、・・・年・・・月・・・日から
　　・・・年・・・月・・・日までとする。
　②クラブは、協会の規則に定められた期限までに、選手に対し
　　更新に関する通知を書面により行わなければならない。
　③前項の通知を怠った場合、クラブには契約を締結する意思が
　　ないものとみなし、選手はクラブに対し、移籍リストへの登
　　録を請求できる。

　プロ選手統一契約書第4条では、Jリーガーの報酬を定めている。
Jリーガーの報酬は、①基本報酬、②変動報酬に大別されている。
基本報酬は選手の個人成績や所属クラブの成績とは関係なく決まっ
た額が支払われる報酬であり、変動報酬には1試合当たりの単価を
決めて選手の出場状況に応じて支払われる報酬（出場プレミアムと
いわれる）や、勝ち試合と引き分け試合の場合に、それぞれクラブ
ごとに決められた報酬（勝利プレミアムといわれる）等がある。Jリー
ガーは、プロA選手、プロB選手及びプロC選手に分かれており、
2019年シーズンでは、プロA選手は①基本報酬を年460万円以上
（ただし、契約初締結時は年670万円以下とする）、②変動報酬につい
ては制限なしとされ、プロB選手は①基本報酬を年460万円以下、
②変動報酬を設定する場合は、制限はないが、出場プレミアムを設
定する場合には、1試合当たり47,620円以下とされている（選手
契約規則1-3、同規則別紙表-1、以下では2018年版を引用する）。
　プロ選手統一契約書第12条では、選手契約の期間について定め
ている。Jリーグ所属の選手の登録年度は、2月1日から翌年1月
31日までの1年間となっているが（選手契約規則2-1⑤）、選手契
約の始期や終期に特別の定めはない。また、複数年契約も可能であ
る。プロ野球のように保留制度はなく、後述のとおり、選手は原則
として契約期間満了の6カ月前からはどこのクラブとも交渉可能で
ある（選手契約規則1-8①）。

履行義務（プロ選手統一契約書第2条）
選手は、次の各事項を履行する義務を負う。

（1）クラブの指定するすべての試合への出場

（2）クラブの指定するトレーニング、合宿および研修への参加

（3）クラブの指定するミーティング、試合の準備に必要な
　　　行事への参加

（4）クラブにより支給されたユニフォーム一式およびトレー
　　　ニングウェアの使用

（5）クラブの指定する医学的検診、注射、予防処置および
　　　治療処置への参加

（6）クラブの指定する広報活動、ファンサービス活動および
　　　社会貢献活動への参加

（7）協会から、各カテゴリーの日本代表選手に選出された
　　　場合のトレーニング、合宿および試合への参加

（8）協会、リーグ等の指定するドーピングテストの受検

（9）合宿、遠征等に際してのクラブの指定する交通機関、
　　　宿泊施設の利用

（10）居住場所に関する事前のクラブの同意の取得

（11）副業に関する事前のクラブの同意の取得

（12）その他クラブが必要と認めた事項

　本条項は、Ｊリーガーの選手契約に基づく具体的な債務の内容を例示している。プロ野球の選手契約に比べてより具体化されており、所属するクラブの広報活動やファンサービス活動への参加を義務付けているのは特徴的である。

選手の肖像等の使用（プロ選手統一契約書第8条）

①クラブが本契約の義務履行に関する選手の肖像、映像、氏名等（以下「選手の肖像等」という）を報道・放送において使用することについて、選手は何ら権利を有しない。

②選手は、クラブから指名を受けた場合、クラブ、協会およびリーグ等の広告宣伝・広報・プロモーション活動（以下「広告宣伝等」という）に原則として無償で協力しなければならない。

③クラブは、選手の肖像等を利用してマーチャンダイジング（商品化）を自ら行う権利を有し、また協会、リーグ等に対して、その権利を許諾することができる。

④選手は、次の各号について事前にクラブの書面による承諾を

得なければならない。

（1）テレビ・ラジオ番組、イベントへの出演

（2）選手の肖像等の使用およびその許諾（インターネットを含む）

（3）新聞・雑誌取材への応諾

（4）第三者の広告宣伝等への関与

⑤第3項において、選手個人単独の肖像写真を利用した商品を製造し、有償で頒布する場合、または前項の出演もしくは関与に際しての対価の分配は、クラブと選手が別途協議して定める。

本条項は、選手に関する報道・放送について選手に肖像権が帰属していないこと、クラブ・協会及びリーグの広報・宣伝に選手が協力すること等の規定を置いている。

〈3〉契約締結、入団をめぐる問題

これまで実際の、選手とスポーツイベントの主催者や所属団体との間で締結される契約内容を概観することで、選手契約を構成する主な内容の解説を行ってきたが、これだけが選手契約の内容ではない。新人選手との契約交渉権にかかわる問題や選手の移籍にかかわる問題など、選手契約に関連する内容は、それ以外にも、いわゆる所属団体やリーグ規約などに多くの定めがあり、それを包括的に遵守する義務を定めることで、選手契約の一部となっている。このような条項の中でよく問題となるのが、入団（契約交渉権）をめぐる問題と移籍をめぐる問題である[24]。

ア　プロ野球
a　ドラフト制度

プロ野球では、新人選手の契約については、ドラフト制度を採用している（野球協約第14章 選抜会議）。その趣旨は、一部球団への有望選手の集中を避けるためや、後記bで述べる新人選手の契約金の高騰を抑制するためといわれている。

ドラフトの具体的な方法は、各球団が採用を希望する新人選手を指名し、2球団以上の球団が同じ選手を指名したときは、抽選によって契約交渉権を1球団に絞るものである。一見すると球団間の戦力の均衡を図り、魅力ある試合を創出することで、プロ野球全体のイ

24) 野球とサッカーの制度の違いについては、S・シマンスキー＝ A・ジンバリスト『サッカーで燃える国　野球で儲ける国』（ダイヤモンド社、2006 年）を参照。

ベント収入を上げようとするものであり、また、契約交渉前に過当な競争を抑えることができ合理性が認められるところである。一方、新人選手が希望球団に入団することができず職業選択の自由（日本国憲法第 22 条）に反するとの批判もある。また、ドラフト会議によらなければ入団できないことから、新人選手の球団に対する交渉力が著しく制限されており、独占禁止法違反（独占禁止法第 8 条第 1 項第 1 号、第 3 条）に当たるのではないかとも指摘されている[25]。

ドラフトをめぐっては、これまで、新人選手が、希望球団以外からのドラフト指名を拒否し、希望球団に入団するために、制度の隙間をついてドラフト会議前に希望球団と選手契約を締結する出来事が起こったり[26]、大学進学や野球留学を行い、後に希望球団からの単独指名を獲得したりするなど、ドラフト制度の趣旨や制度を没却するような出来事もしばしば起こっている。

このようなドラフトをめぐる法的問題や制度の隙間をついた運用を是正するため、今までいくつかの制度改革が行われた。その一つとして、希望入団枠制度[27]がある。この制度は、大学生と社会人野球の選手で 1 球団につき 2 名までの対象選手が、入団を希望する球団を宣言し、入団を希望した球団でドラフト会議にて上位指名した球団が、契約交渉権を獲得するというものである。この制度の導入によって、新人選手が希望球団に入団できない、という事態は一部回避されることになったが、新たに別の問題を生むことになってしまった。ドラフトは本来戦力の均衡を目的として導入されたものであったが、指名上位の優秀な新人選手が希望球団に所属できるため、戦力均衡という目的を図ることが難しくなってきた。また、希望入団枠制度の導入に伴い契約交渉前の過当競争を避けるため、球団間で、新人選手の契約金の最高標準額を 1 億円（後に契約金 1 億円プラス出来高金 5,000 万円[28]）とする協定が結ばれたが、実際にはこの協定は守られず、契約金の高騰を招き、いわゆる裏金問題に発展していった（後述 b 参照）。

このような問題が生じる中で、2006 年を最後に上記の希望入団枠制度は廃止された。ドラフトの制度趣旨と新人選手の職業選択の自由や独占禁止法上の問題点との調和を図りながら、今後もドラフトについてよりよい制度改革を実現することが求められる。

b 契約金の規制

契約金とは、選手契約を締結する際に、年俸（参稼報酬）とは別

25) 小笠原正監修『導入対話によるスポーツ法学』195 頁以下（不磨書房、第 2 版、2007 年）

26) 後にこの選手契約はコミッショナー裁定により無効とされた。

27) 逆指名制度、自由獲得枠制度ともいわれる。

28) 一定以上の成績を残した場合に年俸を上積みして支払われる金員。

第4編 民事法とスポーツ

に選手の入団に伴って球団から支払われる金銭をいう。後記〈4〉
ア d のフリーエージェント（FA）を経て入団した選手にも支払われ
る場合もある。球団は、優秀選手を獲得するために他球団よりも有
利な条件を提示し当該選手の獲得を目指すことになるが、過当競争
を招き、契約金の高騰により球団経営を圧迫するおそれもある。そ
こで、一定程度契約金の高騰を抑止する必要が出てくるが、前記 a
のドラフト制度の導入は新人選手獲得の際の契約金高騰を抑制する
趣旨で導入されたものである。また、前記 a の希望入団枠制度の導
入に伴い、球団間で、新人選手の契約金の最高標準額を1億円（後
に契約金1億円プラス出来高金 5,000 万円）とする協定が結ばれてい
る。また、直接契約金を規制するものではないが、高校野球や大学
野球を対象にしている日本学生野球憲章では、学生選手がプロ野球
団体と選手契約を将来締結することを条件とした金品や経済的利益
の授受を禁止している（日本学生野球憲章第 23 条第 3 項）。

　このような契約金の規制がありながら、球団は希望入団制度で獲
得した新人選手に対し最高標準額を超える多額の契約金を支払った
り、日本学生野球憲章で禁止されているプロ野球団から学生選手に
対し食事代、栄養費、交通費等の名目で金銭の提供を行っていたり
したことが発覚した（いわゆる裏金問題）。

　契約金の最高標準額をめぐっては、野球協約に規定がなく、あく
までも球団間の紳士協定であったことや協定違反の場合に罰則がな
かったことから、十分な規制を発揮できなかったことが招いた問題
ともいえる。この問題については 2007 年 5 月 29 日、コミッショ
ナーが、新人選手に対する最高標準額を超えた契約金の支払いに
ついて、野球協約第 194 条違反に当たることを明言し、現在では、
最高標準額を超えた契約金の支払いについては罰則が加えられるこ
とになった[29]。

　裏金問題については、2007 年 10 月 4 日、NPB と日本学生野球
協会との間で覚書が交わされ[30]、新人選手獲得活動において利益
供与は一切行わないこと、NPB が新人選手獲得に関するルール違
反行為の類型の明確化とそれに対する制裁について明定することが
約束され[31]、裏金問題に対する規制が強化された。

イ　Jリーグ

a　入団

　Jリーグにおける新人選手の入団では、プロ野球のようにドラフ

29) コミッショナーによる厳重注
意「株式会社横浜ベイスター
ズと那須野巧選手との間の選手
契約について」http://npb.jp/
npb/20070529doc2.html

30) 日本プロフェッショナル野球組織
（NPB）「覚書」http://npb.jp/
npb/20071004doc.html

31) 日本プロ野球選手会「新人選手獲
得に関するルール違反行為の類型
の明確化とそれに対する制裁の明
定について」http://jpbpa.net/
up_pdf/1284364723-534164.
pdf

ト制度は導入されておらず、選手は自ら希望するクラブと自由に選手契約を結ぶことができる。その背景は、サッカー界は FIFA を中心として一国一協会主義をとり、全世界的な世界基準のルールを定め、浸透を図っていることから、日本においてもその影響があると考えられる[32]。

また、J リーグでは現在 3 リーグ制（J 1、J 2、J 3）がとられ、リーグ間の昇格・降格があるため、クラブ間の戦力均衡が主として想定されていないため、戦力均衡のためのドラフト制度が不要であるという指摘もある。

b　契約金規制ルールの概要

新人選手に対する契約金の支払いはなく、クラブから支度金として上限 500 万円が支払われるのみである（選手契約規則 8）。

〈4〉移籍をめぐる問題
ア　プロ野球
a　トレード制度

トレードとは、球団保有選手との間の選手契約を他球団に譲渡できる権利を保有球団に認める制度である（野球協約第 13 章 選手契約の譲渡）。トレードの方法としては、能力が近い選手同士を入れ替える交換トレードや、金銭の支払いと引き換えに選手の譲渡を受ける金銭トレード、または両者の併用もある。球団としては、戦力のバランスを図るため選手の移籍や交換が不可欠であり、一方で出場機会が得られない選手にとってはトレードされることにより、他球団での活躍が期待できる。

しかしながら、このようなトレード制度は法的に見ると次のような問題点がある。まず、選手契約の譲渡という形式をとっているが、選手をあたかも商品と見立てて売買するということに等しく、選手の基本的人権を侵害するものとして指摘されている[33]。また、雇用契約においては、「使用者は、労働者の承諾を得なければ、その権利を第三者に譲り渡すことができない」（民法第 625 条第 1 項）とされている。この点、選手契約においては、統一契約書第 21 条で「選手は球団が選手契約による球団の権利義務譲渡のため、日本プロフェッショナル野球協約に従い本契約を参稼期間中および契約保留期間中、日本プロフェッショナル野球組織に属するいずれかの球団へ譲渡できることを承諾する」と定められており、選手はトレー

32) なお、海外においては、サッカーでもドラフト制度を採用する国も存在する。

33) 村山眞「プロ野球界の取引慣行と独禁法（下）」NBL515 号 30 頁

第 4 編　民事法とスポーツ

ド（移籍）について事前同意を強要されているのであって、選手の意思を無視したものであり、公序良俗（民法第90条）に違反するのではないかとの問題も指摘されている。

b　保留選手制度

　保留選手制度（野球協約第9章）とは、次シーズンも契約更新を予定する選手（保留選手）の名簿をあらかじめコミッショナーへ提出することにより（野球協約第66条）、保留選手は他球団（外国の球団も含む）と選手契約に関する交渉を行ったり、他球団のために試合や合同練習等すべての野球活動をすることを禁止される制度である（野球協約第68条）。保留選手が先の禁止事項について違反をすると、違反球団と違反選手に対して制裁金が科され、当該球団と当該選手の選手契約は禁止され、当該球団の関係役職員は一定期間その職務の停止をさせられる（野球協約第73条）。

　保留選手制度は、球団間の選手引き抜き激化に直面して1952年に野球協約に導入された制度であり、優秀選手の引き抜きを防止して、特定球団に戦力が偏ることを防ぐこと、選手の引き抜き合いによる年俸の高騰を回避することを目的とし、ドラフト制度導入の目的とその目的を同じくし、一応の合理性があるように思える。

　しかしながら、契約法の原則として、契約当事者は契約内容においてのみ拘束されるのであり、本来であれば選手は選手契約期間が満了すれば自由に他球団との契約を含めて契約交渉ができるはずであるから、保留選手制度はこの契約の自由を大きく制限するものである。また、保留選手は、球団が提示する契約条件に同意し契約を締結しない限り保留選手に対する保留権は翌々年1月9日まで継続し（野球協約第74条）、任意引退選手（野球協約第59条）として引退後も3年間の間、保留権が継続することになり（野球協約第67条第3項）、事実上、球団との契約締結を強制させられることになっている。

c　自由契約

　選手契約期間の満了後、保留選手として提出されなかった選手は、コミッショナーが自由契約選手として公示することによって、当該選手は他球団とも自由に契約ができる（野球協約第58条）。いわゆる戦力外選手であり、他球団への移籍が可能になっている。

d　フリーエージェント（FA）制度

　1993 年のシーズンオフから導入された制度で、一定の資格のある選手を前述の保留選手の枠から解放して、他球団と自由に選手契約を締結できるようにしたものである（野球協約第 22 章 フリーエージェント規約[34]）。一旦特定の球団と選手契約を締結してしまうと次シーズンも当該球団との選手契約を余儀なくされてしまう保留選手制度により、年俸が抑制されてしまうことによる選手の不満があった。他方で、球団としては戦力の強化を図るために優秀な選手を獲得したいとの希望もあった。このような背景もあり導入された FA 制度だが、FA の対象とされる選手の資格要件が一部の選手に限られること、選手が FA 権を行使し所属球団に残留することを認めないことを公表する球団もあり事実上 FA 権が行使しづらい点も指摘されている。

イ　Jリーグ

　サッカー界の移籍制度に関しては、プロ野球界の移籍制度と異なり、基本的に、契約当事者は契約内容においてのみ拘束されるという契約法の原則に準拠する形でルール形成されている。

a　国内クラブへの移籍[35]

　Jリーガーの移籍については、Jリーグ規約第 104 条以下及び選手契約規則 3 以下に規定されている。Jリーガーは他クラブから所属クラブへの通知があれば、選手契約の期間満了の 6 カ月前から他クラブと契約交渉が可能になる（選手契約規則 1 - 8）。また、所属クラブとの契約更新をしない場合でも契約満了とともに他クラブへ移籍することが可能である。従前は、国内移籍については、選手契約期間満了後でも、移籍元クラブが移籍先クラブに対し移籍金の請求をすることができたが、現在では後述の FIFA のルールにならい選手期間満了後の移籍金の制度は撤廃されている[36]。

　選手契約期間満了前の移籍の場合は、移籍先クラブと移籍元クラブとが移籍に伴う補償（移籍補償金）につき合意をし、かつ、当該選手も移籍を承諾した場合は移籍を行うことが可能である（選手契約規則 3 - 1 ④（3））。

b　海外クラブへの移籍

　海外移籍をめぐっては、FIFA の国際移籍制度にて規定されて

34) 日本プロ野球選手会「フリーエージェント規約」http://jpbpa.net/up_pdf/1284364512-578244.pdf

35) なお、サッカー界では、完全移籍だけでなく、レンタル移籍も認められている（選手契約規則4など）。

36) ただし、満 23 歳以下の選手に関しては、トレーニングコンペンセーションを請求できる（選手契約規則7）。

おり[37]、選手契約期間後の移籍については移籍金が発生しないことが原則となっている。選手契約期間後の移籍金をめぐっては、1995年12月に欧州司法裁判所で下されたいわゆるボスマン判決があり、それまで所属クラブが請求していた高額の移籍金が認められないことになった。

ウ　スポーツ選手の移籍等をめぐる問題

　公正取引委員会競争政策研究センター「人材と競争政策に関する検討会」は、個人の働き方の多様化が進んでいる現代社会において、人材の獲得をめぐる競争と独占禁止法の観点から、スポーツ選手の移籍等に関して、独占禁止法上問題となり得る点の報告書を提出した[38]。今後、プロ野球やJリーグなどのプロ選手や、アマチュア選手の移籍制度にも影響を及ぼす可能性も出てくるであろう。

（2）観るスポーツビジネスにまつわる契約
〈1〉主催に関する契約
ア　主催権

　スポーツ観戦をしている試合の多くは、主催契約によって成り立っている。主催とは、入場料を取って芸能やスポーツを観客の観覧に供することとされ、スポーツ団体が自ら主催して行う場合と主催に関する権利の全部または一部を代理店等に委託して開催する場合がある。プロスポーツにおいては、入場料収入、放送権収入、スポンサー収入、物販収入が重要な収入源となっている。

　主催権は法律上明文化されたものではない。プロ野球やJリーグのようなスポーツ団体においては、内部規約がその根拠となる。Jリーグについては、Jリーグ規約第44条において、公式試合についてはすべて日本サッカー協会とJリーグが主催するとされ、「主管」（自己の責任と費用負担において試合を実施・運営すること）についてはJリーグとされ、この「主管」を各ホームクラブに移譲される旨が定められている。また、プロ野球については、プロ野球機構に所属する球団でなければ、ペナントレース（年度連盟選手権試合）を行うことができないとされ、「それぞれの地域において野球上のすべての利益を保護され、他の地域権を持つ球団により侵犯されることはない」として保護地域としての地域権も設定されている（野球協約第31条、第37条）[39]。

　スポーツイベントは、主催権を有するスポーツ団体から公認をも

37) Regulations on the Status and Transfer of Players (2016) https://resources.fifa.com/mm/document/affederation/administration/02/70/95/52/regulationsonthestatusandtransferofplayersjune2016_e_neutral.pdf

38) 公正取引委員会競争政策研究センター「人材と競争政策に関する検討会　報告書」(2018年2月15日) https://www.jftc.go.jp/cprc/conference/index_files/180215jinzai01.pdf

39) 金井重彦＝龍村全『エンターテインメント法』332頁以下(学陽書房、2012年)

らわなければ、公認されたスポーツイベントを開催することはできない。例えば、オリンピックについては、スポーツイベントの主催は国際オリンピック委員会（International Olympic Committee；IOC）がスポーツイベントの主催を委任する権限を有し、開催地となるオリンピック競技大会組織委員会（Organising Committee of the Olympic Games；OCOG）との間でオリンピック開催に関する契約が締結され、この大会組織委員会が当該イベントを組織・運営することになる。そして、各競技種目の予選については、国際競技団体（International Federations；IF）が主催し、各国の国内競技団体（National Federations；NF）が予選大会を主催することになっている（オリンピック憲章規則 32、33、40）。

イ　主催に関する契約

スポーツイベントを主催するためには、イベント内容に関する契約、イベント開催場所に関する契約、試合契約観戦契約などいくつかの契約が必要となる。

図 2. 主催権にかかわる契約関係

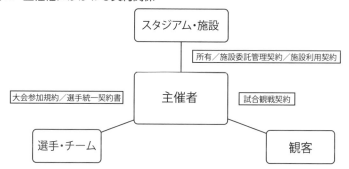

a　イベント参加規約・選手契約等

まず、スポーツイベント主催者は、当該スポーツイベントの参加に関して参加選手（チーム）との間で契約が結ばれる。通常、イベント主催者の作成した参加規約に参加者が署名・同意する約款契約の形で行われている。参加に関する事項としては、①規約遵守義務、②禁止事項、③ドーピング検査・メディカルチェックに関する事項、④イベント中に発生するリスクの責任の所在、⑤参加中の選手の肖像権に関する事項などが規定されている。また、プロの場合には選手統一契約書の形で規約が定められている。

このほか、プロの場合であれば、ほかのスポーツイベントに選手

第4編　民事法とスポーツ

が参加することを禁止する規約もある。例えば、Ｊリーグ規約第70条は、「Ｊクラブ、選手、監督およびコーチは、事前にＪリーグの承認を得ない限り、Ｊリーグまたは協会以外の第三者が主催するサッカーその他のスポーツの試合またはイベント等に参加してはならない」と定めている。これに関して、日本のプロモーターがアメリカの有名プロバスケットボール選手を日本に招聘してその試合を主催したところ、アメリカプロバスケットボールリーグ（National Basketball Association；NBA）及び選手団体の書面による承諾がない限り、バスケットボールの試合には出場できない旨を定めた選手契約等を有効とする判断をしたものがある[40]。

b 施設利用契約

　主催者は、スポーツイベントを行うスタジアムについて施設管理権を有する必要があり、スタジアムを所有していない場合には、スタジアム所有者との間で賃貸借契約（施設利用契約）を結ぶ必要がある。地方自治体の指定管理者制度により、主催者が自治体からスタジアム等の施設の管理の委託を受けている場合もある。施設利用契約に関しては、①施設利用に関する基本事項、②関係法令等の遵守事項、③施設使用料・経費、④消防・警備、施設保全に関する事項、⑤中止・契約解除事項、⑥施設内での撮影等に関する取り決め、⑦契約終了事由などが話し合われることになる。

c 試合観戦契約

　観客は試合を観戦するために入場券の購入が求められるが、入場券は、球場等の施設に入ることができる権利（債権）であり、通常、名宛人が記載されていないため、無記名債権とされる[41]。この場合、チケットの購入によって、主催者と入場者との間には試合観戦に関する契約が締結されることになる。スポーツイベントの主催者は観客を施設に入場させ、試合を行い、観戦させる債務を負うことになる。そのため、試合が開催されなかった場合には、債務不履行として入場料の払い戻しがなされることになる。なお、日本野球機構は「試合観戦契約約款」を作成し、入場拒否事由[42]や禁止行為、退場措置が定められている。これら事由に該当する場合には入場料の払い戻しがされない旨の規程（試合観戦契約約款第12条）がある。

　また、プロ野球では、応援に関しても「特別応援許可規程」が策

40) 東京地方裁判所判決平成10年10月30日判例タイムズ1004号197頁

41) 多田光毅ほか編著『紛争類型別スポーツ法の実務』255頁（三協法規出版、2014年）

42) 日本野球機構「試合観戦契約約款」http://npb.jp/npb/kansen_yakkan.html
第6条（入場拒否）
主催者は、以下の各号の一に該当する者の球場への入場を拒否することができる。
（1）正規入場券を所持せず又はその提示をしない者
（2）第3条の販売拒否事由に該当する者
（3）第5条1項の持込禁止物の持込をしようとし又は同条2項の手荷物検査に応じない者
（4）第8条の禁止行為に違反し又はその虞のある者
（5）著しく酒気を帯びている者
（6）試合の円滑な進行を妨害し又はその虞のある者
（7）他の観客の観戦に著しい支障を生じる行為を行ない又はその虞のある者
（8）その他入場を拒否することが相当と主催者が判断した者

定され、応援団方式については許可制とされ、不適格事由などが定められている。プロ野球の主催者が、特定の応援団の団員に対し、入場券の販売を拒否し立ち入りを禁止した措置を有効とする裁判例がある[43]。

2020 年オリンピック・パラリンピック東京大会を前に、コンサートなどのチケットの不正な転売を禁ずる「特定興行入場券の不正転売の禁止等による興行入場券の適正な流通の確保に関する法律」が 2018 年 12 月に成立した。人気のあるスポーツの決勝戦などでは、チケットの買い占め・高額転売が行われてきたが、今後は罰則の対象となる。このような不正行為に対してクラブや球団なども独自の対応を迫られている。埼玉西武ライオンズは 2018 年 11 月、チケットの転売などをした 80 人以上に入場を断るなどし、うち約 60 人以上のファンクラブ会員を退会処分にしている[44]。

〈2〉スポンサー契約をめぐる問題
ア　スポンサー契約

サッカーなどの試合を見ているとき、選手のユニホームに企業名や商品名のロゴなどを目にすることがある。これは、企業がスポーツイベント等に協賛し支援する目的で金銭ないし物品を提供し、その見返りとしてその企業の商品・サービスの広告宣伝、販売促進をするための便宜を受けることを内容としたスポンサー契約が結ばれている。物品の提供についてはサプライヤー契約とも呼ばれている。これは、主にスポーツ用品メーカーが自社商品を無償で選手やチームに提供する契約で、企業名や商品の宣伝効果を上げることができるとともに、選手から製品についても意見を集め、商品開発につなげることができるメリットもある。

イ　スポンサー契約の当事者

スポンサーとなるのは、営利企業が一般的である。スポンサー契約の当事者は、チームだけでなく、J リーグや NPB といったリーグや機構との間でも個別のスポンサー契約が結ばれている。最近では、スタジアムなどにもネーミングライツという形でスポンサーがつくケースも増えている。また、オリンピック・パラリンピックやワールドカップのように、スポーツイベント自体に対するスポンサー契約もある。

43) 名古屋高等裁判所判決平成 23 年 2 月 17 日判例時報 2116 号 75 頁、最高裁判所判決平成 25 年 2 月 14 日

44) 朝日新聞 2019 年 2 月 15 日

第4編　民事法とスポーツ

図3. IOC の歳入（2013−2016）

■ 放映権料
□ スポンサー収入(TOPプログラム)
■ その他の権利による収入
■ その他収入(チケットなど)

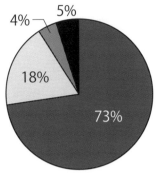

4%
5%
18%
73%

出典　IOC, Olympic Marketing

　例えば、IOC では、スポンサー料収入が全体の収入の 35％を占め、重要な収入源となっている。オリンピックのスポンサーはいくつかの階層に分かれ、IOC と契約を結ぶワールドワイドオリンピックパートナー、大会組織委員会と契約するゴールドパートナー、オフィシャルパートナー、オフィシャルサポーターに分かれている[45]。

図4. スポンサーシッププログラム

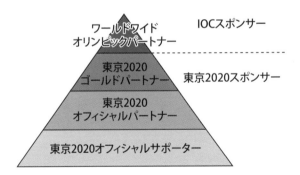

ワールドワイド
オリンピックパートナー　　IOCスポンサー

東京2020
ゴールドパートナー　　東京2020スポンサー

東京2020
オフィシャルパートナー

東京2020オフィシャルサポーター

　IOC の TOP スポンサーについては、スポンサーの価値や権利を維持するために「１業種１社」のルールが定められている。2020年オリンピック・パラリンピック東京大会のエンブレムではデザインの盗作疑惑がもち上がり、再度、デザインの選考がされることになったが、このエンブレムとは、オリンピックのマークとともに開催国との結び付きを示すデザインであることが条件とされている。TOP スポンサー以外のスポンサー企業はオリンピックのマークを使用することができないため、国内のスポンサー企業は大会エンブ

45) 東京オリンピック・パラリンピック競技大会組織委員会「スポンサーシップについて」https://tokyo2020.org/jp/organising-committee/marketing/sponsorship/

レムの利用権が認められる[46]。

　オリンピックでは会場内の企業広告の看板は出せないとする「クリーンスタジアム」[47] という方針がとられており、大会期間中には国内の既存のスポンサーの看板等が撤去されることになる。

ウ　スポンサー契約の内容

　スポンサー契約に基づく権利は、一般に、「広告協賛権」と呼ばれるが、この権利は法律上明記されたものではない。スポンサーというと、好意で出資・後援をするようなイメージもあるが、スポンサー契約は、有償の双務契約であり、当事者によってその契約内容が異なってくる。スポンサーシップに関する契約内容としては、①スポンサーシップの対象、②競合他社との契約禁止、③契約対象地域・契約期間、③スポンサーメリット、④スポンサーシップの対価といった事項が取り決められる。

　スポンサーメリットとは、提供主体となる主催者によって提供される権利やサービスを指し、これらスポンサーメリットは、提供主体によって異なり多様である。スポンサーメリットには次のようなものがある[48]。

　ⅰ）スポンサー企業やその商品名の露出
　　スタジアム内での広告看板・大型ビジョンでの広告、チームユニホーム・競技用品等でのロゴ掲示、スタジアム内でのイベント実施、スタジアムやイベント等のネーミングライツ（命名権）

　ⅱ）企業の販売促進活動
　　オフィシャルスポンサーとしての呼称、イベント等への選手・監督の招聘権、チーム名やロゴ・キャラクターの使用権

　ⅲ）ホスピタリティ・メリット
　　スタジアムの貴賓室や VIP ルーム、シーズンチケットやスタジアム駐車場の提供、イベントへの招待

エ　選手に対するスポンサーシップ契約

　選手個人に対するスポンサー契約については、エンドースメント契約（endorsement）とも呼ばれ、著名な芸能人やスポーツ選手を商品の保証宣伝のために、企業と選手との間で、主として広告出演、肖像を使った商品化、販促イベントへの参加などが契約内容とされ

46) なお、東京 2020 スポンサーに対しては次のような利用権が認められている。東京オリンピック・パラリンピック競技大会組織委員会「スポンサーシッププログラムの権利内容」https://tokyo2020.jp/jp/marketing/rights/index.html
　●呼称の使用権
　　東京 2020 オリンピック競技大会、東京 2020 パラリンピック競技大会、オリンピック 日本代表選手団、パラリンピック日本代表選手団
　●マーク類の使用権
　　東京 2020 大会エンブレム、東京 2020 大会マスコット、JOC エンブレム、JOC スローガン「がんばれ！ニッポン！」等、JPC エンブレム
　●商品／サービスのサプライ権
　●大会関連グッズ等のプレミアム利用権
　●大会会場におけるプロモーション
　●関連素材の使用権
　　オリンピック・パラリンピック関連の映像及び写真等、オリンピック・パラリンピック日本代表選手団の映像及び写真

47) オリンピック憲章規則 50 付属細則 1.1 は、「商業的なものであれ、その他の性質のものであれ、オリンピック競技大会では、どのような広告、プロパガンダも身体、競技ウエア、アクセサリーに表示してはならない」としている。

48) エンターテインメント・ロイヤーズ・ネットワーク編『スポーツ法務の最前線』145 頁以下（民事法研究会、2015 年）

る。選手側の義務としては、①広告出演義務、②氏名肖像権など使用許諾、③競合他社への出演禁止・肖像権等の使用許諾禁止、④販促イベント等への参加協力義務などが契約に盛り込まれ、協賛企業側の義務としては、①物品提供義務、報酬支払義務、②出演等の役務提供のための費用（移動費・宿泊費等）の支払いなどの事項が盛り込まれる。

　エンドースメントとは別に、アドバイザリー契約と呼ばれる契約もある。これは、選手がスポンサーとなるスポーツメーカーの商品をスポーツイベントや競技活動において使用することで、スポンサー企業の商品や企業名を推奨するものである。アドバイザリー契約では、選手にはスポンサー企業の商品着用義務があるが、選手が所属する団体やクラブが別のスポーツ用品メーカーと契約しているために、選手は他社製品を着用せざるを得ない場合もある。北京オリンピックでは、競泳日本代表選手のイギリススピード社製「レーザー・レーサー」（LR）の着用をめぐって、日本水泳連盟と水着提供の契約を結んでいた国内3社との間で、違約金を取らないとする合意がなされた例もある[49]。

49) 朝日新聞 2008年6月11日

　エンドースメント、アドバイザリー契約の当事者はスポンサー企業と選手との間で交わされることになるが、広告代理店やマネジメント会社が介在する場合もある。また、選手個人がスポンサー契約を結ぶ場合にはスポーツ団体や球団等の事前承諾を求める規約もある。

〈3〉商品化契約をめぐる問題
ア　商品化とは
　衣類、飲料、お菓子、食品、文房具、玩具、ゲームソフトなどの商品にアニメのキャラクターが描かれているのを見かけることがあるが、企業側は製作者に一定額の使用料を払うことで、そのキャラクターを利用して販売広告することを目的としている。これと同じように、スポーツの世界でも、Jリーグ、読売ジャイアンツ、阪神タイガース、ニューヨーク・ヤンキースなど有名なチームやリーグにはその名称だけで消費者をひきつける顧客吸引力（ブランド力）があるとされている。また、オリンピック・パラリンピックやサッカーワールドカップなどのスポーツイベントにもブランド力が認められ、このようなチームやイベントのロゴやマークを使うことで、企業は自身の会社としてのイメージを高め、商品の販売促進を期待している。

イ　商品化権[50]

　商品化権は、法律上の規定はなく、取引実務において発達してきた権利である。英米法における Merchandising Rights を和訳したものといわれている。Jリーグ規約では、商品化権とは「JリーグまたはJクラブの名称、ロゴ、マーク、マスコット、エンブレム、意匠、商標その他JリーグまたはJクラブを表示するもの」等を使用して商品を製造・販売する権利と定義されている（Jリーグ規約第123条）。チームやイベントの名称やロゴが商標登録されている場合には、商標権が商品化権の一つの根拠となる。またチームのマスコットキャラクターを商品化するような場合には著作権法によって保護されている。また、有名なチーム名などは不正競争防止法によっても保護されている。商品化権の法的根拠の問題は、商品化される対象物によって、著作権法、意匠法、商標法、不正競争防止法に関する知的財産法や民法等多岐にわたる[51]。Jリーグではプロパティ利用規約を有しており、商品化において利用可能となる対象を列記している[52]。

ウ　商品化契約の具体的内容

　商品化権の具体的内容は、商品化に関する権利者ないし管理者とその利用者との商品化許諾契約（商品化ライセンス契約）によって決まることになる。プロ野球では各球団が商品化権を有するとされ、12球団のすべてのロゴ、マークが使用される場合にのみ NPB に委託される。Jリーグや日本代表のロゴやエンブレムの使用・商品化に関しては、Jリーグエンタープライズという外部の権利管理会社に委託されている。

　商品化契約では、①許諾される商品・サービスの種類、②契約期間、③販売地域、④使用許諾料、⑤販売個数、⑥再許諾権、⑦権利者表示などについて取り決めがなされる。使用許諾料（ロイヤルティー）は、一定の金額で定められている場合と商品の売り上げに対応する形で販売価格の何％という形の料率で定める場合がある。スポーツ団体はそのブランドイメージを守るため、事前に商品サンプルの提出を義務付ける品質管理条項や、選手が移籍・引退したり、不祥事を起こした場合などを想定した事情変更による解除規定なども盛り込む場合もある。このほか、商品化契約においては、契約企業と別のスポンサー企業との競合関係についても配慮する必要がある。

エ　選手の肖像を用いた商品化

　チームやリーグ等とは別に、選手個人の肖像権を利用した商品化契約もある。選手の肖像の商品化の法的根拠は、選手の有するパブリシティ権であるが、スポーツ選手の写真など肖像権を利用して商品化する場合には、選手個人だけでなく、所属チーム、リーグ等の許可を要する場合もある。例えば、日本サッカー協会選手契約書では、クラブの同意を義務付けている[53]。また、日本オリンピック委員会（Japanese Olympic Committee；JOC）でも特定の選手の肖像権を管理する「シンボルアスリート制度」がある。

〈4〉放送権契約をめぐる問題
ア　スポーツの放送

　放送権の収入はプロスポーツビジネスにおいては重要な収入源の一つである。特に、オリンピックやワールドカップの放送権は高額な価格で取引され、さらに高騰化する傾向にあるといわれている。2012年のロンドンオリンピックでは、IOCの放送権収入が25億6,900万ドルと1984年の商業主義が本格化したロサンゼルスオリンピックの9倍に膨らんだとされている。オリンピックの放送権は国や地域ごとに取引がなされ、2012年のロンドンオリンピックの日本向けの放送権はNHKと民放各局で構成されるジャパンコンソーシアム（JC）が266億5,000万円で購入している。さらに、2022年冬季から2032年夏季オリンピックまでのアメリカ国内向けの放送権をNBCユニバーサルが76億5,000万ドル（約7,800億円）で獲得したとされている[54]。

　最近の放送は、不特定多数の公衆に対する一方的な放送の形式を超えて、インターネットでの送信や、双方向的なインタラクティブ通信を可能としてきているため、PCだけではなく、スマートフォン、タブレットなどといったマルチデバイスへの対応が進んでいる。そのため、放送事業者だけでなく、「パ・リーグTV」や「ジャイアンツLIVEストリーム」のように、リーグや球団が独自にPC、スマートフォン、タブレット向けといったマルチデバイス対応にて、インターネット中継をする形もみられる。

イ　スポーツの放送権

　放送権は著作権法上の放送権とは異なり、主催権に基づいてスポーツイベントを主催する団体が放送事業者等に対して試合の中継

53）日本サッカー協会「日本サッカー協会選手契約書」http://www.jfa.jp/documents/pdf/basic/06/01.pdf
　第8条〔選手の肖像等の使用〕
　③クラブは、選手の肖像等を利用してマーチャンダイジング（商品化）を自ら行う権利を有し、また協会、リーグ等に対して、その権利を許諾することができる。
　④選手は、次の各号について事前にクラブの書面による承諾を得なければならない。
　（1）テレビ・ラジオ番組、イベントへの出演
　（2）選手の肖像等の使用およびその許諾（インターネットを含む）
　（3）新聞・雑誌取材への応諾
　（4）第三者の広告宣伝等への関与

日本プロ野球選手会「プロ野球統一契約書」http://jpbpa.net/up_pdf/1427937937-107764.pdf
　第16条（写真と出演）詳細は、本書第4編第2章2（1）〈2〉「主な契約内容」140頁

54）朝日新聞2014年5月9日

を許可する権利である。ここでの放送権は実定法上の規定を欠き、スポーツイベントについて誰が放送権を有しているかについては、スポーツ団体の内部規約で定める場合が多い。例えば、オリンピックの場合、放送権を有しているのは IOC である[55]。プロ野球の場合、各球団がホーム・ゲームの放送権を保有するとされている[56]。一方、Ｊリーグでは、Ｊリーグが公式試合の放映権を保有し[57]、Ｊリーグ公式試合の映像は、Ｊリーグメディアプロモーションの下で一元管理されている。

　近年、放送権は、テレビ放送だけでなく、インターネット配信権など多様なコンテンツを含むものとなってきている。特に、ネット配信は、視聴者の好きな時間帯でスポーツ映像を楽しむことができるだけでなく、過去の試合映像の視聴も可能となり、非常にエンターテイメント性が高まっている。そのため、放送権は、テレビ放送権だけでなく、インターネット配信権、携帯電話配信権も含まれており、これらは別の権利として取引の対象となっている。放送権の種類については、地上波放送権、衛星放送権、ケーブルテレビ放送権、デジタル放送権に分かれ、さらに放送の形態によって生中継権、再放送権、ハイライト権、ニュース権、ペイパービュー権、サブスクリプション権、携帯電話権、ラジオ権などに細分化されている。

ウ　放送権契約

　放送権に関する契約は、放送、中継実施を認める権限を有する者と放送事業者との間で締結される。放送権はこの放送権契約に由来することになる。放送権契約では、①放送局（地上波、ケーブルTV、BS、CS、インターネット、携帯向け配信の有無など）、②放送地域、③放送期間、④放送回数、⑤独占放送の有無、⑥再許諾権の有無、⑦映像の二次利用に関する事項などが取り決められる。

　放送局との契約に関しては、1試合ごとに契約を結ぶ場合から長期間の一括契約まで多様な形態がみられる。このほか、放送に伴うCMについても、オリンピックのような大規模なスポーツイベントでは、オフィシャルスポンサーの保護のため、競合する会社のCMが制限されるとともに、番組スポンサー枠の優先交渉権が認められている。

　試合を撮影した映像については、著作権が発生することから、著作権並びにその所有権の帰属についても、放送権契約で決められている。著作権の帰属については、主催者側に帰属するものから、放送局側に帰属するもの、両者の共有など様々である。著作権が放送

55) オリンピック憲章規則7・2
オリンピック競技大会は IOC の独占的な資産であり、IOC はオリンピック競技大会に関するすべての権利を所有する。特に、(i) オリンピック競技大会の組織運営、活用、マーケティング、(ii) メディアが使用するためのオリンピック競技大会の静止画像と動画の撮影を許可すること、(iii) オリンピック競技大会の音声、映像での収録を登録すること、(iv) 放送、送信、再送信、再生、表示、伝播、現存するものであり、将来開発されるものであれ、いかなる方法においてもオリンピック競技大会を音声、映像の登録または収録の具体化による作品や信号を一般の人々に提供すること、あるいは一般の人々に連絡すること。IOC のオリンピック競技大会に関する権利それらに限定されない。

56) 日本プロ野球選手会「日本プロフェッショナル野球協約」http://jpbpa.net/up_pdf/1427937913-568337.pdf
第 44 条（放送許可権）は「球団は、それぞれ年度連盟選手試合のホーム・ゲームにつき、ラジオ放送及びテレビジョン放送（再生放送及び放送網使用の放送を含む）、有線放送並びにインターネット及び携帯電話等を利用した自動公衆送信（いずれも、海外への、及び、海外での放送及び送信を含む）を自由に許可する権利を有する」と規定している。

57) 日本プロサッカーリーグ（Ｊリーグ）「Ｊリーグ規約」http://www.jleague.jp/img/about/management/2014kiyakukitei/02.pdf
第 119 条【公衆送信権】
（1）公式試合の公衆送信権（テレビ・ラジオ放送権、インターネット権その他一切の公衆送信を行う権利を含む。以下「公衆送信権」という）は、すべてＪリーグに帰属する。
（2）前項の公衆送信権の取扱いについては、理事会において定める。

局側に帰属するとしつつ、主催者側に無償提供することが定められる場合もある [58]。

58) 金井＝龍村・前掲注 39)344 頁

エ　選手の肖像権

　試合などを放送する場合には、プレーしている選手の肖像権が問題となるが、個々の選手から毎回許諾を得ることは、煩雑かつ合理的とはいえないため、スポーツ団体ではあらかじめ協約の形で選手から許諾を得ることが一般的である。例えば、プロ選手統一契約書第8条第1項では、「クラブが本契約の義務履行に関する選手の肖像、映像、氏名等を報道・放送において使用することについて、選手は何ら権利を有しない」と明記されている。また、統一契約書第29条でも「日本プロフェッショナル野球協約およびこれに附随する諸規程を諒承し、かつこれに従うことを承諾」するとされ、先述の野球協約に同意したと見なされる。

オ　放送権と第三者による放送権侵害

　スマートフォンやネット動画サイトの普及により、観客が自ら撮影したスポーツイベントの映像をネット配信することが可能となってきている。スポーツ施設へのカメラ等の機材を持ち込むことに対しては、スポーツイベントの主催者側は所有権に由来する施設管理権に基づいて禁止することができると解されている。これに対し、選手の肖像権に求める見解もある。施設の所有者は所有権に基づき、施設をどのように管理するか施設管理権を有している。施設を所有しないイベント主催者についても施設所有者（もしくは施設管理者）との施設利用許諾契約において、施設利用権者として第三者の施設内へのカメラ等の持ち込みを禁止する権限が認められることになる [59]。

59) 國安耕太「スポーツ中継映像にまつわる著作権法の規律と放送権」月刊パテント 67 巻 5 号 77 頁

　しかし、この施設管理権では、「試合」という無体財産を保護することには脆弱な面があるとされている。スポーツの試合は「著作物」には該当せず、知的財産権のような準物権的権利の対象ともならないため、例えば、プロ野球の試合経過を1球1球ほぼリアルタイムでインターネット配信する行為などは、施設管理権を侵害したとはいえない可能性があるとされている。アメリカでは、NBA の試合経過を「Sports Trax」と呼ばれる携帯ペジャー（ポケベルのようなもの）で配信していた事業者に対して NBA が訴訟を起こしたが、敗訴している [60]。

60)National Basketball Assoc. v. Motorola Inc., 105 f.3d841(1997)

（3）Do スポーツビジネスと会員契約

〈1〉市民のスポーツへの参加と会員契約

　今日、巿民が日常生活の中でスポーツを楽しむことは、健康の維持や充実した生活の実現にとって、極めて重要な意味をもっている。この点に関する意識の高まりとともに、スポーツをしようとする市民に対してその機会を提供する、各種のスポーツクラブ（ゴルフクラブ、テニスクラブ、スイミングクラブ、アスレチッククラブなど）にも関心が向けられるようになり、実際にそれを利用する市民の数も急増している。そして、スポーツクラブの数自体も増加の傾向にある。

　他方、スポーツクラブの形態は、様々であり、施設等を自由な利用に供するものもあるが、併せて健康の保持、体力の維持・向上のために、専門的な指導員を置き、利用者を対象に継続的に種々の助言・指導を行うものもある。

　このようなスポーツ施設の利用については、今日、利用者と施設を設置・運営する事業者との間に「会員契約」が結ばれるのが通常であるが、従来、スポーツ施設の利用形態そのものには各スポーツごとに種々のものが見られ、それを前提とした多様な契約が結ばれてきた。例えば、ゴルフ場の利用関係のように独特の経緯をたどったものもある。すなわち、古くは、ゴルフ場の経営と会員組織が一体化している社団法人組織の会員制 [61] がとられていたが、続いて株主会員制のゴルフ場 [62] が多数となった。さらに、その後は預託金会員制のゴルフ場が拡大した。これは、クラブに入会を申し込んだ会員が、ゴルフ場を設置・運営する会社に対し預託金（消費寄託金）の名目で一定期間無利息で金銭を預託し、一般より有利にゴルフ場施設を利用する権利を得るというものである。今日のゴルフ場ではこの形態が大部分を占める [63]。他方、その他の多くのスポーツクラブの会員契約は、事業者と会員との施設の利用契約である。

　そして、今日の多くのスポーツクラブは、「クラブ」という名称にもかかわらず、そこに社団としての実質があるわけではない。会員はクラブに「入会」するという形式をとるが、会員契約はあくまでもスポーツクラブを設置・運営・管理する事業者と会員（消費者）との間に発生する契約上の法律関係を定めたものである [64]。それに対しては、団体法ではなく契約法が適用となる。

　このような会員契約においては、それに基づく法律関係、すなわち、一方で、会員のスポーツ施設の優先的利用権、施設内での規則

61) 会員は社員。会員契約は社団の加入契約。

62) 会員は株主。

63) 一部のテニスクラブにもこのような形態が見られる。

64) クラブと会員との間に独立した契約上の法律関係が生じるわけではない。

遵守義務、利用料・年会費等の支払義務が、他方で、事業者の各種料金の支払請求権、施設整備・供与義務、助言義務、安全配慮義務等が、発生する。会員の権利義務に退会時の預託金や保証金の返還請求権をも含めた契約上の地位を「会員権」ということがあり、会員は、スポーツクラブ会員契約によりこの会員権を取得することになる[65]。

　他方、成立した会員契約に基づく法律関係、会員としての地位の譲渡、契約の解消等をめぐって種々のトラブル（後述〈4〉参照）が生じ、その解決とともに、より予防的に契約条項そのものの適正化も求められてきた。特に、ゴルフ会員契約については、ゴルフ場等に係る会員契約の適正化に関する法律（以下「会員契約適正化法」）が制定されている[66]。

〈2〉スポーツ会員契約の成立と意義
ア　スポーツ会員契約の締結
　まず、通常のスポーツ会員契約は、一般に、会員になろうとする者による「入会申込書」の提出とこれに対する事業者からの承諾によって締結される。特に、ゴルフ会員の募集については、会員契約適正化法が、募集に際しての経済産業大臣への届出を義務付け（会員契約適正化法第3条）、また、施設開設前の会員契約締結を禁止している（会員契約適正化法第4条）。

　契約締結に際しては、「会員契約」「会則」「規約」「施設利用約款」など、様々な名称で契約条件が示される。特に、ゴルフ会員契約については、上記法律により、会員契約締結に当たっての書面交付が義務付けられ（会員契約適正化法第5条）、誇大広告、不実告知、不当な行為（威迫を交えた勧誘等）等が禁じられている（会員契約適正化法第6条〜第8条）。さらに、クーリング・オフの規定（会員契約適正化法第12条）により、契約締結後、上記の書面を受領した日から起算して8日間が経過するまでの間は、書面により会員契約の解除をすることができる。

イ　会員の権利
　次に、会員契約に基づく利用者（会員）の権利としては、①スポーツ施設を非会員よりも安価な利用料金で優先的に利用することができる権利が中心であるが、さらに、②入会に際して差し入れた一定の金額（預託金や保証金）を一定の据置期間の経過後に返還請求す

65) 施設の稼働率を引き上げるために、会員以外のビジターの利用を認めるものもある。

66) 同法は「ゴルフ場その他スポーツ施設又は保養のための施設であって政令で定めるもの」に適用されるが、現在のところ政令によるゴルフ場以外の施設は指定されていない。

る権利が重要となる。会則では、会員がスポーツクラブの施設を利用することができるものとされているが、いかなる条件で施設を利用できるのか明確に規定されていない場合も少なくない。会員になろうとする者が入会契約締結時に、入会後施設をどの程度利用できるのかを知ることができるよう、会員数の上限、指導者の数や資格、利用できる施設やサービスなど、会員が享受するべき便益についてできる限り明確に会則等あるいはその細則に明記すべきである。

ウ　会員の義務

　また、会員の義務としては、一定の料金の支払いがある。スポーツクラブの料金には、一般に、入会金、保証金、会費、利用料などがみられる。入会金は、入会に際して支払うものであるが、クラブによっては一定の期間を設け、その期間経過後、再度徴収している。入会金は、一般には、当該クラブ等の会員たる地位の取得の対価としての法的性質を有するものであり、原則として、退会の際に返還されるべきものではない[67]。保証金は、入会時に事業者が受領するもので、一定の据置期間の後、未払金を控除した上で、会員からの申出により退会に際し無利息で返還される。利用料は、クラブを利用する都度支払うものである[68]。

エ　事業者の権利義務

　事業者の権利としては、上記の各種料金の支払請求権が中心となるが、義務として、スポーツ施設を整備し、会員の利用に供することや指導員を置いて会員に対する助言を行うことのほか、施設内における安全配慮義務が重要な意味をもつ。

オ　会員契約上の法律関係の変更

　これらの法律関係の変更は、問題を生むことがある。会則等には、「会則の改正は、クラブの理事会の決議による」などとしているものがあるが、会則等は事業者と会員の間の契約上の権利義務関係を定めているものであるから、これを改正し、それをすでに入会している会員との契約に反映させるには会員の個別的な承諾を得なければならないのが原則である。特に、ゴルフクラブの会則については、「個別的な承諾を得ていない会員に対しての預託金返還時期を延期する旨の会則改正の理事会決議は無効である」とする先例がある[69]。この考え方は、他のスポーツクラブについても当てはま

67) 東京地方裁判所判決平成 24 年 11 月 9 日法律情報データベース 「LEX/DB」25497935

68) クラブによっては利用料を徴収 しないものもある。

69) 最高裁判所判決昭和 61 年 9 月 11 日判例時報 1214 号 68 頁

るであろう。また、会員の権利義務に関しない部分の改正は会社が単独で行うこともあり得るが[70]、その範囲と手続きについては会則等に明定すべきであろう。他方、ゴルフ会員契約においては、会員はゴルフ場経営会社が別に定めた会費その他の料金を負担するなどと定められている場合に、原則として、各会員はゴルフ場経営会社が所定の手続きを経て改定した年会費の支払義務があり、この改定は、会員の個別の承諾を得なくても、会員に対し効力が生じるとした先例もある[71]。

なお、スポーツクラブの会則には、会員契約上の地位の譲渡性を否定する趣旨の規定をおいているものもあるが、一般的には、ゴルフ会員契約のように、会員である地位としての会員権が市場流通性を有している[72]。それにより、その市場流通価格が上昇しているときは会員の経済的利益にもなるため、会員権が投資の目的で保有されている場合も多い。

〈3〉 スポーツ会員契約の終了

会則等において、会員はスポーツクラブを随時「退会」することができるが、「会員資格喪失」や事業者からの「除名」についても規定が置かれている。また、保証金等について、会則等では、「保証金は据置期間の後、退会時に返還する」とし、「納入された入会金、会費は理由の如何を問わず返還しない」としているものが多い。

事業者からの「解約」や「除名」の事由については個別に会則等に明記されているが、それが認められるのはやむを得ない場合に限定すべきである。事業者がその都合によりクラブを閉鎖する場合には、保証金のほか、入会金や会費の未経過分も返還すべきであろう。

その上で、スポーツクラブを設置する事業者の資産状況はしばしば会員の利害に大きな影響を及ぼすため、特に、会員契約適正化法は、会員制事業者の業務及び財産の状況を記載した書類を会員に対し閲覧させることを義務付けている（会員契約適正化法第 9 条）。

なお、会員契約の終了について会則上の明確な定めがない場合であっても、その解消が相当と判断される場合がある。例えば、会員契約において、会員資格について期間の定めはないものの、継続的債権関係の性質から見て契約関係を継続することを期待し難い重大な事由がある場合には、その契約を将来に向かって解除することができるとした先例も見られる[73]。

70) 会則で、クラブの運営管理上重要な役割を果たすクラブ理事の選任について、事業者側が一方的になし得る趣旨の規定が設けられている場合が多い。

71) 大阪高等裁判所判決平成 22 年 2 月 10 日判例時報 2101 号 49 頁

72) 会員契約上の地位は、クラブの理事会の承認を得て第三者に譲渡することが可能である（最高裁判所判決昭和 50 年 7 月 25 日最高裁判所民事判例集 29 巻 6 号 1147 頁）。

73) ラケットボールクラブの例として、東京地方裁判所判決平成 4 年 12 月 15 日判例時報 1472 号 79 頁。

〈4〉スポーツ会員契約をめぐるトラブルとその解決

　今日、スポーツクラブの会員契約や施設利用をめぐる法律関係をめぐっては、種々のトラブルが発生している[74]。

　例えば、①キャッチセールス等の不当な勧誘を受けてスポーツクラブの入会契約をしたなどの、勧誘・販売方法に関するもの、②施設が未完成・未整備・混雑等により適切に利用することができないなどの、施設やサービスの内容に関するもの、③据置期間経過後における保証金・預託金等の返還に関するもの、④スポーツクラブの閉鎖・倒産等に関するもの、⑤スポーツクラブ内での会員の事故等と事業者の免責条項に関するものが、主な例である。

　①については、民法上の、錯誤（民法第 95 条）、詐欺（民法第 96 条）の規定による規律が及ぶが、さらに、会員契約を結ぶに当たり、事業者が会員権の将来の値上がり等につき断定的判断を提供した場合には、購入者は、消費者契約法に基づき、その契約を取り消すことができる（消費者契約法第 4 条第 1 項第 2 号）。会員契約適正化法も、利益を生じることが確実であると誤解させるべき断定的判断を提供して、会員契約を勧誘する行為を禁じている（会員契約適正化法第 8 条第 3 項、施行規則第 11 条）[75]。

　スポーツクラブの会員権の販売については、これが、特定商取引法が定める「施設を利用し又は役務の提供を受ける権利のうち国民の日常生活に係る取引において販売されるもの」（特定商取引法第 2 条 4 項）であって、同法施行令の規定する「保養のための施設又はスポーツ施設を利用する権利」（特定商取引法施行令第 3 条「指定権利」）に当たり、同法の適用を受ける。したがって、同法の規定するクーリング・オフ（特定商取引法第 9 条）の対象となる。クーリング・オフが行われた場合には、損害賠償や違約金の支払いを求めることはできず、すでに利用したスポーツ施設の対価も支払う必要はない（特定商取引法第 9 条第 3 項・第 4 項）。

　次に、②については、事業者に対する会員契約上の債務（施設の供与義務）の不履行を理由として会員契約の解除など不履行責任の追及もあり得る（民法第 415 条、第 541 条）。未整備により事故が生じた場合には、不法行為上の責任（民法第 717 条）の発生もあり得よう。

　さらに、③については、ゴルフクラブの会則については、会員の承認なくその預託金返還時期を延期する旨の会則改正の理事会決議を無効とした判例も見られる[76]。

---

74) その背景には、スポーツクラブを管理・運営する事業者と会員の間の法律関係及びトラブルの際の処理の方針について契約や取り決めが行われていなかったり、また、会員の側もそのような契約条件の検討を十分行わないまま契約を締結してしまうという状況がある。

75) 同法はさらに、誇大広告の禁止（第 6 条）、勧誘等に当たっての不実告知等の禁止（第 7 条）、威迫する言動を交えた勧誘や会員契約の解除の妨害等の不当な行為等を禁じている（第 8 条）。

76) 最高裁判所判決昭和 61 年 9 月 11 日判例時報 1214 号 68 頁

　また、④について、スポーツクラブが、事業者の経営努力にもかかわらず、経営の継続が困難となったために閉鎖され、会員契約が解除された場合において、会員に対し、その閉鎖について2カ月以上前に通知され、入会申込金の返還、1カ月間の無料開放など相応の慰謝の措置が講じられたといった事情の下では、会員契約の解除はやむを得ない事情によるものであって会員契約の債務不履行とはいえず、同クラブの閉鎖が不法行為としての違法な権利侵害にも当たるものでもないとした先例もある[77]。

　なお、⑤について、事業者は、施設内における会員の安全を確保する義務を負っている。例えば、会員が、スポーツクラブ内に設置された貴重品ボックスにキャッシュカード等在中の財布を預け入れたところ、その暗証番号を盗撮されて違法に預金が払い戻されたため、不履行責任（民法第415条）として払い戻された預金相当額の損害賠償を求めたケースで、事業者は、会員施設利用契約に基づく業務上の安全管理義務を怠った注意義務違反があったとして、事業者の損害賠償責任を認めた先例も見られる[78]。

　施設内の瑕疵（かし）による事故について工作物責任（民法第717条）の規定が適用され、会社側は会員に対し、損害賠償の責任が生じる場合がある。また、事業者には、会員が通常の利用をする場合にその生命身体に対する安全配慮義務（会員契約から明確に根拠付けられる場合には、付随義務ではなく主たる給付義務となる）があり、場屋営業者としての責任（商法第594条）もあり得る。しかし、会則等には、免責条項[79]がおかれていることが多い。このような免責条項が危険の同意に基づくものであるとしても、それは適切な使用や競技ルールの範囲内においてのみ認められるべきものであり、施設の設置・管理の瑕疵が存した場合や、指導上の過失がある場合には公序良俗違反（民法第90条）により同条項は無効であると解され、その効力が否定されるべき場合が多いであろう。例えば、スポーツクラブの会則に定める免責特約につき、施設の設置または保存に瑕疵があるため生じた事故にその適用を否定した事例がある[80]。

77) 東京地方裁判所判決平成10年1月22日金融・商事判例1074号43頁

78) 東京地方裁判所判決平成17年5月19日判例時報1921号103頁

79) 例えば、「会社は、施設内で盗難、傷害その他の事故が発生した場合に、いかなる損害賠償責任も負わない」としているもの。

80) 東京地方裁判所判決平成9年2月13日判例時報1627号129頁

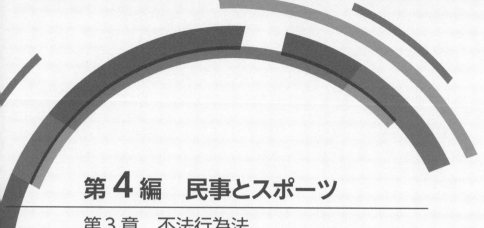

第4編　民事とスポーツ

第3章　不法行為法

本章では、スポーツと不法行為について解説する。

不法行為とは、自動車事故など、契約関係になくても、他人から受けた被害について損害賠償や差止請求を認める法制度である。このような法制度により、被害者の救済と将来の不法行為の抑止がなされている。

スポーツ界においては、特に、スポーツ事故という問題に関して、不法行為法の議論がなされてきた。スポーツ事故といっても一様ではなく、ボクシングなどの格闘技における傷害などの問題、スポーツ指導における暴力、パワハラ、セクハラなどの問題、スポーツイベントの主催、施設管理における熱中症、クラウドマネジメントなどの問題が存在する。このような中で、主に安全配慮義務という概念が用いられながら、このようなスポーツ事故に関する民事責任と被害者救済のバランスが議論されてきた。

一方で、これらのスポーツ事故については、死亡事故、脳損傷や脊椎損傷など、深刻な傷害結果が発生する場合があり、このような場合の現実的な損害補填としての保険制度が重要になるが、現在のところ、日本のスポーツ実務においては、十分な保険が存在するとはいえない。

また、何よりもこのような重大な結果を生じるスポーツ事故をいかに防止するかが重要なのであるが、すでに多くのスポーツ事故に関する判例、災害給付事例が積み上がっているものの、スポーツ事故の予防策については、十分な調査研究がなされているとはいえない。

このような保険制度や事故予防措置の充実は、安全なスポーツという、一つのスポーツの価値を維持するために、極めて重要な検討課題である。

そのほか、不法行為に関する問題については、著名アスリートに対する週刊誌などのプライバシー侵害、名誉毀損などの問題も存在する。これらの問題では、表現の自由と被害者の救済のバランスという観点も重要となる。

本章では、スポーツにおける不法行為が問題となる場面について概観し、損害賠償や差止といった民事責任について、留意すべき点を解説する。

Contents

第3章　不法行為法

1　不法行為法概観

（1）不法行為制度とは

　不法行為制度とは、他人から損害を加えられた場合に、契約関係がなくても、一定の要件の下で金銭賠償を請求する権利が発生する制度である[1]。不法行為制度の現代的な意義ないし機能は、被害者の救済と将来の不法行為の抑止にあるとされる。すわなち、被害者に生じた損害に対して金銭による補填をすることで、被害者が救済され、また合理的に行動する限り賠償責任が課せられないことから、潜在的な加害者が、注意深く行動したり、危険な行為を控えたりすることで、将来の不法行為の抑止に繋がるのである。

　不法行為は、一般不法行為と特殊不法行為に区別される。一般不法行為とは、原則的な不法行為（民法第709条、第712条、第713条、第720条）で、特殊不法行為とは、一般不法行為に関する原則を修正した不法行為（民法第714条〜第719条）である。

　スポーツに関わる不法行為制度においても、基本的な考え方は変わらないのであって、スポーツに関連して損害を負った被害者を救済するという機能と将来スポーツに関連した事故や事件を防ぐという機能がある。

（2）一般不法行為の要件

　民法は、一般不法行為の要件として、〈1〉故意・過失（第709条）、〈2〉責任能力（第712条、第713条）、〈3〉権利・利益侵害（第709条）、〈4〉損害の発生（第709条）、〈5〉因果関係（第709条）、〈6〉違法性阻却事由の不存在（第720条）を挙げている。〈1〉〈3〉〈4〉〈5〉は被害者側が主張・立証しなければならない要件であり、〈2〉[2]〈6〉[3]は加害者側が主張・立証しなければならない要件[4]である。

　スポーツに関する不法行為においても、これら全ての要件は争点になり得るが、特に争点となることが多い要件は、〈1〉故意・過失のうち過失、〈4〉損害の発生、〈5〉因果関係、〈6〉違法性阻却事由の不存在である。

[1] 内田貴『民法Ⅱ』323頁以下（東京大学出版会、第3版、2011年）

[2] 加害者側が、責任能力の不存在を主張・立証する。

[3] 加害者側が、違法性阻却事由の存在を主張・立証する。

[4] 抗弁事由ともいう。

〈1〉故意・過失

　故意とは、「結果の発生を認識しながらそれを容認して行為するという心理状態」（通説）であり、過失とは、「結果発生の予見可能性がありながら、結果の発生を回避するために必要とされる措置（行為）を講じなかったこと（結果回避義務違反）」（通説）[5]である[6]。

　民法は、故意・過失を一般不法行為の要件とすることで、「損害賠償請求権が発生するためには、加害者の故意又は過失が必要である」とする過失責任主義を表明している。

　スポーツに関する不法行為について、将来の不法行為の予防という観点から、過失を検討することは極めて重要である。というのも、過失の判断の際には、予見可能性と結果回避義務の内容が明らかにされ、認定された事実（評価根拠事実と評価障害事実、注6）参照）に基づいて結果回避義務違反の有無が判断されるため、この過失をめぐる判断を参考にして将来に向かって、結果回避義務に違反しないよう努めれば、スポーツに関わる不法行為の予防になるからである。なお、後述する安全配慮義務違反（1（6））について吟味することにも同様の意義がある。

〈2〉責任能力

　民法は、責任能力を「自己の行為の責任を弁識するに足る知能[7]」（民法第712条）または「自己の行為の責任を弁識する能力」（同第713条）とし、責任能力がない加害者は賠償責任を負わず、その加害者の法定の監督義務者またはその代理監督者が原則として[8]その責任を負う（同第714条）（参考判例3参照）。

　なお、判例上、未成年者が責任能力を有する場合であっても、監督義務違反がある場合には、監督義務者または代理監督者に民法第709条に基づく不法行為責任が生じ得る[9]。

〈3〉権利・利益侵害

　権利・利益侵害は、「他人の権利又は法律上保護される利益」の侵害であるが、この要件をめぐり、日本の不法行為法史上、長らく争われてきた[10]。しかし、スポーツに関わる不法行為においては、後述する違法性阻却の問題以外に、権利・利益侵害の有無自体が問題となることは極めて少ない。

---

5) 潮見佳男『債権各論Ⅱ不法行為法』27頁（新世社、第3版、2017年）

6) 故意は、加害者の主観的意思を問題とする要件であるのに対し、過失は、現代においては客観的要件と解され、「過失があったとの評価を根拠づける具体的事実」である評価根拠事実を被害者側が主張・立証し、「過失があったとの評価を妨げる具体的事実」である評価障害事実を加害者側が主張・立証する。

7) 責任能力の有無の年齢の基準は明確ではないが、小学校卒業（12歳）程度が一応の基準とされる（潮見・前掲注5)103頁）。

8) 民法第714条第1項但書は、監督義務者または代理監督者が、無過失の立証をした場合（立証責任の転換、中間責任）、または因果関係がない場合には免責されるとする。この免責は容易には認められないものとされるが、免責を認めたものとして参考判例3参照。

9) 最高裁判所判決昭和49年3月22日民集28巻2号347頁

10) 内田・前掲注1)356頁以下、潮見前掲注5)15頁以下

〈4〉因果関係

因果関係とは、ある事実が先行する他の事実に起因する関係であり、不法行為法においては、加害行為（故意・過失がある行為）と損害との間に因果関係があることを要件とするのが通説である。

因果関係は、損害賠償の範囲に大きく影響するため[11]、実務上重要である。また、スポーツ事故に関する訴訟においても、因果関係が争われることは多い（参考判例1[12]参照）。

〈5〉損害の発生

損害とは、不法行為がなければ被害者が置かれているであろう財産状態と不法行為があったために被害者が置かれている財産状態との差額（差額説）とするのが通説[13]である[14]。被害者側は、損害の発生について主張・立証する必要がある。

不法行為制度が金銭賠償による被害者救済を趣旨とするため、実務上は、損害をめぐって鋭く争われ、スポーツ案件でも同様である。

〈6〉違法性阻却事由の不存在

違法性阻却事由とは、損害賠償請求権を排斥する事由である。違法性阻却事由として、民法上、正当防衛[15]（民法第720条第1項）、緊急避難[16]（同条第2項）があり、解釈上、被害者の承諾[17]、正当業務行為[18]等があり、違法性阻却事由の存在を加害者側が主張・立証する。

スポーツ案件では、スポーツ指導者に暴力を振るわれた被害者がその暴力を受け入れている場合に、被害者の承諾が問題となり得る[19]。

スポーツ中のプレイヤー同士の事故において、従来は正当業務行為や被害者の承諾として違法性阻却事由の有無の問題とする判例[20]が多かったが、近時は、過失の問題として判断する判例[21]が増えている（参考判例2）。また、「加害行為がルールやマナーに従っていたか否か」について、前者の判例は違法性阻却事由の有無のメルクマールとするが、後者の判例は、過失を根拠づける事実の一つとすることが多い。

〈3〉その他の概念

その他、不法行為で問題となる概念に、過失相殺[22]、被害者の素因[23]、損益相殺[24]、時効[25]がある。学習上は多少細かいところ

11) 内田・前掲注1）427頁以下

12) 本書第4編第3章4（1）「テニス熱中症事故判決」181頁

13) 損害とは、不法行為によって被害者に生じた不利益な事実であるとする損害事実説も有力である。内田・前掲1）382頁以下、潮見・前掲5）58頁以下

14) 損害には、財産的損害（被害者の財産に被った損害）と被財産的損害（財産的損害以外の損害であり、慰謝料等）があり、財産的損害には、積極損害（治療費のように実際に出捐を余儀なくされる損害）と消極損害（不法行為がなければ得られたであろう利益）がある。

15) 正当防衛とは、他人の不法行為に対して、自己または第三者の権利を防衛するために行われた加害行為について、それがやむを得ないものであった場合には、その加害者は損害賠償責任を負わないことである（民法第720条第1項）。

16) 緊急避難とは、他人の物から生じた急迫の危険を避けるために、その物を損傷した者は損害賠償責任を負わないことである（民法第720条第2項）。

17) 被害者の承諾とは、権利侵害をされた被害者が、権利侵害について承諾していた場合に、その加害者は損害賠償責任を負わないことである。

18) 正当業務行為とは、公務その他の正当な業務の執行によって損害を加えた場合に、その加害者は損害賠償責任を負わないことである。

19) 2018年8月、体操女子選手のコーチが同選手に対し暴力を行っていたことを受けて、公益社団法人日本体操協会が同コーチを処分した。同協会は、暴力を被害者が許容したとしても協会として許容することはないとした。

20) ママさんバレーボール事故判決、東京地方裁判所判決昭和45年2月27日判例タイムズ244号139頁

21) バドミントン事故一審判決、東京地方裁判所判決平成30年2月9日（判例時報2402号32頁）

22) 過失相殺について、民法第722条第2項は、「被害者に過失があったときは、裁判所は、これを考慮して、損害賠償の額を定めることができる」としている。スポーツ事故において、過失相殺をめぐって争われることも多く、実務的に重要である。前掲注21）バドミントン事故一審判決では過失割合を6：4として過失相殺したが、控訴審（東京高等裁判所判決平成30年9月12日判例時報2402号23頁）では過失相殺をしなかった。

23) 素因とは、損害の発生・拡大の原因となった被害者の素質である。判例上、被害者の心的要素については民法第722条第2項を類推適用し賠償額の減額を認めるのに対し、被害者の身体的要素については原則として賠償額の減額を認めないとされる。

24) 損益相殺とは、被害者が不法行為により損害を被ると同時に、同一の原因によって利益を受けた場合には、損害と利益との間に同質性と相互補完関係がある限り、その利益の額を賠償されるべき損害額から控除することをいう。

25) 時効について、民法第724条は、損害賠償請求権は「被害者又はその法定代理人が損害及び加害者を知った時から3年間行使しないとき」、「不法行為の時から20年経過したとき」に時効により消滅する。期限を徒過すれば請求権が消滅してしまう可能性があるので、スポーツ関連案件に限らず、実務的には時効・除斥期間は極めて重要である。なお、2020年4月1日に施行される改正民法において、第724条は改正が予定されている（「民法の一部を改正する法律」参照）。

であるが、実務上は重要である。

（4）特殊不法行為

　民法上、特殊不法行為は、責任無能力者の監督義務者の責任[26]（民法第714条）、使用者責任（同第715条）、注文者の責任[27]（同第716条）、工作物責任（同第717条）、動物占有者の責任[28]（同第718条）、共同不法行為[29]（同第719条）があり、いずれも一般不法行為の原則に修正が加えられている。

　スポーツに関する不法行為において問題となることが多い、使用者責任と工作物責任について説明する。

〈1〉使用者責任

　民法第715条第1項は、「ある事業のために他人を使用する者は、被用者がその事業の執行について第三者に加えた損害を賠償する責任を負う。ただし、使用者が被用者の選任及びその事業の監督について相当の注意をしたとき、又は相当の注意をしても損害が生ずべきであったときは、この限りではない。」とする。但書は、被害者側から使用者側に[30]立証責任を転換した中間責任である。

　スポーツをめぐる損害賠償請求案件においても、使用者は被用者に対して資力に富むことが多いため、使用者責任の追及をすることは多い。

　例えば、スポーツクラブのインストラクターの加害行為によってクラブ会員に損害が生じた場合に、インストラクターの使用者であるスポーツクラブに対して使用者責任を追及することがある。

〈2〉工作物責任

　民法第717条第1項は、「土地の工作物の設置又は保存に瑕疵（かし）[31]があることによって他人に損害を生じたときは、その工作物の占有者[32]は、被害者に対してその損害を賠償する責任を負う。ただし、占有者が損害の発生を防止するのに必要な注意をしたときは、所有者[33]がその損害を賠償しなければならない。」とする。占有者の責任は、被害者側から占有者に立証責任が転換された中間責任、所有者の責任は、免責が認められない無過失責任とされる。

　スポーツ施設に瑕疵があることによって生じた事故において、占有者や所有者に責任追及することが考えられる。例えば、参考判例4は、ドーム球場の占有者に対し損害賠償請求がなされた事例である[34]。

26) 本書第4編第3章1（2）〈2〉174頁及び同4（3）「参考判例3」182頁

27) 民法第716条は、注文者は、注文または指図について過失がある場合を除いて、請負人が第三者に損害を与えても損害賠償責任を負わないとしている。ただし、同条がなくとも民法第709条により同様の結論が導けることから、特則としての意義はないと解されている。

28) 民法第718条は、動物が他人に加えた損害について、動物の占有者と管理者は、相当の注意をもって管理した場合を除いて、損害賠償を負うものとしている。スポーツに関連した案件では、動物を使用する競技、例えば馬術などで問題となり得る。

29) 民法第719条は、数人の共同の不法行為によって他人に損害を加えたときは、各自が連帯してその損害を賠償する責任を負い、共同行為者のうちいずれの者がその損害を加えたかを知ることができないときも同様とし、行為者を教唆した者及び幇助（ほうじょ）した者は共同行為者とみなすとしている。

30) スポーツクラブと被害者との間に通常は契約関係があるから、その場合債務不履行責任も追及し得る。後述1（6）参照。

31) 瑕疵とは、通常有すべき安全性を欠くこととされる。

32) 占有者とは、工作物を事実上支配する者である。

33) 所有者とは、工作物を直接的・全面的に支配する者である。

34) 参考判例4において、ドーム球場の所有者が民間であれば、工作物責任における所有者の責任が追及され得るが、所有者は公共団体であったため、営造物責任が追及された（1（5）参照）。

（5）国家賠償法

国家賠償法第 1 条第 1 項は、「国又は公共団体の公権力の行使[35]に当る公務員が、その職務を行うについて、故意又は過失によって違法に他人に損害を与えたときは、国又は公共団体が、これを賠償する責に任ずる。」とし、同条第 2 項は、「前項の場合において、公務員に故意又は重大な過失があったときは、国又は公共団体は、その公務員に対して求償権を有する[36]。」とする。公務員個人が被害者に対し直接の責任を負わないことに注意を要する。

また同法第 2 条第 1 項は、「道路、河川その他の公の営造物[37]の設置又は管理に瑕疵があったために他人に損害を生じたときは、国又は公共団体はこれを賠償する責に任ずる。」（営造物責任）とする[38]。

スポーツ案件においても、加害者が「公権力の行使に当る公務員」に該当するか、または施設等が「公の営造物」に該当する場合[39]には、同法が適用される。

参考判例 1 では、同法第 1 条第 1 項に基づき、公共団体が責任を追及され、参考判例 4 では、同法第 2 条第 1 項に基づき、公の営造物であるドームの所有者である公共団体が責任を追及された。

（6）債務不履行責任（安全配慮義務違反）との関係

スポーツ事故などの損害賠償請求事件において、被害者と加害者側との間に契約関係があれば、債務不履行責任または不法行為責任のいずれの請求をしてもよいとされる（請求権競合説）[40]。

債務不履行責任を追及する場合には、被害者が、安全配慮義務すなわち「ある法律関係に基づいて特別な社会的接触の関係に入った当事者間において、当該法律関係の付随義務として当事者の一方又は双方が相手方に対して信義則上負う義務」の違反を主張・立証しなければならない。

安全配慮義務違反の判断は、安全配慮義務の内容を特定した上で安全配慮義務違反を基礎づける事実の認定によることから、注意義務の内容を明らかにし、評価根拠事実と評価障害事実を勘案しつつ認定する過失の判断構造と重なる。

したがって、スポーツに関する不法行為の予防という観点から、過失と同様に、判例において安全配慮義務違反についての判断を分析することは、将来のスポーツの事故や事件の予防に役立つ。

---

35) 公権力の行使とは、国または公共団体の作用のうち純粋な私経済作用と国家賠償法第 2 条によって救済される営造物の設置または管理作用を除くすべての作用として、広く解されており、公立学校の課外クラブ活動の顧問教諭の監督なども含まれる（参考判例 1 参照）。

36) 公務員の職務行為の萎縮に配慮して、公務員に求償をすることも少なかったが、近時、求償する事例が増えている。大阪地方裁判所判決平成 30 年 2 月 16 日 LLI/DB（平成 29 年（ワ）第 10888 号）、福岡高等裁判所判決平成 29 年 10 月 2 日 LLI/DB（平成 29 年（行コ）第 6 号、平成 29 年（行コ）第 24 号）等。

37) 公の営造物とは、広く公の目的に供せられる物的施設を指称し、建物ないし土地の定着物に限らず、その一時的であると借入れにかかるとを問わないとして解され、民法第 717 条の「土地の工作物」よりも広義であるとされる。

38) 同条第 2 項は、「前項の場合において、他に損害の原因について責に任ずべき者があるときは、国又は公共団体は、これに対して求償権を有する。」とする。

39) 公立中学でバレーボールのネット巻き器が顔面に当たり傷害を負い、公共団体の賠償責任が認められた事例として大分地方裁判所平成 26 年 6 月 30 日 LLI/DB（平成 25 年（ワ）第 347 号）

40) 最高裁判所判決昭和 38 年 11 月 5 日民集 17 巻 11 号 1510 頁

② スポーツに関わる不法行為

スポーツに関わる不法行為といえば、まずはスポーツ事故が想起されるが、その他にも不法行為責任が生じることがある。ここでは、スポーツ事故（過失（施設等の場合は瑕疵）により損害を与えたケース）以外の不法行為について説明する。

例えば、スポーツの指導者の故意による暴力[41]やハラスメント[42]により、被害者に損害が生じた場合に、加害者に不法行為に基づく損害賠償責任を追及することがある。

また、スポーツ選手が名誉を棄損された場合に、不法行為に基づき、損害賠償を請求したり、侵害行為の差止めを求めたり[43]、名誉を回復するのに適当な処分を求めたり[44]することがある。プライバシーやパブリシティ権[45]を侵害された場合にも、不法行為責任を追及し得る[46]。

その他にも、不法行為責任は、契約関係がなくても、要件を満たせばその責任を追及できるため、そのバリエーションは多いといえる。

③ スポーツ事故と不法行為

（1）スポーツ事故の類型化による分析

一口にスポーツ事故といっても非常に多様であるから、ある程度類型化をすることで事故を効率的に分析することが望ましい。

〈1〉スポーツの種類ごとの分析

サッカーにおける事故、野球における事故、バスケットボールにおける事故、……といったスポーツの種類ごとに類型化し、スポーツ事故を分析することがある[47]。この類型化によれば、そのスポーツの特性に応じたスポーツ事故の分析ができるというメリットがある。

例えば、格闘技のような相手方に対する打撃を本質とするスポーツにおいて、ルールに従った打撃によって傷害を負わせたとしても不法行為責任の追及は難しいが、相手方に有形力を行使することが本質ではないスポーツにおいて、他のプレイヤーに損害を生じさせれば、過失やその他の要件が認められる限り不法行為責任の追及が可能になる（1（1）〈6〉、参考判例2参照）。

41) 前橋地方裁判所判決平成24年2月17日判例タイムズ1432号204頁、東京地方裁判所判決28年2月24日判例時報2320号71頁。菅原哲朗＝森川貞夫＝浦川道太郎＝望月浩一郎監修『スポーツの法律相談』（青林書院、2017年）104頁以下。

42) セクハラについて、菅原＝森川＝浦川＝望月・前掲注41)108頁以下。

43) 判例上認められている（最高裁判所判決昭和61年6月11日民集40巻4号872頁）。

44) 民法第723条

45) パブリシティ権とは、自己の氏名や肖像等のもつ顧客吸引力を排他的に利用する権利をいう。

46) 著名なサッカー選手がプライバシー権等の侵害を理由として書籍の出版差止め及び損害賠償を求めた事案（東京高等裁判所判決平成12年12月25日判例時報1743号130頁）。

47) スポーツ事故に関し、スポーツごとに類型化し分析した書籍として、弁護士によるスポーツ安全対策委員会『スポーツ安全対策マニュアル』（体育施設出版、2017年）、日本弁護士連合会 弁護士業務改革委員会 スポーツ・エンターテインメント法促進PT『スポーツ事故の法務』（創耕社、2013年）などがある。

〈2〉 責任主体ごとの分析

　スポーツ事故について、責任を負う主体ごとに類型化し分析することがある[48]。責任主体として、①加害当事者（参考判例 2 参照）、②指導者（参考判例 1 参照）・監督者（参考判例 3 参照）、③大会主催者（参考判例 4 参照）、④施設管理者・所有者（参考判例 4 参照）、⑤用具製造業者が考えられる。それぞれが責任を負う法的根拠が異なるため、法的観点からの分析は行い易いといえる。

　①〜⑤に共通して、不法行為責任（一般不法行為、特殊不法行為）のほかに、契約関係があれば債務不履行責任（1（6）参照）を、②④については国家賠償法に基づく責任（1（5）参照）を、⑤については製造物責任法に基づく責任[49]を負う可能性がある。

　この類型化によれば、責任が発生する根拠となる注意義務や過失または瑕疵が類型ごとに異なるため、分析が行いやすいメリットがある。

　なお、①と②との比較は重要である。というのも、プレイヤーと指導者では、安全に対する注意義務の度合いが異なり、指導者には高度の注意義務が課せられるからである（参考判例 1・参考判例 2 参照）。

〈3〉 事故の原因ごとの分析

　スポーツ事故の原因ごとに類型化することがある。原因として、人による事故、自然災害による事故がある。ここでは自然災害による事故について説明する。

　自然災害の例として、落雷、雪崩、土石流、地震等がある。事故の原因が自然災害であったとしても、損害賠償責任の追及は人や法人に対して行うことになる。責任の有無の判断において、予見可能性や結果回避義務違反の認定が重要になる。なぜなら、自然災害をなくすことは不可能に近いが、自然災害が予見可能であり、回避可能である限り、人が死傷すること等による損害の発生を回避することは可能であるからである。

　例えば、指導中に落雷[50]や雪崩[51]で死傷者が出た場合には、その指導者・監督者に対して責任追及をすることが考えられ、それが大会中であれば、指導者・監督者に加えて大会主催者等に対して責任追及することが考えられる。

48) 菅原＝森川＝浦川＝望月・前掲注 41) 3 頁以下

49) 卓球台の瑕疵について、奈良地方裁判所判決平成 21 年 5 月 26 日 LLI/DB（平成 16 年（ワ）第 783 号）。

50) 落雷による事故について、高松高等裁判所判決平成 20 年 9 月 17 日判例タイムズ 1280 号 72 頁（最高裁判所判決平成 18 年 3 月 13 日判例時報 1929 号 41 頁の差戻審）。

51) 雪崩による事故について、最高裁判所判決平成 2 年 3 月 23 日判例タイムズ 725 号 57 頁（原審：東京高等裁判所判決平成元年 5 月 30 日判例時報 1314 号 61 頁）。

（2）スポーツ事故と保険制度

　不法行為法は被害者救済を趣旨とするが、加害者に不法行為責任を生じさせるためには被害者が要件の立証をしなければならないという点、仮に裁判で勝訴したとしても加害者に資力がなければ被害者の救済とならない点で被害者救済について問題がある[52]。

　そこで、実質的に被害者救済を図るため、損害保険（傷害保険）、責任保険、公的救済制度といった制度がある。

　損害保険は、潜在的被害者が保険料として拠出した資金によって、現実の被害者を救済する制度である。不法行為責任の成立を要件としない点でメリットがあるが、被害者が保険に加入していなければこの制度を利用できないという点でデメリットがある。

　責任保険は、不法行為が成立する場合に、加害者の資力を担保する保険制度である。加害者が不法行為の成立を争わなくとも賠償に応ずるという点でメリットがあるが、被害者の側で不法行為責任の成立の立証を要する点、加害者が加入していなければ救済にならない点がデメリットである。

　公的救済制度とは、不法行為責任の成立を要件とせず、ある活動から生じた損害であれば、当然に補填するという制度である。

　スポーツ事故に関する保険・補償制度として、スポーツ安全保険、公認スポーツ指導者総合保険、スポーツファシリティーズ保険などがある[53]。なお、スポーツ事故の被害者の救済やプレーの萎縮の防止のために、公的救済制度の充実が検討されてよいであろう。

④ スポーツ事故に関する参考判例

　スポーツと不法行為法との関わりを学ぶ際に、判例の学習は必須であると考えられるが、数多くの判例を読む前に、判例を厳選して読み込むように努めれば、理解が深まるといえる。そこで以下で、スポーツ事故に関して、重要であると考えられる参考判例を挙げる。

　なお、裁判では、不法行為法上の論点に留まらず、その他の様々な法的論点を巡って争われるため、上述した不法行為法のみならず法的な理解があることが望ましいが、少なくとも、その事件で何が争われたかに注意して、実際に判決文を読んでみることを勧める。

52) 内田・前掲注1)324頁以下

53) 弁護士によるスポーツ安全対策委員会・前掲注47)274頁以下、日本弁護士連合会 弁護士業務改革委員会 スポーツ・エンターテインメント法促進PT・前掲注47)165頁以下

（1）参考判例 1 （テニス熱中症事故判決、大阪高等裁判所判決平成 27 年 1 月 22 日判例時報 2254 号 27 頁）

【事案の概要】

　県立高校のテニス部の部員 A が、校外の練習中に熱中症により倒れて心停止となり重度の後遺障害が残ったのは、B 教諭の義務違反によるものであるとして、A とその両親が提訴した事案である。なお、B 教諭は同日の練習の冒頭 40 分間ほど部活動に立ち合った後、出張に出かけた。本件の重要な争点として、B 教諭らの義務違反の有無の他に、B 教諭の義務違反と A の後遺障害との因果関係の有無があるが、ここでは前者についてのみを取り上げる。

　一審[54]では請求が棄却されたが、二審（本判決）では請求が一部認容され、三審[55]（最高裁判所）では上告等が退けられた。

54) 神戸地方裁判所判決平成 26 年 1 月 22 日 LLI/DB（平成 22 年（ワ）第 1138 号）

55) 最高裁判所判決平成 27 年 12 月 15 日 LLI/DB（平成 27 年（オ）第 689 号、平成 27 年（受）第 868 号）

【判決】

　まず、B 教諭の校外での練習への立会義務違反の有無について、具体的に事故発生の危険性を予見が可能であるとの特段の事情がない限りは、「個々の活動に常時立ち会い、監視指導すべき義務までを負うものではない」とした上で、特段の事情も認められないため、立会義務はなかったとした。

　次に、B 教諭の練習軽減措置等を講じる義務について、「顧問の教諭には、生徒を指導監督し、事故の発生を防止すべき一般的な注意義務がある」としつつ、「高校の課外活動は、生徒の成長の程度からみて、本来的には生徒の自主的活動である」から、顧問の注意義務は軽減されるといえるが、顧問が練習メニュー、練習時間等を指示し、各部員が習慣的に忠実に指示に従っている場合には、顧問は各部員の健康状態に支障を来す具体的な危険性が生じないよう指示・指導すべき義務があるとした。本件においては、かかる場合に該当するから、B 教諭には、「部員らの健康状態に配慮し、本件事故当日の練習としては、通常よりも軽度にとどめたり、その他休憩時間をもうけて十分な水分補給をする余裕を与えたりするなど、熱中症に陥らないように、予め指示・指導すべき義務」があり、具体的事実を詳細に検討した上で、B 教諭は上記義務に違反したと認定した。

【ポイント】

　判決での、B 教諭の立会義務の有無、練習軽減措置義務違反の有

無についての判断をよく読み、指導者として将来どのようなことに気を付けるべきかについて考えよう。

参考判例2と比較して、指導者としての注意義務とプレイヤーとしての注意義務との違いを検討しよう。

（2）参考判例2（スキーヤー同士衝突事故判決、最高裁判所判決平成7年3月10日判例タイムズ876号142頁）

【事案の概要】

下方を滑降していたスキーヤーAが、上方から滑降してきたスキーヤーBに衝突されたことにより、転倒し、傷害を負ったことから、Bに損害賠償責任を求めた事案である。一・二審は、Aの請求を棄却した。

【判決】

「スキー場において上方から滑降する者は、前方を注視し、下方を滑降している者の動静に注意して、その者との接触ないし衝突を回避することができるように速度及び進路を選択して滑走すべき注意義務を負う」とし、「本件事故現場は急斜面ではなく、本件事故当時、下方を見通すことができた」から、Bは「接触を避けるための措置を採り得る時間的余裕をもって」Aを発見し事故を回避できたと認定し、Bには「前記注意義務を怠った過失があり、本件事故により被った損害を賠償する責任がある」とした。

【ポイント】

本判決と判例解説[56]を読んで、プレイヤー同士の事故において「加害行為がルールやマナーに従っていたか否か」が不法行為責任にどのように影響するのか、被害者の救済とプレーの萎縮との均衡も踏まえて考えよう。

「ママさんバレーボール事故判決」[57]と「バドミントン事故一審判決」[58]を読んで、判断の仕方を比較してみよう（違法性阻却事由の問題とするのか、過失の問題とするのか等）。

（3）参考判例3（サッカーボール蹴り出し事故判決、最高裁判所判決平成27年4月9日民集69巻3号455頁）

【事案の概要】

責任を弁識する能力のない未成年者A（当時11歳）が蹴ったサッ

56) 判例タイムズ876号142頁「原判決は、スポーツであるスキーには必然的に危険を伴い、各滑降者は危険があることを認識して滑降していること等を理由に、スキー場における規則やスキーのマナーに反しない方法で滑降していたBの不法行為責任を否定したが、スキー同様に危険を伴い、技量の異なる者が同一の道路を通行する自動車運転の場合を想定してみても、事故につき不法行為責任を負うか否かは、あくまで民法上認められるべき注意義務違反があるか否かをもって決せられるものであって、道路交通法規等に規定された注意義務違反が直ちに民法上の注意義務違反となるものではない。」

57) 前掲注20）

58) 前掲注21）バドミントン事故一審判決。なお、一審判決の方が二審判決（前掲注22））よりも学習に適している。

カーボールが校庭から道路に転がり出て、これを避けようとした自動二輪車の運転者 B が転倒して傷害を負い、後に死亡した。B の遺族か A の親権者に対し損害賠償を求めて提訴した。一審[59]・二審[60]とも、B の遺族の請求の一部を認容したが、三審である本判決は請求を認めなかった。主たる争点は、A の親権者の民法第 714 条第 1 項の監督義務者としての義務を怠ったか否かであった。

【判決】

　「責任能力のない未成年者の親権者は、その直接的な監視下にない子の行動について、人身に危険が及ばないよう注意して行動するよう日頃から指導監督する義務があると解される」としつつも、「親権者の直接的な監視下にない子の行動についての日頃の指導監督は、ある程度一般的なものとならざるを得ないから、通常は人身に危険が及ぶものとはみられない行為によってたまたま人身に損害を生じさせた場合は、当該行為について具体的に予見可能であるなどの特別の事情が認められない限り、子に対する監督義務を尽くしていなかったとすべきではない」とした。本件においては、A がサッカーボールを蹴る練習は、通常は人身に危険が及ぶような行為であるといえず、また、A の親権者は、危険な行為に及ばないよう日頃から A に通常のしつけをしており、上記特別の事情もうかがわれないことから、A の親権者は民法第 714 条第 1 項の監督義務者としての義務を怠らなかったとした。

【ポイント】

　サッカーボールを蹴った A 本人の注意義務と、直接的な監視下にない責任無能力者 A に対する指導監督者としての親権者の義務とを、法的根拠に着目しつつ比較しよう。

　責任無能力者の監督義務者の免責は容易には認められないとされてきた（注 8）参照）にもかかわらず、本判決で免責された理由について考えてみよう。

（4）参考判例 4（ファウルボール事故判決、札幌高等裁判所判決平成 28 年 5 月 20 日判例時報 2314 号 40 頁）

【事案の概要】

　小学生をドーム球場のプロ野球の試合観戦に招待する企画により、長男・長女らとともに招待された母親 A が、試合観戦中にファ

59）大阪地方裁判所判決平成 23 年 6 月 27 日判例時報 2123 号 61 頁

60）大阪高等裁判所判決平成 24 年 6 月 7 日判例時報 2158 号 51 頁

第 4 編
民事法とスポーツ

ウルボールを顔面に受け、右目を失明したため、試合の主催者である球団B、ドーム球場の占有者である指定管理者C（民間）、ドーム球場の所有者D（公共団体）に対し、債務不履行責任、不法行為責任、営造物責任に基づいて損害賠償を求めた事案である。一審[61]は、B・C・Dに責任を認めたが、二審である本判決はBのみの責任を認めた。

61) 札幌地方裁判所判決平成27年3月26日LLI/DB（平成24年（ワ）第1570号）

【判決】

　まず、本件ドーム球場についての「瑕疵」の有無について、「プロ野球の球場の『瑕疵』の有無につき判断するためには、プロ野球の試合を観戦する際の危険から観客の安全を確保すべき要請、観客に求められる注意の内容及び程度、プロ野球観戦にとっての本質的要素の一つである臨場感を確保するという要請、観客がどの程度の範囲の危険を引き受けているか等の諸要素を総合して検討することが必要」であるとして、本件の事実関係を検討し、「社会通念上プロ野球の球場が通常有すべき安全性を欠いていたとはいえない」として、ドーム球場の占有者C及び所有者Dに責任は生じないとした。

　次に、主催者であるBの責任に関して、野球観戦契約上に信義則上付随する安全配慮義務があり、Aのようにファウルボールに関する危険性をほとんど認識せず小学生や幼児を同伴している結果として、ボールを注視して回避措置を講じることが事実上困難である者が含まれていることは予見できたのであるから、「危険性が相対的に低い座席のみを選択し得るようにする」とか、「危険を引き受けるか否か及び引き受ける範囲を選択する機会を実質的に保障する」等、通常の観客より一層の安全対策を講じるべきであったのに講じなかったとして、Bの安全配慮義務違反を認めた。

【ポイント】

　Bに責任が認められ、C・Dに責任が認められなかった判断について、その法的根拠に注意しながら、判断の基礎となる事実を検討しよう。

　野球の臨場感の確保と観客の安全性の確保との調整の問題であることを理解し、一審判決や他のファウルボール事故に関する判例[62]についてもこの視点で比較しよう。

62) 仙台高等裁判所判決平成23年10月14日LLI/DB（平成23年（ネ）第169号）（原審：仙台地方裁判所判決平成23年2月24日LLI/DB（平成21年（ワ）第716号））、神戸地方裁判所尼崎支部判決平成26年1月30日LLI/DB（平成24年（ワ）947号、平成25年（ワ）第67号）

⑤　暴力指導、ハラスメントと不法行為

　講義を担当している大学で受講生に質問をすると、半数近くの学

生が体罰を経験しており、しかもその指導によって強くなった、集中できた等として体罰をした指導者に対し今でも感謝しているといった答えが返って来る。また、自らも後輩達に体罰を加えることもありうると、体罰を肯定的に考える回答も多く見られる。しかし、体罰は暴力であり、学校教育法では体罰をはっきりと禁止している（学校教育法第11条）。許される体罰というものはない[63]。スポーツであるからといって、体罰が例外として肯定されることもない。熱心な指導として体罰が許されることもない[64]。ただ、禁止される「体罰」の定義がはっきりしないため、種々の事象が生じる教育現場では「許される教育的指導」「懲戒」と禁止される「体罰」が区別しにくい場合がある[65]。

　また、残念ながら、スポーツ現場では体罰だけでなく、セクシュアル・ハラスメント（以下、「セクハラ」）やパワー・ハラスメント（以下、「パワハラ」）も問題になる。しかし、スポーツだからといってセクハラやパワハラが許されることもない。身体接触を伴う、柔道等の格闘技や、指導と称する肉体接触、マッサージ施術、言葉の暴力等は十分な注意が必要である。過去に行っていたから、自分も受けたからということは行為を正当化する理由にはならない。

　体罰やセクハラ、パワハラを行った場合は、不法行為責任として民事上の賠償責任が認められるだけでなく、刑事責任も問われ、刑事罰を受ける可能性もある。雇用関係でも懲戒解雇等の懲戒処分を受ける可能性もある。しかし、残念ながら体罰・セクハラ・パワハラの発生を根絶することは難しく、発生が続いている。

　対策については種々議論がなされている。特にスポーツ界特有の原因についてはスポーツ界挙げて対策をとることが求められる。先輩後輩の縦社会、「法の支配」よりも「人の支配」の重視、女性の役員・監督・コーチが少ない実態、組織運営の閉鎖性、ガバナンス欠如、体罰への寛容さ等々、スポーツ界が抱える課題についてはスポーツ界全体として真摯な改革への取り組みが求められる[66]。

⑥ スポーツ界以外の第三者による不法行為

　スポーツの人気の高まりとともに、スポーツ選手のプライバシーや肖像権侵害の事例も出てきている。スポーツに多くの人の関心が高まり、スポーツ選手の政治的発言やスポーツ政策に関連する行動が大きく報道されるようになると、スポーツ選手については公人た

63) 学校教育法第11条「校長及び教員は、教育上必要があると認めるときは、文部科学大臣の定めるところにより、児童、生徒及び学生に懲戒を加えることができる。但し、体罰を加えることはできない」

64) 福岡地判平成8年3月19日判時1605号97頁、学校教育法第11条但書が体罰を禁止した趣旨として「いかに懲戒の目的が正当なものであり、その必要性が高かったとしても、それが体罰としてなされた場合、その教育的効果の不測性は高く、仮に被懲戒者の行動が一時的に改善されたように見えても、それは表面的であることが多く、かえって内心の反発などを生じさせ、人格形成に悪影響を与えるおそれが高いことや、体罰は現場において興奮にかられがちでありその制御が困難であることを考慮して、これを絶対的に禁止することにある」との判断を示している。

65) 文科省「学校教育法第11条に規定する児童生徒の懲戒・体罰等に関する参考事例」、平成25年3月13日付「体罰の禁止及び児童生徒理解に基づく指導の徹底について(通知)」等を参照

66) 森川貞夫ほか共著『日本のスポーツ界は暴力を克服できるか』(かもがわ出版、2013年)等

る立場であるとしてその行動が逐一マスコミで報道されたり、SNS
で選手のプライベートな行動（飲食店での会食や、衣料店での買い物
等）がアップされるという事態を招いている。

　スポーツ人気が高まり、スポーツ選手として注目を受けるからと
いって、スポーツ選手に保護すべきプライバシーがないわけではな
く、プライバシー侵害行為についてはスポーツ選手であっても不法
行為に基づく損害賠償請求や報道・出版の差し止めが認められる。
ただ、基本的人権の中でも優越的地位を有するとされる報道の自由・
表現の自由との関係で選手のプライバシー保護をどのように図るの
か、スポーツ自体が大きく報道される中でスポーツ特有の課題があ
るのかが問題となる。

　著名サッカー選手の生い立ち等が記載された書籍について、プラ
イバシー侵害等を理由として出版の差し止め等を求めた事案で裁判
所は「プロサッカー選手になった以降に関すること、プロサッカー
選手になる以前の事項であってもジュニアユース等の日本代表選手
として活躍した様子や中学校・高等学校のサッカー部での活動状況
に関するものはプライバシーに当たらないが、出生時の状況、身体
的特徴、家族構成、性格、学業成績、教諭の評価等については一般
人の感性を基準として公開を欲しない事柄である」としてプライバ
シー侵害を認めた[67]。もっとも、このような記載しか許されない
とすれば、スポーツジャーナリズムとしてはサッカーに関連するこ
としか記載できず、成功の要因を究明することができないことに
なってしまう。また、犯罪歴等の私事性の強い記載がないとしても、
一般人の感性を基準として公開を欲しないとされている点について
も基準が明確でないとの批判がある[68]。

67) 東京地判平成12年2月29日判
　　時1715号76頁

68) 佃克彦著『プライバシー権・肖
　　像権の法律実務』87頁以下（弘
　　文堂、2010年）

第4編　民事法とスポーツ

第4章　法人法、組織法（いわゆるスポーツ固有法を含む）

　本章では、スポーツ団体に関する法人法、組織法について解説する。

　スポーツ団体も、社会において人間や金銭が集合した組織であり、複数の人間が関与する以上、そのような組織をどのように形成するのか、ルールが必要になる。スポーツ団体はもちろん何らの法人格をもたない任意団体として存在することもあるが、日本の多くのスポーツ団体は、一般法人や公益法人、NPO法人や、株式会社などの法人形態をとっている。

　このような法人制度は、どのような目的と内容をもった法制度であり、スポーツ団体に対して、実際どのような影響を与えているのか、スポーツ団体の組織運営にかかわる前提として、このような法人制度の理解が極めて重要となる。

　一方で、人間や金銭が集合した組織においては、人間と金銭に関する権限と責任に関するルールを定めることによって初めて運営が可能となる。権限と責任の分配は、効率的かつ合理的な組織運営の観点からも重要である。スポーツ団体においては、定款や基本規程、各種会議体運営規則といった組織運営の基本的なルールから、選手、指導者登録、エージェント登録、代表選考、懲戒処分（暴力指導、ドーピング、八百長など）といった組織の運営場面に応じたルールを作り、組織としての決定、懲戒処分がなされている。

　このような組織内ルールは、いわゆるスポーツ固有法と呼ばれるものの、スポーツ団体の構成員全員に対して遵守が求められる、いわばスポーツ界の法律である。これらのルールは、いったいどのような内容のルールとなっているのか、そしてそれぞれのルールにはどのような法的な課題があるのかは、その構成員である選手や加盟団体が様々な活動を行う上で十分に認識しなければならないものである。

　本章においては、スポーツ団体の法人法、組織法を概説しながら、さらに日本の統括競技団体が定めるスポーツ固有法の内容について、具体的事例を解説する。

Contents

法人法、組織法
（いわゆるスポーツ固有法を含む）

第4章

① 法人法、組織法の概要

（1）法人法、組織法の意義

社会において、経済活動、文化的・社会的活動等は、個人だけでなく、組織（複数の人の集まり）によって行われている。この経済活動、文化的・社会的活動の担い手となる組織を、私法上の権利義務の主体たる資格（法人格）の有無という観点から分類すると、「法人」と「法人格のない任意団体」に大別することができる。

法人とは、法律によって、法人格を認められた存在をいう。日本の法律上、法人として認められている主体としては、株式会社・合同会社・合資会社・合名会社（以下「株式会社等」）、一般（公益）社団・財団法人、特定非営利（NPO）法人、独立行政法人[1]、学校法人[2]、特殊法人[3] などを挙げることができる。

他方、法人格のない任意団体とは、組織でありながら、上記の法人格を与えられない団体をいい、当該組織は、原則として[4]、私法上の権利・義務の主体となることはできない。

法人法、組織法とは、こうした法人や法人格のない任意団体の設立や運営のルールを定めている法律の総称をいう。日本において、法人法、組織法としては、民法、会社法、一般社団法人及び一般財団法人に関する法律、公益社団法人及び公益財団法人の認定等に関する法律、特定非営利活動促進法、私立学校法などを挙げることができる。そして、上記の法律がそれぞれ適用される株式会社、一般（公益）社団・財団法人、NPO 法人、私立学校などといった組織は、当然のことながら、その設立や運営に当たって、当該適用される法律に定められたルールを遵守しなければならない[5]。

また、組織が遵守しなければならないルールは、それぞれの法律によって内容が異なっているため、新たに組織を設立する際には、当該組織の構成員となる者等が、どの法律が適用される組織として活動を行うのかを、その組織の目的や活動の性質と適用される法律の内容等に照らして、判断して、設立する組織を選択することが必要である。

1) 独立行政法人とは、各府省の行政活動の業務の質の向上や活性化、効率性の向上のため、各府省から分離された一定の事務・事業を担当する法人をいう。平成29年4月1日現在87法人。

2) 学校法人とは、私立学校法の定めにより設立される法人をいう（私立学校法第3条）。

3) 特殊法人とは、政府が必要な事業を行おうとする場合、その業務の性質が企業的経営になじむもの等である場合に、能率的経営を行わせるために、特別の法律によって設置された法人をいう。平成29年4月1日現在33法人。

4) 投資事業有限責任組合は、法人格を持たないが、投資事業有限責任組合契約に関する法律によって、契約の主体となることができる、という意味で例外的な任意団体である。

5) ISO/SR 国内委員会「やさしい社会的責任―ISO26000と中小企業の事例―」http://iso26000.jsa.or.jp/_inc/top/iso26000_tool/2.kaisetsur.pdf『日本語訳 ISO26000:2100―社会的責任に関する手引』（日本規格協会、2011年）

第4編
民事法とスポーツ

（2）スポーツ団体と法人法、組織法

スポーツ活動も、当然のことながら、個人だけでなく、組織によって行われている（以下、スポーツ活動を行う法人や法人格のない任意団体等の組織を総称して「スポーツ団体」）。

今日、日本において、スポーツ団体は、プロスポーツクラブを運営する法人、プロスポーツ等のリーグを運営する法人、ある競技を統轄している法人、地域住民に対し、スポーツの場を提供している法人・法人格のない任意団体など様々なレベルで存在している[6]。そして、一口に「スポーツ団体」といっても、その団体の規模（構成員の人数、資金力、ステークホルダー（利害関係人）の範囲等）は、様々である。

スポーツ団体の規模にはこのような差があることから、それぞれの団体の規模に合った団体運営が行われるべきであり、団体の規模に合った運営のルールが定められていることが望ましい。しかし、日本においては、日本スポーツ振興センター（Japan Sport Council；JSC）を設置する独立行政法人日本スポーツ振興センター法や、日本中央競馬会という特殊法人を設置する日本中央競馬会法といった特定のスポーツ団体のための特別な法律が存在するものの、スポーツ団体一般を適用対象とする法律は存在していない。そのため、日本のスポーツ団体が、その運営を行うに当たり従うべきルールは、スポーツ以外の分野の法人や法人格のない任意団体と同じように、（1）で挙げた一般的な法人法、組織法ということになる。

このように、スポーツ団体の運営を考えるに当たってはスポーツ団体には、団体間に規模の違いが存在するにもかかわらず、適用されるルールは一律に同じということを理解することが重要である[7]。

（3）スポーツ団体のグッド・ガバナンスと法人法、組織法の意義

スポーツ団体は、団体自治の原則に基づいて、定款や諸規則をはじめとする団体運営のための内部ルールを自ら定めて、団体運営を行っているが、団体運営を行うに当たっては、法人法、組織法の内容やその背景にある考え方を理解した上で団体運営を行わなければならない。

ところが、日本のスポーツ団体において、スポーツ団体の構成員や業務執行者の間でこのことが明確に意識されてこなかったため、下記3で詳述するとおり、スポーツ団体において、違法・不適切な

6) 多田光毅ほか編著『スポーツ法の実務』112頁（三協法規出版、2014年）、谷塚啓『地域スポーツクラブの"法人格"を取得しよう』（株式会社カンゼン、2013年）

7) その結果、日本のスポーツ界においては、特に、規模の小さいスポーツ団体が、その資金力やマンパワーの問題から、適用される法人法、組織法に従った団体運営に、苦戦をしているという問題が生じている。

団体運営が行われる例が散見されている[8]。

　しかし、今日、社会において、スポーツの果たす役割の重要性がますます増しており、スポーツ団体の団体運営には、スポーツを行う者の権利の保護、団体運営の透明性の確保、迅速かつ適正な紛争解決などのグッド・ガバナンスが求められるようになってきている[9]。そのため、スポーツ団体の構成員や業務執行者には、法人法、組織法[10]やその背景にある考え方を理解、遵守して、団体運営を行うことがより強く求められるようになっている[11]。

　このように、スポーツ団体の運営ルールの基本的な原則を定める法人法、組織法は、グッド・ガバナンスを実現する出発点となるものである[12]。そこで、本章では、このスポーツ団体のグッド・ガバナンスの出発点となる法人法、組織法の基本的な内容を概観した上で、スポーツ団体が団体運営を行う上で生じる問題を具体的な素材として、スポーツ団体のグッド・ガバナンスの在り方や方向性について、考察することとしたい。

2　スポーツ団体をめぐる法人法、組織法

（1）総論

　スポーツ団体の組織形態は、株式会社、一般（公益）社団・財団法人、特定非営利法人、法人格のない任意団体など様々であるが、前記のとおり、いずれの組織形態を選ぶかによって、適用される法人法、組織法が異なり、設立や運営に当たってのルールが異なってくる。これらのルールの違いは、構成員、設立要件、業務執行者といった組織の設立、運営上の重要な事項にかかわるため、組織を新たに設立する上では、組織の目的や活動と当該法人法、組織法の内容等に照らして、適切な組織形態を選択することが望ましい。以下、構成員、設立要件、業務執行者という視点を中心に、スポーツ団体に対し適用され得る個別の法人法、組織法を概観していくこととしたい[13]。

表1. 法人法、組織法の比較

	会社	社団法人	財団法人	NPO法人
構成員	株主	社員	-	社員
法定の監視機関	-	-	評議員	
設立要件（構成員）	株主1人以上	社員2人以上	なし	社員10人以上
設立要件（財産）[14]	なし	なし	300万円	なし
認可の要否	準則主義	準則主義	準則主義	認可主義
業務執行者	取締役	理事	理事	理事

8) スポーツ団体の意思決定の方法が問題になった事例として、日本スポーツ仲裁機構（JSAA）「JSAA-AP-2014-008号 仲裁事案」http://jsaa.jp/award/AP-2014-008.pdf、公益法人information「公益社団法人全日本テコンドー協会に対する勧告について」https://www.koeki-info.go.jp/pictis_portal/other/pdf/20131210_kankoku.pdf、日本野球機構「統一球問題における有職者による第三者調査・検証委員会調査報告書」http://p.npb.or.jp/npb/20130927chosahokokusho.pdf

9) 日本スポーツ法学会編『詳解スポーツ基本法』143頁（成文堂、2011年）、道垣内正人＝早川吉尚編著『スポーツ法への招待』39頁（ミネルヴァ書房、2011年）、スポーツ界のガバナンスに関する委員会「トラブルのないスポーツ団体運営のために—ガバナンスガイドブック」（日本スポーツ仲裁機構、2010年）http://www.jsaa.jp/guide/governance/governance.pdf

10) 日本プロゴルフ協会（PGA）の理事及び副会長が指定暴力団会長等と交際していたという事実が、公益認定法第6条6号に違反するおそれがあるとして、内閣府公益認定等委員会が勧告を行った事例がある（公益法人information「公益社団法人日本プロゴルフ協会に対する勧告について」https://www.koekiinfo.go.jp/pictis_portal/other/pdf/20140401_kankoku.pdf）。

11) 詳細は、本書第4編第4章3（2）〈1〉「スポーツ基本法第5条」196頁以下

12) スポーツ界のガバナンスに関する委員会・前掲注9)

13) 本文の記述のほか、少し古い文献であるが、小笠原正監修『導入対話によるスポーツ法学』57頁（不磨書房、第2版、2007年）。

14) プロスポーツリーグの中には、参加するプロスポーツクラブに対し、資本金要件等の参加要件を課す場合もある。例えば、日本プロフェッショナル野球協約第27条は、資本金要件を1億円以上と定めている。

（2）会社法

　会社法とは、株式会社等の設立や組織運営について定めた法律である。会社法が適用される株式会社などは、一定の「要件を満たし」、手続及び登記さえ経れば、誰でも設立することができる法人である（準則主義）。

　株式会社は、株主（自然人・法人）を構成員とし（会社法第3条）、対外的経済活動で得た利益を構成員に分配をすることを目的とする営利団体である（会社法第105条第2項）。

　株主は、株式の引受価額を限度とする有限責任を負い（会社法第104条）、その有する株式について、役員の選解任等の議決権を有し（会社法第105条第3項）、法人の最高議決機関である株主総会において当該権限を通じて法人の基本的な業務執行体制を決定する。株式会社の意思決定及び業務執行は、この株主総会の決議で選任された取締役によって行われる（会社法第348条）。そして、株主は、株主提案権の行使、計算書類の承認、役員に対する責任追及等の権限を通じて、取締役による業務執行が法令や定款に従い適正に行われているか否かを監視する。

　株式会社の形態をとっている代表的なスポーツ団体の例としては、プロスポーツリーグに参加しているプロスポーツクラブ[15]を挙げることができる[16]。そのほかには、ジム、フィットネス等のサービスを提供するスポーツクラブも株式会社の形態がとられている。

（3）一般社団法人及び一般財団法人に関する法律

　一般社団法人及び一般財団法人に関する法律（以下「一般法人法」）とは、公益法人制度改革によって、2006年に制定された法律である。公益法人制度改革により、社団・財団法人を主務官庁が監督する制度は廃止され[17]、一定の要件を満たし、手続及び登記さえ経れば、誰でも一般社団・財団法人を設立することができる（準則主義[18]）。

　一般社団法人とは、2名以上の社員を構成員とする法人である（一般法人法第3条）。一般社団法人において、法人の構成員である社員は、原則として1個の議決権を有し（一般法人法第48条）、法人の最高議決機関たる社員総会を構成し、役員の選解任等の権限（一般法人法第63条等）を通じて法人の基本的な業務執行体制を決定する。社員は、社員提案権の行使、社員の除名[19]、計算書類の承認、役員に対する責任追及等の権限を通じて、法人運営が法令や定款に従

15) 日本プロフェッショナル野球協約第27条は、日本プロフェッショナル野球組織に加盟する球団が、株式会社であることを条件としている（日本プロ野球選手会「日本プロフェッショナル野球協約 2016」http://jpbpa.net/up_pdf/1471951971-129176.pdf）。また、Jリーグ準加盟規程も、準加盟クラブへの認定を申請するクラブを、発行済み株式総数の過半数を日本国籍を有する者か内国法人が保有する株式会社、または公益法人もしくは特定非営利法人に限定している（日本プロサッカーリーグ「Jリーグディヴィジョン3（J3）への参加に向けた各種資格要件について」https://www.jfa.jp/about_jfa/report/PDF/h20130314_02.pdf）。

16) 武藤泰明『プロスポーツクラブのマネジメント』（東洋経済新聞社、2006年）

17) 一般社団・財団法人については、主務官庁による監督を受けることはなくなったが、ステークホルダーに対する社会的責任を負っているので、民主的な団体運営を行うために自律的なガバナンス体制を構築することが求められている。

18) （旧）民法においては、主務官庁が法人の設立を許可し、当該法人の業務を監督していたが、新法制度の下においては、主務官庁制度が廃止され、一般法人は自らの手で自律的な運営をしていくことになった。

19) 定款によらずに理事会で決定した規則に基づく、資格停止処分等によって、社員の議決権の行使を妨げることが一般法人法第48条第1項に違反するおそれがあるとされた事例として、「公益社団法人全日本テコンドー協会に対する勧告について」https://www.koeki-info.go.jp/pictis_portal/other/pdf/20140416_kankoku.pdf。

い適正に行われているか否かを監視する。

一般社団法人の業務執行は、この社員総会の決議で選任された理事によって行われる（一般法人法第76条）。

一般財団法人とは、法人格を付与された一定の目的のために結合された一団の財産をいい、一般財団法人の財産は、定款に定められた目的（一般法人法第153条第1項第1号）のために運用される。

一般財団法人には、構成員という概念はなく、その業務執行は、評議員会で選任された理事によって担われる（一般法人法第197条、第76条）。そして、法人の機関[20]として設置を義務付けられた[21]評議員及び評議員会が、役員の選解任等の議決権及び評議員提案権の行使、役員に対する責任追及等の権限を通じて、役員による業務執行が、当該法人の定款に定められた目的に従っているかどうかを監視監督する。

一般社団・財団法人の形態をとっている代表的なスポーツ団体の例としては、日本野球機構、日本ゴルフツアー機構等のプロスポーツ団体や、都道府県レベルのスポーツ団体などを挙げることができる。なお、障害者スポーツ団体は、未だ法人格のない任意団体が多く、本書執筆時現在、その法人化支援が検討されている。

（4）公益社団法人及び公益財団法人の認定等に関する法律

公益社団法人及び公益財団法人の認定等に関する法律（以下「公益認定法」）とは、一般社団・財団法人のうち、主に公益目的事業を実施する法人で、行政庁が基準を満たしたと認定した法人について、公益社団・財団法人として認めるための法律である。そして、公益認定法に基づき内閣府に設置された内閣府公益認定等委員会が、公益認定法に基づいて公益法人の公益認定を行っている。

公益社団・財団法人は、その公益目的事業が、不特定かつ多数の者の利益の増進に寄与するものでなければならない（公益認定法第2条第4号）。また、その財産は税制優遇を受けて形成された国民から託された財産であるため、法人運営において一定の義務を負うなど一般法人以上に、自律的な運営を行うことが求められる。

そのため、公益社団法人・財団法人に当該義務の違反・法令違反等があった場合、内閣府公益認定等委員会から、当該公益社団・財団法人に対し、報告徴収、勧告[22]、公益認定の取り消しなどの処分がなされる可能性がある。すなわち、公益社団・財団法人のスポーツ団体については、スポーツ団体運営が第三者の監督下にあるとい

20) 評議員が、機関として位置付けられているため、理事による業務執行の監視権限を適切に行使していない場合は、評議員の責任も追及され得る（一般法人法第198条、第111条）。

21) 旧民法の下でも、評議員及び評議員会という機関は、任意機関として各財団法人に置かれていたが、一般法人法において、評議員会及び評議員は、法定の必置機関とされた。

22) 例えば、日本アイスホッケー連盟においては、旧理事らが、評議員提案権の行使に基づき選任された新理事の選任決議の有効性を認めず、新体制への業務引継ぎを行わなかったために、内閣府から報告徴収を受け、勧告を受けた（公益法人information「公益財団法人日本アイスホッケー連盟に対する勧告について」https://www.koeki-info.go.jp/pictis_portal/other/pdf/20131119_kankoku.pdf）。

える[23]。

　公益社団・財団法人の形態をとっている代表的なスポーツ団体の例としては、日本オリンピック委員会（Japanese Olympic Committee；JOC）、日本スポーツ協会（Japan Sport Association；JSPO）もしくは都道府県体育（スポーツ）協会、日本障がい者スポーツ協会（Japanese Para-Sports Association；JPSA）、JOCやJSPOに加盟する各スポーツの中央競技団体（National Federations；NF）[24]を挙げることができる。

（5）特定非営利活動促進法

　特定非営利活動促進法（以下「NPO法」）は、社会の様々な分野において、ボランティア活動をはじめとした社会貢献活動を行っている非営利団体（Nonprofit Organization；NPO）が法人格を取得するための制度を定める法律である。

　NPO法人は、NPO法第2条で定められた17の活動を行うことを目的とし、その所轄庁から設立の認証を受けることによって設立することができる（NPO法第10条。認可主義）。

　NPO法人は、10名以上の社員を構成員とする非営利の法人である。

　NPO法人の構成員である社員は平等の評決権を有し（NPO法第14条の7）、法人の最高議決機関たる社員総会を構成する。また、社員は、計算書類の承認といった権限を通じて、法人運営が適正に行われているか否かを監視する。

　NPO法人の業務執行は、理事によって行われるが（NPO法第16条）、理事の選任の仕方については、定款で定めることができると記載されているに留まり（NPO法第24条第2項）、選任方法がNPO法で規定されているわけではない。

　NPO法人の形態をとっている代表的なスポーツ団体の例としては、地域総合型スポーツクラブを挙げることができる[25]。

③　スポーツ団体の運営をめぐる法（いわゆるスポーツ固有法）

（1）法源—業界内ルールの法的根拠

　スポーツ団体は、前述の法人法、組織法の規制を受けるほか、その組織の運営のために、内部ルールを定めている。組織運営の骨格を定める定款や基本規程などがその根本であるが、国内のスポーツを統括する中央競技団体[26]ともなれば、理事会規程や評議員会規

23) 星さとる「日本アイスホッケー連盟への是正勧告にみる役員選任上の諸問題」公益・一般法人2013年12月15日号

24) その他日本プロサッカーリーグ（Japan Professional Football League；Jリーグ）、日本アンチ・ドーピング機構（Japan Anti-Doping Agency；JADA）、日本スポーツ仲裁機構（Japan Sports Arbitration Agency；JSAA）ほか

25) 谷塚・前掲注6)

26) 以下、本項においては、国内のスポーツを全国レベルで統括する団体を「中央競技団体」とした。

程、加盟団体規程、会員登録規程だけでなく、各種委員会規程、懲罰規程、代表選考規程など、加盟団体、登録者の権利義務に大きく影響する、数多くの内部ルールを定めている。その様は、さも国家が立法権、行政権、司法権をもつように、中央競技団体は、対象スポーツ界における立法権、行政権、司法権を有するのである[27]。

　このようなスポーツ団体が制定するルールは、いわゆるスポーツ固有法と呼ばれ、古くからスポーツ法の対象とされてきた[28]が、近年問題となってきているのが、このようなスポーツ団体が定めるルールの法的正統性（Legitimacy）である。なにゆえに、スポーツ団体は、加盟団体、登録者の権利義務に大きく影響する業界内ルールを定めることができるのであろうか。ここでは、スポーツ固有法の論点に入る前段として確認しておきたい。

〈1〉民主制

　この点、スポーツ団体が制定するルールの一つ目の法的正統性は、国家が国民の意見を反映する民主的な意思決定を行うように、スポーツ団体の選手や指導者などの登録者、加盟団体などのすべての意見を反映できる民主的な意思決定に基づいていることであろう。

　しかしながら、日本の中央競技団体レベルのスポーツ団体は、登録者全員が参加する選挙を行って、役員を決めたり、会長を決めたりしている団体はほとんど存在しない[29]。

〈2〉ステークホルダー（利害関係人）との協議

　そこで次に考えられる、スポーツ団体が制定するルールの二つ目の法的正統性は、ステークホルダーとの協議である。スポーツ団体が定めるルールは、選手や指導者などの登録者、加盟団体などの権利義務を決定するルールである以上、これらのステークホルダーとの十分な協議、合意に基づくのであれば、契約としての法的正統性が生まれると考えられるのが自然である。

　実際、日本プロフェッショナル野球組織（Nippon Professional Baseball；NPB）や日本プロサッカーリーグ（Japan Professional Football League；Ｊリーグ）、日本サッカー協会などのスポーツ団体は、日本プロ野球選手会や日本プロサッカー選手会など選手組織と労使協議を行ったり、また、特に、2015年は、アスリート委員会を立ち上げ、理事会への参加を認める日本の中央競技団体がいくつも誕生するなど、ステークホルダーの意見を集約、協議しようとす

27) 日本サッカー協会は、協会の機能を、立法権、行政権、司法権の三権に分類し、民主主義や三権分立、司法権の独立などの概念を機関設計に反映させている。日本サッカー協会「日本サッカー協会定款」http://www.jfa.jp/documents/pdf/basic/17.pdf。

28) 詳細は、森川貞夫「スポーツ固有法」千葉正士＝濱野吉生編『スポーツ法学入門』41頁（体育施設出版、1995年）。

29) 日本サッカー協会は、2015年以降、会長予定者について、評議員による投票により選出する方法が変更され、また、評議員のメンバーを、都道府県協会、Ｊリーグディビジョン1を構成するチーム、各種連盟、選手会に増員し、可能な限り民主的な手続により、会長を選出するプロセスにしている（日本サッカー協会「役員の選任及び会長等の選定に関する規程」https://www.jfa.jp/documents/pdf/basic/18.pdf、日本サッカー協会「会長予定者の選出に関するガイドライン」https://www.jfa.jp/about_jfa/img/guideline.pdf）。

第4編　民事法とスポーツ

る動きが出てきている[30]。

30) 松本泰介＝岡村英祐「日本のスポーツ団体の意思決定への選手組織の関与の現状について」日本スポーツ法学会年報第25号38頁（2018年）

〈3〉 司法制度、スポーツ仲裁からの示唆

さらに、国家裁判所だけでなく、日本スポーツ仲裁機構（Japan Sports Arbitration Agency；JSAA）により、スポーツ団体の意思決定に対して、判決やスポーツ仲裁の裁定、示唆などがなされることで、スポーツ団体が制定するルールの法的正統性が明確になってきており、このような司法制度から法的正統性が生まれることも出てきている。

（2） スポーツ団体の運営をめぐるルールの基本原理

前記のような法的正統性を根拠に制定される業界内ルールであるが、従来は、スポーツ団体のこのようなルールを定める裁量権が尊重され、一定の合理性を有すると考えられてきたものの、近年、このようなルールの基本原理として、いくつか重要な法律、概念が生まれている。

〈1〉 スポーツ基本法第5条[31]

2011年に制定されたスポーツ基本法第5条では、「スポーツ団体は、スポーツの普及及び競技水準の向上に果たすべき重要な役割に鑑み、基本理念にのっとり、スポーツを行う者の権利利益の保護、心身の健康の保持増進及び安全の確保に配慮しつつ、スポーツの推進に主体的に取り組むよう努めるものとする。2　スポーツ団体は、スポーツの振興のための事業を適正に行うため、その運営の透明性の確保を図るとともに、その事業活動に関し自らが遵守すべき基準を作成するよう努めるものとする。3　スポーツ団体は、スポーツに関する紛争について、迅速かつ適正な解決に努めるものとする」と、スポーツ団体の義務が定められている[32]。

31) スポーツ基本法第5条の詳細な解説については、上柳敏郎＝松本泰介「スポーツ団体」日本スポーツ法学会編『詳解スポーツ基本法』（成文堂、2011年）。

また、2012年3月に文部科学省が策定した「スポーツ基本計画」では、特に、今後5年間に総合的かつ計画的に取り組むべき施策として、「第3章6．ドーピング防止やスポーツ仲裁等の推進によるスポーツ界の透明性、公平・公正性の向上」における「スポーツ団体のガバナンス強化と透明性の向上に向けた取組の推進」の内容として「組織運営体制の在り方についてのガイドラインの策定・活用、スポーツ団体における、運営の透明性の確保やマネジメント機能強化」の2点が掲げられている。このようにスポーツ団体は、スポーツ基本法の

32) 文部科学省「スポーツ基本法」http://www.mext.go.jp/a_menu/sports/kihonhou/attach/1307658.htm

理念の実現が求められる団体であり、さらに、スポーツ基本計画での重点施策の対象として、ガバナンス強化が求められている[33]。

〈2〉行政機関類似の組織

また、特に、中央競技団体は、対象スポーツに関して、国内を統括する団体であり、代表選手等の選考権限や選手強化予算の配分権限など、特別な権限を独占的に有する組織で、ほかに類を見ない唯一の組織である。このような特徴を有するスポーツ団体は、「行政主体に類似した公的主体」として、行政機関が行政手続法などにより義務付けられている、①意思決定過程の透明性、②懲戒等不利益処分の際の手続的保障、③救済制度の充実などの理念を実現しなければならないという指摘もある[34]。

〈3〉ガバナンス原則の尊重

そして、このようなスポーツ団体の特徴を踏まえ、平成26年度文部科学省委託事業「中央競技団体のガバナンスの確立、強化に関する調査研究 NF 組織運営におけるフェアプレーガイドライン―NF のガバナンス強化に向けて―」[35] においては、スポーツ基本法、スポーツ基本計画が定めるスポーツ団体のガバナンス強化の具体的内容として、このようなスポーツ団体が尊重すべき、七つのガバナンス原則が明確にされている。

その内容は以下のとおりであるが、スポーツ団体の運営をめぐる法（いわゆるスポーツ固有法）は、このような原則を遵守する形で定めなければならない。

ア　権限と責任の明確化

中央競技団体のような大きな組織を機能的に運営するためには、1人がすべての業務を行うことはできない。限りある人的資源を有効に分配し、効率的な運営を行う必要があり、それぞれの人的資源の権限と責任を明確化することで、これを達成することが可能になる。また、権限と責任の明確化、分配により、権限の集中や独断専行を防止することも可能になると考えられる。

イ　倫理的な行動、法令遵守

中央競技団体も、スポーツ団体である前に、社会における活動主体であり、適用対象となる法令を遵守しなければならない。さらに、

33) スポーツ団体のガバナンスに関する文献として、出雲輝彦「競技団体のガバナンス―カナダを事例として―」菊幸一ほか編『スポーツ政策論』199頁以下（成文堂、2011年）、上柳＝松本・前掲注31)143頁、奥島孝康「スポーツ団体の自立・自律とガバナンスをめぐる諸問題」日本スポーツ法学会年報18号6頁（2012年）、小幡純子「スポーツ仲裁―行政法の観点から」『スポーツ仲裁のさらなる発展に向けて』（上智大学法科大学院、2006年）、小幡純子「スポーツにおける競技団体の組織法と公的資金」道垣内正人＝早川吉尚編著『スポーツ法への招待』39頁（ミネルヴァ書房、2011年）、齋藤健司『フランススポーツ基本法の形成』（成文堂、2007年）、菅原哲朗「スポーツ界における法と弁護士の役割」道垣内＝早川・前掲1頁、早川吉尚「スポーツ団体のガバナンス」道垣内＝早川・前掲79頁、望月浩一郎＝松本泰介「スポーツ団体におけるコンプライアンス」自由と正義60巻8号68頁（2009年）、スポーツにおけるグッドガバナンス研究会『スポーツ団体ガバナンス実践ガイドブック』（民事法研究会、2014年）、笹川スポーツ財団編『入門スポーツガバナンス』（東洋経済新報社、2014年）、エンターテインメント・ロイヤーズ・ネットワーク編『スポーツ法務の最前線』（民事法研究会、2015年）、松本泰介「スポーツ団体のガバナンス」法学教室2016年9月号75頁（有斐閣、2016年）など。なお、日本のスポーツ団体にも適用されるガイドラインとして、ISO/SR 国内委員会・前掲注5)http://iso26000.jsa.or.jp。

34) 小幡・前掲注33)「スポーツにおける競技団体の組織法と公的資金」54頁、小幡・前掲注33)「スポーツ仲裁―行政法の観点から」、南川和宣「スポーツ仲裁機構と行政法理論」修道法学28巻2号967頁（2006年）、望月＝松本・前掲注33) 68頁など。

35) 文部科学省の平成26年度委託事業として、日本スポーツ仲裁機構（JSAA）にて、「スポーツ団体のガバナンスに関する協力者会議」を設置し、日本オリンピック委員会（JOC）、日本体育協会（JASA）及びその傘下のスポーツ団体等各方面の全面的協力を得て調査研究が進められた。

中央競技団体が、選手、指導者や審判等の中央競技団体の構成員以外にも、スポンサー、メディア、ファンなど、多様なステークホルダーに影響を及ぼす極めて公共的な団体であることからすれば、高度な倫理的な行動が求められる。

　特に、多様なステークホルダーの基本的人権を尊重し、不当な差別や暴力、パワハラ、セクハラなどの人権侵害が起こらないような倫理的な行動を取らなければならない。

ウ　適正なルール整備

　中央競技団体の業務における権限の行使は、独占かつ重大な効果があり、選手、指導者や審判等の中央競技団体の構成員以外にも、スポンサー、メディア、ファンなど、多くのステークホルダーに多大な影響があるため（公共性）、間違いがあってはならず、また人によって行使される内容に不公平があってはならないため、適正なルール整備を行い、このルールに従って運営されなければならない。

エ　透明性と説明責任

　中央競技団体が、選手、指導者や審判等の中央競技団体の構成員以外にも、スポンサー、メディア、ファンなど、多様なステークホルダーに影響を及ぼす極めて公共的な団体であることからすれば、運営にかかわる重要情報を積極的に開示して、組織における意思決定の透明性を確保し、適正に説明責任を果たすことが要求される。

オ　戦略的計画性

　中央競技団体は、そのスポーツが存続する限り、当該スポーツの普及、振興、競技力の向上のために存続し続けなければならない組織であり（永続性）、戦略的な計画を設けることで、継続的かつ持続的な発展を目指し続けなければならない。

　そこで、中央競技団体は、永続的な組織運営のために、人材の育成、確保、多様な資金源の獲得などに努めなければならない。

カ　多様なステークホルダー（利害関係人）の尊重

　中央競技団体においては、スポーツの公益的性格や、中央競技団体の選手、指導者や審判等の中央競技団体の構成員以外にも、スポンサー、メディア、ファンなど、ステークホルダーが多いため、その運営における社会的影響力は極めて大きく（公共性）、このよう

なステークホルダーの意思を十分に尊重する必要がある。

キ　効果的な財務運営

中央競技団体は、そのスポーツが存続する限り、当該スポーツの普及、発展、競技力の向上のために存続し続けなければならない組織であり（永続性）、その安定的な財務運営、機能的な配分のために、効果的な財務運営を行う必要がある。

（3）スポーツ団体の基本的組織運営をめぐる法

〈1〉何が問題か

まず、スポーツ団体が制定するルールのうち、最も基本的なルールは、例えば、基本計画や法令遵守、人材育成・確保、多様な資金源の確保などの運営全般にかかわるルールから、スポーツ団体の会議体運営に関するルール、さらには、事務局運営にかかわるルール、会計処理にかかわるルールなどである。例えば、日本では、2000年代に入ってから、日本テコンドー連盟／団体分裂問題、日本クレー射撃協会／不明朗会計・内紛問題、日本スキー連盟／役員改選問題、JOC ／国庫補助金不正受給問題、全日本柔道連盟／ JSC 助成金の不正受給問題、日本アイスホッケー連盟／役員改選問題、全日本テコンドー協会／社員議決権問題、日本フェンシング協会／ JSC 委託金不適切経理問題、全日本テコンドー協会／不適切経理問題、JOC 加盟団体／国庫補助金不正受給問題など、スポーツ団体の基本的な運営に関するルールをめぐる不祥事が発生しており[36]、このようなスポーツ団体の基本的な運営に関するルール整備の必要性が求められているところである。

さらには、2014 年に発生した、日本バスケットボール協会の国際バスケットボール連盟（Fédération Internationale de Basketball；FIBA）資格停止問題においては、2007 年以来 FIBA から要求されていた、2 リーグの統一問題の意思決定ができなかったことなど、従来の不祥事とは異なった、スポーツ団体の意思決定の合理性や効率性が問題となっている。スポーツと他のエンターテイメントや、スポーツ間の競争が非常に厳しくなる中で、各スポーツは生存競争にさらされており、スポーツの普及、振興、競技力の向上などを目的とする統括競技団体は、自らの組織基盤の強化を図り、まい進しなければならない。

このような組織基盤の強化として、スポーツ団体はどのような

[36] それぞれの不祥事の詳細については、スポーツにおけるグッドガバナンス研究会・前掲注 33)91頁。

ルール整備を行うべきかが、スポーツ団体の組織運営をめぐる法の問題である。

〈2〉あるべき方向性、実際スポーツ界で採られている実例
ア　中央競技団体の組織運営におけるフェアプレーガイドライン

平成26年度文部科学省委託事業「中央競技団体のガバナンスの確立、強化に関する調査研究　NF組織運営におけるフェアプレーガイドライン—NFのガバナンス強化に向けて—」においては、スポーツ基本法、スポーツ基本計画が定めるスポーツ団体のガバナンス強化の具体的内容として、スポーツ団体の組織運営に関するルールの項目について、以下のとおり整理されており、以下の項目を踏まえる内容にすることが望ましいであろう。

1. NF運営全般に関するフェアプレーガイドライン[37]
   （1）基本計画の策定
   （2）法令遵守
   （3）人材育成・確保
   （4）多様な資金源の確保
2. NFの会議体運営に関するフェアプレーガイドライン[38]
   （1）会議体の権限分配
   （2）会議体の構成の適正
   （3）会議体の手続きの適正
   （4）会議体における監督
3. NFの具体的業務運営に関するフェアプレーガイドライン[39]
   （1）運営権限と責任の明確化
   （2）運営ルールの整備
   （3）具体的業務運営の監督
4. NFの会計処理に関するフェアプレーガイドライン[40]
   （1）適正処理・公正な会計原則の実施
   （2）財務計画の実施

イ　実例

例えば、基本計画の策定、という観点では、日本サッカー協会は、「JFA2005年宣言」[41]において「サッカーを通じて豊かなスポーツ文化を創造し、人々の心身の健全な発達と社会の発展に貢献する」という理念を実現するため、サッカーの普及と強化、国際親善への

37) スポーツ団体のガバナンスに関する協力者会議「NF組織運営におけるフェアプレーガイドライン—NFのガバナンス強化に向けて—」40頁以下（日本スポーツ仲裁機構、2015年）http://jsaa.jp/ws/goverreport2014_02_04.pdf

38) スポーツ団体のガバナンスに関する協力者会議・前掲注37)60頁以下 http://jsaa.jp/ws/goverreport2014_02_05.pdf

39) スポーツ団体のガバナンスに関する協力者会議・前掲注37)88頁以下 http://jsaa.jp/ws/goverreport2014_02_06.pdf

40) スポーツ団体のガバナンスに関する協力者会議・前掲注37)108頁以下 http://jsaa.jp/ws/goverreport2014_02_07.pdf

41) 日本サッカー協会「JFA2005年宣言〜DREAM 夢があるから強くなる〜」http://www.jfa.jp/about_jfa/dream/

貢献といったビジョン、そして 2015 年までの中期目標 [42]、2022 年までの中期計画 [43]、2030 年までの長期目標 [44]、2050 年までの長期目標を示し、活動を行っている。

　また、会議体の権限分配、意思決定の効率化の観点では、日本バスケットボール協会は、前述の FIBA 資格停止問題の解決として、従前の多人数による理事会構成を一新し、6 名に限定された理事会を構成 [45]、会長を変更、新たに事務総長ポジションを新設し [46]、迅速かつ効率的な意思決定、業務執行を可能にしている。

　加えて、2019 年 6 月にはスポーツ庁が「スポーツ団体ガバナンスコード〈中央競技団体向け〉」[47] 等を発表し、2020 年から統括団体による適合性審査がスタートしている。

（4）代表選手選考をめぐる法

　本項では、代表選手選考をめぐるスポーツ組織内ルールについて解説する。

　代表選手選考は、国際大会に出場する選手の選考のほか、強化指定選手の選考、国民体育大会への出場選手の選考、その他の国内大会への地域代表の選考などにおいても問題となるが、ここでは国際大会に出場する日本代表選手選考に関する問題として解説する。

〈1〉何が問題か

　代表選手選考は、中央競技団体の権限として、その組織内ルールに基づいて行われるが、日本において、最も著名な代表選手選考仲裁事例としては、2000 年シドニーオリンピックの競泳女子 200 メートル自由形の代表選手選考に関して争われた、いわゆる千葉すず事件がある [48]。日本水泳連盟の代表選手選考は取り消されることはなかったものの、日本水泳連盟の選手選考の透明性と情報公開の必要性を指摘されるなど、日本での代表選手選考仲裁に関するリーディングケースになった。

　また、JSAA の仲裁判断においても、障害者水泳事件（JSAAAP-2003-003）、馬術事件 1（JSAA-AP-2004-001）、身体障害者陸上競技事件（JSAA-AP-2004-002）、ローラースケート事件（JSAAAP-2005-001）、カヌー事件（JSAA-AP-2008-001）、障害者バドミントン事件（JSAA-AP-2010-005）、ボート事件（JSAA-AP-2011-003）、水球事件（JSAA-AP-2013-003）、ボッチャ事件（JSAA-AP-2013-005）、スキー事件（JSAA-AP-2013-023）、卓球事件（JSAA-AP-2013-024）、

42) 日本サッカー協会・前掲注 41)「アクションプラン 2015」http://www.jfa.jp/about_jfa/dream/action1.html

43) 日本サッカー協会「JFA 中期計画 2015-2022」http://www.jfa.jp/about_jfa/plan/JFA_plan2015_2022.pdf

44) 日本サッカー協会「JFA の目標 2030」http://www.jfa.jp/about_jfa/plan/goal2030.html

45) 日本バスケットボール協会「理事会」http://www.japanbasketball.jp/jba/member/。現在は増員されている。

46) 日本バスケットボール協会「JBA 組織図」http://www.japanbasketball.jp/jba/organigram

47) スポーツ団体ガバナンスコード＜中央競技団体向け＞https://www.mext.go.jp/sports/b_menu/sports/mcatetop10/list/detail/1420887.htm

48) スポーツ仲裁裁判所（CAS）「2000/A/278」http://jurisprudence.tas-cas.org/sites/CaseLaw/Shared%20Documents/278.pdf。なお、Matthieu Reeb, Digest of CAS Awards Ⅱ 1998-2000, p.534-541

自転車事件２（JSAA-AP-2014-007）、ボート事件２（JSAA-AP-2015-003）などで、代表選手選考をめぐる事案が発生してきた[49]。

〈２〉あるべき方向性、実際スポーツ界で採られている実例

ア　主な指針

　代表選手選考は、日本中が注目する極めて公共的で重大な権限行使の場面であり、2020 年オリンピック・パラリンピック東京大会の代表選手選考をめぐる議論が多くなることは必然であることから[50]、代表選考権限を有する中央競技団体や代表監督は、その権限行使に当たり、極めて慎重かつ適切なアプローチを行う必要がある。

　日本オリンピック委員会加盟団体規程においては、加盟団体に対して、「代表選考の判断基準を客観化し、代表選手選考の透明性を高めること」が規定されており（日本オリンピック委員会加盟団体規程第７条（７））、中央競技団体に対し代表選考基準の明確化を求められている。また、日本体育協会倫理に関するガイドライン[51]においては、「Ⅱ．不適切な経理処理に起因する事項」「Ⅲ．各種大会における代表競技選手・役員の選考などに関する事項」を明記しており、中央競技団体運営に関する基準の作成、運用が求められている。

イ　代表選考に関する組織内ルールの法的合理性[52]

a　代表選考の意義、目的

　まず、そもそも代表選考をめぐるルールを考えるに当たって、その意義や目的は、あくまで国際競技力の向上であることを忘れてはならない[53]。もちろん代表選考に関するトラブルを防ぐ必要はあるが、それは二次的なものに過ぎず、国際競技力の向上のために、代表強化方針の策定や代表選考基準の作成を行わなければならない[54]。

b　基本原理としての公平性と透明性

　JSAA において代表選手選考の合理性について最初の事案となった、馬術事件１（JSAA-AP-2004-001）においては、日本馬術連盟において、障害馬術競技の選考手続の作成、公表の事実が認定された上で、実際に選考を行う選考委員会の選考基準（馬の能力、状態、選手の経験、乗馬技術、精神力、人格など）、選考委員会への推薦を行う馬術選考本部長の考慮要素（馬術競技における踏切位置、分速の維持、飛越のバランス、馬の能力など）が著しく不合理でないことを理由に、日本代表選考基準の合理性を認定したものの、スポーツ仲

49) これらの事案の詳細については、日本スポーツ仲裁機構（JSAA）「JSAA 仲裁判断集」http://jsaa.jp/award/index.html。

50) 2000 年のシドニーオリンピックの際は、オーストラリア国内で約 50 件の代表選手選考の問題が発生した、との指摘もある（小笠原正監修『導入対話によるスポーツ法学』69 頁（不磨書房、第２版、2007 年））。イギリスでは、2012 年のロンドンオリンピック出場をめぐる選手選考に関連して、Sport Resolutions に対して 19 件の不服申立てがなされた、とされる。Lewis QC, Adam and Taylor, Jonathan. SPORT: LAW AND PRACTICE Third Edition, Bloomsbury Professional, 2014, para.H6.96

51) 日本体育協会（JASA）「公益財団法人日本体育協会及び加盟団体における倫理に関するガイドライン」http://www.japan-sports.or.jp/Portals/0/data0/about/pdf/plan02.pdf

52) 代表選手選考の法的合理性に関する論文として、松本泰介「スポーツ団体の代表選手選考に対するスポーツ仲裁における法的審査の範囲と限界」（早稲田大学リポジトリ、2019 年１月）。日本、ニュージーランド、カナダ、アメリカのスポーツ仲裁における代表選手選考事案について、スポーツ団体における代表選手選考決定の専門性、自律性と、スポーツガバナンスから要求される公平、透明性とのバランスの中で、仲裁パネルの審査対象、権限や判断基準、立証責任に加え、代表選手選考の選考基準など実体法に関わる場面、客観的評価や主観的評価など選考基準の種類によってどのような法的審査がなされているのか、代表選手選考の手続にかかわる場面ではどのような法的審査がなされているのかなど、代表選手選考基準を細分化して考察している。

53) スポーツ団体のガバナンスに関する協力者会議・前掲注 37）（概要）においても、ガイドラインの目的は、①競技の普及、振興、競技力の向上、②スポーツ基本法の理念の実現、アスリートファースト、③中央競技団体の自律、自立と明記されている。http://jsaa.jp/ws/goverreport2014_01.pdf

54) 実際、2000 年の千葉すず事件以来、代表選考による国際競技力の向上、選考の法的合理性に取り組んだ日本水泳連盟は、様々な種目の国際大会で大きな成績を達成している。鷲見全弘「日本水泳連盟における代表選手選考問題に対するこれまでの取組み」日本スポーツ仲裁機構第 12 回スポーツ仲裁シンポジウム報告書 12 頁（2016 年）。http://www.jsaa.jp/sympo/sympo12report.pdf

裁パネルは、仲裁判断の末尾に、あえて「オリンピック大会の公的意義を踏まえれば、各競技団体が行っている代表選手選考は公平で透明性の高い方法で実施されなければなら」ないと指摘した。

　これはすなわち、代表選手選考に求められる原理原則として、「公平性」と「透明性」が求められる、ということを明確に定義したものである。

c　基本原理である公平性と透明性を具体化する要素

　そして、これまでの JSAA の事案で問題となった事項や、日本の中央競技団体の代表選手選考の実態、海外の代表選考ガイドライン[55]などを整理すれば、この具体化要素として、以下の点などが挙げられる。

	①権限者に関する要素（主体）	②選考基準に関する要素（客体）	③公表に関する要素（広報）
選考基準作成（ルール形成）	原案作成者、基準作成者の公正性選手代表者など、ステークホルダーの関与公正性の担保（第三者を含む決定）機能している不服申立手続の明示	基準の明確性、具体性基準となる要素の補完、明示・客観的要素（記録、試合結果など）・主観的要素（技術以外の能力、調子、実績など）・強化方針の合理性	選考対象大会や選考基準、不服申立手続の公開・ウェブサイト・選手、関係者への配布（紙、メールなど）・説明会の実施
選考決定（ルール運用）	原案作成者の独立性、公正性（選考委員会など）利害関係人の排除選考者の独立性、公正性の担保（複数、第三者を含む決定）不服申立てに伴う不利益取扱いの禁止	基準運用の合理性特に、主観的要素への配慮、合理性例外的事情が発生した場合の措置（＊）	選考結果の公開・ウェブサイト・選手、関係者への伝達・記者会見、質疑応答

＊原則的な選考方法を採らず、例外的な事由により選考する場合は、明白かつ合理的な理由が必要。

ウ　合理的な代表選手選考の実例

　日本水泳連盟においては、前述の千葉すず事件での問題提起を受け、各種目（競泳、飛込、水球、シンクロ、オープンウォータースイミング（OWS））において、水球を除き、特定の大会や選考会のみで選手選考を行うという明瞭な方法で選手選考を行い、事前に代表選考基準をホームページなどで完全に公開している[56]。

　全日本柔道連盟においては、代表選考の手続きの明確性・公正性を担保するため、2014 年より、国内ポイントシステムを導入し[57]、国際大会での実績により高いポイントを付けることによって、国際大会での競技力向上を目指している。

　また、スポーツ先進国においては、スポーツ行政機関、オリンピック委員会などの組織が、加盟団体規程に代表選手選考に関する規定を設けたり[58]、代表選手選考に関するガイドライン、チェックリストなど[59]を設けており、スポーツ界全体を通して、合理的な代

55)Australian Sports Commission/ Getting it right: Guidelines for selection、Sport Dispute Resolution Centre of Canada(SDRCC) / Selection Criteria for Major Events in Sports、Team Selection Policy Checklist など。

56) 競泳に関するリオデジャネイロ・オリンピック選手選考基準。http://www.swim.or.jp/upfiles/1443664430-rioolympic_standard_and_selection_151001.pdf

57) 全日本柔道連盟「国内ポイントシステム」http://www.judo.or.jp/p/32743

58) アメリカオリンピック委員会（USOC）付属定款（Bylaws）など

59) 前掲注55)

第4編　民事法とスポーツ

203

表選手選考を目指している[60]。

（5）団体内懲戒処分をめぐる法
〈1〉何が問題か
ア　スポーツ団体による懲戒処分

　JSAA の第1号事案であるウエイトリフティング事件（JSAAAP-2003-001）においては、日本体育大学ウエイトリフティング部の部員が起こした大麻所持事件に関し、「部員に対する監督不行届き」を理由として、同部コーチに対し日本ウエイトリフティング協会が行った懲戒処分が、弁明の機会の付与がなかったことなどを理由に取り消された。

　また、2015 年、国際サッカー連盟（Fédération Internationale de Football Association；FIFA）の複数の主要幹部が、ワールドカップ開催地の招致等をめぐる汚職事件にかかわっていた疑いで、アメリカ合衆国やスイス連邦などの国家当局による捜査や刑事司法手続の対象となり、世界的な耳目を集める事態に発展したことを端緒として、FIFA 内部における調査や懲戒処分も、国家機関による捜査や処罰とは別に進められた。当初、FIFA の内部組織委員会は、ブラッター会長（当時）やプラティニ副会長（当時）に対して8年間の資格停止処分を行い、そのほか複数の幹部に対しても、永久追放処分や資格停止等の懲戒処分を下したことが広く報じられていた。ただし、その後両氏からの不服申立てがあり、最終的にはスポーツ仲裁裁判所（Court of Arbitration for Sport；CAS）で、ブラッター氏の資格停止処分は6年間、プラティニ氏の資格停止処分は4年間まで短縮された[61]。

　このように世界的なスポーツ団体でも、国内のスポーツ団体[62]においても、これを組織する法形式にかかわりなく、スポーツ団体を運営するために、各団体独自の内部規則に則って、不祥事を発生させた者に対する制裁措置としての懲戒処分を行うことがある。

　本パートでは、このように不祥事やトラブルを発生させ、内部規則に違反したことを理由として、加盟団体や、アスリート・指導者など登録者に対して一定の懲戒処分が行われる場合について触れることとする。

イ　懲戒処分と法の支配

　そもそも、スポーツ団体が独自の団体内規則を定め、違反者に対

60) 日本でも JOC 強化部・JOC アントラージュ専門部会合同で、代表選手選考の基準と選手への伝達についてのプログラムが実施されている。日本オリンピック委員会（JOC）「アスリート育成環境の改善へ、アントラージュフォーラムを開催」http://www.joc.or.jp/news/detail.html?id=6975

61) 2015 年 12 月、FIFA の倫理委員会から8年間の資格停止処分を受けたブラッター氏及びプラティニ氏は、処分の取り消しを求めて FIFA 内部の不服審査委員会である上訴委員会に不服申立てを行ったところ、同委員会では両氏の資格停止期間を6年間に短縮する裁定が出されたため、この FIFA 上訴委員会の裁定に対して、両氏は国際スポーツ仲裁裁判所（CAS）に対して仲裁申立てを行っていた。同仲裁裁判所は、2016 年5月、プラティニ氏に対する処分に関しては、資格停止期間を4年間に短縮する判断を示したが、ブラッター氏に対する処分に関しては資格停止期間が6年間とした FIFA 上訴委員会の裁定は正当である等として、2016 年 12 月、同氏の不服申立てを棄却している。

62) スポーツ振興のための事業を行うことを主たる目的とする団体（スポーツ基本法第2条第2項）

する一定の制裁として懲戒処分を科すことは、スポーツ団体の自治として、各スポーツ団体に認められた権限であり、一定の裁量が認められるべき事項である[63]。

　また、組織として一定の目的（スポーツ活動の普及・強化や、これを通じた事業展開・国際交流など）を実現するために継続的活動を展開していくことを使命としていることからすれば、スポーツ団体の活動にかかわる者に何らかの不正があった場合等に、これを見逃すことなく、団体内規則を適用することで団体内の規律を守っていくことは、スポーツ団体の責務でもあるといえる。

　しかし、懲戒処分を行う際には、多様な利害を調整し、総合的な判断が必要になることが多い。ともすれば、「総合的判断」の名の下に、スポーツ界特有の村社会としての慣例や慣行、一部役員による支配体制の固定化等によるボス支配的状況なども影響して、団体内規則を無視して、必要な手続きが取られず、本来考慮されるべき事情についての調査が行われないまま、または本来考慮されるべきではない事情が考慮されるなどして、一見すれば不合理な（少なくとも懲戒処分対象者から見れば受け容れがたい）懲戒処分が行われがちである。このようにして行われた曖昧で不透明な懲戒処分に対しては、懲戒処分対象者や、場合によっては一般社会からも懲戒処分の正当性に対する強い疑義が呈されることが多く、懲戒処分が正当であると主張するスポーツ団体との間で紛争状態となってしまうのである。

　このような事態を避けるためには、懲戒処分についても、できる限り人治を排除し、法の支配を及ぼすべきことが重要であることを理解する必要がある。すなわち、スポーツ団体固有の事情が考慮されるべき領域の問題であるとはいえ、懲戒処分は、懲戒処分対象者に対する一定の制裁を科し、スポーツ活動に制限を生じさせ、懲戒処分対象者の重要な権利利益であるスポーツ権に対して、少なからず制約を加える性格をもっている。このように重要な権利利益に不利益を生じさせるものであることから、スポーツ団体の自治権限についても、一般的な法原則によって拘束されていると考えられるのである[64]。

〈2〉あるべき方向性、実際スポーツ界で採られている実例[65]
ア　懲戒処分基準の制定、明確化

　このように、スポーツ団体の懲戒処分についても、法の支配が及

63) しかも、その判断の当否については、それが一般市民法秩序と直接関係を有すると認められない範囲においては、そもそも裁判所の司法審査が及ばないとされている（東京地方裁判所判決平成22年12月1日判例タイムズ1350号240頁等）。

64) その他参考文献として、佐藤千春「スポーツ団体による競技者の処分」千葉＝濱野・前掲注28)157頁、小笠原・前掲注50)66頁。

65) スポーツ団体のガバナンスに関する協力者会議・前掲注37)111頁以下に詳しい。

び一般的な法原則が適用されるという理解に立てば、まずもって、その懲戒処分内容及びその基準が、透明性の高い形で明確に定められていなければならない。

スポーツ基本法においても「スポーツ団体は、スポーツの振興のための事業を適正に行なうため、その運営の透明性の確保を図るととともに、その事業活動に関し自らが遵守すべき基準を作成するよう努めるものとする」（第5条第2項）と定められており、団体内懲戒処分については、手続き及び内容について、少なくとも明確な基準を定めることが必要であり、自ら定めた基準に則って懲戒処分を行うことが求められているのである。

例えば、日本のサッカー競技を統括している日本サッカー協会は、内部規則として諸規程を定めるとともに、これらに対する違反行為に対しては、戒告、譴責、罰金、没収、賞の返還、出場停止、活動停止、除名等の懲戒処分を行うことができるとしている[66]。

また、高校野球の場合を例にとれば、日本の学生野球（大学野球を含む）を統括する日本学生野球協会が定めている日本学生野球憲章では、学生野球が「教育の一環」であるという基本理念に立って、学生野球にかかわる加盟校やその野球部、部員、選手、指導者等が活動に際して守るべき内部規則が定められている[67]。その上で、同憲章に違反する事実が認められる場合には、謹慎、対外試合禁止、登録抹消・登録資格喪失、除名の懲戒処分を行うことができるとされている[68]。

イ　懲戒処分手続について

また、懲戒処分が、懲戒処分対象者のスポーツ権を制約する一定の不利益処分であることに鑑みれば、懲戒処分に至る「手続」が明確に定められている必要がある。

しかも、その手続きは、手続きの「内容」としても、手続保障の観点から適正といえる形で定められるべきである。

具体的には、

①懲戒処分の検討判断に従事する者が、独立かつ公平であり十分な判断能力を備えていること

②懲戒処分対象者に弁明の機会が与えられること

③懲戒処分に対して、さらに独立かつ公平な判断を求めて（団体内不服審査またはJSAAに対し）、再審査を求め得ること

などが定められるべきであろう。

66) 日本サッカー協会「日本サッカー協会基本規則」http://www.jfa.jp/documents/pdf/basic/br12.pdf、「司法機関組織運営規則」http://www.jfa.jp/documents/pdf/basic/br04.pdf、「懲罰規程」http://www.jfa.jp/documents/pdf/basic/PunishmentRegulations_20150401.pdf

67) 日本学生野球協会「日本学生野球憲章」前文、第1章～第6章 http://www.student-baseball.or.jp/charter_rule/kenshou/pdf/charter.pdf64、「日本学生野球憲章」第7章 http://www.student-baseball.or.jp/charter_rule/kenshou/pdf/charter.pdf

68) 日本学生野球協会・前掲注67)第7章

　先に述べた日本サッカー協会の例でいえば、調査や懲戒手続に関し、裁定委員会の組織と構成（裁定委員とサッカー協会役員との兼職禁止等）、調査及び審議の手続きや不服申立手続、CAS への仲裁申立て、または裁定員会への再審査請求）等について具体的に規定している[69]。そして、これらいずれの手続きについても、懲戒処分対象者に対しては本人から意見聴取や証拠提出機会に関する手続きが定められている[70]。

　また、日本学生野球協会の例においても、懲戒処分申請や審査室の設置（及び委員の構成）、不服申立手続（不服審査委員会や JSAA への申立て）について、別途細則を設けている[71]。

　これらの制度設計も、あくまで一例であり、事情に応じて今後も改善を重ねる余地があると思われるが、団体内懲戒処分の適正を確保する手続設計として、十分参考に値する。

ウ　懲戒処分内容について

　さらに、懲戒処分基準が明確に定められており、手続きがいかに適正なものであっても、実際に行われる懲戒処分自体が不合理なものであってはならない。

　個別の事案において、懲戒処分対象者にとって最重要であり、直接にスポーツ権を制約する効果を与えるのは、個別具体的な団体内懲戒処分の内容次第であるから、その内容が適正であることは、極めて重要なのである。

　確かに、先にも述べたように、何が適正な懲戒処分内容であるかは、極めて多様な事情（例えば、行為の目的・動機・ほかの関与者の有無・被害の程度、懲戒処分の目的・効果、違反者の地位・スポーツ活動との関連性や懲戒処分歴、発覚経緯、社会的影響等）を考慮した総合的な判断を要する問題であって、一律に形式的な基準を見出すことはできない。

　しかし、実際に、全日本テコンドー協会が登録選手に対して行った除名処分をめぐり JSAA にスポーツ仲裁が申し立てられた事案では、懲戒処分内容が著しく合理性を欠いているという理由で、除名処分が取り消されている（JSAA-AP-2014-003 号事案）。このような実例があることなどからしても、懲戒処分の内容には一定の合理性が認められる必要はあろう[72]。また、懲戒処分が取り消される程度には至らないとしても、合理性を疑われるような懲戒処分によって紛争が引き起こされれば、不可避的に有形無形の損失を伴う事態を招くことが理解されなければならないだろう。

[69] 日本サッカー協会・前掲注66)

[70] 日本学生野球協会「処分に関する規則」第 11 条 http://www.studentbaseball.or.jp/charter_rule/rule/doc/punishment_rule.pdf、日本サッカー協会・前掲注66)

[71] 日本学生野球協会・前掲注67)、「審査室の設置・運営に関する規則」http://www.studentbaseball.or.jp/charter_rule/rule/doc/shinsashitsu_rule.pdf、「不服申立てに関する規則」http://www.student-baseball.or.jp/charter_rule/rule/doc/complaint_rule.pdf

[72] この点に関し、日本スポーツ仲裁機構（JSAA）の仲裁判断事例においては、スポーツ団体の規則には反していない処分であっても、「その処分内容が著しく合理性を欠いていること」は、処分取消し理由の類型の一つであると繰り返し指摘されている（JSAA-AP-2003-001 号事案など）。

エ　懲戒処分内容の合理性に関連して
—いわゆる連帯責任の問題、過剰自粛の問題について

　なお、懲戒処分内容の適正さに関連して、不祥事事案における連帯責任（連座制）等として議論されている問題を指摘しておきたい[73][74]。

　ここで連帯責任（連座制）と呼ぶのは、ある一定の登録者に関して具体的な違反行為が明らかになった際、登録者が所属するチームや競技団体に対しても、一定の制裁が科されることで、そのチームや競技団体に所属しているものの違反行為に直接加担していない登録者の活動が制限される場合のことである。例えば、高校野球に関していえば、部員等の不祥事に起因して加盟校の対外試合禁止や甲子園大会への出場の是非が報じられることなどを想起してもらえばよいだろう。また、ロシアの組織的なドーピングが発覚した際には、ロシアの代表選手団に対して資格停止処分がなされ、2018 年の平昌冬季五輪にはすべてのロシア代表選手が同国の代表選手として出場できなくなったことは世界に衝撃を与えた[75]。

　この問題に関しては、目的をともにして活動する選手に対する教育的視点や不正の抑止効果を期待する視点から、連帯責任を肯定的に捉える見解がある一方で、複数の関与者があった場合にも個人責任で解決を図る等によって連帯責任に否定的な見解もある。

　この点、高校野球の部員不祥事について、かつては広く連帯責任として所属野球部に対する懲戒処分が行われていたという実態と比較して、近時は具体的事案の状況から、部としての組織性が認められるか否か、関与者の関与の状況から部の一部年次の者に対してのみ懲戒処分範囲を限定するなどして、連帯責任の範囲を限定しようとする流れが認められる。

　また、ロシアの組織的なドーピング問題については、2018 年の平昌五輪に先立ち国際オリンピック委員会（IOC）はロシア代表資格を有していた選手の中で不正に加担していないことを自ら証明した選手に限って、個人資格者（OAR＝Olympic Athlete from Russia）としての参加を認めるという救済措置が講じられた[76]。

　少なくとも、各スポーツ団体が果たすべき目的や使命、懲戒処分による効果等も含め、個人の尊重（日本国憲法第 13 条）という理念にも十分配慮し、具体的事案においていかなる程度及び範囲で連帯責任としての懲戒処分を認め得るのかが慎重に判断されなければならない。

73) スポーツ問題研究会編『Q&A スポーツの法律問題』67 頁（民事法研究会、第 3 版補訂版、2015 年）

74) 第一東京弁護士会総合法律研究所スポーツ法研究部会編『スポーツ権と不祥事処分をめぐる法実務』202-203 頁（清文社、2013 年）

75) なお、2018 年 2 月にはロシア五輪委員会の資格停止は解除され、同年 9 月にはロシア・アンチドーピング機関（RUSADA）への資格停止も条件付きで解除された。しかし、2019 年に入り、RUSADA から WADA への報告内容に改ざんがあったとして、WADA から勧告を受けた IOC は、再度、ロシア選手団を主要大会から 4 年間除外する処分を行った。

76) 前掲注 75) で触れたロシア選手団の五輪参加除外決定に伴い、2020 年東京五輪に関しても、平昌五輪の場合と同様、OAR としての個人参加を認める措置が講じられるかどうか、どの範囲で個人参加が認められるか等、その動向が注視されるところである。

　また、特に日本国内においては、このような連帯責任としての団体内懲戒処分が行われることによる反射的、間接的作用として生じる問題として、チームや所属団体による過剰な活動自粛、競技会への出場辞退の問題がある。これによって、連帯責任処分と同様に、またはそれ以上に、ほかの競技者のスポーツ権が制約される可能性があることも指摘しておきたい[77]。

77) 連帯責任をめぐるこれらの問題については、処分ないしは活動自粛が、その後にどのような効果をもたらしたかを検証することも重要であろう。

（6）インテグリティをめぐる法
〈1〉ドーピングをめぐる法
ア　何が問題か

　ドーピングとは、"dop" という士気を高めるための強いお酒の名称が由来であるといわれているが、一般には、選手が運動能力を高めるために不正に薬物を用いること、などと理解されている。スポーツ基本法第2条第8項においても、ドーピングの防止が基本理念に定められ、また、実務的に、ドーピングは禁止されており、これを行えば、資格停止処分や記録の失効、獲得したメダルや賞金の剥奪などの懲戒処分が科されることはよく知られているところである。

　ドーピングに対する懲戒処分に関して問題となった事例としては、我那覇事件がある。2007年4月、Jリーグの川崎フロンターレ所属の我那覇和樹選手が、風邪で体調を崩し、チームドクターから生理食塩水とビタミンB1の静脈注入（点滴）を受けた。Jリーグは、これを「正当な医療行為」ではないと判定し、当時のJリーグアンチ・ドーピング規程に基づき、同選手に対し6試合の出場停止処分、チームに対して制裁金1,000万円を科した。CASでの審理の結果、同選手への点滴は「正当な医療行為」と認められ、規程上も懲戒処分が義務付けられていたわけではなかったことから、Jリーグによる懲戒処分が取り消される裁定が下された。ただし、結果として懲戒処分は取り消されたものの、CASの利用を余儀なくされ、身の潔白が証明されるまでに約1年1カ月もの時間を要したため、同選手のキャリアに甚大な影響を及ぼした。また、JSAAではなくCASでの仲裁手続となったため、同選手は、言語や費用（翻訳料や通訳料、鑑定費用など約3,400万円にも上る仲裁費用が発生した、といわれている）の面で、大きな負担を負うこととなった。

　このように、ドーピングを規制するために懲戒処分を行うことは重要なものの、一歩その適用を間違うと、懲戒処分の対象となった選手に極めて大きな影響が発生するのであり、この懲戒処分につい

ては慎重に行われなければならない。

イ　あるべき方向性、実際スポーツ界で採られている実例[78]

a　ドーピングが禁止される理由

なぜドーピングが禁止されるのか。その理由については、選手の健康を害する、フェアプレー精神に反する、社会に悪影響を及ぼす反社会的行為である、スポーツ固有の価値を損なう、といったことが挙げられる。後述する、世界的なアンチ・ドーピングのルールである世界アンチ・ドーピング規程（以下「WADA規程」）には、基本原理として、「アンチ・ドーピング・プログラムの目標は、スポーツ固有の価値を保護することである（Anti-doping programs seek to preserve what is intrinsically valuable about sport）」と明記されている。

b　スポーツ固有法としてのドーピングを取り締まるルール

（a）ドーピングの歴史

近代に入ってからの最も古いドーピングの事例は、1865年のアムステルダム運河水泳競技といわれている。1960年のローマオリンピックにおいて、自転車競技中に興奮薬を使用した選手が死亡した事件を契機として、1968年のグルノーブル冬季オリンピックとメキシコ夏季オリンピックからドーピング検査が導入された。当初は、麻薬や覚せい剤、興奮薬など検査対象薬物が限定されていたが、医学・検査技術の進歩とともに、乱用が問題視されていたたんぱく同化男性ステロイド薬など検査可能な薬物の種類も大幅に増加していった。当時は、国際オリンピック委員会(IOC)が中心となってドーピング検査を実施していたが、世界共通の統一的なドーピングを取り締まるためのルールはなく、禁止薬物の種類や検査の方法、制裁の内容等について、競技種目や国、地域によってまちまちとなっていた。

1998年夏には、世界的に有名な自転車レースであるツール・ド・フランスにおいて、複数のチームでエリスロポエチン（通称エポ）[79]が多数発見されるという事件が発生し、スポーツ界全体で取り組むべき課題としてドーピング問題が認識されるようになった。

（b）スポーツ固有法としての世界アンチ・ドーピング規程

ドーピング行為に対してスポーツ団体が何らかの懲戒処分を科す場面は、団体内懲戒処分の一場面であるため、「本章3（5）団体

78）本文ほか、小笠原・前掲注50）127頁以下

79）血液内の赤血球を増やす作用があり、本来は貧血の治療薬として使われるが、赤血球が増加することで酸素運搬能力が高まり、持久性能力が向上するとされている。

内懲戒処分をめぐる法」に記載された事項が適用されるものの、特にアンチ・ドーピングに関しては、特別な取組がなされてきた。

1999 年に、国際レベルのあらゆるスポーツにおけるドーピング防止活動を促進・調整することを目的として世界アンチ・ドーピング機構（World Anti-Doping Agency；WADA）が設立され、2003 年に開催されたコペンハーゲン世界会議で、WADA 規程が制定された。

日本では、2001 年に、アンチ・ドーピング活動のマネジメントを行う機関として、日本アンチ・ドーピング機構（Japan Anti-Doping Agency；JADA）が設立され、WADA 規程に準拠した日本アンチ・ドーピング規程（以下「JADA 規程」）が策定された。こうした WADA 規程や JADA 規程、さらにはこれに準拠する形で策定された各競技団体のアンチ・ドーピング規程（以下、これらを総称して「WADA 規程準拠型アンチ・ドーピング規則」）は、国が制定した法律ではない[80]。

しかし、WADA 規程準拠型アンチ・ドーピング規則を設けているスポーツ団体に所属する競技者や、WADA や JADA に加盟するスポーツ団体の競技大会の出場者はこれらの規則を遵守することが義務付けられ、世界的に広く適用される事実上の強制力をもった法規範として機能しており、スポーツ固有法と位置付けられる。

他方で、アメリカの 4 大プロリーグである、アメリカ大リーグ（Major League Baseball；MLB）、アメリカプロフットボールリーグ（National Football League；NFL）、アメリカプロバスケットボールリーグ（National Basketball Association；NBA）、及びアメリカプロアイスホッケーリーグ（National Hockey League；NHL）や、日本のプロ野球（NPB）は WADA 規程には準拠せず、労働法の下、リーグと選手会との団体交渉を経た上で合意（労働協約など）による独自のアンチ・ドーピングルールを設けている（以下、これらを総称して「WADA 規程非準拠型アンチ・ドーピング規則」）。

日本では、スポーツ団体のうち、JSPO に加盟している NF はすべて JADA に加盟し、JADA 規程に準拠したドーピング防止規則に基づいてドーピング・コントロールを実施しているが、上述した NPB のほか[81]、JSPO に加盟していないスポーツ団体や有力な NF の中には、JADA に加盟せず、JADA 規程に準拠しない独自のドーピング防止規則に基づいてドーピング・コントロールを実施している団体も存在する[82]。

80) もっとも、スポーツ基本法第 29 条においては、国は、JADA との連携を図りつつ、ドーピング防止活動の推進を行うべきことが定められている。また、日本の中央競技団体を対象とした、スポーツ団体のガバナンスに関する協力者会議・前掲注 37)150 頁以下も参照。

81) 野球界では、全日本野球協会及び全日本軟式野球連盟は JADA に加盟している。

82) 白井久明ほか「日本の競技団体のドーピング防止規程の現状と課題」日本スポーツ法学会年報 18 号 222 頁以下（2010 年）

第4編　民事法とスポーツ

c　ドーピングとして禁止される行為

(a) 禁止される行為

WADA 規程準拠型アンチ・ドーピング規則では、違反となる行為として 10 項目が定められている。

①ドーピング検査の結果、検体から禁止物質が検出されたこと（陽性反応が出たこと）

②禁止物質・禁止方法の使用またはその企て

③検体採取の回避・拒否・不履行

④居場所情報の未提出等

⑤ドーピング・コントロール中の改変行為

⑥禁止物質・禁止方法の保有

⑦禁止物質・禁止方法の不正取引

⑧競技者に対する禁止物質・禁止方法の投与

⑨違反行為への関与

⑩特定の対象者（資格停止期間中のサポートスタッフなど）とのかかわり

日本で最も多いドーピング違反の類型は①である。JADA では毎年、アンチ・ドーピング規則違反の件数を公表しているが、2013 年度〜 2018 年度に公開された 39 件の決定のうち 37 件が、①の類型であった。

“禁止物質が検出されたこと”とは、禁止物質であることを知りながら競技力向上のために禁止薬物を使用し、検査によって禁止物質が検出された場合はもちろん、摂取したものにたまたま禁止物質が含まれていたとしても、それがたとえ医師が処方した薬に含まれていたとしても、検査の結果、検体から禁止物質が検出されれば違反とされる。つまり、国際競技団体（International Federations；IF）やアンチ・ドーピング機関といった訴追機関は、競技者側の使用に関する意図、過誤、過失または禁止物質の混入の事実を知っていたことを立証する必要はない。競技者は、自身の体に入れるものは自らが責任を負い、禁止物質が体内に入らないようにする責務を負っているのである（厳格責任の原則）。

一方、WADA 規程非準拠型アンチ・ドーピング規則のうち、NPB アンチ・ドーピング規程[83] においても、同規程違反とされる行為について、WADA 規程に従うとされており、前記の 10 種類の行為が禁止されているが、先に挙げたアメリカ 4 大プロリーグにおいて

83) 日本野球機構「NPB アンチ・ドーピング規程」http://p.npb.jp/anti-doping/npb/doc_rules.pdf

は、リーグによって異なるものの、WADA規程禁止表とは異なる
禁止物質や禁止行為リストを定めているケースも存在する。

　もっとも、検体から禁止物質が検出されたこと（①の類型）は、
WADA規程準拠型及びWADA規程非準拠型の両者で共通してドー
ピング違反とされる行為であるが、その具体例をいくつか紹介する。

　ⅰ）競技会検査において、新体操競技の元オリンピック代表選手
　　　から、興奮作用のある"メチルエフェドリン"が検出された。
　　　同選手は、競技会前に風邪をひき、医師を受診して処方を受
　　　けた風邪薬を服用するとともに、競技団体関係者から受け
　　　取った風邪薬も服用していた。しかし、医師を受診した際に
　　　ドーピング検査を受ける可能性について告げていなかったと
　　　いう事情がある。同選手に対しては、当該競技会の成績の失
　　　効と3カ月の資格停止処分が科された。

　ⅱ）競技会検査において、日本代表にも選出されたことのある女
　　　子バレーボール選手の尿から、"ツロブテロール"という気管
　　　支を広げる作用のある禁止物質が検出された。同選手は、か
　　　ねてより喘息様気管支炎、咳喘息を患っており、かかりつけ
　　　の医師から処方された「ホクナリン錠」に同成分が含まれて
　　　いたようである。なお、同選手は、かかりつけの医師の診察
　　　を受けた際、自身がドーピング検査の対象になり得る選手で
　　　あることを明らかにし、禁止物質を含まない薬の処方を受け
　　　るよう努めていたという事情がある。同選手に対しては、当
　　　該競技会の成績の失効と2カ月の資格停止処分が科された。

　ⅲ）競技会検査において、蛋白同化男性ステロイド薬の一つであ
　　　る、1-Testosterone の代謝物が検出された。同選手は、日頃
　　　から、パッケージの表示やインターネット検索によって禁止
　　　物質が含有していないことを確認してサプリメントを摂取し
　　　ていたが、表示に記載のない上記物質がサプリメントの一つ
　　　に混入していたことが原因であった。なお、同選手は、同じ
　　　サプリメントを摂取して臨んだ別の競技会でのドーピング検
　　　査では陰性という結果が出ていた。同選手に対しては、当該
　　　競技会の成績の失効と4カ月の資格停止処分が科された。

d　ドーピング違反の効果

　WADA規程準拠型アンチ・ドーピング規則におけるドーピング
違反の効果は以下のとおりである。

　ⅰ）個人成績の自動的失効（WADA 規程第９項）

　　アンチ・ドーピング規則違反が生じた競技会における個人の成績が失効するとともに、当該競技会で獲得されたメダル、得点、褒賞も剥奪される。

　ⅱ）資格停止措置（WADA 規程第 10.2 項）

　　禁止物質の検出によるアンチ・ドーピング規則違反の場合（前記違反類型①）には、原則として４年間の資格停止処分が科される。資格停止処分中は、原則として、当該選手が所属する団体主催の競技大会のほか、プロリーグ、その他の国際・国内競技大会、練習にも参加することができない。

　ⅲ）金銭的措置（WADA 規程第 10.10 項）

　　アンチ・ドーピング機関は、相応の費用の回復または金銭的制裁措置を科すことができる。

　なお、WADA 規程非準拠型アンチ・ドーピング規則である、NPB アンチ・ドーピング規程においては、違反した場合の制裁として、譴責、１試合以上 10 試合以下の公式試合の出場停止、１年以下の公式試合の出場停止、無期限の出場資格停止、の４種類が用意されている。WADA 規程準拠型アンチ・ドーピング規則においては、各禁止行為それぞれに対応する制裁の内容が定められているのに対し、NPB アンチ・ドーピング規程では、上記４種類の制裁が、10 種類の禁止行為すべてに適用されることになっており、制裁内容の明確性には疑義が残る[84]。

e　ドーピング違反による制裁の決定手続と適正手続の保障

（a）適正手続の保障

　前記のとおり、ドーピング違反の効果は、成績の失効や資格停止措置など、競技者に対する重大な不利益処分である。したがって、ドーピング違反による制裁の決定に至る過程において、適正手続が保障される必要がある（日本国憲法第 31 条参照）。

（b）WADA 規程におけるドーピング検査の方法

　WADA 規程準拠型アンチ・ドーピング規則においては、ドーピング検査には、「競技会検査」と「競技会外検査」とがある。競技会検査とは、その名のとおり、競技会において実施される検査であり、日本で行われる国際大会のほか、国内の主要な大会で実施され、

84) その他 NPB アンチ・ドーピング規程（当時）の法的諸問題については、松本泰介「プロ野球選手のドーピング問題と人権」日本スポーツ法学会年報 16 号 55-69 頁（2009 年）。

競技会に参加するすべての選手が検査の対象となる可能性がある。

　他方、競技会外検査とは、競技会の開催に関係なく、検査対象者のリストに入っている選手（一定以上の成績を有する選手）に対し、事前に居場所情報を提出させ、その居場所情報をもとに、抜き打ち的に実施される検査である。

　ドーピング検査は、IF や JADA といった、アンチ・ドーピング機関が、選手から検体を採取し、あらかじめ指定されている WADA の認定分析機関に提出して禁止物質の有無について分析を行う。

　なお、従来から行われていた尿検査の方法だけでなく、近年は、より精密な検査が可能となる血液検査の方法が主流になりつつあるが、血液検査は、アスリートの体内への侵襲を伴い、また極めて重要な医療情報でもあることから、アスリートの安全や情報取り扱いなどを定めたガイドラインの整備が必要になろう。

(c) 制裁処分裁定機関

　WADA 規程準拠型アンチ・ドーピング規則下においては、分析の結果、禁止物質が検出された場合には、例えば日本の場合、JADA が、同機関とは別の独立した機関である日本アンチ・ドーピング規律パネル[85] に対し、アンチ・ドーピング規則違反があった旨を主張して訴追する。これを受けて、日本アンチ・ドーピング規律パネルが競技者に対して聴聞し弁明の機会を与え、アンチ・ドーピング規則違反の有無、制裁の内容について判断するのである。

　なお、同パネルの判断に対して不服がある場合には、JSAA または CAS に上訴できる仕組みとなっている（JADA 規程第 13.2 項）。

　このように、WADA 規程準拠型アンチ・ドーピング規則の下では、刑事裁判における検察官（訴追）の役割をアンチ・ドーピング機関が担い、裁判官（判断権者）の役割を独立した日本アンチ・ドーピング規律パネルが担うとともに、聴聞・弁明の機会の付与、不服申立ての機会を確保するなど、その判断の正当性・公平性を担保するために必要な手続保障が図られている。

85) 5 年以上の適格な経験を有する法律家、5 年以上の適格な経験を有する医師、スポーツ関連団体の役職員または競技者により構成される。2015 年 4 月 1 日より、同パネルの所管が JADA から JSC に移管した。

第 4 編　民事法とスポーツ

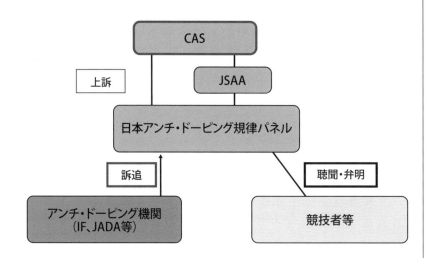

　一方で、WADA 規程非準拠型アンチ・ドーピング規則では、例えば NPB アンチ・ドーピング規程においては、NPB の設置する NPB アンチ・ドーピング調査裁定委員会が同規程違反に対し制裁を科す権限を有しているが、同委員会の構成メンバーの半数はドーピング検査を実施する NPB 関係者とされている。先ほどの刑事裁判に例えれば、NPB 関係者が訴追する検察官役と判断権者である裁判官役とを兼ねているのである。

　さらに、調査裁定委員会の決定に対する不服申立てについては、NPB 内部に設置される「特別委員会」が最終決定を行うが、同委員会のメンバー3名は NPB 側で選ぶこととされており、調査裁定委員会と同様に、NPB 側が検察官役と裁判官役とを兼ねている。不服申立て機関としての判断の客観性、公平性の確保という観点から構成員の選出方法や外部機関への不服申立ての可否について検討を要するものであろう。

〈2〉八百長をめぐる法
ア　何が問題か

　八百長は、スポーツが生来的にもつ結果の予測不可能性という価値を侵害するため、スポーツのインテグリティ（高潔性）を汚す行為として、昨今、スポーツ界において、国際的にも国内的にも大きな問題になっている[86]。また、スポーツ賭博の世界的な普及に伴い、国際的な犯罪組織がスポーツ賭博へ関与するようになってきており、選手、監督・コーチ、審判等のスポーツ関係者に、八百長への関与の働きかけが今後強まっていくことが懸念されている。

86) 山崎卓也「Integrity 問題の法的な論点整理と国際的傾向—Sports Betting に関連する八百長問題、無気力試合・故意的敗退行為、その他—」日本スポーツ法学会年報 20 号 42 頁以下（2013 年）

　また、八百長の類型としても、古典的な試合の結果を操作する八百長（Match Fixing）だけでなく、より発見の難しい個々のプレーの結果を操作する八百長（Spot Fixing）などが行われるようになってきており、八百長の類型は、年々巧妙化・複雑化している。

　そのため、国際刑事警察機構（International Criminal Police Organization；ICPO）も、スポーツ界における八百長防止のための国際的な活動を行うようになってきている。また、八百長の巧妙化・複雑化に対抗するための、アンチ・ドーピングと同様に、国際的な腐敗防止機関（World Anti-Corruption Agency）設立も議論されたことがあった。

　日本においては、本書第 3 編にて記載したとおり、賭博は刑法上禁止される行為であるため（刑法第 185 条、第 186 条等）、スポーツ賭博は、特別法によって例外的に許可される中央競馬、競輪、競艇、オートレースといった公営ギャンブル、及び J リーグ等[87]の主催するサッカー[88]を対象とするスポーツ振興くじ「toto」を除き、違法である。しかし、アンダーグラウンドでのスポーツ賭博や、諸外国のスポーツ賭博が、日本のスポーツの試合を対象としているため、日本で合法のスポーツ賭博が少ないとしても、日本の選手、監督・コーチ、審判等の関係者に対し、広く八百長の働きかけ・危険が及ぶ可能性は否定できない状況にある。

a　日本において問題となったケース

　日本においては、1969 年、プロ野球において、暴力団の関与を背景としたプロ野球選手の八百長が行われ、6 名が永久追放処分を受ける事件（黒い霧事件）が発生した。黒い霧事件は、プロ野球の試合の結果によって金銭を授受する野球賭博に関連した八百長事件であった。また、同事件は、オートレース等における暴力団が関与した八百長を暴露する結果となった。

　また、2011 年、大相撲において、前年に発覚した野球賭博問題で押収した力士の携帯のメールの履歴などから、力士同士が白星を交換して故意に敗退する無気力相撲を行っていたことが発覚した（日本相撲協会八百長問題）[89]。この問題は、暴力団等の反社会的勢力が関与した賭博型の八百長ではなく、十両と幕下とでは経済的な待遇が異なるため、十両以上の地位を守る「互助」を目的とした八百長であった[90]。

87) スポーツ振興くじの現在の対象は、かつては、J リーグの試合のみであったが、2013 年 10 月の法改正後は、「指定組織に所属する者が編成するサッカーチーム相互間において行われるサッカーの試合であること」の基準に合致する海外サッカーも対象とすることが可能になった。

88) 本書執筆時現在、プロ野球、バスケットボール、ラグビーなどをスポーツ振興くじ「toto」の対象に含めることも議論されている。

89) スポーツにおけるグッドガバナンス研究会・前掲注 33)91 頁

90) 望月浩一郎「大相撲における Integrity―八百長問題を中心に―」日本スポーツ法学会年報 20 号 53 頁以下（2013 年）

b　世界において問題となったケース

　プロサッカーの世界では、早くから、スポーツ賭博に関連した八百長が問題となっている。プロサッカー選手の国際的な労働組合である国際プロサッカー選手会（Fédération Internationale des Associations de Footballeurs Professionnels；FIFPro）が 2012 年に公表した東ヨーロッパにおける八百長の事例などを記載した『FIFPro Black Book』には、所属クラブの給与未払いによる経済的困窮に耐えかねて、八百長に手を染めたプロサッカー選手の悲痛な実体験などがつづられている[91]。

　2012 年のロンドンオリンピックにおいては、バドミントン競技の予選リーグにおいて、韓国、中国、インドネシアの 4 組が故意の敗退行為を行ったため、失格となった。この敗退行為は、決勝トーナメントにおいて有利な対戦を行うことを企図して行われたものであり、事前に定められた組み合わせ上、予測できる行為ともいえるため、結果の予測可能性を侵害する八百長とは、区別されるべき行為といえる。

　さらに、バドミントン競技[92]やテニス競技においては、国際的に近年八百長が発生している。2017 年 5 月 16 日には、日本人のテニス選手も、八百長への関与を理由として、テニスインテグリティユニットにより永久資格停止処分を課されている[93]。

イ　あるべき方向性、実際スポーツ界で採られている実例[94]

a　八百長禁止の規則・規程の制定

　まず、八百長を防止するためには、統括競技団体や大会・リーグの規則・規程において、八百長行為を明確に禁止し、違反に対する適切な程度の懲戒処分を定めておき、実際に規則・規程違反があった場合は、当該規則・規程に基づき、適切な手続きを経た上で、懲戒処分を実施することが必要である[95]。

　例えば、日本では、統括競技団体やリーグなどの統括団体の規約・規程、選手とクラブの間の契約において、八百長の禁止及び違反に対する制裁が定められている（日本プロフェッショナル野球協約第 180 条[96]、日本サッカー協会基本規則第 3 条[97]、Jリーグ規約第 89 条第 1 項第 3 号[98]、日本サッカー協会選手契約書第 3 条第 7 号[99]など）。

　なお、前述のとおり、八百長行為はスポーツが生来的にもつ結果の予測不可能性という極めて本質的な価値を侵害するため、永久失格処分など最も重い懲戒処分が科されるものの、罪刑均衡の観点か

91）『FIFPro Black Book』http://www.lefigaro.fr/assets/pdf/fifpro.pdf

92）2018 年 5 月 2 日、世界バドミントン連盟は、八百長を行った二人のマレーシア国籍のバドミントン選手に永久追放処分を課したことを公表した。

93）テニスインテグリティユニット、Lifetime tennis ban and fine for Junn Mitsuhashi following match-fixing convictions、http://www.tennisintegrityunit.com/storage/app/media/Junn%20Mitsuhashi%2016%20May%202017.pdf

94）スポーツ団体のガバナンスに関する協力者会議・前掲注 37）154 頁以下 http://jsaa.jp/ws/goverreport2014_02_10.pdf

95）懲戒処分の方向性については、本章 3（5）〈2〉。

96）日本プロ野球選手会「日本プロフェッショナル野球協約2015」http://jpbpa.net/up_pdf/1427937913-568337.pdf

97）日本サッカー協会・前掲注 66）

98）Jリーグ「Jリーグ規約」http://www.jleague.jp/img/sp/about/management/2014kiyakukitei/02.pdf

99）日本サッカー協会「日本サッカー協会選手契約書〔プロA契約書〕」https://www.jfa.jp/documents/pdf/basic/06/01.pdf

ら、八百長行為といっても、直接的にかかわる場合と間接的にかかわる場合の懲戒処分は異なるべきであり、また、八百長行為そのものと八百長行為に類似する金銭授受行為なども懲戒処分を異にすべきことは言うまでもない[100]。

b　関係者に対する教育と予防

また、規則・規程の制定や処分を実施する前提として、統括競技団体、リーグの統括団体、選手が所属するクラブ・球団、選手会等による選手、監督・コーチ、審判等のスポーツ関係者に対し、八百長禁止の趣旨や八百長の危険について、教育・啓発活動を行うことが不可欠である。また、そうした関係者に対し八百長の危険が近づいてきた場合に、そうしたスポーツ関係者が相談できるような機関を設けておくことも必要である。

例えば、国際ラグビー連盟（国際ラグビーボード）（International Rugby Board；IRB。2015 年から World Rugby に名称変更された）は、2013 年にはスポーツ賭博、腐敗、八百長等に関する情報提供を行うウェブサイトを立ち上げている（同サイトには日本語のページもある）[101]。また、FIFPro は、選手に対する八百長の教育予防プログラム「Don't Fix It.」を立ち上げている。

また、日本のプロ野球においては、若手選手に対し、暴力団排除対策の講習会を実施しているが、このような取組の中で、八百長禁止の趣旨や八百長の危険を内容に組み込んでいくことが考えられる。さらに、選手の所属するクラブ・球団や選手会等による積極的な教育・啓発活動が今後は求められていくであろう。

c　監視体制の整備

八百長を防止するためには、競技大会の主催者、リーグの統轄団体等が、八百長を早期に発見するシステムを導入することが必要である。

例えば、FIFA は、2005 年から、Early Warning System（EWS）を導入し、スポーツ賭博市場での試合の賭け率を監視し、異常な賭け率変動がないかを検知・分析し、八百長の早期発見を図っている。また、FIFA は、インターポールと連携するなどの取組も行っている[102]。また、スイスの民間組織「Sport Radar」[103]は、八百長を説明、教育、予防、発見する活動を、国境や競技の垣根を超えて行っている。

100) 2015 年に発覚した日本プロ野球（NPB）の野球賭博問題においては、八百長行為への関与は否定されており、行われた野球賭博行為のみの事実をもって、無期の失格処分が科されている。http://p.npb.jp/npb/2015 1110chosahokokusho.pdf

101) World Rugby http://www.irbintegrity.com/

102) FIFA「What does FIFA do to prevent watch fixing」http://www.fifa.com/about-fifa/news/y=2015/m=2/news=what-does-fifa-do-to-prevent-matchfixing-2523803.html

103) Sport Radar、ウェブサイト https://security.sportradar.com/

第4編
民事法とスポーツ

日本においても、Ｊリーグは、その試合が諸外国においてスポーツ賭博の対象とされていることもあり、2011年よりEWSを導入している。実際にも、2014年に同リーグの試合においてEWSの警告が発せられたため、対戦チームの選手に対し、聴き取りが実施されている。

d　関係者の経済的地位の保証

選手等の関係者の経済的地位が困窮している場合、選手等の関係者は、八百長を実施した場合に受け取る対価の誘惑に負けて、八百長に手を染めてしまうことがある[104]。そのため、八百長を防止するに当たっては、選手等の関係者の経済的地位を保証することも必要になる。

例えば、サッカー界では、東ヨーロッパやアジアにおいて、プロサッカークラブの選手に対する給与未払いが横行し、それによる選手の経済的地位の困窮が八百長の温床となっていた。そこで、FIFAは、2015年3月、「選手の地位と移籍に関する規則（Regulations on the Status and Transfer of Players；RSTP）[105]」の改正を行い、債務不履行を行ったクラブに対し、より早く懲戒処分を科すことのできる制度（RSTP 12bis Overdue payable）を創設した（FIFA Circular letter no. 1468 [106]）。

e　八百長防止のための機関の設立

日本では、現在、独立行政法人日本スポーツ振興センターが、インテグリティユニットを設置し、八百長・不正操作からスポーツのインテグリティを守る取組を実施している[107]。

国外にも、八百長防止に取り組む機関が存在している。例えば、テニス競技においては、他のスポーツに先駆けて2008年に設置されたテニスインテグリティユニットが存在している[108]。また、オーストラリア政府は、2019年2月、八百長や違法賭博を含めた国のインテグリティを守るために、新たにSport Integrity Australiaを設置する構想を公表している[109]。また、イギリスの組織Sport Integrity Global Allianceは、八百長防止のためのガイドラインを定めた「UNIVERSAL STANDARDS ON SPORTS BETTING INTEGRITY」を公表し、国境を超えたガイドラインの周知活動やパートナーシップに努めている[110]。

104) 前掲注91)FIFPro Black Book

105)FIFA RSTP http://www.fpf.pt/Portals/0/Documentos/Centro%20Documentacao/FIFA/regulationsonthestatusandtransferofplayersapril2015e_neutral.pdf

106)FIFA、FIFA Circular letter no.1468 http://www.fifa.com/mm/document/affederation/administration/02/51/06/50/circularno.1468_e_neutral.pdf

107) 日本スポーツ振興センター、スポーツ・インテグリティの保護・強化に関する業務、https://www.jpnsport.go.jp/corp/gyoumu/tabid/516/Default.aspx

108)Tennis Integrity Unit、http://www.tennisintegrityunit.com/

109)Senator Bridget McKenzie and Peter Dutton MP、Protecting the Integrity of Australian Sport、http://www.health.gov.au/internet/ministers/publishing.nsf/Content/health-mediarel-yr2019-mckenzie013.htm

110) Sport Integrity Global Alliance、UNIVERSAL STANDARDS ON SPORTS BETTING INTEGRITY、http://siga-sport.net/wp-content/uploads/2018/05/SIGA-Universal-Standards-on-SBI-General-Assembly-13.09.2016.pdf

f 八百長の刑事罰化と強制捜査

八百長を防止する上では、八百長行為を刑事罰の対象とし、強制捜査や情報共有を可能とすることが考えられる。

例えば、スイス連邦においては、スポーツ賭博が行われている競技会に関わる者に利益供与を申し入れる行為等を刑事罰の対象とする法改正が行われ、2019年1月1日から施行されている[111]。

〈3〉 人種差別をめぐる法

ア 何が問題なのか

クーベルタン男爵が18世紀末に、近代的オリンピックを再建した当時も、世界では人種、性別、社会的な身分や門地などによる差別は後を絶たなかった[112]。オリンピック憲章では、IOCの役割と使命として、「オリンピック・ムーブメントに影響を及ぼすいかなる形態の差別にも反対し、行動する」と宣言する[113]。また、オリンピック・アジェンダ2020でも、IOCはオリンピズムの人種差別の禁止を含む根本原則6項目をさらに強化するとともに、性的志向に基づく差別を禁止すると述べている[114]。しかしながら、スポーツ界での人種差別問題は、現在でも、日常的に起こっており、スポーツと人権侵害が問われることは少なくない。

例えば、サッカーが開催されている試合会場で、一部の心ないサポーターが「○○人は帰れ」「この試合を見れるのは日本人だけだ」などの垂れ幕を下げたり、バナナを大きく振ったり、グラウンドに投げ入れるなどした（バナナは「サル」に与える食べ物を意味して、黒人選手などを侮蔑する行為）場合に、主催者やサポーターの所属するクラブは、果たしてどのような責任を負うことになるのか。また、プロバスケットリーグで、オーナーが知人に「○○人を試合に連れてくるな」などの個人的な差別発言をした場合に、そのオーナーはどのような責任を問われることになるのか。スポーツ団体はどのような対応をとるべきか。このような課題を解決するのがスポーツ団体の人種差別をめぐる法である。

イ あるべき方向性、実際スポーツ界で採られている実例

a 南アフリカの人種差別政策とサッカー

2013年12月5日に、ネルソン・マンデラ元大統領が95歳の怒涛の生涯を終えた[115]。マンデラ氏は、1964年の法廷で終身刑を言い渡される前に、「民主的で自由・平等な社会を理想に抱いて

111) スイス連邦政府、Federal Act on the Promotion of Sport and Exercise 第25条 a、同 b、同 c、https://www.admin.ch/opc/en/classified-compilation/20091600/index.html

112) 新井博＝榊原浩晃編著『スポーツの歴史と文化―スポーツ史を学ぶ』130頁（道和書院、2015年）、川島浩平『人種とスポーツ』51-57頁（中公新書、2012年）

113) 国際オリンピック委員会（IOC）「オリンピック憲章」13頁 http://www.joc.or.jp/olympism/charter/pdf/olympiccharter2014.pdf

114) See IOC,Olympic Agenda 2020: 20+20 Recommendations11,14(2014).

115) 2013年12月7日付朝日新聞（東京本社）1頁

第4編 民事法とスポーツ

きたが、この理想のために命を投げ出す覚悟だ」と語ったという。
この差別を排し共生・共存を説く理想は、今なお、卑劣な人種差別
や不寛容・不平等との長い闘いの中で、輝きを失ってはいない[116]。

　アパルトヘイトを維持してきた南アフリカで、1980 年に、ヨハ
ネスブルクの名門ウィッツ大学のサッカー部では、白人選手 18 名
と並び、2 名の黒人サッカー選手がその門を叩いた。同大学は、ス
ポーツに人種差別を持ち込むのはおかしいとその 2 年前に白人だけ
のリーグ脱退を決めた。1980 年当時、チームのストライカーだっ
た黒人選手マイク・マンゲナ氏は、何度も警察に自宅を捜索された
り、遠征時は白人専用のホテルに泊まれず、黒人居住区での試合で
全員が拘束されたことさえあったという[117]。

　サッカーは、19 世紀半ばに、欧州からの入植者により南アフリ
カにもたらされたが、白人政権は、黒人サポーターが大勢で集まる
ことを恐れて取り締まりを強化した。ノーベル平和賞を受賞したア
ルバート・ルツーリ氏ら黒人指導者らは、「サッカーをする権利」
を求めて果敢に戦った。その結果、各地の黒人居住区でチームが結
成され、マンデラ氏ら政治犯が収容されたロベス島の刑務所でも、
サッカーが受刑者らの希望をつないだ。南アフリカで、サッカー界
が人種別リーグを統合したのは、マンデラ氏の釈放の翌年の 1991
年であったが、ラグビーもこれに続き、スポーツの世界が、政治に
先駆けて人種差別を乗り越える大きなきっかけになった。また、ソ
ウェトは、1976 年 6 月の反アパルトヘイト闘争の象徴ともいえる
場所であり、2010 年 6 月 11 日、ここをメイン会場としてサッカー
のワールドカップ南アフリカ大会が開催されたことも印象深い[118]。
このようにスポーツ界自身が行動を起こすこと自体も、大きな問題
解決方法の一例といってよい。

b　アメリカにおけるスポーツ界での人種差別との闘い

　アメリカでは、19 世紀末、20 世紀初頭のスポーツ界で、アフリ
カ系アメリカ人である黒人は、ボクシング、競馬、野球、自転車等
のスポーツ競技にようやく参加し始めていた。しかし、彼らに、決
して、参加の平等な機会や公正な競技が保障されるものではなかっ
た[119]。例えば、1933 年に、テキサス州刑法典では、白人と黒人
がボクシング、スパーリング、レスリングの試合や競技をすること
を禁止していたり、1956 年に、ルイジアナ州では、黒人と白人の
競技を禁止する制定法が存在していた[120]。1960 年代に公民権運

116) 2013 年 12 月 8 日付朝日新聞朝刊（東京本社）10 頁（社説）

117) 2010 年 6 月 4 日付読売新聞朝刊 7 頁

118) 前掲注 117)

119) See MATHEW J.MITTEN,TIMOTHY DAVIS,RODNEY K.SMITH AND ROBERT B.BERRY,SPORTS LAW ANDREGULATION:CASES,MATERIALS AND PROBLEMS 737-38(2005).

120) 前掲注 119)

動が始まり、1964 年の公民権法の成立により、ようやく黒人に対する人種差別を禁止し、自由と平等の権利を保障するスタートが切られたに過ぎなかった[121]。アメリカのスポーツ界での人種差別の撤廃と人種統合の動きは、まずは野球から始まったといわれる[122]。

2014 年 4 月に、NBA は、クリッパーズのオーナーであるドナルド・スターリング氏に対し、黒人に対する人種差別的発言があったとして、永久追放と罰金 2,500 万ドルという厳しい処分を下した。スターリング氏は、黒人の元スター選手のマジック・ジョンソン氏と一緒に写真を撮った知人女性に対し「黒人を試合に連れてくるな」などの人種差別発言を録音され、問題が発覚したという。NBAのコミッショナーのアダム・シルバー氏は、スターリング氏がリーグやチームの活動に携わること一切を禁止するとともに、クリッパーズというチームを売却するよう理事会に働きかけるとも語った。1964 年の人種差別を禁じる公民権法の制定後 50 年以上も経ったアメリカでも、未だに根強い人種差別意識が残っていることを物語っている[123]。

アメリカでは、歴史的な経緯もあってか、人種差別問題は、選手やファンの心情を逆撫でして、大きな怒りや激しい社会の反発を誘発するため、リーグとしても、神経をとがらせ特別に厳しい姿勢を示してきた。4 大リーグでは人種差別問題に対応するため、「多様性統合委員会（Diversity Inclusion Committee）」を設置しており、問題が起きると迅速に対応できる組織や体制を備えている[124]。

NFL は、人種差別問題に古くから果敢に取り組んでいるリーグの一つである。現在では、試合中に選手が人種差別的な発言をした場合には、15 ヤードの重いペナルティーを科されるようになっている。また、ヘッドコーチや GM を採用する際には、少なくとも一人はアフリカ系黒人の候補者を入れなければいけないという採用に関する厳格な雇用機会均等・アファーマティブ・アクションまで導入されている[125]。このようなスポーツ団体が定めるルール、その効果的な執行も大きな解決方法の一つである。

c サッカーでの人種差別発言への対応

サッカーのブラジルワールドカップ大会において、2014 年 8 月に、ブラジル南部で行われていたグレミオ対サントス戦で、地元の名門クラブグレミオの複数のサポーターがサントスの黒人ゴールキーパーのアラーニア選手に対して「猿」と叫び、猿のしぐさをす

121) 友添秀則＝近藤良亭『スポーツ倫理を問う』97-98 頁（大修館書店、2009 年）。なお、等々力賢治「アメリカ黒人とスポーツ—人種差別の実態とその経済的・社会的背景」『長野県短期大学紀要』42 号 97-106 頁（1987 年）にアメリカ社会での黒人差別やその社会的背景等については詳しい考察がある。

122) 川島・前掲注 112)135 頁以下

123) 2014 年 5 月 1 日付読売新聞朝刊 29 頁、See N.B.A.Bars Clippers Owner Donald Sterling for Life,by John Branch,The New York Times,April 29,2014(http://www.nytimes.com/2014/04/30/sports/basketball/nba-donald-sterling-los-angeles-clipprs.2015/12/07).

124) 近藤祐司「スポーツ界で深刻な人種差別問題 NFL の対策は？」NFL JAPAN COM.2014 年 5 月 3 日付コラム（【前編】http://www.nfljapan.com/column/56234.html、【後編】http://www.nfljapan.com/column/56233.html)

125) 近藤・前掲注 124) コラム

第4編 民事法とスポーツ

るなどの人種差別的言動があったことがテレビ放映の映像から発覚した。2014年9月に、ブラジルの上級スポーツ裁判所は、サポーターの統制をとれず人種差別的言動に対して、グレミオに今大会からの追放と5万レアル（約230万円）の支払いを命じるとともに、サポーターらの2年間の全サッカー場入場の禁止、主審に対しても適切な対応をしなかったとして800レアル（約3万7,000円）の支払いと45日間の活動停止という相当に厳格な処分を科した。ブラジル各地で相次ぐ、サッカーでの人種差別的言動に対する戒めとして厳しい処分が科された[126]。また、2014年4月には、スペインリーグの一戦で、強豪バルセロナの黒人選手でブラジル代表でもあるアウベス選手に対して、客席からバナナが投げ込まれるという出来事があったが、同選手はそのバナナを食べるというユーモアで切り返し、何事もなかったようにプレーを続けたと報じられた。この無言の微笑ましい対応については、多くのサッカー選手やファンからの人種差別への揺るぎない嫌悪感と同選手の機知に富んだ対応に共感の声が広がった。

　ところで、残念ながら、日本でも、2014年3月、Jリーグの埼玉スタジアムでの試合で「JAPANESE ONLY（日本人のみ入場可）」との垂れ幕をたらし、浦和レッズがこの垂れ幕を撤去しなかったとして、裁定委員会の答申を受けて、村井満チェアマンが「無観客試合」という重い処分を下した[127]。2014年4月、Jリーグは、試合運営管理規程での禁止行為に、人種等の差別、侮蔑的、もしくは公序良俗に反する行為を追加するなどの規程改正をしただけでなく、主催クラブが違反者に損害賠償請求をしたり、各クラブにコンプライアンス・オフィサーの研修を受けることを義務付けるなど組織的な取組を開始した[128]。しかし、2014年5月にも、J3リーグのツエーゲン金沢に属する選手の相手方チーム選手に対しての発言が「差別・人種、肌の色、性別、言語、宗教又は出自等に関する差別的あるいは侮蔑的な発言又は行為により、個人あるいは団体の尊厳を害した場合」に該当するとされ、3試合出場停止処分とされた[129]。2014年8月に、横浜マリノスのサポーターがバナナを振る人種差別的行為を行ったことで、横浜マリノスに対して、Jリーグは、500万円の制裁金を科すなど厳しい処分を下した[130]。日本でも、ヘイトスピーチや人種差別的言動をなくすための取組がようやく開始した[131]が、今なお、道は険しいといえる。

126) 2014年9月5日付朝日新聞夕刊（東京本社）13頁

127) 日本プロサッカーリーグ（Jリーグ）「浦和レッズへの制裁に対するチェアマンコメント」http://www.jleague.jp/sp/release/article-00005692/2015/11/30

128) 2014年4月22日付日本経済新聞web版 http://www.nikkei.com/article/DGXSSXKC0685/2015/12/079

129) 日本プロサッカーリーグ（Jリーグ）「J3リーグのH選手の出場停止処分について」http://www.jleague.jp/sp/release/article-00005858/2015/11/30

130) 2014年8月30日付朝日新聞朝刊（東京本社）37頁参照。

131) その他日本サッカー協会も基本規則第3条の遵守義務ほか、懲罰規程内に人種差別に関する制裁を定めている（競技及び競技会における懲罰基準3-5）。

ウ　まとめ—人種差別を見逃さない不断の努力

　人種、民族、皮膚の色、障害、年齢、性別等での差別は重大な人権侵害行為であって、決して許されてはならない。日本国憲法第14条での平等原則に反するとともに、民法第709条での不法行為の損害賠償、侮辱罪、名誉毀損罪等の刑法上の犯罪になり得る違法で卑劣な行為である。スポーツ基本法第2条に定める基本理念においても、不当な差別の禁止が掲げられている。

　2013年5月の総会で、FIFAは、「反人種差別・差別に関する闘い」について決議し、7月には各国協会に対して、ガイドラインや規程整備を指示した[132]。2015年5月にFIFAは、ワールドカップ予選などで市民団体「FARE」と連携して人権差別を監視するシステムを導入した[133]。日本サッカー協会でも、加盟団体や選手・監督・関係者らへの研修や周知徹底を図りつつある。また、2016年6月に、日本でも外国人への差別的言動の解消を図る「ヘイトスピーチ対策法」が施行されたが[134]、2018年8月には、国連の人種差別撤廃委員会が、日本政府に対応強化を勧告している[135]。人種差別行為は、人種差別撤廃条約、オリンピック憲章等の国際規範にも反し、日本でも、2020年オリンピック・パラリンピック東京大会が開催されることを契機に、スポーツ界では、競技団体を中心として、社会全体で差別や人権侵害を見逃さない不断の努力を継続しなければならない[136]。関係当事者への懲戒処分[137]や、不合理な差別を禁止することを明記した倫理規程、差別禁止宣言を定め、必要な施策を講じることなどが必要であろう[138]。

〈4〉汚職禁止をめぐる法
ア　問題となるケース

　汚職とは、「職権や地位を濫用して、賄賂を取るなどの不正な行為をすること」をいい[139]、腐敗とは、「受託した権力を個人の利益のために用いること」をいうとされている[140]。

　昨今、国連グローバル・コンパクト（The United Nations Global Compact；UNGC）[141]の活動に代表されるように、国際組織、政府、民間企業において、汚職・腐敗の防止に取り組むことが国際的に求められており[142]、スポーツ団体についても、同様に、団体運営の透明性を高め、汚職・腐敗の防止に取り組むことが求められている。

　しかし、歴史的に見ても、スポーツ界では、国際的なスポーツイベントの招致活動及びスポーツ団体運営において、汚職・腐敗が生

132) FIFAサーキュラーレターNo.1369。https://www.jfa.jp/about_jfa/report/PDF/k20131114_02_02.pdf

133) FIFA Anti-Discrimination Monitoring System-Summary,May2015 (http://resources.fifa.com/mm/document/afsocial/anti-racism/02/60/42/16/fifaanti-discriminationmonitoringsystem_summary_may2015_neutral.pdf)

134) 法務省ホームページ http://www.moj.go.jp/JINKEN/jinken04_00108.html

135) 国連人種差別撤廃委員会ホームページ https://www.ohchr.org/EN/NewsEvents/Pages/DisplayNews.aspx?NewsID-23486&a(2019/02/22)

136) 2014年5月17日読売新聞夕刊7頁

137) 本章3（5）団体内懲戒処分をめぐる法 204頁以下

138) スポーツ団体のガバナンスに関する協力者会議・前掲注37)157頁以下 http://jsaa.jp/ws/goverreport2014_02_10.pdf

139) 新村出編『広辞苑』（岩波書店、第6版、2008年）

140) 「the abuse of entrusted power for private gain.」の日本語訳（トランスピアレンシーインターナショナルによる定義）。http://www.transparency.org/

141) https://www.unglobalcompact.org/

142) スポーツにおけるグッドガバナンス研究会・前掲注33)110頁

じやすい傾向にある。その要因としては、スポーツ団体においては、その業務の独占性から、役員の一部の者に権限や利権が集中し、その周りに迎合する取り巻きが生じ、本来果たされるべき監視機能が低下することを挙げることができる。また、一人の人間が長期的に要職を務める場合、それを取り巻く役員間で馴れ合いや倫理感の低下が生じやすくなることもその一因である。こうした要因の結果、役員が本来相互に負っている監視機能が十分に果たされなくなり、スポーツイベント招致やスポーツ団体運営における汚職・腐敗が生じてしまうのである。

　また、日本においては、一部の先進的なスポーツ団体を除き、役員に外部の者が起用されておらず、経営や法務の視点に疎い競技経験者だけで理事会が構成される傾向にある。日本におけるこのような事情も、日本のスポーツ団体運営において、汚職・腐敗が生じる要因となっている。

a　世界において問題となったケース

　国際的なスポーツイベントの招致活動において汚職・腐敗が問題となった代表的な例として、2002 年の冬季オリンピックの開催都市がアメリカ合衆国のソルトレイクシティに決定した後の 1998 年、ソルトレイクシティ招致委員会委員による IOC 委員の買収が発覚した例がある。その後、行われた調査により、開催都市の投票権を有する IOC 委員の 5 分の 1 が不正にかかわっていることが明るみになった。その結果、IOC は倫理規程の制定や、IOC 委員の立候補都市への個別訪問を禁止するなど、改革を求められることになった。

　また、FIFA においては、2010 年以来、2018 年と 2022 年のワールドカップ開催地決定投票をめぐる利益供与疑惑などが生じていた[143]。そうしたところ、2015 年、アメリカ司法省が、FIFA の理事を、ワールドカップ招致やスポンサー企業に絡む贈収賄の罪で起訴し、FIFA における汚職・腐敗の問題が明るみになった。昨今のスポーツ界における UNGC の第 10 原則「強要・賄賂等の腐敗防止の取組み」[144] や、スポーツのスポンサーシップにおける汚職禁止[145] の流れを受け、FIFA は、そのスポンサー企業から、改革を求められた。

b　日本において問題となったケース

　日本では、スポーツ団体運営における理事の背任・横領などの汚

143) スポーツにおけるグッドガバナンス研究会・前掲注 33) 2 頁

144) 2009 年に日本サッカー協会が日本のスポーツ団体として唯一、UNGC に参加している。

145) "Fighting Corruption in Sport Sponsorship and Hospitality : A practical guide for companies" https://www.unglobalcompact.org/docs/issues_doc/Anti-Corruption/SportsSponsorshipHospitalityGuide.pdf

職・腐敗や不正経理の不祥事が散見されている。

　例えば、2006年頃、日本スケート連盟において、同連盟と特定の業者との癒着や、当時の会長が理事に対し不正に手当を支給するなど、団体内の汚職・腐敗にかかわっていることが発覚した。同会長は背任や業務上横領の罪に問われ、8人の理事が辞任する事態にまで発展した。

　また、2014年には、全日本テコンドー協会において、JOCから支払われた専任コーチの謝金を原資とする帳簿に記載されていない資金の流れが存在することが発覚し[146]、内閣府公益認定等委員会から、代表理事である会長個人の財布と、法人会計とが確実に分離されていないことを指摘する勧告が実施された[147]。こうした不祥事と内閣府公益認定等委員会からの勧告を受け、同協会は、自ら公益認定を取り下げ、一般社団法人へと移行することとなった。

　さらに、2018年には、一般社団法人日本ボクシング連盟において、助成金の不正流用、不透明な財務運営等の問題が告発され、2019年には、同連盟の告発当時の会長の同連盟からの除名が正式に決定される事態に至った。

イ　あるべき方向性、実際スポーツ界で採られている実例

　このようなスポーツ団体運営をめぐる汚職、腐敗が発生する場合、該当当事者に対しスポーツ団体が何らかの懲戒処分を科す場面は、団体内懲戒処分の一場面であるため、「本章3（5）団体内懲戒処分をめぐる法」に記載された事項が適用される。

　こうした汚職・腐敗を防止するための出発点として、汚職・腐敗の防止に関するポリシーや規程を採択することが重要である。また、上記のとおり、汚職・腐敗が生じる一因として、団体が、本来有している監視機能が十分に果たされないことを挙げることができる。加えて、役員となるべき者の専門的知識や倫理感の欠如という個人的資質も問題となることは否定できない。これらのスポーツ団体における汚職・腐敗の要因を受け、汚職・腐敗を防止する視点としては、以下の方策が考えられる[148]。

a　汚職・腐敗の防止に関するポリシーや規程の採択

　汚職・腐敗に取り組む上では、汚職・腐敗の防止に関するポリシーや規程を採択し、汚職・腐敗につながる行動を禁止するとともに、当該禁止を周知・徹底することが重要である。

146) スポーツにおけるグッドガバナンス研究会・前掲注33)50頁

147) 公益法人information「公益社団法人全日本テコンドー協会に対する勧告について」https://www.koeki-info.go.jp/pictis_portal/other/pdf/20140416_kankoku.pdf

148) スポーツ団体のガバナンスに関する協力者会議・前掲注37)66頁以下 http://www.jsaa.jp/ws/goverreport2014_02_01.pdf

　例えば、日本スポーツ協会は、役職員等を対象とする倫理規程の中で、職務や地位を利用しての自己の利益を図ることの禁止や、補助金、助成金等の流用や不正行為の禁止と、当該禁止事項に違反した場合の処分等の手続きを定めている。

b　権限集中の回避

　ほかの役員による監視機能の低下は、一部の者に強力な権限が集中し、本来監視機能を果たすべき者が権力者に迎合することによって生じるため、スポーツ団体において、特定の者に権限が集中しないようにする仕組みを整えることが、第一の方策として考えられる。具体的には、長期的な権限の集中を防止するため、役員の定年制や、再任制限などを設けることが考えられる[149]。

　例えば、日本バスケットボール協会は、基本規程第31条において、会長を除く役員の就任時の年齢を70歳未満と定めている。また、日本スケート連盟においても、役員の70歳定年制を導入している（細則第3条）。

c　理事会の構成員の多様性の確保

　理事会が競技経験者だけで運営されている場合、理事間で馴れ合いが生じ、一般社会の倫理感とかけ離れたスポーツ団体運営が行われる可能性があるため、スポーツ団体運営には、多角的な視点を取り入れることが必要である。具体的には、理事の選出区分を設け、地域・性別・（元）選手など幅広いカテゴリーから理事を選出できるようにして、多様な意見を反映できるようにすることが考えられる。

　また、スポーツ団体運営においては、専門性が高い分野も存在しているため、そのような分野に対応するため、弁護士、会計士等の専門家や、外部の有識者を入れることも有用と考えられる。

　例えば、日本スケート連盟においては、理事や監事を外部から登用できるよう役員の選出区分内訳が定められており、実際に同連盟の外部の者や会計の専門家が登用されている（細則第2条）。

d　透明性の確保

　汚職・腐敗を防止する上では、スポーツ団体運営において、常に、外部の監視の目を意識することも重要である。

　具体的には、理事の選出区分内訳や、理事の構成・選出区分、財務諸表等を積極的にウェブ上で公開することが考えられる。

149) スポーツにおけるグッドガバナンス研究会・前掲注 33)245 頁

〈5〉暴力、セクシュアル・ハラスメント等の不適切な言動をめぐる法

ア　何が問題か

a　不適切な言動等が問題になったケース[150]

スポーツ団体に所属する指導者等が選手に対して、暴力、ハラスメント等の不適切な言動（以下、まとめて「不適切な言動等」）をめぐる問題がインテグリティの問題として顕在化したのは、2012年女子柔道強化選手15名による代表監督等の指導者による暴力の告発事件である（女子柔道告発事件）。

15名の選手による告発は、当初、全日本柔道連盟に対してなされたが、全日本柔道連盟において十分な聞き取りがなされず、適正な対応がなされなかった。その後15名の選手はJOCに対して告発をした。それにもかかわらず、全日本柔道連盟は、適切な事実調査をせず、加害者である監督を戒告処分に留め、監督の続投を表明するなどした。これに対し、JOCは緊急対策プロジェクトチーム（以下「調査PT」）を組織し、事実調査に乗り出した。調査PTに遅れて、全日本柔道連盟でも第三者委員会を発足し調査を実施した。全日本柔道連盟において、理事等全員が留任し改革を目指すとしていたが、調査PTの報告や社会的非難を受け、理事等が総辞任する事態となり、監督等に対する処分の見直しがなされた。

このようにこの問題の当事者であった全日本柔道連盟の対応はすべてにおいて後手に回ったが、この事件とほぼ同時期の大阪市立桜宮高校事件によって、スポーツ界が暴力等に対して寛容であるという悪しき体質がクローズアップされるとともに、スポーツ団体によるガバナンス体制の構築の必要性が唱えられた[151]。そこで、このような問題への対応が、スポーツ団体の不適切な言動等をめぐる法の問題である。

b　スポーツ界における不適切な言動等の主たる原因

暴力をはじめとする不適切な言動等をめぐるスポーツ団体の対応において、前記のような問題が生じる固有の要因として、スポーツ界全般における不適切な言動等に対する認識の甘さが挙げられる。そのような認識は、第二次大戦前から戦中にかけての軍隊における訓練方法が、戦後の学校体育教育にも残存し、スポーツ界にも多大な影響を与えてきたことに起因するとの考え方が有力である。軍隊においては、どのような命令に対しても疑問を抱かず、素直に従う

150) 2018年、中央競技団体役員の体操選手に対するパワーハラスメント（日本体操協会「調査報告書」https://www.jpn-gym.or.jp/wp-content/uploads/2018/12/18daisansha_report.pdf は結論としてパワハラなしとした）と中央競技団体強化本部長のレスリング選手に対するパワーハラスメント（日本レスリング協会「調査報告書」https://storage.googleapis.com/jwf-website-2018.appspot.com/data/2018/180405_dai3sya_report.pdf は結論としてパワハラありとした）が報道され、中央競技団体の対応の在り方が問われた。

151) 森川貞夫編『日本のスポーツ界は暴力を克服できるか』93頁（かもがわ出版、2013年）

第4編　民事法とスポーツ

兵士を育成するため、理不尽な命令を発しそれに強制的に服従させたが、これにならい、学校体育や部活動において、指導者の指示に従わせるため、暴力や不適切な言動が行われてきた。そして、指導者と被指導者、先輩と後輩という絶対的な上下関係は、上の者は下の者に何でもできるという錯覚を生じさせ、スポーツ指導の現場での暴力、体罰のみならず、性的暴力、ハラスメント、不適切な言動等の温床となった。スポーツ団体においても、不適切な言動等に対して寛容であるという、スポーツ界の悪しき体質を有していることが多く、不適切な言動があるとの情報を得ても、加害者から事情を聞くだけで事態の収束を図ろうとしたり、著しく軽い処分に留めたり、事実を把握しても隠蔽したりするなどの不適切な対応をする例が後を絶たなかった。

イ　あるべき方向性・実際スポーツ界で採られている実例

　暴力をはじめとする不適切な言動等に対するスポーツ団体のあるべき方向性について、事前の予防と事後の対応等に分けて述べる。

　なお、2019年6月に策定された「スポーツ団体ガバナンスコード〈中央競技団体向け〉」においても、対応の指針が記されている。

a　事前の予防 [152] [153]

　スポーツ団体は、不適切な言動等が生じないよう、事前に可及的な努力をしなければならない。すなわち、スポーツ団体は、暴力をはじめとする不適切な言動等が生じる原因を徹底的に検証し、不適切な言動等を絶対に許さないとの認識をもち、不適切な言動等を廃絶するとの立場を明確にする必要がある。その上で、不適切な言動等を可及的に予防するため、指導者資格の認定時や更新時において不適切な言動等の問題の理解を促し、指導者資格を有しない指導者にも、研修会等で啓発していく必要がある。

　実際、JOC、JSPO、JPSA、全国高等学校体育連盟、日本中学校体育連盟は、2013年4月25日、「スポーツ界における暴力行為根絶宣言」を採択する [154] とともに、これらの団体を中心として、会長声明やメッセージの発信、スローガンの掲出、倫理規程懲罰規程の見直し、倫理ガイドラインの制定、指導者制度の見直しなどが行われている。

　また、JOCに設置されたアントラージュ専門部会 [155] では、コーチング環境に関する選手からのヒアリングや海外先進事例の調査な

152) スポーツ団体のガバナンスに関する協力者会議・前掲注37)172頁以下、日本スポーツ仲裁機構スポーツ競技団体のコンプライアンス強化委員会「スポーツ界におけるコンプライアンス強化ガイドライン」145頁以下（2018年）http://www.jsaa.jp/ws/compliancereport2018_2_1.pdf

153) スポーツ庁「スポーツ団体ガバナンスコード〈中央競技団体向け〉」ガバナンスコード原則5(2)、原則12参照

154) 日本オリンピック委員会（JOC）『スポーツ界における暴力行為根絶宣言』について」http://www.joc.or.jp/news/detail.html?id=2947

155) 日本オリンピック委員会（JOC）「アントラージュ」http://www.joc.or.jp/about/entourage/

どに基づき、コーチング環境の改善に関する課題の要点をまとめている [156]。

b　事後の対応 [157]

スポーツ団体が、前記のような不適切な言動等を予防する努力を重ねたにもかかわらず、不適切な言動等が疑われる場合には、適正・公平かつ迅速に対応しなければならない。

(a)　相談窓口の設置 [158]

まず、相談窓口を設置して選手等が信頼して相談しやすい環境を整える必要がある。そのためには、相談担当者の第三者性（中立性）、守秘義務遵守が重要である。前述の女子柔道告発事件においても告発の受け皿となる相談窓口等がないことによる問題であったが、後に相談窓口として「全柔連コンプライアンスホットライン」が設置された。

(b)　調査及び懲戒処分、再発防止策の策定 [159]

相談窓口における告発やそのほかの端緒から不適切な言動等が疑われる場合に、事実を調査し、調査に基づき事実を認定し、認定した事実に応じて懲戒処分を決定しなければならない。該当当事者に対しスポーツ団体が何らかの懲戒処分を科す場面は、団体内懲戒処分の一場面であるため、「本章3（5）団体内懲戒処分をめぐる法」に記載された事項が適用される。また、今後このような問題が発生しないように再発防止策の策定も重要である。

(c)　情報開示

あらゆる組織は、不祥事が生じた場合に事実を隠蔽する傾向がある。スポーツ団体も例外ではない。不適切な言動等が疑われる場合に、迅速かつ適正に、事実を調査し、事実認定をし、処分決定をした後に原則として情報開示をなすべきである。スポーツ団体は、迅速な情報開示によって、不適正な言動等に対する毅然たる態度を示すことができ、社会の信頼を得ることができる。なお、処分対象者の氏名や所属等の開示や未成年者の処分情報の開示の可否などを含めた、情報開示のガイドラインを設けておく必要がある。

156) 日本オリンピック委員会（JOC）「平成 26 年度文部科学省委託事業コーチング・イノベーション推進事業『アスリート・アントラージュ』の連携協力推進報告書」http://www.joc.or.jp/about/pdf/entourage_report2015.pdf

157) 第一東京弁護士会総合法律研究所スポーツ法研究部会編著『スポーツ権と不祥事処分をめぐる法実務』（清文社、2013年）、スポーツ団体のガバナンスに関する協力者会議・前掲注 37)123 頁以下、日本スポーツ仲裁機構スポーツ競技団体のコンプライアンス強化委員会・前掲注 152)43 頁以下

158) スポーツ庁・前掲注 153) ガバナンスコード原則 8 参照

159) スポーツ庁・前掲注 153) ガバナンスコード原則 10 参照

第4編　民事法とスポーツ

(d) チャイルド・プロテクション

　指導の現場での子どもを被害者とする不適切な言動等について、特別の配慮を要する。

　指導者が成年者で被指導者が子どもの場合、指導者と被指導者という上下関係に、さらに成年者と子どもという上下関係が加わることになるから、指導者に対して被指導者である子どもの立場は特段に弱くなる。また、子どもの場合には、身体及び精神ともに成長発達過程で未成熟であるため、その権利が侵害されやすい。強い立場にある指導者がデリケートな子どもの心身を傷付けたり、権利を侵害したりしないように、特別の配慮を要する。このような子どもの人権擁護の見地から、子どもを人権侵害から守ろうというチャイルド・プロテクションが唱えられており[160]、また、2018年11月ユニセフと日本ユニセフ協会が「子どもの権利とスポーツの原則」を発表し、子どもの健全な発達と成長を支えるスポーツ環境の実現を提唱している[161]。スポーツ団体においても、これらの理念を理解し、子どもの権利保護に資するよう努めなければならない。

〈6〉暴力団、フーリガン対策をめぐる法
ア　何が問題か

　今日、全国47都道府県において暴力団排除条例が施行、実施されていることからも分かるとおり、日本においては暴力団排除に関する社会的要請が高まっている。スポーツ界もその例外ではなく、特にプロスポーツの世界においては、近年、積極的な暴力団排除活動が行われている[162]。

　スポーツ賭博との関連でいえば、日本では、「本章3〈6〉〈2〉八百長をめぐる法」で述べたとおり、諸外国と異なり、賭博が違法とされているため、アンダーグラウンドでスポーツ賭博にかかわる暴力団と、選手、監督・コーチ、審判等の関係者とが接触することが懸念される。

　また、スポーツイベント等を行うに当たっては、観客の暴力行為から選手や観客を保護することも必要になる。特に、海外のスポーツファン（サポーター）の中には、暴徒化する者（フーリガン）も存在しているため、スポーツイベント等の運営や国際スポーツイベントを招致するに当たっては、観客やフーリガンのマネジメントも必要になる。

　このような課題への対策を行うに当たって、重要な視点となるの

160) 国際連合（UN）「子どもの権利条約」、イギリスの子ども法（Children Act）

161)「子どもの権利とスポーツの原則」特設サイト　https://childinsport.jp

162) 松本泰介「Integrity 実現に向けて」日本スポーツ法学会年報20号82頁以下（2013年）

は、暴力団やフーリガンが、選手や監督・コーチ等の指導者、加盟団体のようなスポーツ団体傘下の関係者ではなく、スポーツ団体の定めるルールを一時的には遵守させることができない点である。

a　日本において問題となった事例

（a）プロ野球界における事例

「本章3（6）〈2〉八百長をめぐる法」で述べたとおり、日本では、1969年頃、プロ野球選手等が八百長に関与し6名の選手が永久追放処分とされた「黒い霧事件」において、プロ野球界と暴力団のつながりが強く批判された。また、プロ野球においては、応援団を組織するものと暴力団の関与が問題になっていた[163]。

また、2008年、プロ野球球団中日ドラゴンズの私設応援団が行った鳴り物を使用した応援団方式による応援申請に対し、NPBと12球団などで組織されるプロ野球暴力団等排除対策協議会が鳴り物を使った組織的応援の禁止などを通告したため、同私設応援団は、NPBと12球団を被告として、慰謝料の支払いなどを求めた訴訟を提起した（プロ野球応援団訴訟）。名古屋高等裁判所は、主催者は、どのようなイメージのスポーツを目指すか、観客席の雰囲気をどのようなものにし、どのように観戦環境を調整するかなど、その運営に関する事項をすべてその裁量によって決定することができるとした上で、主催者が応援団方式による応援を許容するのにふさわしくないと判断すれば、不許可とすることも許容されると判示した。総論として、名古屋高等裁判所は同私設応援団の請求を棄却し[164]、最高裁判所もこれを支持する決定を行った。

（b）プロサッカー界における事例

日本のプロサッカーにおいては、海外においてフーリガンと呼ばれる観客と同程度に、サポーターが暴徒化する例は少ないが、サポーターによる暴力行為は近年発生している。例えば、2013年、Jリーグクラブのサポーターが、対戦相手チームのサポーターに対し、暴行やバスからの花火類の投下等を行うなどの暴力行為を行った事例があった。こうした事例が起きた場合、クラブから当該サポーターに対し、入場禁止処分がなされるが[165]、クラブに対しても、Jリーグからリーグ規約に基づく処分が科される可能性もある。

163) 松本・前掲注162）

164) 名古屋高等裁判所判決平成23年2月17日判例タイムズ1352号235頁

165) 暴行を働いたサポーターは、暴行罪で略式命令による罰金刑の処分も受けている。

(c) プロゴルフ界における事例

日本プロゴルフ協会（The Professional Golfers' Association of Japan；PGA）は、2006年頃、暴力団排除宣言を行うなど、暴力団排除に向けた取組を早期から行っていた。

ところが、2013年、PGAは、その理事が暴力団と交際をしていたことが発覚し、内閣府公益認定等委員会からの勧告を受けたため、同協会の全理事が辞任するという事態に至った[166]。

b　世界において問題となった事例

フーリガン事故の代表例としては、1985年、ベルギーのヘイゼルスタジアムにおいて行われた欧州サッカー連盟（Union of European Football Associations；UEFA）チャンピオンズカップ決勝戦の試合前に、リヴァプールサポーターが鉄パイプ等を武器に相手チームサポーターを襲撃したことが原因で、同スタジアムにおいて群集事故が発生し、39人が死亡し、400人以上が負傷した事故がある[167]。

また、群集事故としては、少し古い事例になるが、96人の観客が将棋倒しによって亡くなった1989年のイギリスヒルズボロスタジアムにおける事故は世界スポーツ史上最悪の事故といわれている。この事故は、スポーツイベントにおける観客のマネジメントの重要性を物語る事例である[168]。

近年では、2013年2月21日のサッカーUEFAヨーロッパリーグの試合において、サポーターが競技場の外から競技場内にロケット花火を発射したという事例や、2014年10月14日、UEFA欧州選手権2016の予選セルビア代表対アルバニア代表の試合において、前半終了間際に、政治的主張を掲げた小型無人機ドローンが競技場に飛来したことを契機に、サポーターの乱闘が発生して没収試合になったという事例もある[169]。

イ　あるべき方向性、実際スポーツ界で採られている実例

今日、スポーツ界においても、暴力団排除が求められていることから、スポーツイベント、リーグ、試合の主催者などによる、積極的な暴力団排除に向けた取組が求められる。また、スポーツイベントなどの主催者や国際的なスポーツイベントの招致国には、観客の安全を守るためのルールの整備が求められる。

166) 公益法人 information「公益社団法人日本プロゴルフ協会に対する勧告について」https://www.koeki-info.go.jp/pictis_portal/other/pdf/20140401_kankoku.pdf

167) 欧州サッカー連盟（UEFA）「1984/85:Footballmourns Heysel victims」http://www.uefa.com/uefachampionsleague/season=1984/overview/index.html

168) 事故原因を調査した「テイラーレポート」は、警察による誘導の問題があったとの分析をしており、同事故は、スタジアム事故の防止対策としてクラウドマネジメントの重要性を表している（http://badconscience.files.wordpress.com/2010/06/hillsborough-stadium-disasterfinal-report.pdf）。

169) 同試合について、CASは、3－0でアルバニアの勝利とする裁定を下した（スポーツ仲裁裁判所（CAS）「2015/A/3875」http://www.tas-cas.org/fileadmin/user_upload/Award_3875__FINAL_.pdf）

a　暴力団排除宣言、約款・規約（ソフト・ロー）の整備

スポーツイベントの主催者やリーグの統括団体には、スポーツイベントの安全かつ円滑な運営のため、暴力団排除宣言、試合観戦契約約款等、観戦の際に観客が遵守すべき事項を定め、そこに定めた義務を観客に遵守させることが必要である。仮に、観客が当該試合観戦契約約款等の義務に違反した場合には、スポーツイベントの主催者は、当該約款等に基づき、試合会場からの退場、将来に向かっての試合会場への入場禁止等の懲戒処分を科すことが必要である。

暴力団対策の例としては、プロ野球界は、2003年12月には、「暴力団等排除宣言」を行い、12球団、球場等で構成する「プロ野球暴力団等排除対策協議会」を結成した（その後、日本プロ野球選手会も加入）。その上で、入場券販売及び入場の拒否事由、観戦の際の禁止行為、球団による応援団の許可等について規定した試合観戦契約約款や、応援団の許可基準及び手続きについて規定した特別応援許可規程を施行した[170]。

また、Jリーグ、日本プロサッカー選手会、Jクラブ全40クラブ、Jリーグ担当審判員は、2012年2月14日、共同で、暴力団排除宣言を実施しており、プロサッカー界には、暴力団排除活動に共同で取り組んでいる。具体的には、Jリーグの試合運営管理規程において、暴力団員等に対する販売拒否事由を定めている[171]。

そのほか、日本プロゴルフ協会では、前記の事件を受け、現在は、暴力団排除セミナーを実施するなどしてコンプライアンスの向上に努めているほか[172]、大相撲において暴力団等排除宣言が行われ、暴力団関係者であることを入場券販売及び入場の拒否事由、退場事由として規定している[173]。

加えて、暴力行為対策の例としては、プロ野球やプロサッカーでは、試合観戦契約約款において、ビン、缶類の持ち込みの禁止、発煙筒等の持ち込みの禁止、ピッチ・球場内への立ち入りの禁止、暴力行為の禁止などが観戦の際の禁止行為として定められている[174]。

b　ソフト・ローに基づくクラブの厳格責任

サポーターが暴力行為等を行った場合に、当該サポーターのみならず、当該サポーターの所属するクラブに対して、厳格な処分を行うことが考えられる。例えば、サッカー界では、サポーターの行為について、クラブが厳格に責任を負うことが規程上定められている（UEFA Disciplinary Regulations[175]第8条、第11条2項、Jリーグ規

170) 日本野球機構「特別応援許可規程」http://www.npb.or.jp/npb/kansen_kitei.html

171) 本書執筆現在では、Jリーグ全52クラブが宣言している。日本プロサッカーリーグ（Jリーグ）「暴力団等排除宣言」http://www.jleague.jp/aboutj/bouryokudanhaijo/

172) 日本プロゴルフ協会（PGA）コンプライアンス情報 https://www.pga.or.jp/bl_compliance/

173) 日本相撲協会「相撲競技観戦契約約款」http://www.sumo.or.jp/ticket/kiyaku/index

174) 日本野球機構「試合観戦約款」http://www.npb.or.jp/npb/kansen_yakkan.html、日本プロサッカーリーグ（Jリーグ）「Jリーグ共通観戦マナー＆ルール」http://www.j-league.or.jp/aboutj/jleague/activities/regulations.html#manner

175) UEFA Disciplinary Regulations (2017)、https://www.uefa.com/MultimediaFiles/Download/Regulations/uefaorg/UEFACompDisCases/02/48/23/06/2482306_DOWNLOAD.pdf

約[176]第51条2項、同第142条1項）。

　なお、こうした厳格責任に基づきクラブに対して行った処分の当否をめぐって、紛争が生じる場合もある[177]。

c　制定法（ハード・ロー）の整備

　スポーツイベントなどの実施中に、観客が暴徒化（フーリガン）する傾向が強い国や、国際スポーツイベントを招致する国においては、観客の安全を確保するための制定法の整備が行われることがある。

　例えば、サッカーの母国イングランドにおいては、Safety of Sports Grounds Act 1975、Football Spectators Act 1989 など、正式会員として認可を受けた者に対してフットボールの観戦を許可するメンバーシップ制度やフーリガンの疑いのある者が特定の試合開催日に海外へ渡航することを禁止するなどのフーリガン対策を行っている[178]。また、2018 年 FIFA ワールドカップの開催国であるロシアにおいても、2013 年、フーリガンを規制する Fans Law が制定されている。

　日本においても、2001 年 11 月 30 日、2002 年日韓共催 FIFA ワールドカップを前にして出入国管理及び難民認定法（以下「入管法」）が改正され、国際的な競技会の開催に乗じて暴力行為等を行うおそれのある外国人の上陸を阻止し、また、入国後、暴力行為を行った外国人を迅速に国外に退去させるための規定を新たに設けた。当該規定に基づき、上陸審査を実施した結果、2002 年 5 月 26 日から同大会の決勝戦の終了までの間にフーリガン等同大会の安全対策上問題となる者 65 名の上陸が拒否されている[179]。

　2020 年オリンピック・パラリンピック東京大会を開催する日本にとっては貴重な事例である。

（7）スポーツ組織内の地位をめぐる法

　スポーツ団体のうち、特に国内競技団体は、管轄する大会への参加資格の設定や業界内でのトラブル防止のために、競技者や指導者その他のステークホルダーの登録、管理を行っている。この場合、いかなる範囲を対象者とするか、その行為規範など、地位について組織内ルールを定めている。

　本項では、このようなスポーツ団体が定める地位をめぐる法について解説する。

176) 日本プロサッカーリーグ（Jリーグ）、Jリーグ規約、https://www.jleague.jp/docs/aboutj/regulation/2019/02.pdf

177) CAS 2013 A 3139 Fenerbahce SK vs UEFA

178) 文部科学省委託調査「諸外国（12ヵ国）のスポーツ振興施策の状況1-3イギリス」『スポーツ政策調査研究』報告書（公益財団法人 笹川スポーツ財団、2011 年）。

179) 入管法第5条第1項第5号の2、第24条第4号の3。（法務省入国管理局「平成14年度実績評価実施結果報告書」http://www.moj.go.jp/content/000008611.pdf）

〈1〉スポーツ団体への登録、加盟に関する法

ア　代表的な組織内ルールの例

　従前からよく議論されているテーマとしては、外国人の参加資格[180]や国民体育大会への参加資格をめぐる問題[181]がある。また、選手や指導者に関し、このルールが特に法的に問題になるのが、いわゆるプロアマ規程である。

　スポーツによっては、一つのスポーツ団体が対象スポーツを広く統括するため、選手や指導者、団体の登録要件を開放的に設定するケースが多いものの[182]、特に野球、ゴルフ、ボクシングなどのスポーツにおいては、プロアマ関係の歴史的経緯から、対象スポーツに関し、世代別やプロアマなどに分かれて複数の団体が存在している。この中で、アマチュアスポーツ団体がプロフェッショナル扱いされる選手[183]にアマチュア資格を喪失させ、以後、原則的には、アマチュアスポーツ界で登録をさせず、活動ができないルールを定めている。

　例えば、日本学生野球協会は、日本学生野球憲章の中で、同協会に登録し、同協会の管轄内での活動を可能とする「学生野球資格」という資格を作り、日本学生野球憲章第14条において、「プロ野球選手、プロ野球関係者、元プロ野球選手および元プロ野球関係者は、学生野球資格を持たない」、「学生野球資格を持たない者は、部員、クラブチームの構成員、指導者、審判員および学生野球団体の役員となることができない」と定めることで、プロ野球を経験した者については学生野球資格を喪失させ、学生野球界で活動できないルールを定めている[184]。

　2008年の日本学生野球憲章の改正、2012年からの学生野球資格回復制度の開始に伴い、本書執筆時現在は、元プロ野球経験者にも学生野球資格回復の道ができているが、それ以前は、教員免許の取得と2年の実務経験を求める資格回復要件しか設けていなかった（10年の実務経験を求めていた時代もあった）ため、過去30年間で学生野球資格を回復した人間が28人しかいないなど、元プロ野球経験者の学生野球資格回復の道は極めて狭き門であった。

　この時期においては、日本学生野球協会が定めるこれらのアマチュア規程の法的問題も指摘され、特に教員免許の資格を求めた点が、学生野球の指導者をめぐる市場の不当な独占を定めているとして、独占禁止法などの問題も指摘される状況にあった。この問題に関しては、日本プロ野球選手会による熱心な活動により学生野球資

180) 小笠原・前掲注50)102頁以下に詳しい。

181) 第65回国民体育大会の参加資格が問題になった事例では、いわゆる「渡り鳥選手」の出場が認められていたが、国体の参加規定の法解釈を超えた一方的な解釈で、以降の大会では是正されている。詳細は、スポーツにおけるグッドガバナンス研究会・前掲注33)19頁。

182) 例えば、日本サッカー協会は、サッカー選手の登録と移籍等に関する規則において、特に選手の要件を限定していない。プロかアマかは、登録の可否ではなく、登録後の区分に過ぎない。

183) この範囲は、ゴルフなど、スポーツ活動の対価として報酬を受け取るか否か、という線で区別するスポーツもあれば、野球など、単にプロ組織に所属するか否か、という線で区別しているスポーツもある。

184) 日本学生野球協会「日本学生野球憲章」http://www.studentbaseball.or.jp/charter_rule/kenshou/pdf/charter.pdf

格回復制度が実現した経緯もある¹⁸⁵⁾が、このような法的な問題も背景に存在したため、是正されたのである¹⁸⁶⁾。

イ　法的合理性のある登録、加盟に関するルール

この点、スポーツ団体は一民間団体であり、どの範囲の選手や指導者、団体を対象に、登録、加盟させるのかについては、広範な裁量権が認められているため、その範囲を一部に限る選択肢ももちろん尊重しなければならない。

しかしながら、国内競技団体のような国内の競技を統括し、唯一無二の存在である団体の場合、排他的な存在であるがゆえに、その参加要件である登録、加盟資格を一部に限定してしまうと、資格が認められない者は国内において事実上活動できないことになってしまう。このような限定は、スポーツに携わる者の、参加機会の公平性など（スポーツ権の一内容とも考えられる）に反するため、慎重な検討が必要であろうし、むしろこのような限定は、スポーツに携わる者の拡大、多様性を阻害する要因でもあるから、将来的なスポーツの普及、発展という観点からもあまり望ましいものとはいえないだろう。

したがって、国内競技団体のような性質を有する組織に関しては、特段の理由がない限り、登録、加盟の要件を限定することは必要最小限度に留められるべきである。

〈2〉エージェント、代理人登録に関する法
ア　代表的な組織内ルールの例

続いて、組織内の地位を定めるルールとして、いわゆるエージェント、代理人を対象としたルールが存在する。選手や監督、コーチと所属チーム間の、スポーツの稼働に関する契約や肖像権に関する契約を締結する際に、どちらかの立場の代理人として、相手方と交渉、契約締結などを行う立場の者に対するルールである¹⁸⁷⁾。

例えば、FIFA は、2015 年 4 月から、全世界的に、仲介人制度をスタートさせたが、それ以前は、各国協会に資格登録されたエージェントでなければ活動できないルールであった。日本においては、日本サッカー協会が実施する認定エージェント資格試験に合格しなければならないというルール（ライセンス制度）だったのである¹⁸⁸⁾。そして、認定エージェント制度（ライセンス制度）は廃止され、新しく導入された、日本サッカー協会の仲介人に関する規則によれば、

185) 日本プロ野球選手会「選手会ニュース」http://jpbpa.net/news/?id=1352972835-087416

186) その他アマチュアリズムの法的問題に関しては、グレン M. ウォン＝川井圭司『スポーツビジネスの法と文化』13 頁以下（成文堂、2012 年）。

187) 情報のアップデートが必要であるが、馬淵雄紀「プロスポーツにおける代理人規制—規制原理とアジア各国への示唆」日本スポーツ法学会年報 17 号 169-183 頁（2010 年）。

188) 日本サッカー協会「選手エージェント規則」https://www.jfa.jp/documents/pdf/basic/12.pdf

仲介人として活動するための事前登録と、個別の取引に関与する際の個別登録がなされれば、誰でも仲介人として活動できるようになった[189]。ただし、仲介人に関する規則によれば、自由に活動できるものではなく、登録時の資格要件、仲介人契約の内容制限、利益相反行為の禁止やその他の禁止行為などが定められており、違反した場合の懲罰制度も用意されているため、日本サッカー協会による管理は継続している。

また、日本のプロ野球界では、そもそも 2000 年オフに代理人制度が導入されるまでは、代理人交渉が認められていなかったほか、導入以降も、球団側は、12 球団の申し合わせ事項として、日本人選手の代理人交渉について、以下の条件付けを行っており、この条件付けは、ほぼ現在も続いている[190]。

①代理人は日本弁護士連合会所属の日本人弁護士に限る。
②一人の代理人が複数の選手と契約することは認められない。
③選手契約交渉における選手の同席に関して、初回の交渉には選手が同席する。二回目以降の交渉について、球団と選手が双方合意すれば、代理人だけとの交渉も認める。二回目以降は、選手が同席していた場合でも、双方合意すれば、選手が一時的に席を外し、代理人だけとの交渉となることも認める。

なお、プロ野球選手会は、代理人制度の安定的な運用、発展のために、自ら公認代理人制度[191]を実施しており、公認代理人規約[192]の中で、代理人登録要件、代理人の活動に対する規制、その他禁止行為や懲戒処分などについて定めている。

イ 法的合理性のあるエージェント、代理人登録に関するルール

この点、エージェント、代理人登録に関するルールは、スポーツ団体が一方的に定める場合も多い。

しかしながら、このルールの法的合理性は、エージェントや代理人が関与する契約の当事者である、選手や指導者と所属クラブ間での合意を法的正統性にせざるを得ないのであり、いわゆる労使協議を前提に制定されるべきであろう。所属クラブ側だけで一方的に定めるだけであっては、そのルールの法的有効性に疑問を持たざるを得ない[193]。

また、日本における、エージェント、代理人をめぐるルールのも

189) 日本サッカー協会「仲介人に関する規則」http://www.jfa.jp/documents/pdf/basic/mediator.pdf

190) 日本プロ野球選手会「代理人交渉を巡る問題について」http://jpbpa.net/system/problem.html

191) 日本プロ野球選手会「公認代理人登録」http://jpbpa.net/system/

192) 日本プロ野球選手会「日本プロ野球選手会公認選手代理人規約」http://jpbpa.net/up_pdf/1323667310-234201.pdf

193) 例えば、プロ野球代理人制度の問題点については、日本プロ野球選手会「代理人交渉を巡る問題について」http://jpbpa.net/system/problem.html。

う一つの問題として、弁護士法第72条が定める非弁護士の法律事務の取り扱い等の禁止との兼ね合いの問題がある。結論としては、いわゆる法務省の見解としての、通常業務に伴い契約の締結に向けての通常の話し合いについては弁護士法第72条の問題は発生しないが、当該契約について訴訟に発展しそうな場合などは弁護士法第72条の問題が発生する可能性があり、弁護士資格のない者がエージェント、代理人を継続することは違法となると考えられる[194]。

この点に配慮し、前述の日本サッカー協会が定めた仲介人に関する規則第2条第4項によれば、「契約交渉が事件性を有する場合又は事件性を有することが予見される場合は、弁護士以外の仲介人は関与してはならず、弁護士以外の仲介人は直ちに行為を中止しなければならない」と定められている。

194) 詳細は、馬淵雄紀「FIFA選手代理人に関する研究」日本スポーツ法学会年報15号122-136頁（2008年）。

第4編　民事法とスポーツ

第5章　知的財産法、不正競争防止法

　本章では、スポーツと知的財産に関する問題を解説する。

　スポーツビジネスにおいては、試合結果その他関連情報、スポーツ団体の
ロゴ、キャラクターやアスリートの氏名、肖像、スポーツ映像、スポーツ用
具などを企業が活用し、商品が販売されることによって、大きなビジネスが
生まれている。このような試合結果その他関連情報、スポーツ団体のロゴ、
キャラクターやアスリートの氏名、肖像、スポーツ映像、スポーツ用具など
には大きな金銭価値があり、一般市民の話題や企業の経済活動の対象にもな
りやすい。一般市民の自由な利用、企業の経済活動とこのようなコンテンツ
がもつ金銭価値の保護のバランスをどうするべきか、それが知的財産法をめ
ぐる議論である。

　スポーツ界で特に問題となる知的財産には、スポーツ団体のロゴやキャラ
クター、スポーツ映像などをめぐる著作権の問題、選手の氏名、肖像をめぐ
る肖像権の問題、スポーツ団体の名称やロゴ、キャラクターをめぐる商標権
の問題、その他スポーツ用具をめぐる特許権の問題などが存在する。そして、
これらの問題と近似するものとして、このような知的財産を活用するスポー
ツビジネスにおける不正競争を禁止する不正競争防止法制も存在する。

　一方で、スポーツビジネスにおいては、これ以外にも、放映権、スポンサー
権、商品化権など、一見すると日本において法定されているような権利も存
在する。このようなスポーツビジネスにとって重要なコンテンツの保護と自
由な利用、企業の経済活動とのバランスはどのように図られているのか、と
いう問題もある。

　このような法制度は、スポーツ界においていかなる対象を保護し、その限
界を定めているのか、それぞれの法制度はどのような相互関係にあるのか、
これらの詳細を把握することは、スポーツビジネスを活性化させるためにも
極めて重要な観点である。

　本章では、このような知的財産をめぐる法制度を概観し、スポーツビジネ
ス界におけるバランスのある知的財産の保護と活用について解説する。

Contents

知的財産法、不正競争防止法

第5章

① スポーツに関する知的財産の全体像

表1．スポーツに関する知的財産の全体像

法令名		権利	対象となる無体物(情報)
知的財産法	著作権法	著作権	著作物(第2条第1項第1号)
		著作隣接権	実演(第2条第1項第3号),レコード(第2条第1項第5号),放送・有線放送(第2条第1項第8号、第9号の2)
	産業財産権法 特許法	特許権	発明(第2条第1項)※要登録
	実用新案法	実用新案権	考案(第2条第1項)※要登録
	意匠法	意匠権	意匠(第2条第1項)※要登録
	商標法	商標権	商標(第2条第1項)※要登録
その他の知的財産法	不正競争防止法	不正競争行為として規制	商標を含む商品表示等の保護(第2条第1項第1号、第2号)
			営業秘密の保護(第2条第1項第4〜第9号)
			ドメインの不正取得等からの保護(第2条第1項第12号)
		国際約束に基づく禁止行為	オリンピック・パラリンピックマーク等の保護(第17条)
	民法	肖像権・パブリシティ権	氏名・肖像等(第709条)

（1）知的財産法

　知的財産法という名称の法律は存在しない。一般的に、知的財産法という場合、無体物（情報）を客体とする著作権法、特許法、実用新案法、意匠法、商標法などの法律を総称するものである。

〈1〉著作権法

　著作権法が保護する無体物（情報）は、著作物（思想又は感情を創作的に表現したものであつて、文芸、学術、美術又は音楽の範囲に属するもの）である。具体的には、映画、映像、音楽、マンガ、美術作品などである。著作物は、原則として、これを創作した著作者に著作権及び著作者人格権を付与することでその利益を保護している。著作権の存続期間は、原則として、著作物を創作した時から著作者の死後 70 年（著作権法第 51 条）である。

　また著作権法は、著作物そのものではないが、著作物を伝達する一定の行為（実演、レコード及び放送・有線放送）を行う者（実演家、レコード製作者、放送・有線放送事業者）に著作隣接権を付与することでその利益を保護している。著作隣接権の存続期間は、実演家及

びレコード製作者については所定の行為を行った時から70年間、放送・有線放送事業者については50年間である（著作権法第101条）。著作隣接権は、著作権ほど強力ではないが、これに準じた権利である。

なお、著作権・著作者人格権・著作隣接権はいずれも著作物を創作し、一定の著作物の伝達行為をすることで発生し、登録などを要しない（無方式主義）。

〈2〉特許法

特許法が保護する無体物（情報）は、発明（自然法則を利用した技術的思想の創作のうち高度のもの）である。特許庁の審査を経て登録することで、特許権により保護される（方式主義）。特許権の存続期間は、出願日から20年（特許法第67条第1項）であり、原則として存続期間を延長することはできない[1]。

〈3〉実用新案法

実用新案法が保護する無体物（情報）は、実用新案（自然法則を利用した技術的思想の創作）である。特許庁の審査を経て登録することで、実用新案権により保護される。実用新案権の存続期間は、出願日から10年（実用新案法第15条）であり、存続期間を延長することはできない。

〈4〉意匠法

意匠法が保護する無体物（情報）は、意匠、具体的には、物品のデザインである。特許庁の審査を経て登録することで、意匠権により保護される。意匠権の存続期間は、登録の日から20年[2]（意匠法第21条第1項）であり、存続期間を延長することはできない。

〈5〉商標法

商標法が保護する無体物（情報）は、商標、すなわち商品やサービスに付する目印として利用される文字やマーク等であり、一般的にトレードマークやサービスマークといわれる。特許庁の審査を経て登録することで、商標権により保護される。商標権の存続期間は、登録の日から10年であるが、存続期間を更新することが可能である[3]（商標法第19条）。

1) 医薬品や農薬等の一部について5年を限度に存続期間を延長する制度がある（特許法第67条の2）。

2) 2006年意匠法改正（2007年4月1日施行）により存続期間が15年から20年に延長された。20年の存続期間が適用されるのは2007年4月1日以降に出願された意匠に限る。2007年3月31日までに出願された意匠の存続期間は、登録日から15年である。

3) 商標権を更新し続けることで、半永久的に商標権を存続させることが可能となっている（商標法第19条第2項第3項）。

（2）不正競争防止法

　不正競争防止法は、知的財産法のように無体物（情報）の保護を目的としたものではなく、事業者間の公正な競争を確保する等の目的で制定されたものであり、多様な行為が不正競争行為として規定されている。

　不正競争行為のうち一部が知的財産法を補完しており、当該不正競争行為の規制を通じて知的財産の保護を図ることになる。このような不正競争行為として、同法は次の行為を定めている。

　①周知な商品等表示の混同惹起行為（不正競争防止法第2条第1項第1号）

　②著名な商品等表示の冒用行為（不正競争防止法第2条第1項第2号）

　③他人の商品形態を模倣する商品の提供（不正競争防止法第2条第1項第3号）

　④ドメインネームの不正取得等（不正競争防止法第2条第1項第13号）

　さらに、国際約束に基づく禁止行為として、次の行為を定めている。

　⑤国際機関の標章の商業上の使用禁止（不正競争防止法第17条）

（3）パブリシティ権

　パブリシティ権は、これを定める成文法はなく、裁判例の蓄積によって認められてきた権利である。芸能人やアスリートなどの氏名や肖像等がもつ顧客吸引力を排他的に利用する権利である。パブリシティ権を享有できるのは自然人に限られる[4]。

② スポーツと知的財産の関係

　著作権・著作隣接権は、著作物の典型である映画や音楽のようにスポーツをコンテンツとして利用する場合に機能する。

　特許権や実用新案権は、工業製品の製造等に利用されるものであるが、スポーツとの関係では、スポーツ用品に関して多数出願・登録されている[5]。また、意匠権は、工業製品の形状や模様などデザインであるが、スポーツとの関係では、スポーツ用品に関して多数出願・登録されている[6]。

　商標権は、スポーツにおいても、オリンピックの五輪マークをはじめとしてトレードマーク・サービスマークが活用され、スポーツ

4) ピンクレディー事件、最高裁判決平成24年2月2日民集66巻2号89頁

5) 例えば、野球用バットやゴルフクラブなど。

6) 例えば、ユニフォームやシューズのデザインなど。

第4編　民事法とスポーツ

ビジネスにおいて重要な役割を果たしている。そして、不正競争防止法の①周知な商品等表示の混同惹起行為（不正競争防止法第2条第1項第1号）、②著名な商品等表示の冒用行為（不正競争防止法第2条第1項第2号）及び③国際機関の標章の商業上の使用禁止（不正競争防止法第17条)が商標権を補完するものとして機能している。

　パブリシティ権は、選手の氏名・肖像等を利用した広告宣伝や商品化の際に機能する。いわば、選手をコンテンツとして利用する場合である。

　以下では、スポーツないし選手をコンテンツとして利用するスポーツビジネスを前提に、そこで機能する著作権、商標権（不正競争防止法を含む）、パブリシティ権その他スポーツビジネスで利用される権利について概説する。

③ 著作権・著作者人格権・著作隣接権

（1）著作権・著作者人格権
〈1〉法制度の概要

　著作権法は、文化的所産である著作物について、これを創作した者（著作者）に著作権・著作者人格権を付与し、所定の期間、当該著作物の排他的支配を認めることで、著作者の利益を保護し、文化の発展に寄与することを目的としている（著作権法第1条参照）。

〈2〉著作権・著作者人格権の概要
①著作物

　思想または感情を創作的に表現したものであって、文芸、学術、美術または音楽の範囲に属するものをいう（著作権法第2条第1項第1号）。

②著作者

　著作物を創作する者が著作者である（著作権法第2条第1項第2号）。

③著作者の有する権利

　著作者は、著作権及び著作者人格権を享有する（著作権法第17条第1項）。

　著作者の権利である著作権及び著作者人格権は、著作物の創作によって当然に生じ、登録など方式の履践を要しない（無方式主義。著作権法第17条第2項）。

④著作権

著作権は、単一の権利ではなく、次の各権利（支分権）の総称である。すなわち、複製権、上演権、演奏権、上映権、公衆送信権、口述権、展示権、頒布権（映画の著作物のみ）、譲渡権（映画の著作物以外）、貸与権、翻訳権・翻案権、二次的著作物の利用権である。各権利の概要は、下表のとおりである。

表2.

複製権(著作権法第21条)	手書、印刷、写真撮影、複写、録音、録画、パソコンのハードディスクやサーバーへの蓄積など著作物を形のある物に再製（コピー）する権利
上演権・演奏権(著作権法第21条)	著作物を公衆に向けて演じる権利（CDやDVDを再生する場合も含む）
上映権(著作権法第22条の2)	著作物を公衆に向けてスクリーンやディスプレイに映写する権利
公衆送信権(著作権法第23条)	1項:著作物を公衆に向けて放送・有線放送・インターネット配信する権利（サーバーへのアップロードを含む） 2項:公衆送信される著作物を受信装置を用いて公に伝達する権利(伝達権)
口述権(著作権法第24条)	朗読等により著作物を公衆に向けて口頭で伝達する権利
展示権(著作権法第25条)	美術作品と未公表の写真作品のオリジナルを公衆に向けて展示する権利
頒布権(著作権法第26条)	映画の複製物を公衆に向けて譲渡・貸与する権利
譲渡権(著作権法第26条の2)	映画以外の著作物（オリジナル・複製物）を公衆に向けて譲渡する権利
貸与権(著作権法第26条の3)	映画以外の著作物（オリジナル・複製物）を公衆に向けて貸与する権利
翻訳権・翻案権(著作権法第27条)	著作物の翻訳、編曲、脚色、映画化などにより著作物（二次的著作物）を創作する権利
二次的著作物の利用権(著作権法第28条)	二次的著作物の元になった著作物の著作者が、二次的著作物の利用に関し、二次的著作物の著作者と同一の権利を有する

※「公衆」は、不特定多数のほか特定多数を含む(同法2条5項)

著作権は、財産権であり、その全部または一部を他人に譲渡[7]したり、ライセンス（権利の利用許諾）することができる（著作権法第61条、第63条）。

著作権の存続期間は、原則として、著作物が創作された時から著作者の死後70年である（著作権法第51条）[8]。

⑤著作者人格権

著作者人格権は、公表権、氏名表示権、同一性保持権に名誉声望保持権を加えたものをいう。

各権利の概要は、下表のとおりである。

表3.

公表権(著作権法第18条)	著作物を公表するか否か、公表する場合、どのような方法・時期に公表するかを決定する権利
氏名表示権(著作権法第19条)	著作物に氏名を表示するか否か、表示する場合の表示名（本名かペンネームか匿名か）を決定する権利
同一性保持権(著作権法第20条)	著作物の内容やタイトルを意に反して改変させない権利
名誉声望保持権(著作権法第113条第6項)	名誉または声望を害する方法で著作物を利用させない権利

7) 著作権の譲渡に当たり、翻案権（著作権法第27条）及び二次的著作物の利用権（著作権法第28条）については、譲渡する旨を特掲しなければ、著作権を譲渡した者に留保されたものと推定される（著作権法第61条第2項）。

8) 例外として、法人等の団体名義の著作物について公表後70年（著作権法第53条第1項）、映画の著作物について公表後70年（著作権法第54条）などがある。

著作者人格権は、著作権と異なり、著作者の一身に専属し、他人に譲渡することはできない（著作権法第59条）。著作者の死により著作者人格権は消滅するが、その人格的利益は一定の範囲で保護される（著作権法第60条、第116条）。

〈3〉権利執行方法

著作権・著作者人格権が侵害された場合、著作者・著作権者は、侵害者に対し、侵害行為の差し止めを求めることができる（著作権法第112条）。また、一定範囲の教唆・幇助行為をみなし侵害として差し止めの対象としている（著作権法第113条）。

権利侵害により損害を被った場合、著作者・著作権者は、侵害者に対し、損害賠償請求をすることができる（民法第709条）。損害額の立証の困難を救済するために、著作権法上、損害額の推定規定等が定められている（著作権法第114条等）。

著作者人格権の侵害については、特に、著作者は侵害者に対し、名誉声望を回復するための措置を請求することができる（著作権法第115条）。

さらに、著作権・著作者人格権を故意に侵害した場合、刑事罰の対象となり、著作権侵害について、10年以下の懲役もしくは1,000万円以下の罰金またはこれらを併科される（著作権法第119条第1項）[9]。著作者人格権侵害について、5年以下の懲役もしくは500万円以下の罰金またはこれらを併科される（著作権法第119条第2項第1号）[10]。

この刑事罰は、原則として親告罪であり、告訴がなければ公訴を提起できない（著作権法第123条1項）[11]。

（2）主なスポーツ事例

スポーツそれ自体は、著作物に該当せず、著作権で保護されるものではない[12]。ただし、近年、注目されているeスポーツは、既存のビデオゲームを競技に用いている。ビデオゲームは著作物であり、著作権の保護を受ける。このため、eスポーツの競技大会を実施するにあたっては、著作権者の許諾を要することとなる。

eスポーツ以外では、チームのマスコットキャラクター（ジャビットやドアラなど）や録画されたスポーツ映像がスポーツにおける著作物の典型である。

前記のほかにスポーツにおいて著作権が問題になる場合として

9) 法人の代表者等が著作権侵害を行った場合、法人にも刑事罰が科される。この場合、当該法人には3億円以下の罰金となる（著作権法第124条第1項第1号）。

10) 法人に刑事罰が科される場合、500万円以下の罰金となる（著作権法第124条第1項第2号）。

11) 環太平洋パートナーシップ協定の締結に伴う関係法律の整備の一環として著作権等侵害の一部が非親告罪とされた。具体的には、次の要件すべてに該当する場合に限り、非親告罪とされた（著作権法123条2項3項）。
①侵害者が、侵害行為の対価として財産上の利益を得る目的又は有償著作物等（権利者が有償で公衆に提供・提示している著作物等）の販売等により権利者の得ることが見込まれる利益を害する目的を有していること
②有償著作物等を「原作のまま」公衆譲渡しくは公衆送信する侵害行為又はこれらの行為のために有償著作物等を複製する侵害行為であること
③有償著作物等の提供又は提示により権利者の得ることが見込まれる「利益が不当に害されることとなる場合」であること

12) この点、フィギュアスケートやアーティスティックスイミングなど演技の要素のある競技における振り付けについて、著作権法上、舞踏の著作物として保護されるか否か議論があり、肯定・否定両説存在するが、裁判例は存在しない。

は、マークやロゴに関連する事案がある。この点、2020年オリンピック・パラリンピック東京大会のエンブレムが、ベルギーの劇場のエンブレムに類似すると訴えられた問題で、権利者は著作権の侵害を主張している。特に、マークやロゴが著作物に当たるかは、後述するアンブッシュ・マーケティングの規制において問題となるところである。

　シンボルマークの著作物性について、古い判例が存在する。旧著作権法下の事案であるが、オリンピックマーク（五輪マーク）の著作物性が問題となった事案（仮処分）において、裁判所は、オリンピックマークが比較的簡単な図案模様に過ぎないこと、このマークが国際的に尊重されていることは、オリンピック行事が国際的行事として広く知られているもので、それ自体の美術性によるものではないとして、美術の範囲に属する著作物に該当しない（それゆえ著作物に該当しない）と判断した例がある[13]。

　ロゴは、デザイン書体を用いた文字を図案化・装飾化したものであるが、このロゴの著作物性も問題となる。スポーツの事案ではないが、ロゴの著作物性が問題となった事案において、裁判所は「デザイン書体も文字の字体を基礎として、これにデザインを施したものであるところ、文字は万人共有の文化的財産ともいうべきものであり、また、本来的には情報伝達という実用的機能を有するものであるから、文字の字体を基礎として含むデザイン書体の表現形態に著作権としての保護を与えるべき創作性を認めることは、一般的には困難であると考えられる。仮に、デザイン書体に著作物性を認めうる場合があるとしても、それは、当該書体のデザイン的要素が『美術』の著作物と同視しうるような美的創作性を感得できる場合に限られることは当然である」と判断して、著作物に該当しないとした事例がある[14]。

（3）著作隣接権（実演・放送）

〈1〉法制度の概要

　著作権法が目的とする文化の発展に寄与するため、著作物を創作する著作者の利益を保護するだけでなく、著作物を世の中に伝達する者のうち、実演家、レコード製作者、放送・有線放送事業者に著作隣接権を付与してその利益を保護している。

13) 東京地方裁判所判決昭和 39 年
9 月 25 日判例タイムズ 165 号
181 頁

14)Asahi ロゴマーク事件・東京高等
裁判所判決平成 8 年 1 月 25 日知
的財産裁判例集 28 巻 1 号 1 頁、
他に最高裁判所判決平成 12 年
9 月 7 日判例タイムズ 1046 号
101 頁など

第4編　民事法とスポーツ

〈2〉著作隣接権の概要

　実演家、レコード製作者、放送・有線放送事業者に著作隣接権が付与されるが、スポーツにおいては、実演家の著作隣接権、放送事業者の著作隣接権が問題となり得るため、以下、これらに絞って概説する。

ア　実演家の著作隣接権

a　実演

　著作物を、演劇的に演じ、舞い、演奏し、歌い、口演し、朗詠し、またはその他の方法により演ずること（これらに類する行為で、著作物を演じないが芸能的な性質を有するものを含む）をいう（著作権法第2条第1項第3号）。

　歌手の歌唱、ダンサーの踊り、俳優の演技など著作物を演ずる行為が実演の典型である。著作物を演じないが芸能的な性質を有するものとして、手品師が行う手品の実演や物まね芸人の行う物まねの実演などがある[15]。こうした実演が著作隣接権の保護の対象となる。

b　実演家

　俳優、舞踊家、演奏家、歌手その他実演を行う者及び実演を指揮し、または演出する者をいう（著作権法第2条第1項第4号）。

　実演を行う歌手、ダンサーや俳優のほか、実演を指揮するオーケストラの指揮者や実演を演出する舞台の演出家なども実演家に含まれる[16]。

c　実演家の権利

　著作隣接権、報酬・二次使用料請求権及び実演家人格権からなる。これらの権利は、実演を行うことによって生じ、登録など方式の履践を要しない（著作権法第89条第5項）。

d　著作隣接権

　著作権と同様、単一の権利ではなく、次の各権利の総称である。すなわち、録音権・録画権、放送権・有線放送権、送信可能化権、譲渡権、貸与権である。

　各権利の概要は、下表のとおりである。

15) 加戸守行『著作権法逐条講義』26-27頁（公益財団法人著作権情報センター、六訂新版、2013年）、半田正夫＝松田政行編『著作権法コンメンタール1』70頁（勁草書房、2009年）

16) 加戸・前掲注15)27-28頁参照

表 4.

録音権・録画権 （著作権法第91条）	実演を録音・録画する権利（DVDやCDのコピーにも及ぶ）
放送権・有線放送権 （著作権法第92条）	実演を放送・有線放送する権利
送信可能化権 （著作権法第92条の2）	実演をサーバーにアップロードする権利
譲渡権（著作権法第95条の2）	実演が録画・録音された物（DVDやCDなど）を公衆に向けて譲渡する権利
貸与権（著作権法第95条の31項）	実演が録音された商業用レコードを貸与する権利 ※政令により、貸与権は発売後 1 年間行使可能

　著作隣接権は、著作権と同様、財産権であり、その全部または一部を他人に譲渡したり、ライセンス（権利の利用許諾）することができる（著作権法第 103 条による第 61 条第 1 項、第 63 条準用）。

　実演家の著作隣接権の存続期間は、実演を行った時から 70 年である（著作権法第 101 条）。

e　報酬・二次使用料請求権

　実演が固定された商業用レコード（配信音源含む）[17] が放送・有線放送された場合、実演家は、放送・有線放送事業者に対し、二次使用料を請求できる（著作権法第 95 条第 1 項）。また、著作隣接権のうち貸与権の働かない商業用レコード [18] がレンタルされた場合、実演家は、貸しレコード業者に対し、相当額の報酬を請求することができる。

　ただし、著作権法上、これらの権利は、個々の実演家ではなく、文化庁長官が指定した団体が行使することとされている（著作権法第 95 条第 5 項）。現在、日本芸能実演家団体協議会が指定されている。

f　実演家人格権

　実演家人格権は、氏名表示権及び同一性保持権からなる。各権利の概要は下表のとおりである。

表 5.

氏名表示権（著作権法第90条の2）	実演に氏名を表示するか否か、表示する場合、本名か芸名かなど決定する権利
同一性保持権 （著作権法第90条の3）	実演を意に反して名誉声望を害する形で改変させない権利

　実演家人格権は、著作者人格権と同様、実演家の一身に専属し、他人に譲渡することはできない（著作権法第 101 条の 2）。実演家の死により実演家人格権は消滅するが、その人格的利益は一定の範囲で保護される（著作権法第 101 条の 3、第 116 条）。

17) 市販の目的をもって製作されるレコードの複製物をいう（著作権法第 2 条第 1 項第 7 号）。

18) 最初に販売された日から 12 カ月を経過した商業用レコードが該当する（著作権法第 95 条の 3 第 2 項、著作権法施行令第 57 条の 2）。

第 4 編　民事法とスポーツ

イ　放送事業者の著作隣接権 [19]

a　放送

公衆送信 [20] のうち、公衆によって同一の内容の送信が同時に受信されることを目的として行う無線通信の送信をいう（著作権法第2条第1項第8号）。

b　放送事業者

放送を業として行う者をいう（著作権法第2条第1項第9号）。テレビ局が放送事業者の典型である [21]。

c　放送事業者の権利

次の各権利からなる著作隣接権のみである。すなわち、複製権、再放送権・有線放送、送信可能化権及びテレビジョン放送の伝達権である。

各権利の概要は、表6のとおりである。

表6.

複製権(著作権法第98条)	テレビ・ラジオの放送(その放送を受信して行う有線放送)を、録画・録音したり、テレビの映像を写真等にコピーする権利(録音・録画したものをさらにコピーすることも含む)
再放送権・有線放送権(著作権法第99条)	放送を受信して、さらに放送・有線放送する権利
送信可能化権(著作権法第99条の2)	放送(その放送を受信して行う有線放送)を受信し、これをサーバー等へアップロードする権利
テレビジョン放送の伝達権(著作権法第100条)	テレビ放送(その放送を受信して行う有線放送)を受信して、超大型テレビやオーロラビジョンなど画面を拡大する特別の装置を用いて、公衆向けに伝達する(見せる)権利

放送事業者の著作隣接権の存続期間は、放送を行った時から50年である（著作権法第101条）。

〈3〉権利執行方法

著作権・著作者人格権侵害の場合と同じく、著作隣接権侵害・実演家人格権侵害について、差し止め、損害賠償請求、名誉回復措置が設けられている（著作権法第112条から第115条）。

また、故意に著作隣接権・実演家人格権を侵害した場合には、刑事罰が科されるが、親告罪となっている（著作権法第119条第1項・第2項第1号、第123条第1項、第124条第1項）。

（4）主なスポーツ事例

前述のとおり、スポーツそれ自体は、著作物に該当せず、スポーツをプレーする選手は実演家に該当しない [22]。

19) 有線放送事業者の著作隣接権についても同様に著作権法第102条の2から第102条の5で著作隣接権が規定されている。

20) 著作権法第2条第1項第7号の2において「公衆によって直接受信されることを目的として無線通信又は有線電気通信の送信（電気通信設備で、その一の部分の設置の場所が他の部分の設置の場所と同一の構内（その構内が二以上の者の占有に属している場合には、同一の者の占有に属する区域内）にあるものによる送信（プログラムの著作物の送信を除く））を行うことをいう」と定義されている。放送・有線放送・インターネット配信等を含む上位概念である。

21) 加戸・前掲注15)38頁

22) 加戸・前掲注15)27頁によれば、フィギュアスケートがアイススケートショーとして行われれば、実演に該当するとしている。

スポーツ映像は著作物として著作権法で保護されるが、当該スポーツ映像を放送する場合、当該スポーツ放送それ自体が放送として放送事業者の著作隣接権で保護される。このため、放送されたスポーツ映像を録画してネット配信する場合など、スポーツ映像の著作権者から許諾を得るだけでなく、放送事業者の著作隣接権の許諾を得る必要がある。

 商標権

（1）法制度の概要

　商標法は、商標の保護を通じて、商標使用者の業務上の信用の維持を図り、産業の発展に寄与することを目的とする（商標法第 1 条）。

　商標は、商品やサービスの目印として用いられることから、自己の商品やサービスと他人の商品やサービスとを区別する機能を有する（自他識別機能）。スマートフォンを販売するに当たって「iPhone」や「Xperia」などの名称を用いて他社のスマートフォンと識別できるようにする機能である。この自他識別機能を基本機能として、商標には、①出所表示機能、②品質保証機能、③宣伝広告機能が生じる[23]。

　同一の商標が付された商品やサービスは一定の出所から提供されていると消費者は認識する（出所表示機能）。例えば、「iPhone」と付されていれば Apple 社が、「Xperia」と付されていれば Sony が提供していると認識する。

　商品やサービスの提供者は、商品やサービスを常に一定の品質を満たすように提供することから、その商標が付された商品やサービスは一定の品質を有すると認識する（品質保証機能）。「iPhone」や「Xperia」は優れた機能を有するものとして宣伝されており、これら商標が付されている商品を消費者が見ると優れた性能を有すると認識するのである。

　商標を広告で使用することにより、その商標が付された商品やサービスに対する購買意欲を促すことになる（宣伝広告機能）。「iPhone」や「Xperia」などの商標を付した商品をテレビや雑誌等で宣伝・広告することにより、これら商標が付された商品が消費者の目にとまりやすくなるのである。

　独自のスマートフォンを製造した者が、iPhone と同一または類似する商標を付して販売した場合、消費者は、Apple 社製の

23) 小野昌延編『注解商標法【新版】』上巻 19-22 頁（青林書院、2006 年）

第
4
編

民事法とスポーツ

iPhoneと誤認して購入するおそれがある。こうして粗悪品を入手した消費者はiPhoneの商標に悪いイメージを持つことになり、結果、Apple社は業務上の信用を失ってしまうのである。

商標の保護を通じてこうした業務上の信用を保護するために、商標権が存在する。

（2）商標権の概要

〈1〉商標

保護の対象となる商標は、文字、図形、記号、色彩や立体的形状（これらの組み合わせを含む）並びに色彩のみ、動き、音、位置及びホログラムで、これらを業として商品やサービス[24]に使用[25]するものである（商標法第2条第1項）。

〈2〉商標権の概要

商標権は、特許庁に登録して初めて生じる（商標法第18条第1項）。特許庁への登録は、登録しようとする商標を特定し、その商標を使用する商品・サービスの範囲を指定（指定商品・指定役務）[26]して出願する。

同一または類似する商品・サービスの範囲に、同一または類似する商標が複数出願されている場合は、最初に出願した者だけに商標登録が認められる（先願主義）。出願後に、商標法の登録要件に従って審査がなされる。登録できない商標としては、自他識別機能を有さない商標、公益に反する商標、他人の商標と類似する商標などがある（商標法第3条第1項、第4条）。なお、ありふれたものとして自他識別機能を有さない商標[27]であっても、長く使用されるなどによって自他識別機能を有するに至った場合は商標登録が可能となる（特別顕著性。商標法第3条第2項）。

審査を経て商標登録すると商標権が発生する（商標法第18条第1項）。商標権の存続期間は10年であるが、更新することで半永久的に存続できる（商標法第19条）。

商標権は指定商品・指定役務の範囲で登録商標を使用する権利であり、商標権者がこれを専有する（商標法第25条本文）。商標権者は、この商標権を他人に移転したり、許諾したりすることができる。商標権を他人に移転する場合（相続等一般承継を除く）、特許庁に移転の登録をしなければ、その効力が生じない（商標法第35条、特許法第98条第1項第1号）。ライセンス（商標権の許諾）は、専用使用権（商

24) 商標法上は「役務」と呼称されている。

25) 何が使用に該当するかは、商標法第2条第3項第1号から第10号に具体的に定められている。

26) 商標権の範囲は、指定商品・指定役務に限定される。

27) 商標法第3条第1項第3号から第5号に該当する商標に限る（商標法第3条第2項）。

標法第 30 条）と通常使用権（商標法第 31 条）がある。専用使用権は、その設定登録により効力を生じる（商標法第 30 条第 34 項、特許法第 98 条第 1 項第 2 号）。他人に専用使用権を設定した場合、商標権者は、専用使用権を設定した範囲で、当該登録商標を使用することができなくなる（商標法第 25 条但書）。通常使用権の設定については、登録は不要であり、通常使用権を設定した後も、商標権者は、登録商標を使用することができる。

　商標権者が登録商標を使用することができる範囲は指定商品・指定役務の範囲に限られるが、類似の範囲（指定商品・役務についての登録商標に類似する商標の使用、または指定商品・役務に類似する商品・役務についての同一または類似の商標の使用）内で他人による使用を排除することができる（商標法第 37 条第 1 項第 1 号。禁止権）。これをまとめると商標権の効力の及ぶ範囲は下表のとおりである。

表 7.

商標権の効力が及ぶ範囲		指定商品又は役務		
		同一	類似	非類似
商標	同一	専用権	禁止権	×
	類似	禁止権	禁止権	×
	非類似	×	×	×

×印の部分には、商標権の効力は及びません。

出典：特許庁ホームページ

　なお、商標権の範囲内であっても、自己の氏名・名称を普通に用いられる方法で表示する場合、商品またはサービスの普通名称、品質等を普通に用いられる方法で表示する場合、自他識別機能等を発揮する態様で使用されていない場合など一定の場合には、商標権の効力は及ばないとされている（商標法第 26 条第 1 項各号）。

（3）権利執行方法

　商標権が侵害された場合、商標権者または専用使用権者は、侵害者に対し、侵害行為の差し止めを求めることができる（商標法第 36 条）。また、一定範囲の行為をみなし侵害として差し止めの対象としている（商標法第 37 条）。

　権利侵害により損害を被った場合、商標権者または専用使用権者は、侵害者に対し、損害賠償請求をすることができる（民法第 709 条）。損害額の立証の困難を救済するために、商標法上、損害額の推定規定等が定められている（商標法第 38 条等）。

　また、商標権者または専用使用権者は、侵害者に対し、業務上の

信用を回復するための措置を請求することができる（商標法第39条、特許法第106条）。

さらに、商標権または専用使用権を故意に侵害した場合、刑事罰の対象となり、10年以下の懲役もしくは1,000万円以下の罰金またはこれらを併科される（商標法第78条）[28]。

（4）主なスポーツ事例

前述のとおり、スポーツは著作物でなく、それ自体を独占することができない。このため、スポーツに関するサービス（スポーツイベントや試合など）を提供する主体を識別する商標の活用が重要となる。この点、オリンピックやパラリンピックのシンボルマークやワールドカップなどスポーツイベントやマンチェスター・ユナイテッドなどチーム名などが広く商標登録されている。

また、スポーツイベントのマスコットキャラクターは著作物として著作権で保護され得るが、商標としても使用することができる。

商標に関する紛争は、模倣品のように著名な商標に類似した商標を使用する事例が多いが、海外の有名な商標や国内外で話題のある言葉を商標登録し、真に使用したい企業等に高額に売りつける商標ブローカーの問題がある。前者の点については後述するアンブッシュ・マーケティングで問題となる。後者の点について、阪神タイガースと関係のない男性が登録した「阪神優勝」の商標が無効とされた事例がある[29]。また、Juventusの商標権を有するX企業が、イタリアのプロサッカーチーム「JUVENTUS」から許諾を得て、そのオフィシャルグッズを輸入・販売しているY企業に対し、商標権侵害を理由に当該グッズの輸入・販売の差し止め等を求めた事案で、裁判所は、X企業の商標がイタリアのプロサッカーチーム・ユベントスから由来するものであり、同チームの許諾を得ていないこと等から、X企業の商標権行使は、正義公平の理念に反し、国際的な商標秩序に反するもので、権利濫用に当たるとしてX企業の訴えを退けている[30]。

新たに音や動画などの商標が認められるようになったことから、今後は、スポーツイベントで使用するジングルやタイトル映像などを商標登録して活用することが考えられる。

28) 法人の代表者等が商標権または専用使用権の侵害を行った場合、法人にも刑事罰が科される。この場合、当該法人には3億円以下の罰金となる（商標法第82条第1項第1号）。

29) 無効2003-35360事案。一旦有効に登録された商標について、登録を無効とする原因がある場合に、特許庁に申し出て行う無効審判により、「阪神優勝」商標の登録は無効とされた。「阪神」の文字部分が「阪神タイガース」の著名な略称であり阪神タイガースを連想するなどの理由から、これを男性が使用した場合、阪神タイガースと何らかの関係を有する者の商品と混同を生じさせるおそれがあるとし、無効の原因がある（商標法第4条第1項第15号）とした。

30) 東京地方裁判所判決平成12年3月23日判例時報1717号132頁

⑤　不正競争防止法

（1）法制度の概要

不正競争防止法は、事業者間の公正な競争及びこれに関する国際約束の的確な実施を確保するため制定されたものである。不正競争防止法第 2 条第 1 項第 1 号及び第 2 号の不正競争行為並びに不正競争防止法第 17 条の国際約束に基づく禁止行為は、識別標識に関する規定であり、商標を補完し、かつこれよりも広範囲に識別標識の保護を定めるものである。

（2）周知な商品等表示の混同惹起行為（不正競争防止法第 2 条第 1 項第 1 号）

> 他人の商品等表示（人の業務に係る氏名、商号、商標、標章、商品の容器若しくは包装その他の商品又は営業を表示するものをいう。以下同じ。）として需要者の間に広く認識されているものと同一若しくは類似の商品等表示を使用し、又はその商品等表示を使用した商品を譲渡し、引き渡し、譲渡若しくは引渡しのために展示し、輸出し、輸入し、若しくは電気通信回線を通じて提供して、他人の商品又は営業と混同を生じさせる行為

この不正競争行為は、以下〈1〉から〈3〉に該当する他人の商品等表示と同一または類似の商品等表示を使用等することで成立する。

〈1〉他人の商品等表示

同号の保護の対象となる表示は、①人の業務に係る氏名、商号、商標、標章、②商品の容器・包装、③その他の商品又は営業を表示するもの、である。

商標については、登録商標はもちろん、未登録の商標も商品等表示に該当し得る。また、商標以外にも氏名や商号、商品の容器や包装など商品または営業を表示するものであれば、商品等表示として保護され得る[31]。

〈2〉周知性

商品等表示が「需要者の間に広く認識されている」ことが必要となる。「周知性」といわれている。「需要者」とは、消費者だけでは

31) 小野昌延編著『新・注解不正競争防止法【新版】』上巻 94-193 頁（青林書院、2007 年）

第4編　民事法とスポーツ

なく、商品・役務の各段階の取引業者も含む概念である。「広く認識」とは、全国的に知られている必要はなく、一地方であっても足りると解されている[32]。

〈3〉混同

混同は、現に発生している必要はなく、混同が生じるおそれがあれば足りると解されている[33]。また、混同は、競争関係の存在を前提に直接の営業主体の混同を生じさせるもの[34]（狭義の混同）のほか、緊密な営業上の関係や同一の事業グループに属する関係があると誤信させるもの[35]（広義の混同）を含むとされている。

（3）著名な商品等表示の冒用行為（不正競争防止法第2条第1項第2号）

> 自己の商品等表示として他人の著名な商品等表示と同一若しくは類似のものを使用し、又はその商品等表示を使用した商品を譲渡し、引き渡し、譲渡若しくは引渡しのために展示し、輸出し、輸入し、若しくは電気通信回線を通じて提供する行為

この不正競争行為は、第1号で要求された混同が要件とされておらず、他人の著名な商品等表示と同一または類似の商品等表示を使用等することで該当する。商品等表示の概念は第1号の場合と同じである。

この類型の不正競争行為は、著名な商品等表示の信用や名声にただ乗り（フリーライド）したり、著名な商品等表示の汚染（ポリューション）または希釈化（ダイリューション）を防止するために設けられたものである[36]。

「著名」とは、第1号の「広く認識」されている以上のレベルが要求される。具体的には日本国内に全国的に知れ渡っているような表示を想定している[37]。著名性が認められた具体例としては、「JAL」[38]、「JACCS」[39]、「セイロガン糖衣A」[40]、「虎屋」[41]、「ELLE」[42]などがある。

（4）国際約束に基づく禁止行為（不正競争防止法第17条）

> 何人も、その国際機関（政府間の国際機関及びこれに準ずるものと

32) 判例につき、アマモト上告事件・最高裁判所判決昭和34年5月20日最高裁判所刑事判例集13巻5号755頁、長崎タンメン事件・前橋地方裁判所判決昭和41年3月8日不競集849頁、バター飴事件・札幌地方裁判所判決昭和51年12月8日無体財産権関係民事・行政裁判例集8巻1号161頁、札幌ラーメンどさん子事件・東京地方裁判所判決昭和47年11月27日無体財産権関係民事・行政裁判例集4巻2号645頁、かつれつ庵佐渡事件・横浜地方裁判所判決昭和58年12月9日無体財産権関係民事・行政裁判例集15巻3号802頁など多数。文献につき、小野昌延=松村信夫『新・不正競争防止法概説』161頁（青林書院、2011年）、小野・前掲31)251頁、金井重彦ほか編著『不正競争防止法コンメンタール〔改訂版〕』24頁（LexisNexis、2014年）など。

33) 判例につき、摂津冷蔵事件・最高裁判所判決昭和44年11月13日判例時報582号92頁、ファーストプリンター事件・大阪地方裁判所判決昭和35年5月30日判例時報236号27頁、パイロメーター事件・大阪地方裁判所判決昭和36年2月16日判例タイムズ117号56頁。文献につき、小野=松村・前掲注32)174頁、金井ほか・前掲注32)234頁など

34) 京橋中央病院事件・東京地方裁判所判決昭和37年11月28日判例タイムズ139号123頁、東阪急ホテル事件・大阪地方裁判所判決昭和46年2月26日判例時報621号8頁、図鑑の北隆館事件・東京地方裁判所判決昭和51年12月24日判例タイムズ353頁など

35) ナショナルパネライト事件・大阪地方裁判所判決昭和37年9月17日判例タイムズ181号83頁、バイエル薬品事件・神戸地方裁判所判決昭和41年8月8日下級裁判所民事裁判例集17巻7・8号663頁、マンパワー事件・最高裁判所判決昭和58年10月7日最高裁判所民事判例集37巻8号1082頁、前掲注32)札幌ラーメンどさん子事件、フットボールマーク事件・最高裁判所判決昭和59年5月29日判例タイムズ530号97頁、スナックシャネル事件・最高裁判所判決平成10年9月10日判例タイムズ986号181頁など

36) 小野・前掲注31)399-404頁

37) 地理的範囲について、経済産業省知的財産政策室編著『逐条解説不正競争防止法 平成23・24年改正版』62頁（有斐閣、2012年）及び山本庸幸『要説不正競争防止法』104頁（発明協会、第4版、2006年）などは全国的に著名でなければならないとする。他方、小野=松村・前掲注32)211頁、金井ほか・前掲注32)62-62頁及び田村善之『不正競争防止法概説』243-244頁（有斐閣、第2版、2003年）などは、必ずし

して経済産業省令で定める国際機関をいう。以下この条において同じ。）と関係があると誤認させるような方法で、国際機関を表示する標章であって経済産業省令で定めるものと同一若しくは類似のもの（以下「国際機関類似標章」という。）を商標として使用し、又は国際機関類似標章を商標として使用した商品を譲渡し、引き渡し、譲渡若しくは引渡しのために展示し、輸出し、輸入し、若しくは電気通信回線を通じて提供し、若しくは国際機関類似標章を商標として使用して役務を提供してはならない。ただし、この国際機関の許可を受けたときは、この限りでない。

ここにいう国際機関を表示する標章とは、具体的には経済産業省令で指定されるが、当該指定された標章と同一または類似のものを、商標として使用等することを禁じている。オリンピックやパラリンピックのシンボルマーク等が指定されている[43]。

（5）権利執行方法

不正競争（不正競争防止法第 2 条第 1 項第 1 号、第 2 号）によって営業上の利益を侵害され、またそのおそれのある者は、侵害者に対し、侵害行為の差し止めを請求でき（不正競争防止法第 3 条）、損害を被った場合は、侵害者に対して、損害賠償を請求できる（不正競争防止法第 4 条）。損害額の立証の困難を救済するために、損害額の推定規定等が定められている（不正競争防止法第 5 条等）。

また、不正競争（不正競争防止法第 2 条第 1 項第 1 号、第 2 号）によって営業上の利益を侵害された者は、侵害者に対し、業務上の信用を回復するための措置を請求することができる（不正競争防止法第 14 条）。

不正競争防止法第 17 条違反について、民事上の救済措置は設けられていない。

刑事罰については、以下のとおりであり、いずれも 5 年以下の懲役もしくは 500 万円以下の罰金またはこれらの併科である（不正競争防止法第 21 条第 2 項第 1 号、第 2 号、第 7 号）[44]。

①不正の目的をもって第 2 条第 1 項第 1 号又は 14 号に掲げる不正競争を行った者

②他人の著名な商品等表示に係る信用若しくは名声を利用して不正の利益を得る目的で、又は当該信用若しくは名声を害する目的で第 2 条第 1 項第 2 号に掲げる不正競争を行った者

③第 16 条、第 17 条又は第 18 条第 1 項の規定に違反した者

も全国的に著名である必要はなく、地域的に著名な場合に本号による救済を否定すべきでないと解する。

38) JAL 保険事件・東京地方裁判所判決平成 10 年 11 月 30 日特許と企業 352 号 85 頁

39) Jaccs.co.jp 事件・富山地方裁判所判決平成 12 年 12 月 6 日判例タイムズ 1047 号 297 頁

40) セイロガン事件・大阪地方裁判所判決平成 11 年 3 月 11 日判例タイムズ 1023 号 257 頁

41) 虎屋事件・東京地方裁判所判決平成 12 年 12 月 21 日裁判所ウェブサイト http://www.courts.go.jp/app/hanrei_jp/detail7?id=12784

42) ELLEGARDEN 事件・知的財産高等裁判所判決平成 20 年 3 月 19 日判例タイムズ 1269 号 288 頁

43) オリンピックについて、1 国際オリンピック委員会、2 INTER NATIONAL OLYMPIC COMMITTEE、3 IOC、4 オリンピック・シンボル（5 つの輪）、5 オリンピック旗が、パラリンピックについて、1 国際パラリンピック委員会、2 INTERNATIONAL PARALYMPIC COMMITTEE、3 IPC などが指定されている。

44) 法人の代表者等が違反行為を行った場合、法人にも刑事罰が科される。この場合、当該法人には 3 億円以下の罰金となる（不正競争防止第 22 条第 1 項）。

第 4 編　民事法とスポーツ

（6）主なスポーツ事例

オリンピックやパラリンピックのシンボルマークやFIFA WORLD CUP などスポーツイベント、チーム名やマスコットキャラクターなど自他識別機能を発揮し得るものを広く含む。

商標登録をしていないが、スポーツイベント等のトレードマークやサービスマークとして使用している場合にも不正競争防止法は有効である。

商標権侵害が問題となる事案で、不正競争防止法第2条第1項第1号、第2号の該当性も問題とされることが多い。不正競争防止法違反は、商標権侵害と併存して主張することができるが、商標権侵害が主張できる場合は、立証の観点から商標権侵害の主張が比較的容易であろう。スポーツイベントやチーム名など商標登録されている場合が多いが、すべての指定商品・役務を網羅しているとは限らないため、商標権が及ばない範囲で、不正競争防止法は有効である [45]。

6　アンブッシュ・マーケティング

（1）アンブッシュ・マーケティングとは

法的な定義はないが、一般的に、「オリンピックやワールドカップなどのイベントにおいて、公式スポンサー契約を結んでいないものが無断でロゴなどを使用したり、会場内や周辺で便乗して行う宣伝活動」[46] をいうとされている。要するに、オリンピックなどのスポーツイベント等のスポンサーになっていない者が、スポンサー料を支払うことなく、当該スポーツイベント等に便乗して宣伝広告活動を行うことである。

スポーツにおいてスポンサーの存在は重要になっている。例えば、オリンピックなどの大規模な国際スポーツイベントでは、スポンサーからのスポンサー料が相当大きな比重を占めている [47]。オリンピックなどのスポーツイベント等のスポンサーでない者が、当該スポーツイベントに便乗し、スポンサー料を支払わずに宣伝広告活動を行った場合、正規のスポンサーの価値が毀損されてしまう [48]。このようなアンブッシュ・マーケティングを放置した場合、高額なスポンサー料を支払ってスポンサーになろうとするものがいなくなり、スポーツイベントが成立しなくなるおそれがある。

このため、スポーツイベントの主催者等は、アンブッシュ・マー

45) アメリカンフットボール事件・最高裁判所判決昭和59年5月29日判例タイムズ530号97頁。NFL所属チームのヘルメットマークを用いてビニールロッカーを製造販売していた企業が、NFLの子会社等から不正競争行為（不正競争防止法第2条第1項第1号、第2号）として販売の差し止め等が請求され事案において、裁判所は、第2条第1項第1号を適用して、当該子会社の請求を認容した。

46) 松村明編『大辞林』（三省堂、第3版、2006年）

47) "FACTSHEET IOC FINACIAL SUMMARY"（UPDATE JUNUARY 2014）によれば、2009年から2012年の4年間の収益50億ドルのうち18％に当たる9億ドル（約1,057億円）がスポンサー料である。

48) アメリカの調査会社 GLOBAL LANGUAGE MONITOR 社の調査によれば、2014年にロシアで開催されたソチオリンピックにおいて、最もオリンピックと関連して認識されたブランドは、更新スポンサーではない Red Bull 社であった、と報告している。

ケティングを規制しようとするのである。

（2）アンブッシュ・マ　ケティングの類型

アンブッシュ・マーケティングの主な類型として、次のものが挙げられる[49]。

49）足立勝「オリンピック開催とアンブッシュ・マーケティング規制法」日本知財学会誌第11巻第1号5-13頁（2014年）の6頁記載のアンブッシュ・マーケティングの主なパターンを引用し、同パターンのうち「オリンピック」とあるのを、筆者が「スポーツイベント等」に置き換えたもの。

> 1．スポーツイベント等のスポンサーである旨の虚偽の表示をする
> 2．スポーツイベント等関連の標章と同一・類似のマークを使用する
> 3．スポーツイベント等関連の標章と同一・類似のマークを使用しないが、以下いずれかを行う
> (a) 当該スポーツイベントで行われる競技種目をテーマとして広告等にて、当該スポーツイベントと関連があるかのような表示をする
> (b) 当該スポーツイベントの出場チームと契約することにより、当該チームのことを記述しているように装い、当該スポーツイベントと関連があるかのような表示をする
> (c) 有力な選手と契約することにより、当該選手のことを記述しているように装い、当該スポーツイベントと関連があるかのような表示をする
> 4．スポーツイベント関連の標章と同一・類似のマークを使用しないが、当該スポーツイベント開催会場・競技場やその付近で、広告物の掲出や販売活動を行う

類型1の例としては、例えば、オリンピックの公式スポンサーでないのに、オリンピックの公式スポンサーである旨を表示して、宣伝広告活動を行う場合である。

類型2の例としては、オリンピックマークに類似したマークを付して宣伝広告活動を行う場合である。

類型3の例としては、1992年のバルセロナオリンピックにて、男子バスケットボールにアメリカ代表としてドリームチームが結成された際、オリンピックの公式スポンサーではないナイキ社が、ドリームチームのメンバーであるマイケル・ジョーダン選手やチャールズ・バークレー選手と個別契約を締結し、これら選手を起用したCMをオリンピック開催中に放映し続けた例などがある。

類型4の例としては、1998年のワールドカップフランス大会（公式スポンサーはアディダス）において、ナイキ社が、パリの大会会

場に近い場所を借りて、ナイキパークを設けてサッカーイベントを開催した例などがある。

（3）アンブッシュ・マーケティングの規制

〈1〉商標法・不正競争防止法の限界

前記1及び2の類型は、商標や商品等表示の利用が想定され、商標権や不正競争防止法第2条第1項第1号及び第2号で対応可能である。ただし、裁判例[50]は、同一または類似の商標や商品等表示の使用について、自他識別機能を有する方法で使用されていることを必要としている[51]。すなわち、同一または類似の商標（商品等表示）が使われていたとしても、それがデザイン的に使用されているような場合、自他識別機能が否定されることがある[52]。また、同一または類似の商標（商品等表示）が記述的に使用された場合も、自他識別機能が否定されることがある[53]。

前記3及び4の類型は、商標や商品等表示の利用が前提となっておらず、商標権や不正競争防止法第2条第1項第1号及び第2号が機能し得ない。

オリンピック及びパラリンピックのシンボルマーク等については、不正競争防止法第17条も適用されるが、「商標としての使用」を禁止するに留まるため、ここでも商標的使用がなされていることが必要となる。

〈2〉著作権の限界

キャラクターやシンボルマークは、著作物として著作権の保護を受ける可能性がある。一般的に、キャラクターについては、単純なものでない限り、著作物と認められる可能性が高いが、シンボルマークについては、単純な図形を組み合わせたものが多く、著作物性が認められる可能性は低いといえる。

著作物性が認められたキャラクターやシンボルマークは、著作権でも保護される。前記1及び2の類型では、著作物であるキャラクターやシンボルマークと同一または類似のものが用いられる可能性があり著作権が機能するが、これらの利用が想定されない前記3及び4の類型では機能し得ない。

〈3〉不法行為の成否の不明確さ

前記の知的財産権が及ばない分野においては、しばしば不法行為

50) 最高裁判所判決平成9年7月1日

51) この点、平成26年の改正商標法第26条第1項第6号に明文規定が設けられた。

52) ポパイ事件・大阪地方裁判所判決昭和51年2月24日判例タイムズ341号294頁、清水次郎長事件・東京地方裁判所判決昭和51年10月20日など

53) オールウェイズ・コカコーラ事件・東京地方裁判所判決平成10年7月22日判例タイムズ984号252頁、がん治療最前線事件・東京地方裁判所判決平成16年3月24日裁判所ウェブサイト http://www.courts.go.jp/app/hanrei_jp/detail7?id=10432など

（民法第 709 条）の成否が問題とされる。多大な費用・労力・時間をかけて作り上げた成果物について、特段の創作・投資を行うことなく模倣した上、同種の製品を競合地域で販売したり、情報の鮮度が高い時期に競合サービスに流用するなど、既存の成果物にフリーライドし、競合した活動を行う類型である [54]。これは成果冒用型の不法行為といわれる。特に知的財産権によるコントロールの及ばない前記 3 の類型のアンブッシュ・マーケティングが対象となり得る。

　公式スポンサーがスポーツイベントに多額の投資をしてスポンサーシップを独占している傍ら、スポーツイベントに便乗して宣伝広告活動することは公式スポンサーの利益を侵害し不法行為を構成すると解する可能性はあり得ると考える。

　しかしながら、不法行為の成否は個別具体的な事情に左右されるものであり、仮に不法行為が成立するとしても、知的財産権の侵害と異なり、侵害行為の差し止めができず、損害賠償のみが可能となるに過ぎない。このため実効性あるアンブッシュ・マーケティングの規制手段とはいえない。

〈4〉 施設管理権の限界

　スポーツイベントの会場となるスタジアムにおいては、主催者がスタジアムを賃借等することで施設管理権を確保できるため、主催者がコントロールすることが可能である。この施設管理権を確保することで、前記 4 の類型のアンブッシュ・マーケティングを規制することが考えられる。

　しかしながら、スタジアム付近の施設や公道を利用した競技コース沿いの施設などすべての施設の施設管理権を押さえることは困難であることは容易に想像できよう。

（4） アンブッシュ・マーケティング対策

　このように現行法の下では、アンブッシュ・マーケティングを実効的に規制することはできない。アンブッシュ・マーケティングを規制するためには、現行法の枠を超える立法をするなどの工夫が必要となる。

〈1〉 立法による規制の強化

　ロンドンオリンピックにおいて、イギリスで時限立法として制定された London Olympic Games and Paralympic Games Act が参考

54) 山根崇邦「著作権侵害が認められない場合における一般不法行為の成否：通勤大学法律コース事件」知的財産法政策学研究 18 号 221 頁（北海道大学大学院法学研究科 21 世紀 COE プログラム「新世代知的財産法政策学の国際拠点形成」事務局、2007 年）

となる。同法では、商品やサービスあるいは商品やサービスを提供するものとロンドンオリンピックとの間に「何らかの関係」があることを公衆に示唆する方法で表示することについての排他的権利（London Olympic Association Right）を創設し、オリンピック組織委員会にこれを与えている。ここでいう、「何らかの関係」とは、契約関係、取引関係、組織的な関係、財政その他支援関係など広く規定されている。また、同法では、イベント会場付近など指定された場所における広告規制、すなわち、当該地域において、オリンピック組織委員会の許可のない広告掲出を禁止したのである。

　また、2014年に開催されたワールドカップブラジル大会に先立って、ブラジルでは、2012年に The Law of World Cup が制定された。

　この法律は、国際サッカー連盟（Fédération Internationale de Football Association；FIFA）のエンブレムやブラジル大会のエンブレム、公式マスコット及びこれらと類似するものの使用を禁止し、各会場周辺（最大2km）におけるマーケティング活動を禁止している。アンブッシュ・マーケティングに対しては刑事罰を伴うものであった。

　日本において、アンブッシュ・マーケティング規制のための特別立法の必要性が論じられているが、現在までのところ実現していない。

　立法という強力な規制によってアンブッシュ・マーケティングの対策に資することになるが、他方、表現の自由の規制となり得る。すなわち、現行の知的財産法は、法的に保護に値する無体物（情報）を限定している。それゆえ、知的財産法で保護されない無体物（情報）は自由利用できるのが原則である。上記立法は、本来自由利用できる無体物（情報）を規制するものである。アンブッシュ・マーケティングの規制の必要性と現行の知的財産法の枠組みとのバランスを考えれば、イギリスで行ったように時限立法とするのがよいのではないだろうか。

〈2〉 参加条件による規制

　国際オリンピック委員会（International Olympic Committee; IOC）では、オリンピック憲章第40条参加資格規程に基づき、細則で、「オリンピック競技大会に参加する競技者とチーム役員、その他のチームスタッフは、IOC理事会が定める原則に従い、自身の身体、名前、写真、あるいは競技パフォーマンスが、大会期間中に宣伝目的で使用されることを許可ができる。」と定められている。

　従前は、前記 3 の類型のアンブッシュ・マーケティングの規制を徹底するため、IOC 理事会が許可した場合を除き、一切利用が制限されていた。それは『ルール 40』と呼ばれ、前後期間を含めたオリンピック大会期間中に、出場選手は公式スポンサー以外の広告に出演することができない内容である。非スポンサー企業はオリンピック憲章に同意しているわけではないので、このルールを遵守する必要は法的にはないが、この憲章を遵守しなければ選手はオリンピックに出場できないので、企業に所属する選手に規制がかかっている。このルール 40 によって、出場選手の所属する企業が、オリンピック期間中に当該選手を起用したマーケティングを行うことができない、という問題が長年継続していた。

　このルール 40 には、欧米の選手たちから、日常的にサポートしてくれている企業が最も広告効果が高まるオリンピックで自分たちの肖像権を活用できないのはおかしいと非難する運動が高まった。この流れをうけ 2015 年に IOC が、それまでの全面禁止ルールを以下のように一部緩和した。

- 事前申請制度で国際利用の場合は IOC に、国内利用の場合はアスリートの出身国のオリンピック委員会（National Olympic Committee; NOC）と、広告の利用地域の NOC に申請する。
- オリンピックやオリンピックの知的財産、その他オリンピックへの言及、関連用語の使用は禁止。
- 緩和ルールの導入の有無は、管轄する NOC の権限となる。

　ただ、この緩和にもまだまだ課題があり、事前申請ルールが導入されたとはいえ、例えば、アメリカオリンピック委員会（当時 United States Olympic Committee; USOC）が定めたガイドラインは 6 カ月前までに申請を行い、またそのマーケティングキャンペーンは 4 カ月前から継続的に行わなければならなかった。これだとまだ代表選手が決まっていない時期にキャンペーンの詳細を決めなければならないので、企業としては、絶対的なメダル候補といった一部のスーパースター以外は契約できなかった。加えて、4 カ月前からという長期的なキャンペーンは大企業であれば可能だが、小規模の企業では予算が足りないので、実施できないという問題もあった。そうなると緩和された USOC のガイドラインも実際はかなりハードルが残っていた。

　しかしながら、このような規制に対して、2019年に大きな事件が発生した。2019年2月に、ドイツオリンピック委員会(Deutschen Olympischen Sportbundes; DOSB) は、ドイツのカルテル庁（日本における独占禁止法などを管轄している官庁である）からの指摘を踏まえ、従来より大幅に緩和されたルール40ガイドラインを発表した（ドイツのカルテル庁は2017年からドイツ国内におけるルール40の運用について、支配的地位の濫用の観点から調査を行っていた）[55]。このガイドラインによれば、選手の個人スポンサーは、ガイドラインの要件を遵守する必要があるものの、従来から以下の点が大きく変更された。

55) https://www.dosb.de/leistungssport/olympische-spiele/dokumente/

- DOSBに対する事前申請および事前許可が不要。
- いわゆるブラックアウト期間中でも、以前からの継続的な広告のみならず、新規の広告も可。SNS上での、選手から個人スポンサーへの感謝投稿、個人スポンサーから選手への祝福投稿も可。
- 使用が禁止されるオリンピック用語リストから一部削除。金メダル、銀メダル、銅メダル、夏季大会、冬季大会などの用語が使用可。ただし、オリンピック保護法は要注意。
- 競技中または競技外で撮影された写真が使用可。ただし、競技中の写真はオリンピックシンボルが写っていないことが条件。
- ルール40違反は金銭的制裁に限られ、資格停止、メダル剥奪などスポーツ関連制裁の対象にはならない。こちらに関する紛争は通常裁判所のみで取扱い、仲裁では取り扱わない。

　なお、このガイドラインは、以前IOCが定めていたガイドラインを大幅に緩和するものであったものの、IOCもドイツ国内においてはこのガイドラインが優先することに同意した。この流れを受けて、IOCのトーマス・バッハ会長は、全世界的に適用されるものではない、とコメントしたが、2019年6月のIOC総会においては、ついにオリンピック憲章第40条付属細則3項の規定が以下のように改定された[56]。

56) https://www.olympic.org/documents/olympic-charter

　「オリンピック競技大会に参加する競技者とチーム役員、その他のチームスタッフは、IOC理事会が定める原則に従い、自身の身体、名前、写真、あるいは競技パフォーマンスが、大会期間中に宣伝目

的で使用されることを許可ができる。」

　これまでは原則として使用が禁止され、一部例外的な場面に限り使用が認められるに過ぎなかったので、原則と例外を逆転させる今回の改正は非常に大きな転換点になっている。そして、IOC は、改正された付属細則 3 項に基づくガイドライン（以下「IOC ガイドライン」という）を発表した。

　また、2019 年 10 月には、この IOC ガイドラインを前提に、アメリカオリンピックパラリンピック委員会（United States Olympic Paralympic Committee; USOPC）も、2020 年オリンピック東京大会に向けたルール 40 ガイドラインを発表した[57]。このガイドラインは、2016 年オリンピックリオ大会時に策定したルール 40 ガイドラインをさらに緩和するもので、主なポイントは以下のとおりである。

- 選手が広告開始以前に申請し、個人スポンサーが誓約書に合意することが条件（申請の期限はなし）。ルール 40 違反は、選手の出場資格に影響。
- 個人スポンサーの広告は、いわゆるブラックアウト期間中からみて継続的な広告であり、通年の同時期に比べて頻度が上がったり、大きな変化がないことが条件。
- ジェネリックマーケティング（商品やサービスに言及する広告）は、オリンピックコンテンツ（選手のオリンピックへの出場への言及を含む）を使用しない限り可。
- アスリートマーケティング（SNS 上での企業や選手への言及）は、選手単独で行い（複数は禁止）、オリンピックコンテンツを使用せず（会場写真の使用や、オリンピック SNS の再投稿も禁止）、商品やサービスに言及しない限り可。選手は感謝投稿などを 7 回まで可。個人スポンサーは祝福投稿などを 1 回まで可。

　以前の USOC のガイドラインは、6 カ月前申請、4 カ月前からのキャンペーン開始を義務付けていたところが批判を受けていたものの、申請時期については、制限がなくなった。

　その他、スポーツ先進国では、IOC ガイドラインを受けて、2019 年 7 月にオーストラリアオリンピック委員会（Australian Olympic Committee; AOC）が[58]、2019 年 10 月にはイギリスオリンピック委員会（British Olympic Association; BOA）が[59]、新たなルー

57) https://www.teamusa.org/rule40

58) https://www.olympics.com.au/resources/articles/athlete-guidelines/

59) https://www.teamgb.com/rule-40

ル 40 ガイドラインを発表した。

　これらを受けて 2019 年 12 月には、日本オリンピック委員会（Japanese Olympic Committee; JOC）が新たなルール 40 ガイドラインを発表した [60]。JOC は、IOC ガイドラインに基づき、大会参加者に対して、物品提供や資金提供により日々の活動を支援し、大会参加者の肖像を使用して商業活動を行う企業・団体に対しても、以下の条件で、出場選手を起用したマーケティングを認めている。

- 日常より継続的に使用している大会参加者の肖像を使用したジェネリックな広告であること。
- オリンピック中継、オリンピック特集ページ、開催会場付近の広告出稿ではないこと。
- 日常より継続的に実施している広告宣伝・PR 活動に比べ、多量な出稿量ではないこと。
- 個人スポンサーの登録、確認書の提出、広告・宣伝内容の申請などの遵守。

　このようなルールは、アンブッシュ・マーケティングの規制に資するものといえるが、他方で選手の権利を規制しているものといえる。すなわち、選手にとっては、オリンピック・パラリンピックの舞台が最も自身を高く売り込むことができるビジネスチャンスである。また、オリンピック・パラリンピック以前から競技活動を支えてきたスポンサーに対して恩返しをする最大のチャンスである。アンブッシュ・マーケティング対策として規制を強めることについては、それと対立する利益を踏まえてバランスのよい対策を講じる必要がある。

⑦　パブリシティ権

（1）法制度の概要

　日本において、パブリシティ権を定めた制定法は存在せず [61]、不法行為（民法第 709 条）に関する判例により認められてきた権利である。

　民法第 709 条は「故意又は過失によって他人の権利又は法律上保護される利益を侵害した者は、これによって生じた損害を賠償する責任を負う」と規定するが、「他人の権利又は法律上保護される

利益」として最高裁判所がパブリシティ権を認めるに至った[62]。

パブリシティ権は、民法第709条の保護を受けることは明らかとなったが、権利の帰属主体、権利の客体、権利の譲渡性、存続期間や相続性など未解明な点が多い。

（2）パブリシティ権の概要

パブリシティ権とは、氏名・肖像等の有する顧客吸引力を排他的に利用する権利である。前掲注記のピンクレディー事件最高裁判所判決は、パブリシティ権を人格権に由来する権利であると判示している。

〈1〉権利の帰属主体

芸能人やスポーツ選手など公衆の人気に支えられている著名人が主体となることは争いないが、作家、研究者や長寿の者など非芸能人が主体となるか争いのあるところである[63]。この点、人格権に由来する権利であるとすれば、すべての人がパブリシティ権の主体となり得ると考えられている。

〈2〉権利の客体

ピンクレディー事件最高裁判決では、「氏名、肖像等」と表現しており、氏名と肖像がパブリシティ権の対象となることは明らかである。これら以外の「等」と表現された部分にどのようなものが該当するか、今後問題となり得る。この点、アメリカの立法例を参照すると、声、イメージ、署名、特徴的な外観や身振りなどが挙げられる。これらがパブリシティ権の対象となるか否かは、これらが主体となる人を特定するに足りるものであるか否かによると思われる。

〈3〉権利の譲渡性

パブリシティ権が譲渡可能であるか否かを明らかにした裁判例はない。パブリシティ権が人格権由来の権利であることからすれば、著作者人格権のように一身に専属し、譲渡できないと解することができよう。ただし、実務的には、芸能人やアスリートがマネジメント会社と締結するマネジメント契約において、パブリシティ権をマネジメント会社に譲渡する旨の規定が散見される[64]。裁判例において、この規定を根拠にマネジメント事務所がパブリシティ権侵害訴訟の当事者適格[65]を認めないとした事案がある[66]。他方、パブリシティ権が譲渡されたことを当然の前提として判断した事案もあ

62) ピンクレディー事件・最高裁判所判決平成24年2月2日裁判所ウェブサイト http://www.courts.go.jp/app/hanrei_jp/detail2?id=81957

63) 主体を芸能人等に限定した裁判例として土井晩翠事件・横浜地方裁判所判決平成4年6月4日判例タイムズ788号207頁。

64) パブリシティ権の譲渡とは、抽象的・包括的なパブリシティ権の譲渡ではなく、物体（映像や写真フィルムを含む）に化体されたところの肖像や容姿についての処分権限の全面的な委譲と氏名に関する意匠的使用ないし装飾的利用の権限の委譲との合わさったものと解する見解として、内藤篤＝田代貞之『パブリシティ権概説』351頁（木鐸社、第3版、2014年）。

65) 個々の訴訟において、紛争を確実に解決するため、当事者として訴訟を遂行し、判決の名宛人となることのできる資格のことをいう。

66) ププカアイドル事件・東京地方裁判所判決平成17年8月31日判例タイムズ1208号247頁

り、一定していない[67]。

67) 東京地方裁判所判決平成17年3月31日判例タイムズ1189号267頁

〈4〉 権利の存続期間・相続性

この点について判断した裁判例はない。アメリカでは州法によって死後のパブリシティ権の存続や相続を認めている立法例も存在する。

〈5〉 権利執行方法

パブリシティ権が侵害された場合、不法行為（民法第709条）による侵害行為の差し止め及び損害賠償請求が可能である。

この点、ピンクレディー事件最高裁判例は、パブリシティ権の侵害類型として、次の三つを例示している。

①肖像等それ自体を独立して鑑賞の対象となる商品等として使用する場合

②商品等の差別化を図る目的で肖像等を商品等に付す場合

③肖像等を商品等の広告として使用する場合

上記類型は、氏名・肖像等の有する顧客吸引力の排他的利用を侵害する典型的な場合であるが、これら類型に該当すればすべて侵害に当たるということにはならない。同判例は「専ら肖像等の有する顧客吸引力の利用を目的とする場合」に限り、パブリシティ権を侵害するといういわゆる「専ら基準」を採用している。

（3）主なスポーツ事例

パブリシティ権は、本来選手に帰属する権利であり、選手自らが権利を行使することになるのが原則である。もっとも、実務的には、契約や団体の規則によりパブリシティ権の管理がスポーツ団体に委ねられていることがある。

〈1〉 プロ野球の場合

プロ野球選手が各球団と締結する統一契約書第16条において各球団が所属選手のパブリシティ権を管理している。

第16条（写真と出演）

1　球団が指示する場合、選手は写真、映画、テレビジョンに撮影されることを承諾する。なお、選手はこのような写真出演等にかんする肖像権、著作権等のすべてが球団に属し、また球団が宣伝目的のためにいかなる方法でそれらを利用して

　　も、異議を申し立てないことを承認する。

　2　なおこれによって球団が金銭の利益を受けるとき、選手は適
　　当な分配金を受けることができる。

　3　さらに選手は球団の承諾なく、公衆の面前に出演し、ラジオ、
　　テレビジョンのプログラムに参加し、写真の撮影を認め、新
　　聞雑誌の記事を書き、これを後援し、また商品の広告に関与
　　しないことを承諾する。

　なお、上記条項により所属選手のパブリシティ権の使用権を球団
が有するか否かについて、選手側から問題取引が提起され、裁判で
争われた[68]。選手側の論拠として、パブリシティ権には広告宣伝
型利用と商品化型利用の二つの類型があるが、同条第 1 項で定めて
いるのは球団が指示して撮影した写真等を球団の宣伝目的に利用で
きるという広告宣伝型利用に限定されること、同条項はアメリカ大
リーグ（Major League Baseball；MLB）の統一契約書を部分的に翻
訳して作成されているが、MLB においては商品化型利用のパブリ
シティ権は選手に帰属するとされていることなどを主張した。

　裁判所は、同条項により、商品化型利用を含め、選手は球団に対
し、プロ野球選手としての行動に関し、氏名・肖像の使用について
独占的に許諾したものと判断した。その理由として、この統一契約
書が作成された 1951 年当時、まだパブリシティ権の概念が根付い
ておらず、広告宣伝型利用と商品化型利用が明確に区別されていた
とは考えがたく、「宣伝目的」から商品化型利用を除外したとは考
えられないとし、「宣伝目的」という文言は、広く球団ないしプロ
野球の知名度の向上に資する目的を指すとし、商品化型利用も、球
団ないしプロ野球の知名度向上に役立ち、広告宣伝の効果を発揮し
ている側面があるなどと判示している。

〈2〉 J リーグの場合

　J リーガーが各クラブと締結する統一契約書第 8 条に基づき各ク
ラブが所属選手のパブリシティ権を管理している。同条項では、プ
ロ野球の統一契約書と異なり、広告宣伝利用及び商品化利用双方に
ついて定められている。

第 8 条〔選手の肖像等の使用〕
　1　クラブが本契約の義務履行に関する選手の肖像、映像、氏名

68) 東京地方裁判所判決平成 18 年
8 月 1 日判例タイムズ 1265 号
212 頁、知的財産高等裁判所
判決平成 20 年 2 月 25 日裁判
所ウェブサイト http://www.
courts.go.jp/app/hanrei_jp/
detail7?id=35891

第 4 編　民事法とスポーツ

等（以下「選手の肖像等」という）を報道・放送において使用することについて、選手は何ら権利を有しない。

2 選手は、クラブから指名を受けた場合、クラブ、協会およびリーグ等の広告宣伝・広報・プロモーション活動（以下「広告宣伝等」という）に原則として無償で協力しなければならない。

3 クラブは、選手の肖像等を利用してマーチャンダイジング（商品化）を自ら行う権利を有し、また協会、リーグ等に対して、その権利を許諾することができる。

4 選手は、次の各号について事前にクラブの書面による承諾を得なければならない。

(1) テレビ・ラジオ番組、イベントへの出演

(2) 選手の肖像等の使用およびその許諾（インターネットを含む）

(3) 新聞・雑誌取材への応諾

(4) 第三者の広告宣伝等への関与

5 第3項において、選手個人単独の肖像写真を利用した商品を製造し、有償で頒布する場合、または前項の出演もしくは関与に際しての対価の分配は、クラブと選手が別途協議して定める。

⑧　その他法定されていない権利

スポーツにおいては、ここまでに述べた知的財産権・不正競争防止法・パブリシティ権で根拠付けることができない権利が存在し、スポーツビジネスで活用されている。

（1）スポーツの放映権

スポーツの放映権とは、一般的に、スポーツイベントや試合の放送を認める権利をいう。

著作権の支分権の一つに公衆送信権があり、公衆送信権の中に放送権があるが、この放送権は、著作物を放送する権利である。しかしながら、放送の対象であるスポーツそれ自体は著作物に該当しないことから、公衆送信権は根拠とならない。

そこで、スポーツの放映権の権利性の根拠は何かが問題となる。

スポーツの放送を可能にするためには、スタジアムに放送機材を持ち込んだり、スタジアムの放送設備を利用する、こうしたことを可能にするには、その施設を物理的に管理するいわゆる施設管理権が必要となる。こうした施設管理権については自己の所有するスタ

ジアムであれば所有権が根拠となり、借りる場合は占有権が根拠と解されている[69]。

　以上から、スポーツの試合やイベントを開催する主催者としては、スタジアムを所有している場合は格別、借りる場合にはスタジアムの放送に関する施設・設備が利用できるように必要な施設管理権を確保しなければならない。この施設管理権を独占することで、誰に放送をさせるかをコントロールすることが可能となり、放映権として販売することができるのである。

　ところで、こうした放映権を放送事業者に販売して放映されたスポーツの映像は著作物として著作権の保護が及ぶことになる。著作権は著作物を創作した者に帰属することになるから、当該スポーツ映像の著作権は、放送を担当した放送事業者に帰属することになり、試合やイベント主催者には帰属しないのが原則である。主催者において放送されたスポーツ映像の著作権を得るためには、自らスポーツ映像を創作することが必要となる。この点、IOCはオリンピック映像を制作する子会社を有しており、当該子会社が創作したスポーツ映像を放送事業者等に提供している。同様にFIFAはワールドカップの映像を制作する部門を有し、自らスポーツ映像を創作して放送事業者等に提供している。

（2）スポンサー権

　スポンサー権とは、一般的に、スポーツイベントやチームなどのスポンサーとなり、スポンサー料を支払う見返りとして、様々なスポンサーメリットを享受する契約上の権利である。

　スポンサーメリットは、大別して以下の①から③に区別される。

①企業名・商品名の露出のメリット

　スポンサー企業名やその商品名等を露出させて、企業名や商品名等を宣伝広告するメリットである。その態様は様々なものが考えられるが、スタジアム内での広告掲出、スポーツイベントやチームのWEBサイトにおけるスポンサー企業のバナー広告の掲出、イベント名称に企業名等を付加するもの[70]などがある。

②販売促進活動のメリット

　スポーツイベントやチームのシンボルマークやマスコットキャラクターなど各種プロパティをスポンサー企業が利用して、自社商品

69) 金井重彦＝龍村全編著『エンターテインメント法』（学陽書房、2011年）。なお、施設管理権に加えて選手の肖像権を根拠とする見解として、水戸重之「スポーツと知的財産―オリンピック・マーケティングを中心に―」月刊パテント Vol.67 8頁。

70) 具体例としては、「Jリーグヤマザキナビスコカップ」など。

等の販売促進活動を行うメリットである。例えば、オフィシャルス
ポンサーの呼称、スポーツイベントやチーム等の商標及びキャラク
ター等の利用、所属選手の利用[71]などである。

③ホスピタリティ・メリット

　ホスピタリティとはおもてなしを意味する言葉である。ホスピタ
リティ・メリットの例として、スタジアムの貴賓室や VIP 席の利用、
駐車スペースの確保、一般席の招待券の提供、前夜祭への招待など
スポンサーならではの特別待遇を提供することである。スポンサー
企業は、ホスピタリティ・メリットを使い、商談相手などを接待す
ることで企業活動のアドバンテージを得ることになる。

　こうしたスポンサーメリットを享受する権利がスポンサー権であ
る。それゆえ、スポンサー権の法的根拠を考えるに当たっては、個々
のスポンサーメリットの法的根拠を検討する必要がある。

　例えば、上記の例示した各種スポンサーメリットの法的根拠は次
のように考えられる。

①企業名・商品名の露出のメリットにおいて、スタジアムの広告
　を掲出するためにはスタジアムの施設管理権が必要となる。他
　方、スポーツイベントやチームの WEB サイトにおけるスポン
　サー企業のバナー広告の掲出、イベント名称に企業名等を付加
　することについては、当事者間の契約のみで実現可能である。
②販売促進活動のメリットにおいて、シンボルマークやマスコッ
　トキャラクターなど各種プロパティの利用は当該プロパティの
　法的根拠に由来する。シンボルマークなどの商標の利用につい
　ては商標権、マスコットキャラクターなどの著作物の利用につ
　いては著作権、選手の肖像等の利用についてはパブリシティ権
　など知的財産権が根拠となる。他方、オフィシャルスポンサー
　の呼称については当事者間の契約のみで実現可能である。
③ホスピタリティ・メリットにおいて、スタジアムの貴賓室や
　VIP 席の利用、駐車スペースの確保はスタジアムの施設管理権
　が根拠となる。他方、一般席の招待券の提供、前夜祭の招待は
　当事者間の契約のみで実現可能である。

　以上のように、スポンサーメリットに応じて法的根拠を検討する

ことが必要となる。

（3）ネーミングライツ（命名権）

　ネーミングライツは、制定法上の権利ではなく正確な定義はないが、一般的に、スポンサー権の一種として、施設の名称に企業名やブランド名を付ける権利をいう[72]。

　ネーミングライツは、一般的に、スポーツ施設の建設・運用資金などの資金調達手段として利用されている。ネーミングライツを得ることで資金を提供する企業等は、企業名やブランド名を当該施設に付けることで宣伝広告効果が得られるというメリットを享受できる。

　ネーミングライツを定める制定法はなく、その法的根拠は、施設のネーミングライツの場合、当該施設の所有権に由来すると解されている[73]。施設をいかに呼称するかは所有者が決定するということに着目したものと解される。

　ネーミングライツを得ようとするものは、施設所有者と契約を締結することによりネーミングライツを獲得することになる。

　なお、オリンピックにおいてはクリーンベニューの原則[74]があり、その主催イベントにおいて企業名や商標名を冠する施設で試合を開催しないというルールを設けている。同じようなルールを有するスポーツ団体もある[75]ので、この点留意が必要である。

（4）商品化権

　商品化権は、英語の "Merchandising Rights" を語源とする。制定法上の権利ではなく正確な定義はないが、一般的に「商品の販売やサービスの提供などのために、媒体としてキャラクターを利用する権利」[76]と解されている。

　商品化権は、アニメ等のキャラクターの商品化で活発に利用されているが、スポーツの場面において商品化の対象は、キャラクターに限らず、ロゴマーク、選手の肖像など様々である。

　商品化権の本質は、対象となるコンテンツが有する顧客吸引力を利用するものである[77]が、かかる商品化権を定めた制定法はない。このため、その法的根拠は、商品化の対象となるコンテンツによって異なることになる。

　著作物性が認められるコンテンツについては著作権が根拠となる。著作権は著作物の顧客吸引力を保護するものではないが、商品化により著作物を複製・翻案し、これらを譲渡するなど様々な場面

---

72) 例えば、横浜国際総合競技場が「日産スタジアム」、東京スタジアムが「味の素スタジアム」などと命名されている。

73) 市川裕子『ネーミングライツの実務』182頁（商事法務、2009年）

74)「スタジアム、会場、その他の競技場エリア内とその上空は、オリンピック区域の一部とみなされ、いかなる形態の広告またはその他の宣伝も許されない。スタジアム、会場、またはその他の競技グラウンドでは商業目的の設備と広告の標示は許されない」と定めている（オリンピック憲章第5章第50条第2項）。

75)FIFA や国際陸上競技連盟（International Association of Athletics Federations；IAAF）など

76) 知的所有権実務編集会議編『商品化権』7-8頁（三樹書房、1994年）

77) 牛木理一『キャラクター戦略と商品化権』12-13頁（発明協会、2000年）

で著作権が機能する。

　シンボルマークなど商標として使用されているコンテンツの商品化は、商標権や不正競争防止法第2条第1項第1号及び第2号が根拠となる。商標や商品等表示の商品化は、本来的に商標権や不正競争防止法第2条第1項第1号及び第2号が機能する場面ではないが、商品化により完成した商品に商標や商品等表示が付された場合、自他識別機能を発揮することがあることから、商標権や不正競争防止法第2条第1項第1号及び第2号が機能し得る。

　選手の氏名や肖像の商品化は、選手の顧客吸引力を利用する場面であり、これを保護するパブリシティ権が根拠となる。

　上記の各コンテンツが意匠として登録されている場合は、商品化に当たっては意匠権が機能することとなり、意匠権も商品化権の根拠となる。

　以上のとおり、商品化権の法的根拠は、商品化の対象となるコンテンツの性質によって異なることに留意する必要がある。

第4編　民事法とスポーツ

第6章　労働法

　本章では、スポーツと労働法について解説する。

　労働法とは、労働という場面における使用者と被用者間の権利義務に関し、労働者保護の観点から民法の特則を定める法律である。そして、使用者と被用者間が個別的な労働関係なのか、それとも集団的な労働関係なのかに応じて、異なる法概念が適用される。

　この点、スポーツ界においては、典型的には、プロスポーツ選手のように、スポーツ活動に対する対価として、所属先から報酬を受け取ることで、労働としてスポーツを行う者がいるほか、いわゆるアマチュアスポーツ選手の中にも、企業に所属しながら事実上スポーツ活動により収入を得ている者もいる。このような選手と所属先の関係は、日本の個別的労働法制の中で被用者としての保護を受けられるのか、また、この法的地位により選手のスポーツ活動にどのような法的影響が出るのかを解説する。

　一方で、上記のようなスポーツ選手が集団的な労働関係を形成する場面も存在する。プロスポーツ選手の中には、いわゆる選手会を労働組合化し、球団やクラブ、リーグそして統括競技団体との間で、労使交渉を行う選手も存在するのである。日本では、日本プロ野球選手会と日本プロサッカー選手会が労働組合を結成し、労使交渉を行っている。このような集団的な労働関係を形成するスポーツ選手とはどのような労働環境にある選手で、どのようなテーマに関して労使交渉を行うことができるのだろうか。

　スポーツ実務においては、試合という商品を販売する上で選手が稼働することは本質的要素であり、選手の稼働について、常に労働法の問題は検討せざるを得ない。

　本章では、スポーツ界において労働法制が適用される場面を概観しながら、このような労働法制がスポーツ実務に与える影響について解説する。

Contents

第6章　労働法

1　労働法の概要

（1）個別的労働関係法と集団的労働関係法

　労働法という名称の法律はあくまでも、労働に関する法の総称であり、労働法という名称の法律が存在しているわけではない。この総称たる労働法を構成する法律としては、労働組合法、労働基準法、労働関係調整法、男女雇用機会均等法、最低賃金法などがある。なお、この労働法は、労働基準法（以下「労基法」）を中核とする個別的労働関係法と労働組合法（以下「労組法」）を中核とする集団的労働関係法とに大別することができる。

　まず、個別的労働関係の中核たる労基法は、「賃金、就業時間、休息その他の勤労条件に関する基準は、法律でこれを定める」とする日本国憲法（以下「憲法」）第 27 条第 2 項（勤労条件の法定）の要請に基づいて制定されたものであり、労働条件の最低基準を設定している。労基法はこのように最低限の労働条件を保障することで交渉力の弱い労働者の保護を目的としている。

　これに対して、集団的労働関係法の中核である労組法は、いわゆる労働三権（団結権、団体交渉権、団体行動権）を保障している憲法第 28 条に基づいて制定されている。その主眼は、労使間の実質的な対等性の確保にある。こうして対等な交渉地位を得た労働者が使用者との間で、労働条件について交渉し、その結果合意された内容は可能な限り尊重されることになる。つまり、対等な交渉地位にある労使の団体交渉を通じて締結された合意（契約＝労働協約）については、労使（私的）自治が尊重され、この合意に対する行政や司法の介入は抑制されることになる。

（2）労働者の定義

　「労働者」について労組法は次のように定義している。「職業の種類を問わず、賃金、給料その他これに準ずる収入によって生活する者」（労組法第 3 条）。これに対して労基法では、「職業の種類を問わず、事業又は事務所……に使用される者で、賃金を支払われる者」（労基法第 9 条）とし、「……に使用される」の文言の有無に違いが

見られる。労基法第9条にいう「使用される者」とは、労務の遂行ないし内容につき自らの裁量の幅が制約されており、他人による具体的な指示の下に労務提供を行う者とされている。このように労組法上の「労働者」と労基法上の「労働者」は別の定義が用いられていることから、労組法上の「労働者」と労基法上の「労働者」とは必ずしも一致しないと解されている。

　例えば、以下に見るとおり、日本プロフェッショナル野球組織（Nippon Professional Baseball；NPB）に所属するプロ野球選手及び日本プロサッカーリーグ（Japan Professional Football League；Jリーグ）に所属するプロサッカー選手は労組法上の労働者であると解されている[1]が、他方、労基法上の労働者ではない、取り扱いがなされている。

② 個別的労働関係法とスポーツ

　労基法上の「労働者」であるか否かは、報酬の額、支払われ方、社会保険や税金における取り扱い、時間的、場所的拘束、その他使用者による拘束の在り方などの要素を総合考慮して判断される。なお、労基法上の労働者は、労災保険法、労働契約法、最低賃金法などの個別的労働関係法上の労働者と同義であると解されている[2]。先に述べたとおり、NPBに所属するプロ野球選手、そしてJリーグに所属するプロサッカー選手は、実務上、労基法上の労働者という扱いを受けていない。したがって、最低賃金法、労災保険法などの個別的労働関係法の適用を受けない処理がなされている。

　そもそも労基法をはじめとする個別的労働関係法が工場労働者を念頭に制定された法律であり、同法は労働時間による人事管理が中心となる就業形態を想定していた。そのため通常の労働者とは大幅に異なる就業形態にあるプロスポーツ選手への労基法の適用は実情に合わないという側面もある。

　ところで、現行法上、スポーツ選手が労基法上の「労働者」とされることでどのような法的保護を受けるのであろうか。以下、労基法上の労働者性が否定される選手と肯定される選手をそれぞれ「プロ契約選手」と「社員選手」と便宜上、表現して分類し、負傷に際しての補償及び雇用保障の観点からその違いを概観しよう。

1) なお、日本プロサッカー選手会の労働組合認定においては、サッカー日本代表でプレーするサッカー選手についても、労組法上の労働者であると解されている。

2) 厚生労働省「労使関係法研究会報告書」5頁（2011年7月25日）http://www.mhlw.go.jp/stf/houdou/2r9852000001juufatt/2r9852000001jx2l.pdf

（1）スポーツ活動業務と労働災害

　競技中あるいは競技にかかわる負傷等についてどのような補償があるかは、当該選手の労働者性に大さくかかわる。すなわち、当該選手が労基法上の「労働者」であるとされる場合は、同法に加え、労災保険法の適用を受け、いわゆる労災としての処理（労災補償）が予定されるからである。これに対して、労基法上の「労働者」に該当しない場合は、当該制度の法的保護の対象とならない。こうして、プロ契約選手は労災補償の対象外とされ、各リーグや、チームごとの自主規定に委ねられることになる。

〈1〉プロ契約選手

　NPB では、選手の負傷に関して、傷害補償制度が自主的に設置されており、プロ野球選手は、稼働に直接起因する傷害または病気に対して、一定の補償を受ける権利を有している。

　統一選手契約第 10 条（治療費）は、「選手が本契約にもとづく稼働に直接原因する障害または病気に罹り医師の治療を必要とするき、球団はその費用を負担する」とし、統一選手契約第 11 条（傷害補償）は選手が本契約に基づく稼働を直接原因として死亡した場合は 5,000 万円が遺族に支払われ、また負傷し、あるいは疾病にかかり後遺障害がある場合は、6,000 万円を限度としてその程度に応じ補償金を選手に支払うこととしている。なお、この傷害補償は、労基法規則第 40 条に準じた等級に基づいて支給金額が決定される。

　他方、Ｊリーグでは、選手が試合や練習中に負傷した場合で、かつ所属クラブの指定する医師が治療または療養を必要と認めた場合には、当該費用をクラブが負担することとされている（日本サッカー協会選手契約書第 7 条）。なお、契約期間中については、基本給の支払いも保障される。もっとも、契約期間終了後は一切の手当はなく、また後遺障害あるいは死亡に対する補償も存在しない。ただし、障害または疾病により選手活動が不可能となった有望選手を経済的窮状から救済することを目的として「救済試合」の開催が予定されており、原則として総収入から必要経費を控除した純利益が対象選手に支払われることになっている（Ｊリーグ規約第 71 条）。

　ところで、特に 2000 年以降、bj リーグ（2016 年に日本バスケットボールリーグ（NBL）と共にジャパン・プロフェッショナル・バスケットボールリーグ（Ｂリーグ）に統合）、四国アイランドリーグ（現：四国アイランドリーグ plus）、北信越 BC リーグ（現：ルートイン BC リー

グ）、日本女子プロ野球機構など、新たなプロリーグが発足してきたのであるが、これらの選手についても、NPBやJリーグの選手と同様に実務上、労基法上の「労働者」に該当しない取り扱いがなされており、かつ、負傷等の際には、スポーツ傷害保険の適用など、極めて限定的な保護があるに過ぎない。これらの選手について、負傷による収入の減少、あるいは雇用喪失のリスクについて、個別的労働関係法による保護の外に置くことの是非は、改めて検討していかなければならない。

〈2〉社員選手

　労基法上の「労働者」であるとされる社員選手は労災保険法の対象となる。もっとも、競技中の負傷について労災補償を受けるためには、当該社員が従事する競技が業務といえるかが別途検討されなければならない。当該競技に業務性があり「労災」であると認められる実益は、いうまでもなく、療養・休業・障害補償給付などの、各保険給付を受け得ることにある。しかし、これだけに留まらず、療養期間中は原則として、「使用者は労働者を解雇することができない」とする解雇制限があることも大きな実益といえる。他方、労災に当たらない「（私）傷病」は、解雇理由になる場合すらある。もちろん、企業によって恩情措置がとられることもあるが、いずれにしても法的保護という観点からは大きな差がある。

　なお、社員選手の労災認定については、実務上、以下の点がポイントとされている[3]。

3) 労働省「運動競技に伴う災害の業務上外の認定について」（厚生労働省労働基局長通達 第366号平成12年5月18日）

①運動競技が労働者の業務行為や、これに伴う行為として行われ、かつ、労働者の被った傷病が運動競技に起因するものである場合には「業務上」と認められる。

②運動競技に伴い発生した傷病であっても、それが恣意的な行為や業務を逸脱した行為に起因する場合には「業務上」とは認められない。

③「業務行為」の例示として、例えば、ⅰ）「企業間の対抗競技大会」や、オリンピック等の「対外的な運動競技会」への出場、あるいはⅱ）社内運動会等の「事業場内の運動競技会」への出場、さらにⅲ）事業主があらかじめ定めた練習計画に従って行われる「運動競技練習」等が挙げられる。

④他方、就業時間外に「同好会的クラブ活動や余暇活動」として

行われる「自主的なスポーツ活動」については、「業務行為」
とは認められない。

⑤運動競技という業務に従事することが必ずしも明確でない労働
者の場合でも、特命に基づき運動競技を行う場合については、
「業務行為」に該当する。

⑥企業スポーツ選手については、「労働者」とはいえない競技者
も見受けられることから、労働者性の判断を慎重に行うべきで
ある。

（2）スポーツ競技者の雇用保障

〈1〉プロ契約選手

　NPB のプロ契約選手は通常、チームとの間に一定の期間を定め
た契約を締結し、その契約期間について雇用が保障されている。例
えば、NPB では 1 年契約が原則とされ、「やむを得ない事由」があ
る場合などの例外を除いて、当該契約期間中に契約を解除すること
はできない。つまり、1 年契約の選手については 1 年間の身分保障
があるということになる。ただし、契約の更新の有無については特
段の理由なく、使用者側が更新拒否をすることができる。要するに、
使用者側が契約を更新しない自由を有しており、選手側は当該契約
期間についてのみ雇用保障を得ることになる。

〈2〉社員選手

　これに対して社員選手については、多くの場合、期間の定めのな
い労働契約を締結している。このケースでは、長期雇用が前提とさ
れているため、スポーツ競技の引退後も、当該会社との間に雇用関
係が継続される。こうした従来型の雇用慣行は安定的かつ効率的な
スポーツ競技力の向上に大きく寄与してきた。選手にとって現役時
代はもちろん、引退後の生活基盤を気にすることなく、競技に集中
することができるという環境が存在してきたのである。

　ところが、ここ 10 数年来、経済環境の悪化に伴い、費用対効果
の観点から従来型の企業スポーツの在り方の見直しが図られてき
た。こうしたいわばリストラの中で、企業チームの撤退が相次いだ
ほか、継続するチームの中でも、プロ契約選手が増加する傾向にあ
る。このことは、もちろん、競技のみに専念したいという選手にとっ
てはメリットがあるほか、企業にとっても、人事管理の面でのコス
ト削減というメリットがある。他方で、雇用保障を与え、安定した

環境で、選手の能力を発展させてきた環境が失われつつある。こうした中で、プロ契約選手と社員選手の中間にあたる法的地位の不透明な選手も多く存在している。これらの選手の法的地位については改めて検討する必要がある。

③ 集団的労働関係法とスポーツ

（1）労働組合性

　NPB 所属のプロ野球選手及び J リーグ所属のプロサッカー選手、サッカー日本代表でプレーするサッカー選手は労組法上の労働者と解されている。

〈1〉プロ野球選手会

　日本プロ野球選手会は 1985 年に東京都地方労働委員会に労働組合の認証手続を取り、同年に同委員会から組合認証を受けている。その後、プロ野球選手会は必ずしも労働組合としての権利を行使することはなかった。しかし、2002 年に選手会は NPB 側が団体交渉に応じないとして労働委員会に不当労働行為の申立てをし、2004 年 3 月に、労使間で定期的に団体交渉を実施することで和解が成立した。その数カ月後にプロ野球界再編をめぐって労使紛争が勃発したのであるが、その際に選手会は、球団統合に関して団体交渉を求め得る地位の確認と、労使双方が参加する特別委員会の招集などを求めた仮処分の申立てをした。この事件において、東京地方裁判所及び高等裁判所はそれぞれ、プロ野球選手は労組法上の労働者であることを前提として、判断を下している [4]。

〈2〉日本プロサッカー選手会 [5]

　日本のサッカーでは 2011 年 4 月に日本プロサッカー選手会が東京都地方労働委員会に労働組合資格審査の申請をし、同年 9 月に労働組合として認証された。申請の発端は日本代表選手の待遇改善問題に関して労使が対立したことにあったという [6]。

　こうして、プロサッカー選手会は、プロ野球選手会と同様に労働組合法の下で、団体交渉過程において選手の労働条件にかかわる事項については団体交渉を求める法的地位を得ることになったのである。2012 年には団体交渉の実質化を図るために、プロサッカー選手会、日本サッカー協会及び J リーグとの間で、労使協議会が設置

4) 平成 16 年（ヨ）第 21153 号団体父渉等仮処分申立事件・東京地方裁判所判決平成 16 年 9 月 3 日、平成 16 年（ラ）第 1479 号団体交渉等仮処分申立却下決定に対する抗告事件・東京高等裁判所判決平成 16 年 9 月 8 日

5) J リーグに所属するプロサッカー選手のほか、サッカー日本代表でプレーするサッカー選手（海外のプロサッカーリーグでプレーする選手）も加入している。

6) 松本泰介「日本のプロスポーツ選手会による労使交渉とその意義」労働法律旬報 1785 号 22 頁（2013 年）

されることが合意され、その後、2 ステージ制への移行とポストシーズン制導入などについて、同協議会において議論された。

　ところで、選手が労組法上の「労働者」であるかはどのような観点で判断されるのであろうか。

　労組法は「労働者が使用者との交渉において対等の立場に立つことを促進することにより労働者の地位を向上させること」を主旨とし、その労使対等の交渉を実現すべく、団体行動権の保障された労働組合の結成を擁護し、労働協約の締結のための団体交渉を助成することを目的としている（労組法第 1 条）。このことからすれば、労組法上の労働者は、使用者との間で団体行動権の行使を担保とした団体交渉制による保護が保障されるべき者であるか、という視点で判断される[7]。

　具体的判断としては、①事業組織への組み入れ（労務提供者が相手方の事業遂行に不可欠ないし枢要な労働力として組織内に確保されているか）、②契約内容の一方的・定型的決定（契約締結の態様から、労働条件や提供する労務の内容を相手方が一方的・定型的に決定しているか）、③報酬の労務対価性（労務提供者の報酬が労務提供に対する対価またはそれに類するものとしての性格を有するか）が考慮される。そして、補充的判断要素として、④業務の依頼に応ずべき関係、⑤広い意味での指揮監督下の労務提供、一定の時間的拘束の有無が加味される。

　以上の観点からケース・バイ・ケースで判断されることになるが、使用者との交渉上の対等性を確保するための労組法の保護を及ぼすことが必要かつ適切であるか、という政策的な観点が考慮される[8]。

　この点、プロ野球とサッカーでは労使協議が機能し労使自治の下での問題解決や制度設計が今後も十分に期待できる。また国際的にもプロスポーツ選手が組織する労働組合とチームやリーグが団体交渉の下で、労働条件にかかわる様々な制度設計をする傾向が近年の趨勢になっている[9]。

（2）義務的団交事項

　義務的団交事項とは、使用者が団体交渉を行うことを労組法によって義務付けられる事項をいう。労働時間、賃金などの労働条件やその他の待遇や当該団体的労使関係の運営に関する事項であって、使用者に処分可能なものが、この義務的団交事項に当たる[10]。

　プロリーグで義務的団交事項とされるものは、最低年俸、ドラフ

7) 厚生労働省・前掲注 2)

8) ソクハイ事件・中央労働委員会命令平成 22 年 7 月 7 日

9) 詳細については、土田道夫ほか「プロスポーツと労働法」日本労働法学会雑誌 108 号 109 頁以下（2006 年）、川井圭司『プロスポーツ選手の法的地位』（成文堂、2003 年）、川井圭司「アメリカ 4 大リーグの労働関係」労働法律旬報 1785 号 6-13 頁（2013 年）、山崎卓也「スポーツ選手の組織化の国際化傾向」労働法律旬報 1785 号 14-18 頁（2013 年）などを参照。

10) 菅野和夫『労働法』900-901 頁（弘文堂、第 12 版、2019 年）

ト制度、移籍制度、試合数、懲戒処分規定、薬物規制、傷害補償、肖像権収入などを含めた収益分配など多岐にわたる。これらの事項について、労働組合たる選手会が団体交渉を求める場合、リーグ側はこれに誠実に応じる義務を有する。組合からの交渉の求めに応じない場合、あるいは合意達成の可能性を模索して誠実に交渉しない場合には、リーグ側の不当労働行為となる。もっとも、この団体交渉義務は使用者側に、交渉の妥結を求めるものではなく、あくまでも誠実に対応していたかが客観的に判断される。

　ところで、球団の譲渡や合併など、リーグや球団の経営事項にかかわるものが義務的団交事項といえるか、については議論となっている。2004 年のプロ野球界の再編において、この点が争われた。

　労働法学における通説は、労働者の労働条件その他の待遇や当該団体交渉関係の運営に関する事項であって使用者に処分可能なもの、との前提に立ち、経営事項についても労働条件や労働者の雇用そのものに関係がある場合にのみ、その面から義務的団交事項となる、としている [11]。また裁判例も同様の立場をとっている [12]。

　この点、2004 年のプロ野球の再編をめぐる東京地方裁判所決定は、球団合併という経営事項は使用者に処分可能なものとはいえない、として義務的団交事項の範囲をやや狭義に捉える見解を示した。これに対して、高等裁判所決定は経営事項でも労働条件にかかわる部分については義務的団交事項に当たるとして、従来の判断を踏襲した。

（3）団体内規約形成への関与の重要性

　リーグ、チーム、連盟、協会を問わず、スポーツ団体における意思決定の在り方は今後ますます重要になる。こうした意思決定への選手側の参加について社会的要請が高まることは間違いない。その意味で労使関係における団体交渉は以前にも増して重要になっている。また、一定の競争制限を伴う移籍制限あるいはサラリーキャップなどについて、労使の誠実な交渉に基づく結果であれば、労使自治が尊重され、これに対する行政や司法の介入は抑制されることになる。この観点からも、選手側が意思決定に参加し、労使がそれぞれの立場で誠実に協議・交渉していくことこそが、安定的なリーグ運営を目指す上で不可欠であるといえる。

　他方、公共性の観点からも団体内の意思決定の在り方については十分な検討が必要となる。近年、国際オリンピック委員

11) 菅野・前掲注 10) 900 頁以下

12) 例えば、栃木化成事件・東京高等裁判所判決昭和 34 年 12 月 23 日判例時報 217 号 33 頁、ドルジバ商会事件・神戸地方裁判所判決昭和 47 年 11 月 14 日判例時報 696 号 237 頁など。

会（International Olympic Committee；IOC）や国際サッカー連盟（Fédération Internationale de Football Association；FIFA）などのスポーツ団体は国家をしのぐほどの財力と権力を保有している。スポーツがもはや単なる趣味や遊びの範疇を超え、選手の生活の糧として機能するようになった今日、スポーツ団体の決定や懲戒処分は競技者の人生を大きく左右する。選手とスポーツ団体の関係性は、国民と国家あるいは住民と自治体の関係になぞらえることもできる。このようなスポーツ団体の意思決定や懲戒処分については、正統性の観点から、民主的な手続であることが求められる。こうした観点から、近年、アスリートの意見を団体の意思決定に反映させる取組が始まっている。2020 オリンピック・パラリンピック東京大会の運営に選手の意見を反映させるとして、2014 年に組織委員会内にアスリート委員会が設置された。そして、2017 年には、日本オリンピック委員会（Japanese Olympic Committee；JOC）内にもアスリート委員会が設置され、同年5月に実施された選挙により、リオオリンピック水泳銅メダリストの松田丈志氏ら6人が選出された。また、全日本柔道連盟、日本水泳連盟など、国内の競技団体においてもアスリート委員が設置されている。

　以上の動向は必ずしも労働法制にかかわるものではないが、プロスポーツにおける労使関係構築の意義と同じ文脈にあり、今後の展開が注目される。

第4編　民事法とスポーツ

第7章　独占禁止法

　本章では、スポーツと独占禁止法について解説する。

　独占禁止法とは、公正かつ自由な競争を促し、市場メカニズムを正しく機能させることにより、事業者の自主的な判断による自由な活動を促進するための政策法である。市場の独占や不当な取引制限が行われた場合、事業者の事業活動が制約され、経済活動の停滞や消費者の利益が損なわれることになることを防止するための法である。

　この点、スポーツ界においても、各種スポーツ団体が定めるルールは、時として、このような独占禁止法に抵触することがある。プロスポーツ団体のみならず、アマチュアスポーツの統括団体も、スポーツの普及と発展のために経済活動を行っており、当然、事業者としての独占禁止法の対象となるのである。

　例えば、リーグへの新規参入問題や地域独占問題などのクラブビジネスをめぐる問題、リーグによる放映権、肖像権管理など権利管理ビジネスをめぐる問題、また、ドラフト制度や移籍制限制度など、選手市場をめぐる問題などが存在する。また、特に、選手資格や指導者資格と関連して、アマチュア資格をめぐる問題などが、独占禁止法に関連する場面であろう。日本などの国内法のみならず、アメリカ連邦法やEU法などの競争法も存在し、より広域な、あるいは国際的なスポーツビジネスに関しては、より注意が必要になる。

　このような問題に関して、事業者であるスポーツ団体としては、独占禁止法がどのような行為を規制し、どのような行為を許容しているのか理解がなければ、正当な経済活動ができない。

　本章では、スポーツ実務における独占禁止法の規制対象事例を概説しながら、スポーツ団体としての経済活動の法的限界を解説する。

Contents

独占禁止法

　本章ではスポーツと独占禁止法（以下「独禁法」）[1] について、主にプロ野球や日本プロサッカーリーグ（Japan Professional Football League；Ｊリーグ）といったリーグ・スポーツを題材に解説する。

　独禁法とは、ひと言でいえば、自由主義経済の維持発展のために、公正かつ自由な競争が行われるように、一定の規制をしていこうという法律である。日本ではスポーツ分野における独禁法の適用が問題になった例は極めて少ない。これはアメリカにおいてスポーツ分野における独禁法訴訟が活発だったことと対照的である。しかしながら、スポーツ（特に、競技スポーツ）においては本文に述べるように、様々な面で「独占」状態が生まれる局面があり、「競争制限的行為」が見られるところであり、独禁法の適用を検討すべき状況がある。

　特に、2018 年 2 月、公正取引委員会競争政策研究センターは、「人材と競争政策に関する検討会」報告書を発表した。フリーランスなど個人の働き方の多様化に応じて、人材の獲得をめぐる競争に対する独占禁止法の適用関係及び適用の考え方を理論的に整理するものであったが、複数のクラブチームが共同して選手の移籍を制限する行為や、大会等に出場するスポーツ選手を選定する権限を有する組織体が役務提供者に対して、当該組織体が公認していない大会等への出場禁止や組織体が指定するイベント等への参加義務付けを行うことなどの独占禁止法上の問題点が指摘されるに至っている。この報告書を受けて、公正取引委員会が調査を行った日本ラグビー協会や日本実業団陸上競技連合においては、移籍制限規定が撤廃あるいは改正されるなどの動きも出てきているなど、日本のスポーツと独占禁止法は極めて注目される分野となっている。

　以下には、まず独禁法の概要を述べ、次にスポーツにおける独占構造について考察し、先例の多い外国（特に、アメリカ）の事例を紹介し、その上で、日本のスポーツにおける独禁法の適用について検討する。

1) 独占禁止法との語は、「私的独占の禁止及び公正取引の確保に関する法律」（昭和 22 年法律第 54 号）（「独占禁止法」または「独禁法」と略称されることが多い）を指す場合と、独占禁止法を中核とする競争法分野全般を指す場合がある。混同を避けるため、前者を「独占禁止法」、後者を「競争法」と呼ぶことが多い（村上政博『独占禁止法』（弘文堂、第 6 版、2014 年）1 頁）。なお、白石は「競争法」の概念について、多義的であるとしつつ、あえて定義するならば、「反競争性をもたらす行為を禁止するという観点から、あらゆる商品役務に適用される法令」と定義する（白石忠志『独占禁止法』1 頁（有斐閣、第 2 版、2009 年））。

第4編　民事法とスポーツ

① 独占禁止法の概要

（1）独占禁止法の目的

　企業はそれぞれ創意工夫を発揮して、品質がよく、かつ、価格の安い商品やサービスを消費者に提供して消費者に選んでもらい対価を得て利益を上げる。消費者は、企業間で公正かつ自由な競争が行われているからこそ、企業の提供する商品やサービスのうちから、安くて優れたものを選ぶことができる。市場におけるこのような企業と消費者の行動が、国民経済の健全な発展へとつながっていく。

　独禁法は、このような前提の下、公正かつ自由な競争の確保を目的とする法律である。

　独禁法第1条は、次のように定める。

　「この法律は、私的独占、不当な取引制限及び不公正な取引方法を禁止し、事業支配力の過度の集中を防止して、結合、協定等の方法による生産、販売、価格、技術等の不当な制限その他一切の事業活動の不当な拘束を排除することにより、公正かつ自由な競争を促進し、事業者の創意を発揮させ、事業活動を盛んにし、雇傭及び国民実所得の水準を高め、以て、一般消費者の利益を確保するとともに、国民経済の民主的で健全な発達を促進することを目的とする。」

　これらの文言から、独禁法は、①私的独占、②不当な取引制限、③不公正な取引方法を禁止し、さらに、④事業支配力の過度の集中を防止すること、及び、⑤結合、協定等による不当な拘束を排除すること等を目的としていることが読み取れる[2]。いずれも抽象的な概念で理解しづらいが、「私的独占」は主として事業者の単独行為によるもの[3]、「不当な取引制限」は複数の事業者の共同によるもの（カルテル、入札談合等）であり、これらが本来の意味での競争法における規制対象である。これに対して、「不公正な取引方法」は前二者とやや趣を異にし、不正競争行為の規制として、不正競争防止法や景品表示法等に近い側面がある[4]。

　独禁法の理解の助けのため、以下には次の設例を用いて説明する。

[2] 法律の略称から初学者には誤解されがちであるが、独禁法は「独占」のみを規制しているわけでも「独占」をほかの概念の上位概念としているわけでもない。法律名称は「私的独占の禁止」と「公正取引の確保」が並列されており、また、規制対象行為も「私的独占」、「不当な取引制限」及び「不公正な取引方法」は並列されていることに留意されたい。なお、白石1頁は法律の名称及び略称が法律の内容に誤解を与える原因になっているといい、「私的独占」の概念についても「立法者によるネーミングの拙劣さ」を指摘する（白石・前掲注1)290頁）。

[3] ただし、条文上、結合、協定等による複数事業者によることもある（独禁法第1条）。

[4] 村上・前掲注1)1頁以下「第1章 総論」は、日本の独禁法のアメリカ反トラスト法からの継受、その後の改正と公正取引委員会の運用の変遷のダイナミズムを知ることができ、抽象的で難解といわれる独禁法を理解する上で極めて有用である。

【設例】
AとBは、サッカーや野球等のスポーツシューズやウェア等（以下「スポーツ用品」）を製造販売している2大メーカーである。スポーツ用品製造のために必要な原材料や部品は甲から仕入れている。また、小売店乙に卸売り（販売）している。
スポーツ用品メーカーにはほかにC、D、Eなどがある。

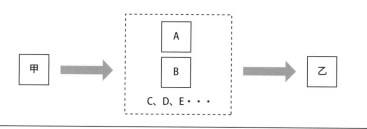

（2）事業者と事業者団体

　独禁法が規制の対象とする主体は「事業者」と「事業者団体」である。

〈1〉事業者

　「事業者」は独禁法第2条第1項に定義されている。すなわち、「商業、工業、金融業その他の事業を行う者」をいう。これは、判例上「なんらかの経済的利益の供給に対応し反対給付を反復継続して受ける経済活動」と広く解されている [5]。設例で、AとBは事業者である。

5) 都営芝浦と畜場事件・最高裁判所判決平成元年12月14日判例時報1354号70頁

〈2〉事業者団体

　「事業者団体」は独禁法第2条第2項に定義されている。すなわち、「事業者としての共通の利益を増進することを主たる目的とする二以上の事業者の結合体又はその連合体」をいう。設例で、AとBが他のメーカーC、D、Eらとスポーツ用品業界の利益増進のために業界団体を形成しているような場合である。
　同条同項は、事業者団体として次に掲げる形態のものを含むとする。

1号　二以上の事業者が社員（社員に準ずるものを含む。）である社団法人その他の社団

2号　二以上の事業者が理事又は管理人の任免、業務の執行又はその存立を支配している財団法人その他の財団

3号　二以上の事業者を組合員とする組合又は契約による二以上の事業者の結合体

第4編　民事法とスポーツ

　ただし、同条同項但書は、事業者団体に当たらない場合を次のとおり定める。

　「二以上の事業者の結合体又はその連合体であつて、資本又は構成事業者の出資を有し、営利を目的として商業、工業、金融業その他の事業を営むことを主たる目的とし、かつ、現にその事業を営んでいるものを含まないものとする。」

　但書は、株式会社や合弁事業（ジョイント・ベンチャー）を除外する趣旨である。この場合、当該株式会社や合弁事業自体が「事業者」として独禁法の規制を受ける。例えば、AとBが共同事業を行うため民法上の組合を組成しているような場合は、3号により事業者団体に当たるように見えるが、同条同項但書により事業者団体に含まれないことになり、当該組合自体が事業者となる[6]。また、協同組合などのように、事業者団体と事業者の両方の要件を満たす場合もある[7]。

（3）基礎概念としての「競争」

　独禁法の重要な基礎概念である「競争」及びその関連概念について説明する。

〈1〉競争

　「二以上の事業者がその通常の事業活動の範囲内において、かつ、当該事業活動の施設又は態様に重要な変更を加えることなく」、「同一の需要者に同種又は類似の商品又は役務を供給」したり、「同一の供給者から同種又は類似の商品又は役務の供給を受けること」をいう（独禁法第2条第4項）。

　設例で、AとBは、利益を最大化するため、原材料や部品を、その提供業者である甲からより安く仕入れ、これを加工製造して自社スポーツ用品をより多くの消費者により高く売りたいと考えるであろう。この場合AとBは競争関係にあることになる。

〈2〉競争の実質的制限

　「競争自体が減少して、特定の事業者または事業者集団が、その意思で、ある程度自由に、価格、品質、数量、その他各般の条件を左右することによって、市場を支配することができる状態をもたらすことをい」う[8]。後述の私的独占（独禁法第2条第5項）及び不当

6) 金井貴嗣ほか編『独占禁止法』24頁以下（弘文堂、第5版、2015年）

7) 金井ほか・前掲注6)25頁

8) 東宝・スバル事件・東京高等裁判所判決昭和26年9月10日行政事件裁判例集2・9・1562、東宝・新東宝事件・東京高等裁判所判決昭和28年12月7日高等裁判所民事判例集6・13・868

な取引制限（独禁法第 2 条第 6 項）の要件とされている。

〈3〉公正競争阻害性

自由競争の減殺（阻害）、競争手段の不公正、及び自由競争の基盤の侵害をいう[9]。不公正な取引方法（独禁法第 2 条第 7 項）の要件とされている。

（4）独占禁止法が規制する行為

独禁法では、主に次の行為を規制している[10]。

〈1〉私的独占

「事業者は、私的独占……をしてはならない」とされる（独禁法第 3 条）。「私的独占」とは、「事業者が、単独に、又は他の事業者と結合し、若しくは通謀し、その他いかなる方法をもつてするかを問わず、他の事業者の事業活動を排除し、又は支配することにより、公共の利益に反して、一定の取引分野[11]における競争を実質的に制限することをいう」（独占禁止法第 2 条第 5 項）。条文上、「排除型」と「支配型」があることが読み取れる。

かつては私的独占に該当するとの判断は少なかったが、近時増加している。そのほとんどが排除型である[12]。

ア　排除型私的独占

公正取引委員会公表（2009 年 10 月 10 日）の「排除型私的独占に関する独占禁止法上の指針」（排除型私的独占ガイドライン）第 1 項は、「排除行為とは、他の事業者の事業活動の継続を困難にさせたり、新規参入者の事業開始を困難にさせたりする行為であって、一定の取引分野における競争を実質的に制限することにつながる様々な行為をいう」と定義している。

排除型の例として、同ガイドラインは、低価格販売（原価割れするような価格）、排他的取引、抱き合わせ、供給拒絶・差別的取扱いを挙げている。設例で、A がトップ企業であるような状況で、シューズの価格を原価以下の金額で販売するような場合（低価格販売）に問題となる。

イ　支配型私的独占

「支配型」とは、一般に、他の事業者についてその事業活動に関

9) 村上・前掲注 1)65 頁、71 頁、金井ほか・前掲注 6)31 頁以下

10)「私的独占・不当な取引制限・不公正な取引方法」を独禁法の 3 本柱といい、「私的独占・不当な取引制限・企業結合規制」を新 3 本柱ということがある（村上・前掲注 1)34 頁）。また、「私的独占・不当な取引制限・企業結合規制・不公正な取引方法」を 4 本柱ということがある（金井ほか・前掲注 6)256 頁）。

11)「公共の利益に反して」、「一定の取引分野」も重要な基礎概念であるが、説明は割愛する。村上・前掲注 1)57 頁、金井ほか・前掲注 6)28 頁、32 頁など。

12) 最近のものとして、有線ブロードネットワークス事件・勧告審決平成 16 年 10 月 13 日、インテル事件・勧告審決平成 17 年 4 月 13 日、ニプロ事件・審決平成 18 年 6 月 5 日、NTT 東日本事件・最高裁判所判決平成 22 年 12 月 17 日、日本音楽著作権協会（JASRAC）事件・東京高等裁判所判決平成 25 年 11 月 1 日。

第 4 編　民事法とスポーツ

する意思決定を拘束し、自己の意思に従わせることをいう[13]。支配型私的独占が認められた例は少ない[14]。また支配型は排除型と同時に認定されることも多い。

〈2〉不当な取引制限

　「事業者は、……不当な取引制限をしてはならない」とされる（独禁法第3条）。「不当な取引制限」とは、「事業者が、契約、協定その他何らの名義をもつてするかを問わず、他の事業者と共同して対価を決定し、維持し、若しくは引き上げ、又は数量、技術、製品、設備若しくは取引の相手方を制限する等相互にその事業活動を拘束し、又は遂行することにより、公共の利益に反して、一定の取引分野における競争を実質的に制限することをいう」（独禁法第2条第6項）。

　不当な取引制限の典型例は、カルテルや入札談合である。「カルテル」とは、同業者間や業界団体の内部で、価格や生産数量や市場分割などを取り決め、お互いに市場で競争を行わないようにすることをいう。カルテルには、当然に不当な取引制限となる「ハードコア・カルテル」と、一定の合理性があれば不当な取引制限に当たらないとされる「非ハードコア・カルテル」がある[15]。ハードコア・カルテルの典型例は、価格カルテル、入札談合等であり、非ハードコア・カルテルの典型例は、ジョイント・ベンチャーや企画の標準化活動等である[16]。

〈3〉不公正な取引方法

　「事業者は不公正な取引方法を用いてはならない」とされる（独禁法第19条）。「不公正な取引方法」は、独禁法第2条第9項に次の六つが挙げられている（表1）[17]。

　　1号　共同の取引拒絶

　　2号　差別対価による取引

　　3号　不当廉売

　　4号　再販売価格の拘束

　　5号　優越的地位の濫用

　　6号　その他6号に定めるもののいずれかに該当するものであって公正な競争を阻害するおそれがあるもののうち公正取引委員会が指定するもの

13) 金井ほか・前掲注6)176頁

14) 野田醤油事件・東京高等裁判所判決昭和32年12月25日、東洋製罐事件・勧告審決昭和47年9月18日、日本医療食協会事件・勧告審決平成8年5月8日、パラマウントベッド事件・勧告審決平成10年3月31日

15) ハードコア・カルテル、非ハードコア・カルテルは、法律上の用語ではなく、講学上の用語である。

16) 金井ほか・前掲注6)39頁以下

17) 2009年改正は、一定の不公正な取引方法（繰り返し行うような場合）に課徴金を課すために罪刑法定主義の見地から、法律に定めて課徴金の対象とする行為（第1号から第5号まで）と公正取引委員会の告示に委ね課徴金の対象とならない行為（第6号）とを整理した。

公正取引委員会の指定は告示により行われ、あらゆる事業者に適用のある「一般指定」と特定の業界に適用のある「特殊指定」がある。一般指定は、次の「不公正な取引方法」である。

「不公正な取引方法」（平成 21 年公正取引委員会告示 18「不公正な取引方法」）

同告示は 15 の類型を定める（表 1）。

独禁法第 2 条第 9 項		一般指定「不公正な取引方法」
第1号	共同の取引拒絶	
第2号	差別対価による取引	
第3号	不当廉売	
第4号	再販売価格の拘束	
第5号	優越的地位の濫用	
第6号	次のいずれかに該当するものであって公正な競争を阻害するおそれがあるもののうち公正取引委員会が指定するもの イ他の事業者の差別的取扱い ロ不当対価取引 ハ不当な競争者の顧客の誘引・強制 ニ不当な拘束条件付取引 ホ取引上の地位の不当利用 ヘ競争事業者の取引の不当妨害	①共同の取引拒絶 ②その他の取引拒絶 ③差別対価 ④取引条件等の差別取扱い ⑤事業者団体における差別取扱い等 ⑥不当廉売 ⑦不当高価購入 ⑧ぎまん的顧客誘引 ⑨不当な利益による顧客誘引 ⑩抱き合わせ販売等 ⑪排他条件付取引 ⑫拘束条件付取引 ⑬取引の相手方の役員選任への不当干渉 ⑭競争者に対する取引妨害 ⑮競争会社に対する内部干渉

最も重要な独禁法第 2 条第 9 項第 4 号の「再販売価格の拘束」について見ておく。再販売価格の拘束とは、メーカーが商品を卸売業者に販売する際、その卸売業者が小売業者に、指定した小売価格で消費者に販売することを強制するような場合である。

設例で、Aがスポーツシューズを原価 3,000 円で製造し乙に 5,000 円で販売する場合、乙が消費者にいくらで売ろうがAの利益とは関係がないはずである。ところが実際は、Aは商品のブランドイメージ維持のため等の理由から、一定の価格（希望小売価格、定価）で消費者に販売されることを乙に強制するような行動（安売りするような業者には売らない、など）をとることがある。これを再販売価格の拘束といい、独禁法は厳しく禁止している [18]。乙の消費者へ

の販売価格は、乙の競争事業者との自由競争の中で乙自らが決定すべき事項だからである。

【アディダス事件（2012）】[19]

　2012年3月2日、公正取引委員会は、アディダスジャパン株式会社に対し、再販売価格の拘束があったとして独禁法違反に基づく排除措置命令を出した。これは同社の傘下のリーボック社のブランド「イージーストーン」について、定価で販売するよう、あるいは値引き販売を限定するよう、卸売業者を通じて小売業者に圧力をかけ、これに従わない業者に出荷停止や在庫の返品を求めたと判断された事案である。

〈4〉企業結合

　「企業結合」とは、合併、株式取得、役員兼任など、複数の企業が企業組織法上の手段により結びつくことである[20]。市場における公正かつ自由な競争を維持するためには、このような企業結合を規制する必要がある。すなわち、独禁法は、競争の実質的制限となるような合併（独禁法第15条）、分割（独禁法第15条の2）、株式移転（独禁法第15条の3）、事業譲渡（独禁法第16条）といった企業結合を禁止し（独禁法第15条）、事前届け出制（及び30日間の待機期間の設定）として（独禁法第10条第2項から第7項まで）、これに違反した場合には排除措置命令の対象とする（独禁法第17条の2）ほか、公正取引委員会による合併・分割無効の訴えの対象としている（独禁法第18条）。

　設例で、AとBが合併したり、AがBの全株式を取得するような場合に問題となる。

〈5〉事業者団体規制

　「事業者団体」の定義は前述のとおりである。独禁法は、事業者団体が一定の取引分野における競争を実質的に制限すること等の行為を禁止している（独禁法第8条）。典型的には事業者団体におけるカルテルである。事業者団体がこれに違反した場合は、公正取引委員会は、行為の差止、団体の解散その他排除措置を命ずることができる（独禁法第8条の2）。

　独禁法第8条が事業者団体に禁止している行為は次のとおりである。

19) 公正取引委員会「アディダスジャパン株式会社に対する排除措置命令について」http://www.jftc.go.jp/dk/ichiran/dkhaijo23.files/12030204.pdf、同委員会「（措）第7号排除措置命令書」（2012年3月2日）

20) 詳しくは、公正取引委員会「企業結合審査に関する独占禁止法の運用指針」（いわゆる「企業結合ガイドライン」http://www.jftc.go.jp/dk/kiketsu/guideline/guideline/shishin01.html）。

1号　一定の取引分野における競争を実質的に制限すること。

2号　第 6 条に規定する国際的協定又は国際的契約をすること。

3号　一定の事業分野における現在又は将来の事業者の数を制限すること。

4号　構成事業者（事業者団体の構成員である事業者をいう。以下同じ）の機能又は活動を不当に制限すること。

5号　事業者に不公正な取引方法に該当する行為をさせるようにすること。

〈6〉その他の規制

その他、独占的状態の規制（独禁法第 8 条の 4）や戦前の財閥復活を制限する趣旨で置かれた一極集中規制（独禁法第 9 条）がある。

（5）独占禁止法違反に対する措置

〈1〉公正取引委員会による制裁

事業者または事業者団体に独禁法に違反する行為があった場合、公正取引委員会は、排除措置命令（そのための審査）（独禁法第 7 条、第 8 条の 2）、課徴金の賦課（独禁法第 7 条の 2、第 8 条の 3）、及び刑事告発（独禁法第 89 条以下、第 96 条）を行うことができる。

〈2〉課徴金とその減免制度

ア　課徴金制度

1977 年の独禁法改正により、不当な取引制限等の予防的効果を強化する目的で、カルテルに対する課徴金制度（独禁法第 7 条の 2）が導入された。その後、1991 年、2005 年、2009 年とその効果を上げるべく制裁強化の方向で改正がなされ、また、2005 年と 2009 年の改正では、カルテル以外の、私的独占（独禁法第 7 条の 2 第 4 項）と不公正な取引方法の一部（独禁法第 20 条の 2 から 6）にもその対象範囲を広げた。

イ　課徴金減免制度（リニエンシー）

カルテルは密室で行われ外部から知りにくいことに鑑み、2007 年の独禁法改正により、カルテルへの参加者がそのカルテルについての事実の報告と資料を提出することで課徴金が減免される、いわゆる「リニエンシー制度」が導入された（独禁法第 7 条の 2 第 10 項）。これが課徴金制度の実効性を飛躍的に高めたといわれている。

〈3〉差止請求と損害賠償請求

ア　差止請求

事業者団体の規制の一部に違反する行為については、一定の要件の下に差止請求が認められる（独禁法第 24 条）[21]。

イ　損害賠償請求

企業の独禁法違反により損害を受けた者は、違反した企業に対し、民法の不法行為（民法第 709 条以下）または独禁法第 25 条[22]に基づく損害賠償の請求をすることができる。独禁法第 25 条に基づく請求は、公正取引委員会の排除措置命令を前置するものである一方、故意または過失の立証を要しない無過失損害賠償責任である（独禁法第 25 条第 2 項）。

（6）独占禁止法違反の行為の有効性

前記のとおり独禁法違反の行為に対しては一定の制裁を課しているが、独禁法違反の行為が私法上直ちに無効になるか、という点については、判例は、公序良俗に反しない限り無効にならないと解している[23]。独禁法は、民法のように私人間の個々の行為の有効無効を規定する私法ではなく、公正かつ自由な競争を確保するための行政法規だからである。

21) 第 8 条第 5 号又は第 19 条の規定に違反する行為によつてその利益を侵害され、又は侵害されるおそれがある者は、これにより著しい損害を生じ、又は生ずるおそれがあるときは、その利益を侵害する事業者若しくは事業者団体又は侵害するおそれがある事業者若しくは事業者団体に対し、その侵害の停止又は予防を請求することができる（独禁法第 24 条）。

22) （1）第 3 条、第 6 条又は第 19 条の規定に違反する行為をした事業者（第 6 条の規定に違反する行為をした事業者にあつては、当該国際的協定又は国際的契約において、不当な取引制限をし、又は不公正な取引方法を自ら用いた事業者に限る。）及び第 8 条の規定に違反する行為をした事業者団体は、被害者に対し、損害賠償の責めに任ずる。
（2）事業者及び事業者団体は、故意又は過失がなかつたことを証明して、前項に規定する責任を免れることができない（独禁法第 25 条）。

23) 岐阜商工信用組合事件・最高裁判所判決昭和 52 年 6 月 20 日最高裁判所民事判例集 31・4・449、村上・前掲注 1)501 頁、金井ほか・前掲注 6)535 頁以下

② スポーツにおける競争と独占

　次に、野球、サッカー、バスケットボールといったリーグ・スポーツにおける競争と独占について見ていく。「競争」と「独占」という独禁法上の用語が出てくるが、ここでは一般用語として広い意味で用いることとする。

（1）社会活動としてのスポーツの特徴
〈1〉スポーツの七つのカギ

　図1. スポーツの七つのカギ

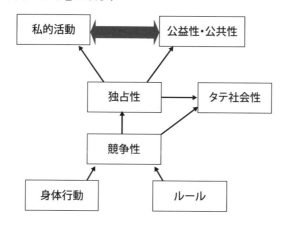

　スポーツは、他の社会的活動との比較において、いくつかの特徴を見出すことができる。特に日本で広く行われている競技スポーツについては、①身体行動、②ルール、③競争性、④独占性、⑤タテ社会性、⑥私的活動、⑦公益性・公共性の七つのキーワードをスポーツの諸問題を解き明かすカギと考えることができる[24]。すなわち、スポーツは、一定のルールの下で（ルール性）、身体を使って（身体行動性）、競技を行い、その結果を競う（競争性）という特徴がある。この競争性から独占志向が生まれ、またスポーツ界特有のタテ社会、体育会系といわれる上の指揮命令を絶対視する風潮が生まれる。さらに、スポーツにはそれが国民の私的活動に関する面と公益・公共[25]に関する面があり、両者は時として衝突する場面がある[26]。

〈2〉スポーツの独占志向

　このうち、独占志向という点について詳しく見ていこう。

[24] 水戸重之「スポーツ紛争と解決手段」自由と正義58号

[25] 広瀬一郎『スポーツ・マネジメント入門』55頁（東洋経済新報社、2009年）、岸川善光編著『スポーツビジネス特論』15頁（学文社、2012年）など

[26] 例えば、2004年のプロ野球再編騒動において、プロ野球が12の株式会社による私的活動を強調する立場と、プロ野球が国民的娯楽であるとしてその公益性を強調する立場がみられた。一般社団法人日本野球機構定款第3条は「野球が社会の文化的公共財であることを認識し」と定める。

ア　勝利の独占

スポーツにおいては常に勝者と敗者が生まれる。最終的な勝利は一つ、勝者は1人（1チーム）である。その意味で、スポーツでは優勝者という唯一独占の地位を目指して厳しい練習が行われ、試合での勝利を目指す。最強の者は誰かということが関心事となり、チャンピオン・スポーツというカテゴリーが生まれた。最強者を決めるための最善の試合形式（トップレベルのリーグ戦やトーナメント戦）が求められる。結果として、最強者には富と栄誉と地位（引退後のクラブやスポーツ団体内での仕事や役職を含む）が与えられる。

その競技会の運営方法としては、シーズンを通して同数の試合を行い最高勝ち点や最高勝率のチームを優勝者とするリーグ戦と、勝ち残り同士で順次試合を行い最終的な試合（決勝戦）の勝者を優勝者とする勝ち抜き戦（トーナメント戦、ノックアウト方式）がある。勝ち抜き戦は、敗戦チームは原則としてその後の試合を行えないので、選手の強化やスポーツの普及、安定的な収入という点からは難点がある。そのため、一般的には、試合数が各クラブ同数で事業計画が立てやすいリーグ戦方式の方が事業という観点からは優れているといえよう。

イ　スポーツ団体によるスポーツの独占

あるスポーツについて全国で様々な競技（試合）が行われるが、どの試合に勝利した者を最強の者と認めるべきであろうか。あるスポーツを統括するスポーツ団体[27]が唯一独占の地位を得て、その団体が権威をもって最強者を決める試合（競技会）とした場合に、その勝者が最強者と認められることになろう。逆に、複数のスポーツ団体が併存する場合、どのスポーツ団体が主催する試合の勝者を最強者とすべきかが明らかでなくなる可能性がある。

ある一つのスポーツを統括する国際競技団体（International Federations；IF[28]）は一つであり、各IFがその傘下にある各国の国内競技団体（National Federations；NF）に対して1国1スポーツ団体を義務付けている[29]。例えば、サッカーにおいて、国際サッカー連盟（Fédération Internationale de Football Association；FIFA）がIFに当たり、日本におけるサッカーのNFは日本サッカー協会ということになる。このような1競技1団体が貫かれることで、そこが主催または公認する競技大会での優勝者が最強者の評価を受けることになる。

27) スポーツ団体の目的（使命）は、本来は競技の普及と振興である。例えば、旧・日本サッカー協会寄付行為第3条は「普及と振興」を、日本バスケットボール協会定款第3条は「普及と振興及び育成強化」を、日本野球機構定款第3条は「普及と野球事業の推進」を挙げる。なお、現在の日本サッカー協会（2012年に旧財団法人から組織変更）定款第3条は、「この法人は、日本サッカー界を統括し、代表する団体として、サッカーを通じて豊かなスポーツ文化を創造し、人々の心身の健全な発達と社会の発展に貢献することを目的とする」と規定する。旧財団法人寄付行為からの変更の趣旨は明らかではないが、公益認定との関係でより直接的に公益性を強調したものであろう。

28) オリンピック憲章第3章にIFのタイトルの下、IFに関する規定が置かれている（OLYMPIC CHARTER 2015）。

29) 例外として、イギリスにおいては、歴史的な経緯から、地域としてのイングランド、スコットランド、ウェールズ及び北アイルランド（国家としてのアイルランドとは別）がそれぞれ独立したサッカー協会を有し、個別の代表チームがFIFAワールドカップ大会に参加することが認められている。

　また、オリンピック競技大会に関心の高い日本では、オリンピック種目となっているスポーツを統括するスポーツ団体が、国際オリンピック委員会（International Olympic Committee；IOC）の各国組織である国内オリンピック委員会（National Olympic Committee；NOC）に当たる日本オリンピック委員会（Japanese Olympic Committee；JOC）に参加することで、その権威と正統性を加速させたといえるであろう。

〈3〉リーグ・スポーツと独占

　国の最高レベルのリーグ（以下「トップリーグ」）は一般的には一つだけである（日本のバスケットボールリーグの状況については後述）。これは二つのパターンがある。

ア　スポーツ団体傘下[30]のリーグ

　国内においてあるスポーツを統括する唯一のスポーツ団体が主催または公認するリーグである。スポーツ団体は、トップレベルの競技会を主催または公認することで、自己の権威の下に最強者を決定する。スポーツの普及と強化を使命とするスポーツ団体が主催するリーグ戦ではトップリーグの下に階層的に下位リーグを置き、上下リーグ間でチームの入れ替え（昇降）があり得る形式が採用されることもある（欧州サッカーや日本のサッカーの場合）。

イ　スポーツ団体傘下でないリーグ

　もう一つは、スポーツ団体と無関係または弱い関係の下で行われるリーグ戦である。リーグ戦（特にプロ選手に報酬を支払うプロリーグ）の運営には、莫大な費用と労力がかかるので、それに耐え得る事業者（企業）は自ずと限られ、複数のリーグが生まれても自然淘汰されていき、唯一のトップリーグが残るというケースである。アメリカ大リーグ（Major League Baseball；MLB）、日本のプロ野球がその例である。

（2）リーグ・スポーツの仕組み
〈1〉オープン・リーグとクローズド・リーグ[31]

　世界的に、スポーツのリーグには二つのタイプがある。リーグへの参加を自由（一定の条件を満たせば参加できる）とするタイプを「オープン・リーグ」、リーグへの参加は既存メンバーのみとし、新

30）スポーツ団体傘下という場合の「傘下」は法令用語ではないが、しばしばスポーツ界では使われるので、ここでもそれにならった。スポーツ団体加盟または公認といった意味合いであろう。

31）S・シマンスキー＝A・ジンバリスト『サッカーで燃える国　野球で儲ける国』4頁以下（ダイヤモンド社、2006年）、水戸重之「スポーツと法務」小島克典編著『プロ野球2.0』85頁（扶桑社、2008年）、平田竹男『スポーツビジネス最強の教科書』56頁（東洋経済新報社、2013年）

第4編　民事法とスポーツ

規で参入するには原則として既存メンバーの同意を要するタイプを
「クローズド・リーグ」と呼ぶことができる。

　イングランドで始まったフットボール（＝サッカー）・リーグ（及
びその影響で成立した欧州各国のサッカー・リーグ）は、基本的にスポー
ツ団体の主導によるオープン・リーグであり、その流れを汲む日本
のプロサッカーリーグであるJリーグもオープン・リーグである。

　一方、アメリカのMLB、アメリカプロフットボールリーグ
（National Football League；NFL）、アメリカプロバスケットボールリー
グ（National Basketball Association；NBA）、及びアメリカプロアイ
スホッケーリーグ（National Hockey League；NHL）の4大リーグで
は、基本的にクラブが集まってスポーツイベント（試合を観せて対
価を得る事業）という共同事業について合意をし、これを実行する
ものであり、基本的に新規参加者を認めるか否かは既存クラブが決
める（参加させる義務を負っていない）という意味でクローズド・リー
グである。その流れを汲む日本のプロ野球もクローズド・リーグで
ある。

〈2〉リーグ・スポーツのトライアングル

図2. リーグ・スポーツのトライアングル

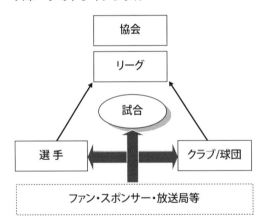

　リーグ・スポーツは、①選手、②クラブ（球団）、③リーグの三
者が三角形（トライアングル）を形成し、そのバランスの上に試合
という「商品」を生み出すことで成り立っている。

　まず、「選手（競技者）」がいなければスポーツは成り立たない。
次に、チーム・スポーツではチームを組成し保有する主体が必要で
ある。これが「球団」や「クラブ」と呼ばれるチーム保有団体であ
る[32]。さらに、試合というスポーツイベントをリーグ戦方式で継
続的・安定的に行うには「リーグ」組織が必要となる。リーグはク

32) チームを保有する法人を、プロ
野球では球団、サッカーJリー
グではクラブと呼ぶ（英語圏で
はいずれもClub(s)）。本章では、
原則として「クラブ」を用いるが、
プロ野球に関する記述では「球
団」を用いる。

ラブの利益代表の集まる場ではあるが、一つのクラブのことだけを考えるだけではなく、クラブ間のバランスや選手の待遇等、リーグ運営全体のことを考える必要があるという点で、個々のクラブとは別個に観念することができる。

　リーグを主催する組織は、日本ではスポーツ団体であることが多かったが、両者は常に同一法人とは限らない。日本サッカー協会とJリーグが別法人であるのはその例である。また、スポーツ団体とは直接の関連性なく独立してリーグが設立運営された例もある。2005年開幕の日本プロバスケットボールリーグ（Basketball Japan League；bjリーグ）がその例である（後に日本バスケットボール協会の認定団体となった）。

　これらのトライアングルの中央に、リーグの商品となる「試合」がある。すなわち、選手、クラブ、リーグがバランスよく協力・共同することで試合という商品を生み出すことになる。また、試合は、二つのチームが対戦しないと成立せず、したがって、一つの試合というスポーツイベントを成立させるためには必ず二つのクラブが必要である。言い換えれば、一つの試合というスポーツイベントは常に二つのクラブの合弁事業といえる。

　ファン、スポンサー、放送局等（以下「需要者」）は、この試合という商品に価値を見出して対価（主に金銭）を払うという構造になっている。

〈3〉 リーグのビジネスモデル

　「リーグ」のビジネスの仕組み（ビジネスモデル）とは、簡単にいえば、費用をかけて「試合」という商品を生み出し、これを需要者に有償で提供して（利用させて）収益をあげるというものである。収益－費用＝利益であるので、利益を最大化することが目標となる。

　収益としては、入場料収入、スポンサー料収入、放映権料収入及びマーチャンダイジング（商品化・グッズ）収入がある（これをスポーツの4大収入ということがある[33]）。費用としては、選手やコーチング・スタッフへの報酬、試合会場費、試合運営費、遠征費、育成・トレーニング費、広告宣伝費等がある。

　費用を誰が負担し、収益を誰が取得すべきか。原理的には、試合を設営する主催クラブ（ホームチーム）が費用をかけて試合運営を行い、当該クラブが収益を取得する。しかし、リーグも費用をかけてリーグ制度を構築しこれを安定的に運営する方策を立案・実施し、

33) このほか、日本では、近時主に子どもたちに競技を教えるスクール事業、クリニック事業が重要になっている。これは単にスクール料という月謝に期待するだけでなく、ファンを増やし、入場料収入や商品化収入を増大させる効果がある点で重要である。

各クラブと折衝を行い、リーグ全体の広報や宣伝広告を行うことで
リーグの価値を上げ、収益を最大化しようとする。リーグはクラブ
の集合体であるのでリーグのあげる利益は究極的にはクラブ（やク
ラブの所属選手）に還元されるべきものであるが、リーグには個々
のクラブの利害を超えて、リーグ・ビジネス自体を安定的に運営し
その利益を最大化する使命がある。ここにクラブとは別個にリー
グ（組織）を観念する意義がある[34]。収入は、各クラブの収入とす
ることもあれば（入場料収入はホームゲーム主催者の収入とする例が
多い）、リーグが一括管理する方法（Jリーグにおける放映権ライセ
ンスなど―ただし、放送時間等の貢献度に応じてクラブに分配される）、
リーグ・スポンサーとクラブ・スポンサーのように2種類に分ける
方法（その場合カテゴリーのすみわけが問題となる）などがある。

〈4〉二つの「独占」の物語

　日本のプロ野球は、野球発祥の地である米国の仕組みを継受して
いる。日本のサッカーは、イングランドを発祥とする欧州サッカー
の仕組みを継受している。米国リーグと欧州サッカーのリーグでは、
その仕組みが大きく異なっているので、その違いを見ておく[35]。

ア　アメリカ4大メジャーリーグ

　アメリカでは、プロリーグが存在し人気の高い四つの競技（プロ
リーグ）として、野球（MLB）、アメリカン・フットボール（NFL）、
バスケットボール（NBA）、及びアイスホッケー（NHL）が存在し、
これらを合わせて「アメリカ4大スポーツ」（カッコ内の各プロリー
グを合わせて「アメリカ4大メジャーリーグ」）という[36]。このうち、
最も早く成立したのがMLBであり、ほかのスポーツは形を変えな
がらも基本的に似た仕組みをとっている。

　すなわち、アメリカスポーツは少数限定のクラブによる唯一のメ
ジャーリーグを結成し、そこに有力選手を吸収する道を歩んだ。権
威あるスポーツ団体が成立する以前に、プロスポーツとしての野球
ビジネスがスタートしたことが原因であろう。少数の球団による共同
事業としてのリーグ経営という考え方は、現在の所属球団にとって
利益となる方法を選択する。それは共同事業を行う仲間が集まって
スポーツイベントを行い、その利益を独占することである。その結果、
リーグは新規参入球団を容易に認めないクローズドなものになる。

　参入を認められない事業者は、競合リーグを立ち上げて既存リー

34）bjリーグのリーグ運営会社である日本プロバスケットリーグの株主は、240名以上の個人・法人であり、クラブ（チーム会社）は直接の株主になっていなかった。

35）なお、MLBとイングランドサッカーは組織化された初期において、1874年のボストン・レッドストッキングスとフィラデルフィア・アスレティックスの英国遠征などを通じて接点があり互いについての情報はある程度有していた。S・シマンスキー＝A・ジンバリスト・前掲注31）30頁以下、ピーター・レーヴィン『野球をビジネスにした男』44頁以下（平凡社、1987年）。

36）佐野毅彦「アメリカのプロスポーツビジネス」原田宗彦編著『スポーツ産業論』247頁（杏林書院、第6版、2015年）、平田・前掲注31）20頁など。

グと競争する結果、リーグ間の競争、訴訟やリーグ、クラブの離合集散、といった展開を見せた。これを封ずるための解決策が、リーグの統合と「エクスパンション（expansion）」という参加クラブの拡大策であった。同時に、あくまで構成クラブを少数限定とするクローズド・リーグを維持することで、リーグの価値、フランチャイズの価値を最大化していった。フランチャイズ（地元チーム）を持たない都市や州の政府や企業家は、参入の機会をうかがい、高額な参入費用を負担してでもメジャーリーグの仲間に入りたがった。このようにしてアメリカ4大メジャーリーグは、時折、競合リーグの登場に脅かされながらも、独占王国を築いたのである。

イ　欧州サッカーの場合

　イングランド・サッカーにおいては、イングランド・フットボール協会（Football Association；FA）が、参加クラブの実力順に、上位リーグから下位リーグまでの階層的な全リーグを支配下（傘下）に置くことで、国内の多数のクラブをその傘下に置くことに成功した（欧州各国のフットボール・リーグもこれにならっている）。クラブのリーグへの新規参入の道が開かれているオープン・リーグであることで、自然発生的な国内各地のクラブを取り込み、競合リーグの登場を許さなかった。FAがその権威をもつ限りにおいて、非FA、反FAのリーグは成立し得ない。そしてFAの権威は、FIFAの権威に支えられている。スポーツ団体はいずれの国でも原則として一つでありその統括の下でスポーツが行われることに正統性を与えている。欧州サッカーの独占性はスポーツ団体の独占性に依拠しているといえよう。

　このように、欧州フットボール・リーグは、スポーツ団体の正統性と権威、階層構造（上位から順に1部、2部等）で上下リーグ間の昇降制度、協会主催のカップ戦の人気（イングランドのFAカップ等）、各地に根付いた地域密着型クラブによる競争、などの要因により、独立リーグの登場を封じ、すべてのクラブを取り込んでいった。そこでは原則として自由競争で強化されたクラブが勝ち上がってくる仕組みである。クラブは玉石混交となり、「ビッグクラブ」と呼ばれる資金力豊かなクラブが登場する一方、資金難球団や時には財政破綻するクラブも出てくる。また、かつては資金難クラブもジュニア世代から育成した地元選手などを競合クラブに移籍させ、その移籍金で更なる育成費に充てたりクラブの運営費をまかなうという「選手育成売却モデル」が成り立っていたが、これも欧州連

合（European Union；EU）全体における労働市場の自由化を背景として移籍金制度を違法としたボスマン判決[37]以降は崩れてしまった。現在の姿は、良くも悪くも自由競争原理の下での格差社会といえる[38]。

〈5〉事業としての競争

　チームは互いに勝利を目指して競っている（競技上の競争）が、そのチームを保有するクラブは、誰とどのような事業上の競争をしているのだろうか。

　それはまず同じリーグ内の他クラブとの競争がある。クラブは、より多くの利益を上げるために他クラブと事業上の競争をしている。

　このように書くとスポーツに詳しい読者は違和感を覚えるかもしれない。各クラブは通常、フランチャイズ（野球の場合）やホームタウン（サッカーの場合）といった地元の地域で事業を行っているのであり、それぞれの地域をベースに自チームを強化して魅力あるチームを作り、そのプロモーションを行って、自チームのファンを増やしている。クラブはリーグ戦こそ激しく競争しているが、互いにリーグという運命共同体を形成しているのであり事業上の競争などしていないのではないか、と。しかしながら、独禁法（競争法）の観点からは、そもそもそのような共同事業体自体の仕組み、構造にメスを入れることになる。フランチャイズやホームタウンというものを設定することで市場分割の協定がなされ事業者間の公正かつ自由な競争を阻害しているのではないか、それを肯定する十分合理性のある理由があるか、と考えるのである。以下により詳しく見ていこう。

図 3. リーグにおける競争要因[39]

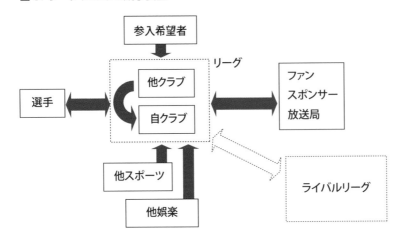

37)Case C-415/93 Union Royale Belgedes Societesde Football Association and Others v. Bosman and Others

38) 欧州サッカーの選手制度と労働問題については本編第6章。

39) 競争構造については、マーケティング理論書の古典ともいうべき、マイケル・E・ポーター（土岐坤ほか訳）『競争の戦略』（ダイヤモンド社、1982 年）参照。図 3 は、同書 18 頁（ページ番号は新訂 11 版 2001）図表 1 - 1「5 つの競争要因」を参考に、筆者がリーグ・ビジネスについて作図したものである。

　事業上の競争に勝つためには、試合での勝利が最善の策ともいえるが、現実には強いチームが常に高利益体質とは限らない。強いチームを作るには、よりよい選手や監督により高額の報酬を払う必要があるので、費用が高騰する結果、利益（収益−費用）が少なくなる可能性があるからである。このように選手との間では、労働力を提供する側（選手）と受ける側（クラブ）の利害対立がある。選手はより高額の年俸でより強いクラブとの契約を望んで選手間で競争することになる。クラブ側から見れば、よりよい選手をより安い報酬で獲得できるよう、他クラブと競争することになる。

　次に、「試合」という商品を購入する側との利害対立がある。例えば放送局への放映権の販売（ライセンス）である。クラブ側から見れば、自チームの試合の放送権をより高額で放送局に販売しようとする（クラブ間の放送権販売競争）。放送局から見れば、放送したい試合の放送権獲得をめぐりライバルの放送局と競争することになる。

　さらにクラブは、新規参入の脅威（新チームがリーグに参戦してくること）や代替サービス（他の競技や、映画やゲーム等のエンタテイメントサービスとの競争）の脅威にさらされている。

　自クラブを中心に考えれば、労働力の供給元である選手群との取引をできるだけ安く抑え、試合の売り先である放送局等との取引価格をできるだけ高くすることで高利益体質を作ることが必要であるが、他クラブに勝つためにはよい選手とよい指導者（コーチ、監督）を雇わなければならず、そのための獲得競争を他クラブと行っている。また、消費者により多くの入場券を購入してもらうために、強く魅力のあるチーム作りが必要となるが、その他、試合会場の立地や人口（マーケットサイズ）等も重要となる。多くの場合、スタジアムに足を運ぶことができる者を対象に営業活動が行われ、地域密着型クラブとして、地元のファン、サポーターをできるだけ多く確保することが目指される。その結果、フランチャイズやホームタウンといった地域分割の方法がとられている。これは独禁法の観点からは、いわゆるテリトリー制、市場分割ということになる（後述）。

　さらにリーグを一つの事業単位と見ると、競合リーグの登場によりリーグ間の競争が生まれる場合がある。アメリカでは歴史的にそのような競争が独禁法の問題として議論されてきた。日本ではそのような例は極めて少ないが、2005 年に開幕したプロバスケットボールリーグ「bj リーグ」と日本バスケットボール協会傘下のリーグである日本バスケットボールリーグやナショナル・バスケット

ボール・リーグとは競争関係にあったといえる。

（3）選手制度

選手の入団・移籍の自由と制限について、プロ野球とサッカーＪリーグでは大きく様相を異にする。プロ野球は選手に対する様々な制約が存在するのに対して、サッカーＪリーグの世界では、入団・移籍は大幅に自由化されている [40]。

〈1〉プロ野球の場合 [41]

プロ野球の世界に新人選手が入るには「ドラフト制度」という新人選手採用手続（くじ引き）を経なければならない。ひとたび球団と契約した選手は、球団の支配下選手となり１シーズンの契約期間が満了しても自由に他球団への移籍はできない。これを「保留制度（球団の保留権）」という。保留中の選手は、統一契約書に署名することであらかじめ他球団へのトレードに包括的に同意していることになっている [42]。選手登録の期間が一定期間経過した場合に自由に他球団と交渉、契約することができるいわゆるフリーエージェント（Free Agent；FA）となれる [43]。さらに、保留期間中でも球団の同意があれば全メジャー球団の入札によるMLBへの移籍が可能となる制度としていわゆる「ポスティング制度」が採用されている（1998年オフに導入。2013年に大改正）。移籍先の米国クラブが日本の球団に支払うべき「リリース料」（Release Fee）[44] の上限が2,000万ドルまでに制限され、また、選手は30日間に限り入札球団すべてと交渉できる、という制度に改正されている [45]。

〈2〉Ｊリーグの場合

Ｊリーグの場合、選手の入団（クラブ側から見れば選手の獲得）にプロ野球のドラフト制度のような特段の制限はなく、原則として自由競争である。移籍についても原則自由であるが、以前は移籍先クラブが移籍元クラブに移籍金を支払わなければならなかったため、事実上制約があった。国際的に1995年のボスマン判決を契機に移籍金が禁止されたこととの関係から、Ｊリーグでも2010年から移籍金が撤廃され、これに代えて23歳以下の選手の移籍についての育成費（Training Compensation；TC）制度が導入された。またクラブからの選手の確保（拘束）は、複数年契約とそれに違反した場合の違約金という方法で継続している（この場合、複数年契約をするか

---

40) 詳しくは、本編第２章２（1）150頁以下。

41) 日本プロフェッショナル野球協約2015、統一契約書様式、及び、フリーエージェント規約。

42) 日本プロ野球選手会「統一契約書様式」http://jpbpa.net/up_pdf/1427937937-107764.pdf 第21条（契約の譲渡）選手は球団が選手契約による球団の権利義務譲渡のため、日本プロフェッショナル野球協約に従い本契約を参稼期間中および契約保留期間中、日本プロフェッショナル野球組織に属するいずれかの球団へ譲渡できることを承諾する。

43) FA制度は、1993年に導入された。その後の改正を経て、現在のフリーエージェント規約では、資格取得に必要な期間は、NPBに所属する球団への移籍を可能にする国内FAについては8シーズン、2007年以降に入団した選手で大学野球連盟または日本野球連盟に所属していた選手は7シーズンとされている（以前は区別なく9シーズンだった）。いずれの場合もNPB以外のリーグ（日本の独立リーグなども含まれる）に所属する球団への移籍を可能にする海外FAについては引き続き9シーズンである。

44) 報道では「譲渡料」との用語が使われることが多いが正確ではない。2012年以前は「ポスティング・フィー」と通称されていた。

45) AGREEMENT BETWEEN THE OFFICE OF THE COMMISIONE OF BASEBALL AND THE OFFICE O F THE C OMMISIONER OF NIPPON PROFESSIONAL BASEBALL (2014).（訳文）「日米間選手約に関する協定」

否かは選手の自由である）。

③ アメリカ 4 大スポーツと反トラスト法

（1）アメリカのリーグ・スポーツと反トラスト法

日本のリーグ・スポーツへの独禁法の適用を説明する前に、アメリカのリーグ・スポーツとアメリカ独禁法（反トラスト法[46]）について見ていく。

クローズド・リーグは、ある競技のプロリーグ事業の市場を独占することになる可能性がある。訴訟社会であり反トラスト法（独占禁止法）違反に基づく私訴を認めてきたアメリカにおいては、訴訟のチャレンジを受けることになる。

このうち、MLB は後述するように、連邦最高裁において、野球事業は州際通商（interstate commerce ＝州をまたぐ取引）ではないとの理由で反トラスト法の適用が早々に否定されたが[47]、ほかのメジャースポーツである NFL、NBA、及び NHL においてはその解釈はとられず、反トラスト法の適用があることを前提に、争われてきた。その場合も、当然違法ではなく、反トラスト法上の概念である「合理の原則」（rule of reason）[48]に基づく判断がなされてきた。

反トラスト法が問題となった事例として、同一リーグ内で、フランチャイズの移転を希望するクラブが出てきた場合に、他クラブの同意が必要という規定について、反トラスト法違反が争われた事例（ロサンゼルス・メモリアル・コロシアム対 NFL 事件（1984 年）。結論；違法）[49]や、リーグの新規参入への拒否が反トラスト法違反が争われた事案（グリズリーズ対 NFL 事件（1983 年）[50]。結論；合法）がある。

また、リーグ間の市場をめぐる争い[51]として、NFL とそのライバルリーグである AFL との争い（AFL 対 NFL 事件（1963 年）[52][53]。結論；合法）や、NFL の対抗リーグとして登場した USFL との争い（USFL 対 NFL 事件（1988 年）[54]。結論；一部違法）がある。

（2）「単一事業体」理論

アメリカでリーグと反トラスト法をめぐる争いの中でしばしば主張されたのが、「単一事業体」理論（single entity theory）である。これを理解するには、反トラスト法について若干の理解をしておく必要がある。まず、シャーマン法第 1 条は事業者間の「共謀」（ここではカルテルと置き換えて理解しておけばよい）を禁止している。

46) アメリカでは独禁法に該当する法律として、シャーマン法（1890年）、クレイトン法（1914 年ロビンソン・パットマン法による1936 年改正を含む）、連邦委員会法（1911 年）が存在し、これらからなる法律分野を「反トラスト法」という。

47) Federal Baseball Club v. National League 259 U.S. (1922)

48) 「合理の原則」については、Standard Oil Co., of California v. United States, 337 U.S. 293 (1949 年）、松下満雄＝渡邊泰秀編『アメリカ独占禁止法』15 頁（東京大学出版会、第 2 版、2012 年）、村上政博『アメリカ独占禁止法』38 頁（弘文堂、第 2 版、2002 年）、川井圭司『プロスポーツ選手の法的地位』26 頁（成文堂、2003 年）、神谷宗之介『スポーツ法』14 頁（三省堂、2005 年）。

49) Los Angeles Memorial Coliseum Commission v. NFL, 726 F. 2d 1381(9th Cir. 1984)

50) Mid South Grizzlies v. NFL, 720 F. 2d 772 (3d Cir. 1983)

51) 本文に挙げた例のほか、北米サッカーリーグ対 NFL 事件（North American Soccer League v. NFL, 670 F. 2d 1249 (2d Cir) cert.denied, 459 U.S. 1074, 1982)（NFL におけるクロスオーナーシップ禁止の反トラスト法違反をめぐる争い。NFL マイアミ・ドルフィンズのオーナー夫人がサッカークラブを保有しようとした際に問題となった事案）や、サリバン対 NFL 事件（Sallivan v. NFL, 34 F.3d 1091 (1st Cir)1994)（クラブの株式の 49％を公開売却しようとした行為に対して NFL が承認しなかった事案について、合理の原則を基準に、反トラスト法違反とした事案）がある。

52) American Football League v. National Football League, 323 F.2d 124 (4th Cir. 1963)

53) その後、NFL と AFL は合併し、現在の NFL が誕生した。

54) USFL v. NFL, 842 F. 2d 1335(2d Cir. 1988)

この規定について、かつては非常に厳格に解されており、親子会社間の取引についても法人格が別である以上、共謀を認定するとの解釈がとられていた。これに対して、コパーウェルド事件最高裁判決[55]は、このような解釈は行き過ぎであるとして、親子会社は法人格は別でも両者併せて単一の事業体と考えられるべきであり、したがって反トラスト法の適用はない、と判断したのである。

　この考え方を、親子会社のような資本関係はないもののリーグ規約等により構成メンバー間の結びつきの強いリーグにも適用すべきかというのが、リーグ・ビジネスにおける単一事業体理論についての議論である。

　具体的には、〈1〉複数のクラブが集まって組成するリーグについて単一事業体といえるか、という側面と、〈2〉形式的に一つの法人になっていても、実質は複数企業の共同事業であり単一事業体とはいえない場合があるか、という側面がある。

〈1〉複数企業の集まりが単一事業体といえるか

　サンフランシスコ・シールズ事件（1974年）[56]で、裁判所は、NHL所有クラブはリーグ及び他クラブと経済的な意味での競争を行わないという理由により、リーグは単一事業体であるとして、反トラスト法の適用を留保した。しかし、このような考えはあまり一般化せず、NFL北米サッカー・リーグ二重保有禁止事件（1982年）、NFLロサンジェルス・メモリアル・コロシアム事件（1984年）[57]、アメリカン・ニードル事件（2010年）[58]等において、裁判所はいずれもNFLの単一事業体性を認めず、反トラスト法を適用した。これらの判決により、サンフランシスコ・シールズ事件判決の結論は否定され、現在ではMLB、NFL、NBA、NHLには、単一事業体理論の適用はないと考えられている。

〈2〉一つの企業が単一事業体ではない場合があるか

　1995年に設立されたメジャー・リーグ・サッカー（Major League Soccer；MLS）が有限責任会社（Limited Liability Company；LLC）という会社の形態でリーグ運営が行われている。フレイザー事件（2000年）[59]においてこれが単一事業体といえるか、メンバークラブの共同事業か問題となった。

　裁判所は、選手は会社であるMLSと契約し、MLSが集権的に選手の獲得、移籍、ドラフトに関するルールを定め運営していること、

55) Copperweld Corp. v. Independence Tube Corp. 467 U.S.752

56) San Francisco Seals, Ltd. v.National Hockey League, 379F. Supp. 966 (C.D. Cal 1974)

57) Los Angeles Memorial Coliseum Commission v. NFL,726 F. 2d 1381 (9th Cir. 1984)

58) American Needle v. NFL, 506 U.S. 183 (2010)

59) Fraser v. Malor League Soccer, 97 F. Supp. 2d 130(D. Mass. 2000)

サラリーキャップ制を採用し、人気選手の分散、戦力の均衡維持を考慮して選手をチームに配置していること、知的財産権やチケット収益は MLS が管理し、費用は原則として MLS 負担だが、チーム運営者もスタジアム賃料半額の負担など通常のチーム運営費を負担していることなどを認定した上で、MLS は（複数の出資者の共同事業ではなく）単一の会社として運営されていると判断した。

（3）リーグ／クラブと放送局の関係

〈1〉 放送権の帰属

　アメリカでは、ピッツバーグ対 KQV 放送事件（1938 年）[60] により、スポーツの試合の放送権はその試合のホームチーム（クラブ）に帰属することが明らかにされた。したがって、クラブの集合体であるリーグが放送権の販売の条件について共謀することは、放送局に対する関係で強い立場を獲得するので、反トラスト法の適用が問題となる。

　この点に関し、United States 対 NFL 事件（1953 年）[61] は、NFL が、いかなる球団も他球団のテリトリー内で NFL の試合を放送してはならないというルールを有していたところ、そのようなルールは、放送権市場の競争を制限することになるとの理由で、司法省が NFL を訴えた事件で、裁判所は、合理の原則の下、ホームゲームが開催される日の放送権の制限は正当化されるが（ホームゲームの入場料収入が減少する可能性があるので）、ホームゲームが開催されない日はそのような事情がないのでかかる制限は許されない、とした。

〈2〉 スポーツ放送法（Sports Broadcasting Act；SBA、1961）

　NFL が放送権の一括管理を始め、これを CBS 放送にライセンスする交渉の過程で、反トラスト法に関する上記判例に違反するおそれがあったので、これを立法的に解決したのが「スポーツ放送法」である。アメリカ 4 大メジャーリーグの MLB、NFL、NBA 及び NHL の試合がスポンサー番組として放送される場合は、反トラスト法（シャーマン法）は適用されないとした法律[62] である。

（4）リーグ／クラブと選手の関係

　アメリカでは、伝統的に少数のクラブ（球団）が市場の独占を目指し、その中で優秀な選手を適正に配分するための選手の採用・移

60)Pittsburgh Athletic Co., v. KQV Broadcasting, 24 F. Supp.490 (W.D. Pa. 1938)

61)United States v. NFL,116 F. Supp. 319 (1953)

62) 神谷・前掲注 48)71 頁、グレン・M・ウォン＝川井圭司『スポーツビジネスの法と文化・アメリカと日本』206 頁（成文堂、2012 年）

籍に関する選手制度を設けてきた。これらは選手の自由を制限する
ものであるので、必然的に選手側からのチャレンジを受けてきた。
労働法上の戦いと反トラスト法上の戦いである。

　アメリカ連邦最高裁は、選手の保留条項の有効性について反トラ
スト法が適用されるかが争われた 1922 年のフェデラル・ベースボー
ル・クラブ事件において、その適用を否定した。野球は反トラスト法
が適用対象とする州際通商に当たらないとの理由であった。これが有
名な「野球の適用除外」（baseball exemption）である。1953 年のトゥー
ルソン事件、1972 年のカート・フラッド事件でも、先例拘束性の原
則に基づき反トラスト法の適用を否定した。その結果、選手たちは
選手組合という労働組合に戦いの場を移していくことになった。

　一方、野球以外のスポーツについては反トラスト法の対象となる
ことがいくつかの判決で明らかとされる[63]。ただ、そこでも労働
組合である選手組合とリーグとの労働協約（労使協定）と反トラス
ト法との関係をどう考えるかが問題となった。

　アメリカ連邦最高裁は、労使間で誠実な交渉が行われて労働協
約が締結された場合には、反トラスト法の適用はないと判断してい
た[64]。ではその労働協約が終了した場合はどうなるか。原則に戻る
とすれば、再び反トラスト法が適用されることになる。連邦最高裁は、
NFL の新人選手の年俸制限が問題となった 1996 年のブラウン事件
判決[65]において、労働協約が成立しない場合でも、労使が誠実に交
渉した結果であれば反トラスト法排除原則はなお適用されるとした。

　1998 年には「カート・フラッド法」が成立する。同法は、長年
の呪縛であった「野球の適用除外」の判例を修正し、反トラスト法
の適用可能性を認めたのである。とはいえ、同法は労使協定による
「反トラスト法排除原則」という判例ルールは否定していない。つ
まり、MLB 選手会は、反トラスト法という法律上の手段をようや
く手にしたものの、判例法上の例外（ブラウン事件判決）による制
限は引き続き受けている。

④ 日本のリーグ・スポーツと独占禁止法

（1）日本のリーグ・スポーツと独占禁止法
〈1〉総論

　日本においてリーグ・スポーツへの独禁法の適用をどのように考
えるべきであろうか。この点、日本の独禁法がアメリカの反トラス

63) プロボクシングにつき、United States v. Inernational Boxing Club, 348 U.S. 236 (1955) が、アメリカン・フットボールにつき、Radovich v. NFL, 352 U.S. 445 (1957) が、それぞれ反トラスト法の適用を認めている。

64) Non-statutory Labor Exemption" といい、米国判例法により確立した原則である（川井・前掲注48）71頁以下、グレン・M・ウォン＝川井・前掲注62)152頁）。

65) Brown v. Pro Football Inc.1992 WL 88039 (1992)

ト法を範としたことを考えると、参考になる点も多い。一方、当然ながら日米間の法令には違いがあり（最大の違いは、アメリカでは反トラスト法違反についてかなり以前から私訴が認められていた点であろう）、また、対象となる競争市場の規模や形態の違いを考えると、アメリカ法における議論をそのまま日本に持ち込むことはできない。これらの点に留意しつつ、日本のリーグ・スポーツへの独禁法の適用を見ていくこととする。

リーグ・ビジネスにおいて、どのような場面で独禁法の適用が問題となるであろうか。スポーツ事業への独禁法の適用事例の少ない日本においては、前述のアメリカの例を参考にすると、次のようなケースが考えられよう。

①リーグとクラブ（球団）：フランチャイズ制／ホームタウン制及びその変更、新規参入クラブの条件（承認システム、加盟料、脱退の自由等）

②リーグ同士：競合リーグが誕生する場合の既存クラブやその取引先事業者による妨害

③リーグと放送局等との関係

④リーグと選手の関係

〈2〉クラブとリーグの法主体性

クラブとリーグの法主体性について見ていこう。リーグは、クラブの集合体であり複数の株式会社からなる共同事業体であることはすでに述べた。リーグは、リーグ自体が法人格（株式会社や社団法人）を有する場合と、有しない場合（法的性質は任意団体、民法上の組合または権利能力なき社団になる）がある。

これを日本のプロ野球、サッカーJリーグ、及びバスケットボールリーグについて整理すると表2のようになる。

表2. クラブ及びリーグの法的主体性

競技名	リーグ名	リーグの法的性格	クラブ／球団
野球	プロ野球	民法上の組合（～2007）	株式会社
		社団法人→一般社団法人（2012）	株式会社
サッカー	Jリーグ	社団法人→公益社団法人	株式会社
バスケットボール	JBL／NBL	一般社団法人	株式会社
	bjリーグ	株式会社	株式会社
	Bリーグ	一般社団法人	株式会社

リーグの法人格については変遷があり、若干の説明が必要である。

第4編　民事法とスポーツ

ア　プロ野球

日本プロフェッショナル野球協約（以下「プロ野球協約」）[66] 第1条は、セントラル及びその所属球団とパシフィック・リーグ及びその所属球団は日本野球機構の内部組織として日本プロフェッショナル野球組織（Nippon Professional Baseball；NPB）を構成すると定める。

プロ野球は、日本野球機構とNPBが存在し、その構成球団は同一（12球団）であるものの、プロ野球ビジネスを行うのはNPBと考えられた。ただし、2008年のプロ野球協約の改正の際、NPBは日本野球機構の内部組織であると明確に位置付けられた。さらに公益法人改革の中で、2012年に日本野球機構は公益認定を受けずに一般社団法人となった。

イ　サッカー

Jリーグの運営主体である日本プロサッカーリーグは、1993年のJリーグ開幕以降、社団法人（現公益社団法人）である。日本サッカー協会傘下のリーグとされるが、日本サッカー協会と日本プロサッカーリーグは別法人であり、資本関係（社員持分関係）もない。

ウ　バスケットボール

バスケットボール・リーグについては変遷がある。他の実業団リーグと同様、当初は日本バスケットボール協会の内部組織としての日本リーグが存在した。1996年にバスケットボール日本リーグ機構が設立され、同機構が日本リーグを運営した。2007年にはリーグの組織運営方法の変更がなされ、日本バスケットボールリーグとなり、さらに統一リーグを目指して2013年にナショナル・バスケットボール・リーグとなった。その変遷を表にしたものが表3である。

表3. 日本の日本バスケットボール協会傘下の
　　　バスケットボール男子リーグの変遷

＊	JBA傘下リーグ	
	リーグ名称（略称）	運営主体
1967年	バスケットボール日本リーグ	日本バスケットボール協会（JBA）
1996年	日本リーグ（JBL）	一般社団法人バスケットボール日本リーグ機構
2007年	日本バスケットボールリーグ（JBL）	同上
2013年	ナショナル・バスケットボール・リーグ（NBL）	一般社団法人日本バスケットボールリーグ
2016年	ジャパン・プロフェッショナル・バスケットボールリーグ（Bリーグ）	公益社団法人ジャパン・プロフェッショナル・バスケットボールリーグ（JPBL）

＊リーグ開幕年

66)2015年版。2009年版以降、第1条については同文（日本プロ野球選手会「日本プロフェッショナル野球協約2015」http://jpbpa.net/up_pdf/1427937913-568337.pdf）。

一方、2005 年に開幕した bj リーグは、日本バスケットボール協会傘下ではなく（後に認定団体となった）、法人格も株式会社として設立された。株主も、Ｊリーグとは異なり、各クラブではなく、一般の企業・個人であった点も特徴的である。2005 年秋から 2016 年春までは、日本バスケットボール協会傘下の日本バスケットボールリーグと、独立リーグの bj リーグが併存した。両リーグは 2016 年に公益社団法人ジャパン・プロフェッショナル・バスケットボールリーグ（Japan Professional League；JPBL）が運営する「Ｂリーグ」として統一され、同年秋に開幕した。

以上のようなサッカーＪリーグとプロ野球の違いは、それぞれが範とした欧州サッカーと MLB でそれぞれ確立された制度に由来する[67]。

〈3〉 事業者と事業者団体

以上を前提に、クラブ及びリーグが独禁法の対象となる事業者及び事業者団体に該当するかについて見ていく。

いずれのリーグにおいても、クラブは営利事業を行う株式会社であり[68]、独禁法上の「事業者」（独禁法第 2 条第 1 項）に該当することは異論がないであろう。では、リーグ組織は「事業者」と「事業者団体」（独禁法第 2 条第 2 項）のいずれに該当するであろうか。これはリーグ自体が法人化されているか否か、及びアメリカのような単一事業体の理論が当てはまるか否かを検討していくことになる。

ア　プロ野球

日本野球機構及びその内部組織である NPB は独禁法第 2 条第 2 項第 1 号（NPB を別途組合と考えた場合は第 3 号[69]）により「事業者団体」に該当すると考えられる。

これに対して、NPB は 12 の株式会社が行う共同事業または合弁事業としての性格を有するので、同条同項但書により、NPB は事業者団体には該当せず、NPB 自体が「事業者」として独禁法の規制を受けると考えることも可能であろう。

イ　Ｊリーグ、Ｂリーグ、JBL／NBL

Ｊリーグとﾋリーグは公益社団法人（各クラブは社員）、JBL／NBL は一般社団法人であった。したがって、独禁法第 2 条第 2 項

67) 欧州サッカーとアメリカ MLB のリーグの成り立ち及び両者の比較については、S・シマンスキー＝A・ジンバリスト・前掲注 31) が分かりやすい。

68) なお、Ｊリーグ・クラブのモンテディオ山形は、「社団法人山形県スポーツ振興 21 世紀協会」という公益社団法人が運営法人であったが、2014 年に株式会社モンテディオ山形に事業移管した。

69) 日本プロ野球協約は 2009 年に大きな改正がなされている。その直前の 2008 年版を見ると第 1 条に同様の規定があるが、「一般社団法人日本野球機構の内部組織として」との文言がない。当時のプロ野球組織は 12 球団による民法上の組合（民法第 667 条以下）と解することができるところ、「事業者団体」の適用に当たっては独禁法第 2 条第 2 項第 3 号の適用が問題となろう。但書の適用により事業者団体には該当しないと解する余地がある。なお、2009 年当時も「社団法人日本野球機構」は存在しており、公益法人改革前に設立された公益社団法人であった。

第 4 編　民事法とスポーツ

第1号により、事業者団体に該当すると考えるか、同条同項但書により該当せずとして、これら社団法人自体が事業者に該当するかが問題となる。

ウ　bjリーグ

以上に対して、かつて存在したbjリーグは、リーグ会社である株式会社日本プロバスケットボールリーグと各チーム会社（クラブ）との共同事業とされ、前述のとおり、チーム会社（加盟クラブ）がリーグ会社の株主というわけでもない。したがって、独禁法第2条第2項本文により事業者団体に該当するが、やはり同条同項但書により該当せずこれらリーグ会社とチーム会社の共同事業体が単一事業体として事業者に該当するかが問題となった。

エ　フランチャイズ制／ホームタウン制と市場分割

フランチャイズ制／ホームタウン制[70]とは、あるクラブ（チーム）が存在する地域については、そのクラブのみが試合の主催及びその関連事業を行うことができ、かつ、そこから獲得する収益を取得することができるという制度である。地元密着を重視するスポーツクラブでは当然のことのようであるが、独禁法の観点からは、その地域で事業を行う者が1事業者のみとなり市場分割カルテルとして競争の実質的制限ではないかが問題となる。

この点、独禁法第8条の2第4号は市場分割を規制しており、これに基づき、公正取引委員会の「事業者団体の活動に関する独占禁止法上の指針」（1995年。以下「事業者団体ガイドライン」）第二、3（顧客、販路等の制限行為）、3-2（市場の分割）は、「構成事業者別に、事業活動を行う地域や商品又は役務の種類等の範囲を制限すること」を挙げ、次の例示をしている。

〈例〉

(1)　販売業者の団体が、構成事業者別にその販売地域を限定し、市場を地域によって分割すること。

(2)　製造業者の団体が、構成事業者別にその製造する商品の種類を限定し、市場を商品の種類によって分割すること。

これをスポーツ・リーグについて見ると、日本ではフランチャイズ制やホームタウン制を不当な取引制限（カルテル）に該当すると

70) フランチャイズ制とホームタウン制とは、前者が野球、後者がJリーグで使われる用語であるが、本質的な違いはない。Jリーグの設立準備段階ではフランチャイズ制との呼称で検討が進められていたが、プロ野球とのイメージ差別化を明確にするためにフランチャイズをやめてホームタウンと呼ぶことにしたという。広瀬一郎『「Jリーグ」のマネジメント』42頁、47頁、88頁など（東洋経済新報社、2004年）。

して独禁法に違反するとの論説は見当たらない。地域密着による地元ファンの獲得を重視するクラブ経営の伝統（一部のビッグクラブを除き、おそらくは世界中でそうであろう）は社会的に認知されており、かかる地域密着に基礎を置くリーグ・ビジネスの特殊性に鑑みれば、これを直ちに独禁法違反とすることは適当ではない。ただし、その態様によっては競争の実質的制限に当たると解される場合もあろう。

（2）プロ野球リーグと球団の関係

〈1〉プロ野球球界再編問題（2004 年）と新規参入問題

　2004 年 6 月 30 日の近鉄球団とオリックス球団との合併報道（最終的には事業譲渡[71]）に端を発したプロ野球 1 リーグ化への動きを含むプロ野球界再編騒動は、日本プロ野球選手会による 2 日間（9 月 18 日、19 日）のストライキを経て、2 リーグ制の維持と、新球団の参入という結末となった。新球団については、ライブドアと楽天が立候補し、最終的には 11 月 2 日、オーナー会議で楽天の新規参入が承認され、仙台を本拠地とする東北楽天ゴールデンイーグルスが誕生した[72]。

〈2〉プロ野球への独占禁止法の適用の視点

　NPB というリーグ内においては、アメリカの例と同様、新規参入についての承認システムや、加盟金徴収が、私的独占、不当な取引制限、不公正な取引方法または事業者団体の規制に当たらないかが問題になろう。

　NPB を事業者団体と見れば、事業者団体ガイドラインの適用がある。

　　①同ガイドラインは、事業者団体が「社会通念上合理性のない高額に過ぎる入会金や負担金を徴収すること」は、事業者団体に加入しなければ事業活動を行うことが困難な状況においては、違反となるおそれが強いとしている[73]。
　　②また、「団体への加入について、事業の地域、分野等について特に直接的な競合関係にある構成事業者の了承、推薦等を得ることを条件とすること」は、同様に、事業者団体に加入しなければ事業活動を行うことが困難な状況においては、違反となるおそれが強いとされている[74]。

[71) なお、当時の旧商法上の用語としては「営業譲渡」であった。会社法では「事業譲渡」という。用語の整理に過ぎず同義である。江頭憲次郎『株式会社法』944 頁（商事法務、第 6 版、2014 年）

72) 日本経済新聞社『球界再編は終わらない』（日本経済新聞、2005 年）、朝日新聞スポーツ部『スト決行』（朝日新聞社、2004 年）、日本プロ野球選手会『勝者も敗者もなく』（ぴあ、2005 年）

73) 事業者団体ガイドライン第二、5（参入制限行為等）、（1）不当な加入制限に当たるおそれが強い行為、第二 5-1-3-(1)（過大な入会金等の徴収）。中島菜子「スポーツ産業に対する独占禁止法の適用」道垣内正人＝早川吉尚編著『スポーツ法への招待』270 頁（ミネルヴァ書房、2011 年）

74) 事業者団体ガイドライン第二、5（参入制限行為等）、（1）不当な加入制限に当たるおそれが強い行為、第二 5-1-3-(3)（直接的な競合関係にある事業者の了承等）。中島・前掲注 73)270 頁]

第 4 編　民事法とスポーツ

③この場合も、事業者団体が「その設立目的や事業内容等に照らして合理的な内容の加入資格要件や除名事由を設定すること」や「社会通念上合理的な金額の入会金や合理的な計算根拠に基づいた負担金を徴収すること」は「それ自体としては、独占禁止法上問題となるものではない」としている[75]。プロ野球の特殊性、リーグ・ビジネスの特殊性からその合理性を判断することとなろう。

（3）競合リーグと独占禁止法
〈1〉プロ野球独立リーグ
ア　プロ野球独立リーグの誕生

　2004年の球界再編騒動を契機に高まった野球事業に関する議論の中で、新しい球団やリーグの創設が模索され、2005年に四国アイランドリーグ（現在は「四国アイランドリーグplus」）が、2007年にベースボール・チャレンジ・リーグ（Baseball Challenge League；BCリーグ）が、それぞれ開幕した[76]。2014年9月1日、両リーグは新たに日本独立リーグ野球機構を発足させた。これらは実力、人気ともに、プロ野球の競合リーグとは認識されておらず、独禁法上の問題を指摘する向きは見当たらない。

イ　独立リーグ問題への独占禁止法の適用

　ここでもNPB以外の企業が新たにプロ野球ビジネスを目的とするリーグ・ビジネスを立ち上げることを禁止することはできない。既存のNPBや参加球団が何らかの方法でそれを阻止しようとすれば、その行為態様によっては不当な取引制限や不公正な取引方法への該当が問題になろう。

〈2〉バスケットボールにおけるbjリーグの登場と統一リーグ
ア　bjリーグの誕生から統一リーグBリーグへ

　前述のとおり、日本のバスケットボール男子リーグ[77]は、日本バスケットボール協会の傘下リーグとしての日本リーグ、日本バスケットボールリーグ及びナショナル・バスケットボール・リーグが存在した。

　一方、2005年11月に、日本バスケットボール協会に属しないプロリーグ「bjリーグ」が誕生した。そのリーグ運営会社が株式会社日本プロバスケットボールリーグである。

75) 事業者団体ガイドライン第二、5（参入制限行為等）、（2）加入条件等に係る行為でそれ自体としては問題とならないもの。中島・前掲注73）

76) かつて、現在のプロ野球組織とは別に、国民野球連盟（1947〜1948年。同連盟主催の国民野球リーグは1947年の夏・秋リーグのみで解散）があった。『プロ野球70年史』74頁（ベースボールマガジン社、2004年）。

77) バスケットボール女子リーグは、日本バスケットボール協会傘下リーグとしての女子リーグが存在したが、1998年に一般社団法人バスケットボール女子日本リーグ機構が運営するバスケットボール女子日本リーグ（WJBL）として男子リーグから独立している。

　国際バスケットボール連盟（Fédération Internationale de Basketball；FIBA）は、日本バスケットボール協会のガバナンス不足と日本に二つのトップリーグが存在することをかねてより問題視していたが、ついに、2014 年 11 月、日本バスケットボール協会に対して、国際的対外試合についての資格を停止するとの処分を下した（2015 年 8 月解除）。

　その後、FIBA の指示と文部科学省の指導により、日本バスケットボール協会改革及びリーグ統合のためのタスクフォースが結成され、日本バスケットボール協会の人事刷新等を経て、統一リーグとしての新リーグ「B リーグ」が 2016 年秋にスタートした。

イ　bj リーグ・B リーグと独占禁止法

　この一連の問題にはスポーツの独占をめぐり様々な法的問題が存在した。まず、国民の幸福追求権（日本国憲法第 13 条）、結社の自由（日本国憲法第 21 条）及び営業の自由（日本国憲法第 22 条第 1 項）並びに国民のスポーツ権 [78] の観点からは、国民はスポーツ団体の傘下に入ることなく独自にプロリーグを創設し運営する自由がある。他方、日本バスケットボール協会は日本のバスケットボール競技を独占することを志向する。bj リーグスタート当初には、その存在を排除する方向での日本バスケットボール協会の発言や行動が見られた [79]。これは日本バスケットボール協会が国の許可を得て設立された公益財団法人であることに鑑みると、憲法上の問題（部分社会の法理、私人間効力の問題）やスポーツ権侵害の問題があったと言わざるを得ない。

　2016 年秋にスタートした統一リーグである B リーグにおいても、独禁法上の問題としては、スポーツ団体による競技の独占を背景とした市場の独占、競争排除、優越的地位の濫用といった問題が検討されるべきである。これらの事情についてはアメリカのリーグ間の独禁法での議論が参考になろう。また、FIBA による資格停止とその後の FIBA 主導によるタスクフォース組成については、日本のスポーツ自治の観点からは疑問もある。ある競技を IF 及びその加盟 NF により全世界的に競技を独占しているというスポーツ界特有の状況と独禁法適用の関係は、一つの興味深いテーマである。

（4）試合の放送権

　日本ではスポーツの試合自体は著作物には当たらず、著作権法の

78) 文部科学省「スポーツ基本法」http://www.mext.go.jp/a_menu/sports/kihonhou/

79) 報道によれば、日本バスケットボール協会が bj リーグと一切関与すべきではないとの文書を公表し、全国の地方協会に通達した（読売新聞朝刊 2005 年 9 月 6 日、サンケイスポーツ同日）。同読売新聞は、日本バスケットボール協会専務理事が「協会傘下にある学校や実業団に対し bj リーグからスカウト活動があっても接触を断ったり、bj リーグ主催のバスケ教室開催を頼まれても、会場の提供や子供たちなどの参加を断るよう、今後要請していく」と述べたと報じている。

第 4 編　民事法とスポーツ

保護を受けない。したがって、知的財産権について独禁法の適用除外を定める独禁法第21条[80]の適用はない。アメリカのような試合の放送権はクラブに帰属するとの判例（前述）があるわけでもなく、試合の放送権の帰属について直接規定する法律はない。そこで理論的に検討すると、試合の放送権は、本質的には選手の肖像権と試合を運営する者（多くはホームチームのクラブ）の施設管理権（カメラの設置許可の権限があるから）に求めることができる[81]。その意味で次項のリーグ／クラブと選手の関係にも関連するが、一般的に、選手は肖像権についてスポーツ団体やリーグの規約及び統一契約書において試合の放送や報道について権利を主張しないことに同意しているので、本来的にはホームチームのクラブが放送権をもっている[82]。

　このような状況の下、スポーツの試合の放送権をめぐる取引に独禁法はどのように適用されるべきであろうか。この点について日本では実務的に問題となった例は見当たらず、詳細に論じた文献も見当たらない。競争の状況については、アメリカで争われた事例が参考になろう。独禁法の適用については、放送権のフランチャイズ制（ホームチームに放送権の許諾権がある方式）やリーグ一括管理（リーグがまとめて放送権を許諾する方式）といった放送権に関するルールについて、私的独占や不当な取引制限が問題となり、リーグ・ビジネスの特殊性（共同事業、ジョイント・ベンチャー）によりかかるルールに合理性があるかが問題となろう。

（5）リーグ／クラブと選手の関係[83]

〈1〉独占禁止法適用肯定説と否定説

　リーグ／クラブと選手との関係に独禁法の適用があるか。「不当な取引制限等」（カルテル）の対象となる「一定の取引分野」に当たるかが問題となる。

①適用否定説：選手との関係については専ら労働法で規律されるものであり独占禁止法は適用されないとする立場[84]。

　公正取引委員会は、かつて、国会答弁でプロ野球のドラフト制度について「球団と選手との契約はきわめて雇用契約に類似したもの」とし「雇用契約やそれに準じるもの……については独占禁止法の適用は外れる」との見解を表明したことがある[85]。また、雇用契約は独禁法第2条第6項の「取引の相手方を制限する」に含まれない

80) この法律の規定は、著作権法、特許法、実用新案法、意匠法または商標法による権利の行使と認められる行為にはこれを適用しない（独禁法第21条）。

81) 水戸重之「スポーツの試合の放送権」伊藤堯ほか編『スポーツの法律相談』（青林書院、2000年）

82) 試合の放送権に関する限り、選手肖像権を根拠に選手自身が試合の放送権をコントロールできる（放送についての拒否権）という議論は見当たらない。

83) 公正取引委員会競争政策研究センター「人材と競争政策に関する検討会　報告書」（2018年2月15日）https://www.jftc.go.jp/cprc/conference/index_files/180215jinzai01.pdf

84) ちなみに、アメリカのMLBにおいては、1968年に選手会とオーナーとの労働協約（労使協定：CBA）が締結された。アメリカでは、労使協定による労働条件の設定であれば独禁法上の問題は生じないとして現在では専ら労使協定で解決されている。日本のプロ野球協約は、NPBがリーグ運営のルールとして作成したものであり、選手会との間の労働協約ではない。アメリカの反トラスト法（独禁法）と労働法の調整の議論が日本にも当てはまるとすれば、日本のプロ野球協約が労使協定でないことは、独禁法の選手制度への適用を肯定する方向へ傾くことになろう。

85) 昭和53年3月2日参議院法務委員会・公正取引委員会事務局長。浦川道太郎「野球協約と統一契約書からみたプロ野球選手契約の法的問題」自由と正義45巻11号15頁（1994年）

との回答もある[86]。

②適用肯定説：球団と選手の関係で「一定の取引分野」に当たり、
　　　　　　　契約条件に不合理な制限を加える球団間の協定は
　　　　　　　独占禁止法違反の可能性があるとする立場[87]

　肯定説の立場では、「役務の提供を受ける競争」（独禁法第2条第
4項第2号）を球団間の合意で実質的に制限することになった場合、
不当な取引制限等を構成することになるとされる[88][89]。また、肯
定説をとった場合でも、リーグ・ビジネスの特殊性を考慮する必要
がある。リーグは対戦相手がいないと成立せず、リーグを構成する
球団は競争事業者であると同時に共同事業のパートナーでもある。
そこではリーグ運営の必要性や戦力均衡の要請等を勘案して、問題
となっている制度が競争の実質的制限に当たるか（合理性のある制
限か）が検討されることになる[90]。

〈2〉肖像権管理と独占禁止法
ア　選手肖像権・公取委警告事件（2003年）[91]

　日本野球機構は12球団から委任を受けて球団名、選手名、球団
マーク等の知的財産権を管理していたが、これらの知的財産権につ
いて家庭用ゲームソフトメーカーであるコナミ株式会社（以下「コ
ナミ」）にプロ野球ゲームソフトへの独占的使用許諾をしていた。
その契約中、特段の合理的な理由がない限り、コナミは同社以外の
家庭用ゲームソフトメーカーに再許諾をすることとしていたにもか
かわらず、コナミは再許諾契約の締結を遅延したり、肖像権問題を
理由として申請を受け付けないことにより、他のメーカーによるプ
ロ野球ゲームソフトの新製品の発売を遅延または断念させた疑いの
ある行為が認められた。

　公正取引委員会は、このようなコナミの行為が「不公正な取引方
法・その他の取引拒絶」（2009年改正前の独禁法第19条・不公正な
取引方法第2項）に該当するとして警告を行った。同時に、日本野
球機構に対して、今後当該知的財産権の使用許諾に当たっては独占
禁止法に十分留意するよう要請した。

イ　プロ野球選手肖像権訴訟事件（知的財産高等裁判所判決平成20年2月25日[92]）

　33名のプロ野球選手（原告ら）が、それぞれが所属する球団10

86) 中島・前掲注73)264頁

87) 金井ほか・前掲注6)21頁は「スポーツ選手や俳優の活動との取引を制限する使用者の行為（例えば、報酬カルテル）は、スポーツ選手や俳優が事業者であろうとなかろうと、独占禁止法の対象となる。使用者が共同して、事業員に対する労働者の賃金について協定（最高賃金カルテル）を結べば独占禁止法違反であることと同じである」という。

88)「ここで登場する企業がプロ野球チームであって優秀な従業員が20勝投手であるなら、当該投手から供給される商品役務とは1年の間そのチームのエースとして投げる、という役務である。そのような従業員は事業者と言える場合と言えない場合があろうが、2条4項2号は、供給者が事業者にあたることを要求していない」という（中島・前掲注73)266頁）。

89) なお、否定説をとった場合でも、球団と他の事業者との間の一定の取引分野の不当な制限となる可能性は残されている。参考例として、在宅看護サービス業者で構成される事業者団体が、ホームヘルパーに対する給与保障に十分な水準を示すため、会員業者がホームヘルパーに支払う賃金の標準を定めることは、労働問題でありこの点では独占禁止法の問題ではないとしつつも、ホームヘルパーの賃金が在宅看護サービスの料金の相当部分を占めており、ホームヘルパーの賃金を決めることで、在宅看護サービスの料金がほぼ決まるような状況にあることから、かかる標準賃金の決定は独占禁止法上問題があるとした（公正取引委員会「事業者団体の活動に関する主要相談事例」（2002年）。中島・前掲注73)265頁以下。

90) 2004年のいわゆる球界再編騒動において、日本プロ野球選手会を中心とする選手側の仮処分申立て（結論は棄却）、選手による2日間のストライキ実施が行われたが、そこでは独禁法の問題がクローズアップされることはなかったように思われる。

91) 公正取引委員会平成15年4月22日警告

92) 小泉直樹「肖像権の使用許諾（プロ野球選手パブリシティ事件）」中山信弘ほか編『著作権判例百選』No.91（有斐閣、2009年）

社（被告ら）に対して、被告らがプロ野球ゲームソフト及びプロ野球カードに関して第三者に対し選手の氏名及び肖像等の使用を許諾している行為は使用許諾権限なく行っているとして、その確認を求めた。被告らは、統一契約書第 16 条により、原告等の氏名及び肖像の商業的利用権たるパブリシティ権が被告らに譲渡され、または被告等に独占的に使用許諾されていると反論した。

　原告らは、統一契約書第 16 条は商品化型利用を含まないこと、原告の肖像権を一方的に剥奪するもので不合理な附合契約であり民法第 90 条に違反し無効であることを主張するとともに、独禁法違反も主張した。裁判所は、岐阜商工信用組合事件判決[93] を引用して、独禁法第 19 条違反の契約の私法上の効力については、その契約が公序良俗に反する場合は格別として、同条が強行法規であるからとの理由で直ちに無効であると解すべきではないとした。また、被告等球団が優越的地位にあるが、本件契約条項の内容が不合理とは言い難く、運用も一般指定第 14 項（旧一般指定。現・独禁法第 2 条第 9 項第 5 号）の「優越的地位の濫用」に当たらず、したがって独禁法第 2 条第 9 項第 5 号にも当たらないとした。一般指定第 13 項（旧一般指定。現・一般指定第 12 号）の「拘束条件付き取引」の点についても該当せず、独禁法第 2 条第 9 項第 4 号（改正前）に当たらないとした。

93) 前掲注 23)

⑤　本章のまとめ

　本章では、独禁法について概観しつつ、主に、リーグ・スポーツへの独禁法の適用について見てきた。この点、これまで日本では実務上大きな問題となることもなく、議論も十分なされてきたとは言い難い。一方、スポーツが国民の社会活動の中で重要な位置を占めるようになり、スポーツ産業は大きなビジネスになってきている。スポーツ団体による競技の独占や少数企業の共同事業によるトップリーグ市場の独占という状況の下で、不当な取引制限（事業者団体規制を含む）や不公正な取引方法などの独禁法の規制の適用についても今後議論されていくものと思われる。その際には、本文中で述べたような、スポーツ、特にリーグ・スポーツ固有の特徴・性質を十分に考慮する必要があろう。

第5編　紛争解決法とスポーツ

　本編では、スポーツに関連する紛争とその解決方法について解説する。

　スポーツに関連する紛争の中でも、契約上のトラブル、スポーツ事故、知的財産をめぐる損害賠償請求や差止請求などは、国家による裁判制度が取扱うことが可能であり、歴史的にも国家による裁判制度を通じた解決が図られてきた。

　また、このようなトラブルについては、国家による裁判制度だけでなく、紛争解決の専門性、迅速性という観点から、仲裁、調停といった裁判制度とは異なる紛争解決制度において解決が図られるケースもある。

　一方で、国家による裁判制度には、「法律上の争訟性」という要件があり、特に、スポーツ団体による参加資格、代表選考などの決定、アンチ・ドーピング規程に基づく処分やその他懲戒処分については、国家による裁判制度では取扱い対象とはならず、過去には、事後的な紛争解決制度が存在しなかった時代もあった。このような時代は、特にスポーツ界固有のルール形成に関して、法的な問題が解決できず、あるべきルール形成がなされていなかった。

　しかしながら、世界的には、スポーツ仲裁裁判所（CAS）、日本においては日本スポーツ仲裁機構（JSAA）が設立され、上記のような国家による裁判制度が対象としないスポーツに関連する紛争に対して、専門的かつ迅速に解決が図られるようになってからは、スポーツ界における新たなルール形成が図られている。このようなスポーツ仲裁、調停により、上記のスポーツ団体による参加資格、代表選考などの決定、アンチ・ドーピング規程に基づく処分やその他懲戒処分などにおいて、法的に必要な要素が明確になり、スポーツ団体が行うこれらの決定、処分の法的合理化に寄与してきた。特に、日本スポーツ仲裁機構（JSAA）の設立が、日本のスポーツ実務に与えた影響は計り知れない。

　本編では、このようなスポーツに関連する紛争の解決手続、そしてこのような解決方法が生み出したルールが、スポーツ界に対して与えた影響について解説する。

Contents

（1）裁判による解決が可能なタイプのスポーツ紛争

〈1〉スポーツにおける紛争とは？

　一般社会におけるのと同様、スポーツにおいても、様々な場面において紛争が発生する。スポーツに関する紛争としては、例えば、以下のようなものが考えられる。

①スポーツ事故（スポーツ障害を含む）に関するもの（例：スポーツ事故に関する損害賠償請求や再発防止のための改善方策の要求など）

②暴力、セクシュアル・ハラスメント（セクハラ）等のスポーツ団体内部における規律違反に関するもの（例：暴力やセクハラ等の被害に対するスポーツ団体への懲戒処分要求、暴力やセクハラを理由にスポーツ団体から会員資格停止処分を受けた者による処分取り消し請求など）

③スポーツ団体の代表選考の決定を争うもの（例：スポーツ団体による代表選考の決定に対する決定取り消し及び代表選考のやり直し請求など）

④スポーツ団体の不正経理に関するもの（例：スポーツ団体の不正経理を行った者に対する損害賠償請求、助成団体のスポーツ団体に対する不正経理によって支出された助成金の返還請求など）

⑤スポーツ団体内部での主導権争いに関するもの（例：スポーツ団体の前代表者による新代表者の選任無効確認請求、スポーツ団体が運営をめぐって対立するグループを排除するために行った懲戒処分の無効確認請求など）

⑥選手契約や移籍交渉をめぐる紛争（選手契約違反を理由とする契約解除に関する争いや、契約や移籍に関して定められた条項に関する争いなど）

⑦ドーピング違反や八百長に対する懲戒処分をめぐる紛争（ドーピング違反や八百長を理由として懲戒処分を受けた競技者がドーピング違反や八百長の事実認定自体を争うもの、科された懲戒処分が重すぎるとして争うものなど）

〈2〉一般社会における紛争解決の方法

　ここでは、まず、一般社会における紛争解決の方法について概観してみよう。紛争を解決する国家機関として、裁判所が存在してい

るが、紛争を解決する方法には、大きく分けて、裁判所を利用する
ものと利用しないものとが存在する。

ア　裁判所を利用する紛争解決方法

　紛争解決のための方法として、典型的に考えられるのは、裁判所
を利用することであろう。裁判所で解決する方法として、「訴訟」
という方法と、「調停」という方法がある。

　訴訟は、裁判所が紛争に法を適用し、判決をもって解決するもの
である。これに対し、調停は、裁判所において、調停委員を仲介役
として話し合い、解決するものである。調停は、話し合いによる解
決なので、当事者間での協議がまとまらないと成立しない。他方、
訴訟は、当事者間での協議がまとまらなくても、裁判所が判決をもっ
て有無を言わせずに解決する。このように、訴訟は、強制的解決の
要素を含んでおり、このために、法の定めた手続きに従って公正、
公平に行われる必要がある。この点、調停は、話し合いによる解決
を目指す手続きであるから、より柔軟な対応が可能である[1]。

イ　裁判所を利用しない紛争解決方法

　裁判所を利用しなくても、紛争を生じている対立当事者がお互い
に話し合って納得し、仲直りをすることによっても、紛争は解決す
る[2]。もちろん、お互いに主張を譲らないために紛争に発展してし
まうと、当事者だけでは解決に至らないことが多い。したがって、
当事者だけではなく、仲介者が加わって双方を説得して話し合いを
まとめたり、双方に専門知識を有する代理人がついて代理人間の交
渉で話し合いをまとめるなどによって解決に至ることが多い。

　さらには、当事者双方が信頼する第三者を仲裁人として定め、そ
の仲裁人の示した判断に従うという解決方法もある。これを仲裁と
いう。後述するとおり、専門的な解決が必要な事件については、仲
裁を行う裁判外紛争解決手続（Alternative Dispute Resolution；ADR）
が定められている。

ウ　裁判（訴訟）による解決が可能なスポーツ紛争

　スポーツにおける紛争の中には、裁判（訴訟）によって解決でき
るものとできないものが存在する。

　裁判所法第3条第1項は、裁判所は、一切の法律上の争訟を裁判
すると定めている。「法律上の争訟」とは、当事者間の具体的な権

利義務ないし法律関係の存否に関する紛争であって、かつ、法律の適用によって終局的に解決し得るものをいうと解されている。したがって、法律の適用によって判断され得る紛争については、裁判（訴訟）による解決が可能であるということができる。例えば、損害賠償請求は、不法行為（民法第709条）あるいは債務不履行（民法第420条）の適用の問題となるから、訴訟によって解決が可能である。この点は、スポーツ事故に関する損害賠償事件や選手や監督、コーチの契約について、様々な裁判例が多数存在していることに照らしても、明らかであろう。

（2）裁判による解決ができない場合

〈1〉法律上の争訟性

逆に、法律上の争訟でない紛争については、裁判所は取り扱うことができない。法の適用によっては解決ができないからである。

スポーツに関する紛争には、法律上の争訟に当たらないものがあるといわれている。典型的なものとして、代表選手選考に関する紛争がある。なぜなら、代表選手選考は、競技者の成績やコンディション、他の選手との比較、当該競技の特殊性などを考慮する必要があり、法の適用では解決できず、裁判所の判断になじまない。

このような紛争については、裁判所に訴訟を提起しても法律上の争訟性を否定され、請求は却下されることとなる。

〈2〉司法権の限界―部分社会の法理

さらには、各種団体の活動は、法令に違反しない限り自由であり[3]、団体には、一定の自律権、自治権が認められている。このように、「一般市民社会の中にあって、これとは別個に自律的な法規範を有する特殊な部分社会における法律上の係争のごときは、それが一般市民法秩序と直接の関係を有しない内部的な問題に関する限り、その自主的、自律的な解決に委ねる」のが適当と考えられている[4]。いわゆる「部分社会の法理」であり、司法権の限界の一つと解されている。スポーツ団体にも、この法理が適用される場面があり、その場合は、請求は却下されることになる[5]。

〈3〉問題となった事例

スポーツに関する紛争についても、実際の裁判で司法審査が否定された例と肯定された例とが存在する。

3) 日本国憲法第21条第1項は結社の自由を保障している。

4) 最高裁判所大法廷判決昭和35年10月19日最高裁判所民事判例集14巻2号2633頁

5) もっとも、法律上の争訟であれば、司法審査に服するのが原則であり、それぞれの団体の目的・性質・機能・自主性、自律性の根拠となる憲法上の根拠なども異なるところから、団体の相違に即し、紛争や争われている権利の性質等を考慮して、個別具体的に検討すべきであると解する見解が有力である（芦部信喜『憲法』345頁（岩波書店、第6版、2015年））。

司法審査が否定された裁判例としては、以下のものがある。

①日本シニア・ゴルファーズ協会が特定の者を入会させたことは
　規約違反であるとして、それらの者が会員資格を有しないこと
　の確認を求めた事案に対し、当該紛争は、一般市民法秩序と直
　接の関係を有しない内部的な問題として協会の自主的・自律的
　判断に委ねられ、司法審査の対象にならないと判断したもの[6]。

②日本競技ダンス連盟がその会員に対してなした会員資格を停止
　する理事会決議につき、その無効確認を求めた事案につき、当
　該決議によっても著しく社会生活上の権利等を奪うことにはな
　らないとして、司法審査の対象とならないと判断したもの[7]。

③日本自動車連盟の審査会が自動車競技に参加した自動車に対し
　てペナルティを課した決定に対し、その決定は誤りであるとし
　て取り消しを求めた事案につき、法律上の争訟に該当しないと
　判断したもの[8]。

④全日本学生スキー連盟が大学スキー部男子に対してなした競技
　大会への出場の無期限停止処分について、その無効確認を求め
　た事案につき、内部規律を維持するための懲戒作用は団体内部
　の問題であって、一般市民法秩序と直接の関係を有しないとし
　て、司法審査の対象とならないと判断したもの[9]。

これに対し、司法審査が肯定された事例として、以下のものがある。

⑤杉並区軟式野球連盟が自動車会社の協賛する大会に出場した
　チームに対してなした大会出場停止処分につき、その懲戒処分
　は違法であるとして慰謝料等を請求した事案につき、懲戒処分
　は適法であり不法行為を構成しないと判断したもの[10]。

⑥日本アマチュア・ボクシング連盟がプロボクシングのエキジビ
　ションマッチに出場した選手に対してなした登録取消決定につ
　き、その決定は違法であるとして慰謝料を請求した事案につき、
　決定は適法であるとして慰謝料請求を否定したもの[11]。

　⑤⑥は、不法行為に基づく損害賠償の成否が争われたものであっ
て、不法行為法という市民法秩序の適用があり、当事者の法律上の
地位に直接影響を及ぼすとして、法律上の争訟性が肯定されたもの
と解される。

6) 東京地方裁判所判決昭和 63 年 9 月 6 日判例タイムズ 691 号 236 頁

7) 東京地方裁判所判決平成 4 年 6 月 22 日判例タイムズ 807 号 244 頁

8) 東京地方裁判所判決平成 6 年 8 月 25 日判例タイムズ 885 号 264 頁

9) 東京地方裁判所判決平成 22 年 12 月 1 日判例タイムズ 1350 号 240 頁

10) 東京高等裁判所判決昭和 60 年 1 月 31 日判例時報 1146 号 62 頁

11) 東京地方裁判所判決平成 18 年 1 月 30 日判例タイムズ 1239 号 267 頁

（３）紛争解決について定めた法律─仲裁法、調停法の概要

〈１〉調停法

裁判所を利用した紛争の解決方法として、訴訟のほかに調停という方法があることは前述した。調停とは、第三者が当事者間に介入して、合意により紛争の解決を図るものであり、裁判所で行う手続きと裁判外による手続きがある。裁判所で行う調停手続に関しては、民事調停法や家事事件手続法が制定されている。調停は、訴訟と並んでよく利用される紛争解決手続である。

調停では、調停人が調停案を提示するが、これには強制力はなく、双方がこれに合意した場合に調停が成立して、紛争解決となる。合意に至らなければ、調停不成立となり、訴訟など別の解決手段を選択することになる。

〈２〉仲裁法

また、裁判所を利用しない紛争解決として、仲裁という方法があることについても前述した。この仲裁について定めたのが、仲裁法である。

仲裁とは、当事者が紛争の解決を当事者自らが選んだ仲裁人の判断に委ねるものである（仲裁法第２条第１項）。仲裁人は、時間的に余裕のない（緊急仲裁）場合には１人が選ばれることが多く、一般的には２人以上の仲裁人が選ばれ、合議により行われる。

仲裁人の判断には拘束力があり、当事者がそれに従わなければならない。仲裁手続に当たっては、当事者双方が仲裁人の判断に服するという合意（仲裁合意）が前提となり、仲裁判断を不服として上訴することはできない。

現行の仲裁法（2003 年制定）は、国際連合（United Nations；UN）の国際商取引法委員会が定めた国際商事仲裁モデル法をもとにしており、仲裁法が対象とする紛争は「既に生じた民事上の紛争又は将来において生ずる一定の法律関係 [12] に関する民事上の紛争の全部又は一部」となっている（仲裁法第２条第１項）。

12) 契約に基づくものであるかどうかを問わない。

〈３〉裁判外紛争解決手続（ADR）法

裁判外紛争解決手続の利用の促進に関する法律（2004 年制定。以下「ADR 法」）は、紛争解決における ADR の利用促進を目的に制定され、民間 ADR を、「民間事業者が、紛争の当事者が和解をすることができる民事上の紛争について、紛争の当事者双方からの依頼

を受け、当該紛争の当事者との間の契約に基づき、和解の仲介を行う裁判外紛争解決手続」と定義している（ADR 法第 2 条第 1 号）。「和解の仲介」であるから、内容的には調停であり、仲裁合意のある仲裁はここでいう民間 ADR は含まれないことになる。また、「法律の規定により指定を受けた者が当該法律の規定により紛争の解決の業務として行う裁判外紛争解決手続で政令で定めるものを除く」（同号但書）とされているので、仲裁法上の仲裁はここでいう民間 ADR からは除外される。

② 裁判によらない紛争解決

（1）スポーツ仲裁、調停に求められる法的要素

すでに述べたとおり、スポーツに関する紛争の中には、裁判所の判断になじまないものが存在する。そこで、スポーツに関する紛争については、裁判外の紛争解決手続として、スポーツ仲裁や調停が設けられている。

このような紛争解決機関には、公正、公平な紛争解決という観点から、「機関の独立性・中立性と専門性」、「手続保障と迅速性」という法的要素が求められる。

〈1〉機関の独立性・中立性と専門性
ア　独立性・中立性

紛争解決機関の判断機関は、スポーツ団体の意思決定機関や執行機関に関係していない人により構成され（独立性）、具体的紛争と関係を有する人は紛争解決機関からは排除されることが必要である（中立性）。

イ　専門性

紛争解決機関は、事実を正しく認定し、かつ規則を正しく解釈・適用する見識と能力に関して専門性を有していなければならない。このため、判断機関には、事実調査や証拠に基づく判断に精通している人（例えば、法曹関係者など）を選任することが求められる。

〈2〉手続保障、迅速性

紛争解決機関においては、あらかじめ手続規定が定められていて、紛争当事者の権利の保護が図られている必要がある（適正手続の保

障）。手続規定においては、紛争当事者の手続関与を確保するために、告知・聴聞の機会が設けられているほか、調査機関と判断機関とを分けること、上訴手続を設けること、最終的には外部機関による判断が確保されていることなどが必要となる。

　また、スポーツに関する紛争は、迅速に解決するのでなければ意味がないことがある[13]。このような紛争については、訴訟を利用していたのでは時間がかかってしまい、紛争解決手続としてはなはだ不便である。紛争解決機関における手続きは、迅速に行われることが必要であり、スポーツ紛争では特に配慮が必要である。

（2）団体内紛争解決機関
〈1〉概要

　スポーツ団体が行った決定に不服がある場合には、不服審査機関に、スポーツ団体が行った決定がその団体の規則、その団体が加入する上位団体の規則、あるいは法や公序良俗などの一般原理に適合するかを審理させることになる。

　不服審査機関については、これを日本スポーツ仲裁機構（Japan Sports Arbitration Agency；JSAA）などの外部機関とする制度と、団体内紛争解決機関をスポーツ団体内部に設置して、さらにその上訴審を JSAA 等の外部機関とする制度とが考えられる[14]。いずれにしても、公正で公平な判断を確保するためには、最終的には外部機関に委ねることが必要である[15]。

〈2〉制度解説

　団体内紛争解決手続を有している一例は、日本サッカー協会である。日本サッカー協会では、規律委員会、裁定委員会の決定のうち、3試合以上または2カ月以上の出場停止等一定以上の重い処分については、日本サッカー協会内に設置された不服申立委員会に不服申立てをすることが可能とされている（司法機関組織運営規則、懲罰規程第35条、第36条）[16]。

　もっとも、不服申立委員会の決定に対する上訴は、JSAA に対してではなく、スポーツ仲裁裁判所（Court of Arbitration for Sport；CAS）に対してしか許されていない（基本規則第10条）。

13) 例えば、選手選考に関する紛争は、当該選考にかかる大会のエントリーまでに解決するのでなければ、意味がない。また、スポーツ選手が競技者として活動できる期間、特にトップアスリートとして活躍できる期間は決して長くはないから、紛争は、その間に解決するのでなければ意味がない。

14) 後者を採用する場合には、高度の中立性・独立性に加えて、迅速性に対する配慮が重要となる。

15) 通常は、団体内紛争解決機関を設けず、不服審査機関を外部機関とするほうが多い。団体内に高度に中立性、独立性が保たれた機関を設置し、これに迅速に審理させるには、その団体に豊かな人的・物的資源があることが必要となるからである。

16) 旧規程では、紛争に関する理事会の決定は最終的なものであり、同協会内での上訴手続は存在しなかったが、国際サッカー連盟（FIFA）からの指導によって、FIFA 規約に基づき2014年4月に新規程が設けられた。

（3）日本スポーツ仲裁機構（JSAA）

〈1〉概要、歴史

ア　はじめに

　スポーツに関する紛争の解決には、①専門性、②迅速性、③団体の自律性が求められる反面、裁判所による紛争解決にはなじまないことが多い。1990 年代後半より、日本でもスポーツに関する紛争の解決機関の創設について議論がなされ始めた。スポーツ界の側からも、1998 年 1 月、「我が国におけるアンチ・ドーピング体制について」という報告書[17] が出され、日本でも世界的なアンチ・ドーピングの動きに対応するよう提言するとともに、それに伴い、予想されるドーピングに関する処分の当否をめぐる紛争を解決する機関の設置を提言するに至った。このような経緯を受け、2003 年 4 月 7 日、スポーツに関する紛争を解決するための機関として、JSAA が設立された[18]。

イ　日本スポーツ仲裁機構（JSAA）の歴史と組織概要

　このような経緯で、2003 年に JSAA が設立されたが、当初は、法人格のない社団としてのスタートであった。その後、2009 年 4 月 1 日に一般財団法人に移行し、2013 年 4 月 1 日、公益財団法人として認定を受けている。

　JSAA は、日本オリンピック委員会（Japanese Olympic Committee,；JOC）、日本体育協会（現日本スポーツ協会 Japan Sports Association；JSPO）、日本障がい者スポーツ協会（Japanese Para-Sports Association；JPSA）の 3 団体からの拠出金により設立されたが、運営の中立性を確保するために理事の構成に配慮がなされている。

　公益財団法人となった現在では、6 名以上と定款で定められている理事について、上記 3 団体が各 2 名を任命し、うち少なくとも 1 名は競技者または元競技者でなければならないとされ、さらに理事のうち 3 分の 1 はスポーツ団体からも競技者からも中立的な立場にある者であることが求められている[19]。こうして、スポーツ団体側も選手側も単独では多数意見を形成できない仕組みを確保している。

　また、JSAA は、「日本スポーツ仲裁機構の運営及びその下でのスポーツ仲裁又は調停手続に関係する法律家の中立性の確保についての指針」を定め、公表することで、理事、事務局長、事務局員、仲裁人、代理人等のスポーツ仲裁に関与する者の中立性を最大限に図ろうとしている[20]。

17) 日本オリンピック委員会（JOC）と日本体育協会（JASA）が中心になって設立された「アンチ・ドーピング体制に関する協議会」の報告書である（道垣内正人「日本におけるスポーツ仲裁制度の設計－日本スポーツ仲裁機構（JSAA）発足にあたって」ジュリスト 1249 号 2 頁以下、道垣内正人「日本スポーツ仲裁機構の活動」自由と正義 2007 年 2 月号 28 頁以下）。

18) この設立の背景として、シドニーオリンピックへの競泳の選手選考から外れてしまった千葉すず選手が、2000 年 5 月に CAS への仲裁申立てを行ったという事実もある。当時、日本では、JSAA がなかったため、日本水泳連盟の決定に不服のあった千葉選手は多額の費用をかけて CAS に対して仲裁判断を求めざるを得なかった。仲裁判断では、選手選考自体には問題がないとされたが、選考基準を事前に公表していなかった点に落ち度があるとされ、日本水泳連盟に対し、手続費用の一部として、1 万スイス・フラン（約 62 万円）の支払いを命じられた（CAS2000/A278）。この事実が当時大きく報道され、スポーツ仲裁という制度が世間一般に広く認知されるようになった。

19) 日本スポーツ仲裁機構（JSAA）「理事の選任に関する規程」http://www.jsaa.jp/rule/rule04.pdf

20) 2011 年 8 月 24 日に施行されたスポーツ基本法では、スポーツ団体の努力義務として、「スポーツ団体は、スポーツに関する紛争について、迅速かつ適正な解決に努めるものとする」（スポーツ基本法第 5 条第 3 項）と、国の義務として、「国は、スポーツに関する紛争の仲裁又は調停の中立性及び公正性が確保され、スポーツを行う者の権利利益の保護が図られるよう、スポーツに関する紛争の仲裁又は調停を行う機関への支援、仲裁人等の資質の向上、紛争解決手続についてのスポーツ団体の理解の増進その他のスポーツに関する紛争の迅速かつ適正な解決に資するために必要な施策を講ずるものとする」（スポーツ基本法第 15 条）と明記され、JSAA の存在意義はより一層高まっている。

〈2〉制度解説

ア　JSAA におけるスポーツ紛争の解決手段

　JSAA は、次の 4 種類のスポーツ仲裁規則による仲裁及びスポーツ調停を解決手段として用意している。4 種類のスポーツ仲裁規則による仲裁とは、①スポーツ仲裁規則による仲裁（スポーツ仲裁）、②加盟団体スポーツ仲裁規則による仲裁（加盟団体スポーツ仲裁）、③特定仲裁合意に基づくスポーツ仲裁規則による仲裁（特定仲裁合意に基づくスポーツ仲裁）、④ドーピング紛争に関するスポーツ仲裁規則による仲裁（ドーピング仲裁）である。

　スポーツ仲裁とスポーツ調停の違いは、一般の仲裁と調停との違いと同様、仲裁の場合は仲裁人による判断が予定されているのに対し、調停では、調停人の判断は予定されておらず、調停人が当事者間の話し合いのあっせんをするという点にある。

イ　スポーツ仲裁

a はじめに

　スポーツ仲裁規則は、五つの章、全 55 条で構成されている[21]。同規則をはじめ 4 種類のスポーツ仲裁規則及びスポーツ調停規則は、JSAA のウェブサイト[22]で公開されており、誰でも閲覧できるようになっている。

　以下、スポーツ仲裁の手続きの概要を解説する。

b 対象となる紛争

　スポーツ仲裁の対象は、「スポーツ競技又はその運営に関して競技団体又はその機関が競技者等に対して行った決定」である（スポーツ仲裁規則第 2 条第 1 項）。

　ここで、「決定」の主体となる「競技団体」とは、① JOC、② JSPO、③ JPSA、④各都道府県体育協会及び⑤これら 4 種類の団体の加盟もしくは準加盟または傘下の団体、を指すものと定義されている（スポーツ仲裁規則第 3 条第 1 項）。

　すなわち、スポーツ仲裁が予定している紛争は、前記「競技団体」が競技者等に対して行った懲戒処分や代表選手選考などの「決定」である。スポーツ界の紛争には、「競技団体」の「決定」を前提にした紛争以外にも様々なものが考えられるが、JSAA があらゆる紛争を引き受けることは人的・物的に当面困難であることを考慮し、スポーツ仲裁が対象とする紛争に限定をかけたということであ

21) 本書執筆時現在

22) 日本スポーツ仲裁機構 (JSAA)「スポーツ仲裁規則」http://www.jsaa.jp/sportsrule/arbitration/index.html#01

る[23]。スポーツ仲裁の対象となる紛争は、対等な当事者間の争いではなく、行政機関の処分を争う行政訴訟に類似したものといえる。

競技中になされる審判の判定も、スポーツ団体の決定と解される余地はあるものの、事柄の性質上、競技中の現場での判断を尊重すべきであること、またその場で判断が確定しなければ競技が進行せず、その競技自体が成立しなくなることから、審判の判定はスポーツ仲裁の対象外であることを明文で定めている（スポーツ仲裁規則第2条第1項）。

c 当事者

スポーツ仲裁の当事者は申立人と被申立人である（スポーツ仲裁規則第3条第6項）。被申立人となるものは「スポーツ団体」であり、申立人は「競技者等」である。

ここで、「競技者等」とは、スポーツにおける選手、監督、コーチ、チームドクター、トレーナー、その他の競技支援要員及びそれらの者により構成されるチームをいう（スポーツ仲裁規則第3条第2項）。過去のスポーツ仲裁の事例で、申立人資格が問題になったケースは複数ある。JSAA-AP-2006-001号セーリング事件では「クラブ」が、JSAA-AP-2009-002号綱引事件では「審判員」が、併合審理されたJSAA-AP-2012-004号、JSAA-AP-2013-001号及びJSAAAP-2013-002号ボディビル事件では「公認審査員」が、申立人となり、いずれも申立人資格が認められた。

また、スポーツ団体の理事が、当該理事に対するスポーツ団体の決定を争うという紛争類型も考えられるが、スポーツ仲裁規則では、「競技者等」から「競技団体の評議員、理事、職員その他のスポーツ競技の運営に携わる者を除く」と明記され（スポーツ仲裁規則第2条第2項）、スポーツ団体の理事等役員や職員とスポーツ団体との紛争はスポーツ仲裁の対象としないこととされている。団体役員間における理事会決議をめぐる争いは、そもそもスポーツ仲裁による解決を目指す紛争ではないとの趣旨により、2013年9月1日より施行されたスポーツ仲裁規則改正により、スポーツ団体の理事等の資格によりスポーツ仲裁の申立てを行うことはできない旨を明文で定めたものである。

この改正がなされる前の事案であるが、JSAA-AP-2012-003号軟式野球事件では、申立人が、被申立人たるスポーツ団体の会員でありかつ過去に副会長の地位にあったことから「競技支援要員」とし

23) 道垣内・前掲注17) 4頁

て申立人資格が認められた。この事案は、申立人が、スポーツ団体の副会長候補選任の理事会決議の取り消しを求めたケースであり、改正後の現規定では、申立人資格が認められない事案である。改正後の事案として、JSAA-AP-2015-004号テコンドー事件がある。この事案では、被申立人たるスポーツ団体の正会員であったということを理由に申立てがなされたが、正会員たる立場は、改正後のスポーツ仲裁規則が定める「競技者等」に該当しないと判断され、申立人の請求は却下された。

d 仲裁合意

スポーツ仲裁も仲裁である以上、当事者間が仲裁手続により紛争を解決することの合意、つまり仲裁合意の存在が不可欠である。スポーツ仲裁規則は、申立人と被申立人との間に、申立てにかかわる紛争をスポーツ仲裁パネルに付託する旨の合意が必要であり、この仲裁合意については、書面その他意思を明確にする方法で行うことを求めている（スポーツ仲裁規則第2条第2項）。

もっとも、紛争ごとに競技者等がスポーツ団体に対して仲裁合意を求めていては、スポーツ団体が紛争ごとに合意をするか否か恣意的な判断をする可能性があり、また、迅速に紛争解決手続をとることができなくなり、競技者等に迅速かつ適正な紛争解決の場を確保し、もって健全なスポーツの発展に寄与するというスポーツ仲裁の理念が実現できなくなる。そこで、スポーツ団体が、その規程において、スポーツ団体の決定に不服がある場合はJSAAで行われるスポーツ仲裁によって解決される旨の定め（スポーツ仲裁自動応諾条項。以下「自動応諾条項」）をあらかじめ入れておくという仕組みをとることが理想的である。これによって、競技者等がこれを前提に仲裁申立てをすれば、仲裁合意の存在が認められ、スポーツ仲裁による手続きで紛争解決ができることになる。このような観点から、スポーツ仲裁規則は、スポーツ団体が自動応諾条項を定めている場合にこの条項に従って申立てがなされた場合には、仲裁合意が成立したものと見なしている（スポーツ仲裁規則第2条第3項）[24]。

仲裁合意の有無が争点になった事案として、JSAA-AP-2014-003号テコンドー事件がある。このケースでは、スポーツ団体が、一般社団法人であった際のスポーツ仲裁規則にあった自動応諾条項が、公益社団法人となったことに伴い廃止されたと主張したが、特例民法法人である一般社団法人から公益社団法人に移行する場合、当該

24）「この規則は、競技団体の規則中に競技団体又はその機関が競技者等に対して行った決定に対する不服についてはスポーツ仲裁パネルによる仲裁にその解決を委ねる旨を定めている場合において、その定めるところに従って申立てがされたときは、仲裁申立ての日に前項の合意（＝仲裁合意）がなされたものとみなす」と定めている（スポーツ仲裁規則第2条第3項）。

法人の定款は、従前の定款を変更するという形をとっており、公益社団法人となる際に新たに定款が制定されたものではないという解釈を示し、旧定款に基づき制定されたスポーツ仲裁規則に存した自動応諾条項については、明示的に廃止または変更する旨の理事会決議がない限り、効力は存続する、と判断し、仲裁合意の存在を認めた。

　また、JSAA-AP-2015-001 号空手事件では、仲裁パネルが中間判断で仲裁合意を認めたものの、裁判所により仲裁合意が否定され、結果、最終判断において仲裁合意を否定した。被申立人2団体のうち、団体Aは自動応諾条項の規定を有していたが、団体Bは、自動応諾条項の規定を有しておらず、かつ個別の仲裁合意も存在しなかった。仲裁パネルは、仲裁合意の有無を判断する中間判断において、団体Bが加盟する団体Cが、団体Aの加盟団体であることを根拠に、団体Bは団体Aの実質的な加盟団体であると判断し、団体Aの自動応諾条項の規定を団体Bにも及ぶものと解釈し、仲裁合意を認めたのであった。しかし、この中間判断後に、団体Bが、仲裁法の規定に基づき裁判所に仲裁パネルの仲裁権限の有無につき判断を求めた。その結果、裁判所は、仲裁合意の存在を否定し、仲裁パネルの仲裁権限を否定したのである[25]。

e 仲裁申立てのために必要な費用

　スポーツ仲裁は、競技者等が多大なコストをかけなくとも、紛争解決を行うことができる手続きを提供することを一つの目的としている。そこで、スポーツ仲裁機構に支払う申立料金は5万円（税別）と比較的に安価に設定されている（スポーツ仲裁料金規程第3条）[26]。

　スポーツ仲裁規則は、「スポーツ仲裁パネルは、事案の状況及び仲裁判断の結果を考慮して、申立人が負担した費用の全部又は一部を被申立人が支払うべきことを命ずることができる」（スポーツ仲裁規則第44条第3項）と定めているので、申立人の請求が認められる仲裁判断においては、申立料金を被申立人の負担とする旨の決定がなされることが多い。

　当事者の弁護士費用は、それぞれの自己負担となる。ただし、JSAA では、手続費用の支援制度を設けている。申立人及び被申立人の一方または双方が代理人を置いていない等の理由により仲裁または調停が公平に行われないまたは手続きが円滑に進行しないおそれがある場合に、JSAA が仲裁または調停の手続きに必要な費用を支援するという制度である[27]。この制度を利用することで、当事

25) 大阪地方裁判所判決平成27年9月7日

26) 申立料金は本書執筆時現在の金額である（以下同じ）。

27) 手続費用の支援の額は、1事案1当事者につき30万円（税別）が上限とされている（手続費用の支援に関する規則第4条）。

者がスポーツ仲裁に詳しい代理人を付け、スポーツ仲裁の手続きを
遂行する機会が増える。こうして、公平かつ円滑な仲裁手続が実現
できるような制度設計が図られている。

f 申立期限

　スポーツ仲裁の申立てには申立期限がある。原則として、申立人
が申立ての対象となるスポーツ団体の決定を知った日から6カ月以
内に JSAA に仲裁申立てが到達する必要がある。申立人がスポーツ
団体の決定を知った日から6カ月経過前でも、スポーツ団体が決定
を公表した日または当該決定の申立人に対する通知を発信した日か
ら1年を経過した場合には、仲裁の申立てはできない（スポーツ仲
裁規則第13条第1の1項及び2項）。

g 仲裁人の選任

　仲裁申立てが受理されると、仲裁人が選定され、スポーツ仲裁パ
ネルが構成される。仲裁人は、原則として3名であり（スポーツ仲
裁規則第21条）、各当事者が1名ずつ選定し、その2名が残りの1
名の仲裁人を選定する（スポーツ仲裁規則第22条）。仲裁人は、原
則として、スポーツ仲裁人候補者リストから選定される（スポーツ
仲裁規則第24条第4項）。

h 審理・仲裁判断

　スポーツ仲裁パネルが構成されると、審問期日及び場所が決定さ
れ、審問が開かれる（スポーツ仲裁規則第28条）。当事者が主張立
証を尽くし、スポーツ仲裁パネルが仲裁判断に熟すると認めると、
審理が終結される。そして、原則として、審理終結日から3週間を
経過する日までに、スポーツ仲裁パネルは、仲裁判断をしなければ
ならない（スポーツ仲裁規則第42条）。仲裁手続及びその記録は非
公開であるが（スポーツ仲裁規則第37条第1項）、仲裁判断は公開
される（スポーツ仲裁規則第37条第2項）。仲裁の申立てがなされ
た事実及びスポーツ団体が申立てされた仲裁に対して応諾を拒否し
た場合にはその事実も公開される（スポーツ仲裁規則第37条第1項
の3及び第2項の2）。

i 緊急仲裁手続

　スポーツ仲裁の対象となる紛争には、数日後に開催される競技大

会の代表選手選考のように迅速な解決が求められるものが少なくない。このような紛争に対応するために、スポーツ仲裁規則では、「緊急仲裁手続」という手続きを設けている（スポーツ仲裁規則第50条）。

　緊急仲裁手続では、仲裁人は原則として１名とされ、特段の事情があると認められる場合にのみ３名の仲裁人が選任される（スポーツ仲裁規則第50条第３項）。仲裁判断を行う際も、口頭で行うことも認められ、この場合、相当の期間内に書面により仲裁判断が作成される（スポーツ仲裁規則第50条第５項）。現在の実務では、緊急仲裁の審問期日に、スポーツ仲裁パネルが仲裁判断の骨子を作成し、これを各当事者に伝える、という形で仲裁判断の告知が行われ、後日、仲裁判断が書面で作成され、JSAA のウェブサイトにて公開されるという形がとられている。

ウ　ドーピング紛争に関するスポーツ仲裁

　ドーピング紛争に関するスポーツ仲裁規則（以下「ドーピング仲裁規則」）による仲裁は、スポーツに関する法及びルールの透明性を高め、健全なスポーツの発展に寄与するため、公正中立で独立の地位を有する仲裁人により構成されるスポーツ仲裁パネルの仲裁により、ドーピングに関する紛争を、迅速に解決することを目的とする手続きである（ドーピング紛争に関するスポーツ仲裁規則第１条）。

　日本アンチ・ドーピング規程では、国際スポーツイベントへの参加により発生した事案または国際レベルの競技者が関係した事案以外のケースの不服申立てについては、JSAA が不服申立機関となる旨を定めている（日本アンチ・ドーピング規程2015、13.2.1 項及び13.2.2 項）。これを受けて、JSAA では、ドーピング仲裁規則が設けられている。

　申立料金は、５万円（税別）である（ドーピング紛争に関するスポーツ仲裁料金規程第３条）。

　原則として、申立人が申立ての対象となっている決定を受領した日から21日以内に、仲裁の申立てが JSAA に到達する必要がある（ドーピング紛争に関するスポーツ仲裁規則第15条第１項）。

　JSAA による決定に対しては、競技者側からはさらに不服申立てを行うことはできないが、世界アンチ・ドーピング機構（World Anti-Doping Agency；WADA）、国際オリンピック委員会（International Olympic Committee；IOC）、国際パラリンピック委員会（International Paralympic Committee；IPC）及び関係する国際競技団体（International

Federations；IF）は、JSAA の決定に対してさらに CAS にも不服
申立てを行うことができる（日本アンチ・ドーピング規程 2015、
13.2.3 項）。

エ　特定仲裁合意に基づくスポーツ仲裁

特定仲裁合意に基づくスポーツ仲裁規則（以下「特定仲裁規則」）
による仲裁は、当事者間で、スポーツに関する紛争についてこの手
続きに従って解決する旨の合意（仲裁合意）があれば、スポーツ仲
裁規則またはドーピング仲裁規則が適用される場合を除く、スポー
ツ全般に関する紛争を対象にすることができる（特定仲裁合意に基
づくスポーツ仲裁規則第 2 条）。主として想定している紛争の対象は、
スポーツ・ビジネスに関する紛争である。

申立人及び被申立人の資格に制限はなく、申立料金は、5 万円（税
別）であるものの、申立料金のほかに、申立時に申立人は JSAA に
対して「管理費用」を支払う必要がある。管理費用は、請求金額ま
たは請求の経済的価値に基づき算出されることとされている [28]（特
定仲裁合意に基づくスポーツ仲裁料金規程第 2 条及び第 3 条）。

オ　加盟団体スポーツ仲裁

加盟団体スポーツ仲裁規則（以下「加盟団体仲裁規則」）による仲
裁は、2014 年から導入された新しい手続きである。これは、JOC、
JSPO 及び JPSA・日本パラリンピック委員会（Japanese Paralympic
Committee；JPC）という三つのスポーツ団体の加盟団体が、これら
三つのスポーツ団体の決定に不服がある場合に、加盟団体が不服を
申立てる、というタイプのスポーツ仲裁である（加盟団体スポーツ
仲裁規則第 2 条第 1 項）。

加盟団体スポーツ仲裁は、団体間の紛争を対象としているので、
競技者等が申立人となる通常のスポーツ仲裁と比べ、申立料金は、
あえて廉価に抑える必要性が低いことから、20 万円（税別）と設
定されている（加盟団体スポーツ仲裁料金規程第 3 条）。

カ　スポーツ調停

JSAA は、スポーツに関する紛争について、当事者間の話し合い
で解決する場を設定することを目的として、2006 年 10 月 30 日に、
特定調停合意に基づくスポーツ調停（和解あっせん）規則（以下「調
停規則」）を施行した。

28) 例えば、請求金額または請求の
経済的価値が 500 万円以下の場
合は、管理料金は 21 万 6,000
円（税込）と規定されている（特
定仲裁合意に基づくスポーツ仲
裁料金規程第 3 条第 1 項）。なお、
管理料金は、仲裁判断において
被申立人が全部またはその一部
の負担を命ぜられた場合には、
その限度において申立人は自己
が支払った管理料金の償還を受
けることができる（特定仲裁合
意に基づくスポーツ仲裁料金規
程第 2 条第 2 項）。

対象となる紛争は、「スポーツに関する紛争」（特定調停合意に基づくスポーツ調停（和解あっせん）規則第２条第１項）とされ、スポーツ仲裁規則の対象よりも広いが、「競技中になされる審判の判定に関する紛争」[29] 及び「スポーツ競技又はその運営に関して競技団体又はその機関がした懲戒処分決定に関する紛争」は、原則として対象外[30] とされている（特定調停合意に基づくスポーツ調停（和解あっせん）規則第２条第２項）。これらは、当事者間による話し合いによる解決にはなじまないからである。

スポーツ調停の申立料金、応諾料金は、当事者双方それぞれ２万5,000 円（税別）である（特定調停合意に基づくスポーツ調停料金規程第２条、第３条）。

〈3〉仲裁判断の概要

このように、JSAA は、４種類のスポーツ仲裁規則による仲裁及びスポーツ調停を解決手段として用意している。

このうち、最も多く利用されているスポーツ仲裁の、本書執筆時現在における仲裁判断件数は 61 件である[31]。ドーピング仲裁の仲裁判断件数は８件、加盟団体スポーツ仲裁及び特定仲裁合意に基づくスポーツ仲裁の利用実績はまだない状況である[32]。

2017 年６月末日までに公開されたスポーツ仲裁の対象となった紛争を類型化すると、①代表選手選考に関する争い、②懲戒処分等に関する争い（会員資格をめぐる争いや監督及びコーチ等の地位に関する争い等も含む）、③競技大会における成績に関する争い、④役員資格に関する争い、に分類できる[33]。これらのうち、役員資格に関する争いは、2013 年のスポーツ仲裁規則の改正により、スポーツ仲裁の対象から外されることになった。

JSAA の仲裁パネルがスポーツ団体の決定を取り消すべきであると判断するための基準としては、JSAA-AP-2003-001 号ウエイトリフティング事件において、①「国内スポーツ連盟の決定がその制定した規則に違反している場合」、②「規則には違反していないが著しく合理性を欠く場合」、または③「決定に至る手続に瑕疵がある場合」という３類型が挙げられ、後の JSAA-AP-2003-003 号身体障害者水泳事件においては、「国内スポーツ連盟の制定した規則自体が法秩序に違反しまたは著しく合理性を欠く場合にも、かかる規則を適用した決定を取り消すことができる」と判断し、スポーツ団体の決定が取り消されるべき場合を４類型に分類した。これを整理

29) 「競技中になされる審判の判定に関する紛争」は、スポーツ仲裁規則でも対象外とされている。

30) 「事実関係について当事者双方が確認し、理解することの手助けをすることを目的とする手続きのみを行い、その限りでこの規則を準用する」と規定されている。

31) 併合審理された事案（JSAA-AP-2012-004、JSAA-AP-2013-001 及び JSAA-AP-2013-002）を１件として数えた。

32) いずれも 2019 年 12 月末現在

33) 一つの仲裁事案に複数の紛争類型が含まれるケースも存在する。

すると以下のとおりとなる。

①処分・決定の内容に関する問題
・処分・決定の根拠となる規則自体が法秩序に反するか著しく合理性を欠く場合
・処分・決定が自ら制定した規則に違反している場合
・処分・決定が規則には違反していないものの、著しく合理性を欠いている場合
②処分・決定に至る手続に関する問題
・処分・決定に至る手続に瑕疵がある場合

　この4類型の判断基準は、その後の仲裁判断でも、判断のための基準とされ、スポーツ仲裁判断の判断基準として確立している[34)35)]。

〈4〉課題
ア　自動応諾条項に関する問題
　スポーツ仲裁規則では、スポーツ団体が自動応諾条項を定めている場合にこの条項に従って申立てがなされた場合には、仲裁合意が成立したものと見なしている（スポーツ仲裁規則第2条第3項）。このことから、現在のスポーツ仲裁の実務では、申立人が、仲裁申立前にあらかじめ被申立人の規程中の自動応諾条項の有無を確認し、申立てがなされるケースが多い。自動応諾条項の意義については、各スポーツ団体においても徐々に理解が高まり、2019年4月1日現在においては、206団体のうち117団体が自動応諾条項を採用している状況である。もっとも、採択率は未だ56.8%[36)]であり、まだまだ普及が足りない状況である。スポーツ団体の中には、かつて自動応諾条項を採用していたものの、仲裁申立て後にこれを削除してしまうケースや仲裁パネルが認定した仲裁合意を仲裁法の規定に基づき裁判所において争うケースなども生じている。スポーツにおける紛争解決機関としてJSAAを利用することにより、適正、公平かつ迅速な紛争解決が実現され、このことがスポーツ団体の運営上もメリットになる、ということの理解が国内のスポーツ団体全体に普及されなければならない。

イ　仲裁規則に定めのない手続上の問題点
　スポーツ仲裁の実務において、スポーツ仲裁規則に定めのない手

34) この基準がスポーツ仲裁の判断基準として確立したものであると評価するものとして、道垣内正人「日本スポーツ仲裁機構の活動」自由と正義2007年2月号36頁ほか。

35) 過去のスポーツ仲裁の事例における判断基準として、もう一つの基準が示されている。これは、代表選考に関するスポーツ団体の決定について適用されているものである。「代表選手を選出する場合は、記録上位者から自動的に選出する旨の基準があらかじめ定められてあれば格別、このような基準がない場合は、競技団体としては、当該競技に関する専門的見地及び大会で好成績を挙げるための戦略的見地から、記録以外の様々な事情、例えば技術以外の能力、調子、実績、相性等を総合考慮して判断することも、選手選考の性質上必要かつやむをえないところと考えられる。ただ、選考過程において、記録を考慮せず恣意的な判断を行う等、競技団体としての専門性を放棄するような裁量を逸脱する判断が行われた場合のみ取り消すことができるとするのが相当である」（JSAA-AP-2010-005障害者バドミントン事件ほか）。

36) JOC加盟・準加盟団体に限ると採択率は90.3%である（本書執筆時現在）。

343

続上の問題点を当事者から提起されることがある。例えば、時機に
遅れた攻撃防御方法の提出であるとの主張、録音テープを証拠とす
ることが違法収集証拠に当たるとの主張、ある書証が伝聞証拠に当
たるとの主張などである。スポーツ仲裁規則では、仲裁判断の基準
については定めがあり、「スポーツ仲裁パネルは、スポーツ団体の
規則その他のルール及び法の一般原則に従って仲裁判断をなすべ
きとする」（スポーツ仲裁規則第 43 条）とされているが、仲裁手続
について同規則に定めがない場合の処理については規定がない[37]。
実務では、仲裁パネルの判断により手続きが進められている[38]が、
特に、時機に遅れた攻撃防御方法の提出については問題になるケー
スも少なくないので議論が必要なところである。

ウ　代表選手選考に関する争いにおける手続保障の問題

　代表選手選考に関する争いにおいて、スポーツ団体が行った決定
が取り消される場合、取り消し前の決定において代表選手に選考さ
れていた者にとっては不利益な結果となることがある。そこで、こ
の取り消しにより不利益を受ける者の手続保障の確保が議論される
ことがある。

　現在のスポーツ仲裁規則においては、第三者参加の手続きは定め
られていない[39]が、この者の手続保障を確保するために、代表選
手選考に関する争いにおいて、スポーツ団体が行った決定の取り消
しが求められている場合に、不利益を受ける者の手続参加を図る方
法を実現することも考えられる。

エ　拘束力に関する問題

　スポーツ仲裁における仲裁判断は最終的なものであり、当事者双
方を拘束する（スポーツ仲裁規則第 48 条）。もっとも、スポーツ団
体が仲裁判断に従わない場合、金銭的な請求とは異なり、スポーツ
仲裁の仲裁判断は、性質上、裁判所による強制執行もできないこと
が多く、結局は、スポーツ団体の自主的な履行に期待するほかない。
スポーツ団体としてはスポーツが社会一般の関心事であり、自らが
広く社会的責任を負っていることを自覚して、仲裁判断を自主的に
履行することが求められるわけであるが、そのためには、社会一般
に対し、スポーツ仲裁の信頼性を高めることが不可欠である。その
結果、仲裁判断の拘束力については、社会一般の監視の目に委ねら
れることになってくるように思われる。

37) 仲裁法では、当事者間に合意が
　ない場合には、仲裁廷が「適当
　と認める方法によって仲裁手続
　を実施することができる」（仲裁
　法第 26 条第 2 項）と定められて
　いる。

38) 審問その他審理手続はスポーツ
　仲裁パネル（3 名の仲裁人の場
　合には仲裁人長）の指揮の下に
　行う（スポーツ仲裁規則第 27 条
　第 2 項）。

39) CAS 仲裁規則 R41.3 及び R41.4
　には規定があり、日本のスポー
　ツ団体が第三者参加した実例が
　ある。

（4）スポーツ仲裁裁判所（CAS）[40]

〈1〉概要、歴史

CAS は、スポーツで起きたトラブルを、裁判所ではなく、スポーツ界の特殊性に対応できる専門家の関与の下で適正、公平、迅速に、解決することを目的として、1984 年 6 月 30 日に IOC によって設立された。本部はスイスのローザンヌにある。

当初は、CAS の予算はすべて IOC によって拠出され、CAS の規程も IOC の理事会の提案で IOC 総会によってのみ改定できるというように、CAS は IOC の下部組織という位置付けであった。

しかし、1993 年、CAS による決定を不服としてスイス連邦裁判所に対して CAS が公平な機関ではないことを理由に上訴していた馬術選手の訴え[41]について、スイス連邦裁判所が、CAS が IOC によって予算面、人事面及び法制面をコントロールされていることを指摘して CAS の公平性に疑問を呈したことが契機となり、1994 年に改革がなされた。

すなわち、CAS の独立性を最大限に確保するため、IOC の関与を最小化し、独立の運営機関として、スポーツ仲裁国際理事会（International Council of Arbitration for Sport；ICAS）が設置されたのである。

ICAS は、1994 年に、パリにて、IOC、オリンピック夏季大会競技団体連合（Association of Summer Olympic International Federations；ASOIF）、オリンピック冬季大会競技団体連合（Association of International Winter Sports Federations；AIWF）、国内オリンピック委員会連合（Association of National Olympic Committees；ANOC）の 4 団体により設立され、本部をローザンヌ、財政は当該 4 団体が負担する形で、運営されることになった。

この改革により、CAS は、ICAS によって、IOC から独立して運営されることになり、スポーツ界のみならず社会一般の信頼をも高めようと試み、現在に至っている[42]。

〈2〉制度解説

ア CAS におけるスポーツ紛争の解決手段

CAS による手続きとしては、大きく分けて「仲裁手続（arbitration procedure）」及び「調停手続（mediation procedure）」が設けられている[43]。

「仲裁手続」には、さらに「通常仲裁（ordinary arbitration）」「上

40) http://www.tas-cas.org/en/index.html

41) 上訴の対象となった CAS の決定は、CAS92/63 Gundel v.FEI を参照。

42) 2003 年に、WADA により世界アンチ・ドーピング規程が制定され、この規程の中で、ドーピング違反の決定に対する不服申立機関として CAS が指定されることになり、それ以降ドーピング違反に関する仲裁件数が飛躍的に増大した。

43) 2011 年 1 月 1 日以前までは、「法的問題に関する照会手続（consultation procedure）」が設けられていた。紛争を前提とせず、スポーツ活動において生じる法的問題点につき専門家の意見を求める手続きである。

訴仲裁（appeals arbitration）」という２種類の手続きが設けられている。

「通常仲裁」は、当事者が、双方の仲裁合意に基づいて、スポーツに関する紛争の解決を CAS の手続きに付託する手続きである。当事者間の契約に基づく金銭的請求や事故による損害賠償請求など様々な事件が対象となる。

他方、「上訴仲裁」は、スポーツ団体による決定に対する不服申立ての手続きであり、ドーピング仲裁もこれに含まれる。

イ　CAS 仲裁規則

CAS の仲裁手続について見ると、まず、対象となる案件は、「sports-related dispute」（スポーツ関連紛争）とされ（CAS 仲裁規則 R27）、仲裁地は原則としてスイス・ローザンヌ（CAS 仲裁規則 R28）、言語は原則としてフランス語か英語で行われる（CAS 仲裁規則 R29）。

仲裁パネルは、１名または３名の仲裁人で構成される（上訴仲裁の場合は３名が原則である）。事件を担当する仲裁人は、ICAS が任命する仲裁人のリストから選ばれる（CAS 仲裁規則 R40、R50）。仲裁人の任期は４年であり、世界各国のスポーツの専門家や国際法の専門家など、本書執筆時現在で約 400 名の仲裁人がリストに掲載されている。CAS の仲裁人は、CAS による仲裁手続における当事者の代理人を務めることはできない（CAS 定款規程 S18）。利益相反の可能性を徹底して排除する趣旨である。

CAS の仲裁判断は最終のものであり、当事者を拘束する（CAS 仲裁規則 R46 及び R59 参照）。CAS の仲裁判断に対する司法的な上訴は、スイス連邦裁判所にのみ行うことができる。しかし、これは管轄権の欠如や公序の抵触（仲裁機関に公平性が欠ける等）を理由とする場合に限定されていることから、当事者が CAS の判断に対して上訴できるのは極めて例外的な場合である。

なお、2019 年１月１日からは、ドーピング仲裁のうち、IOC や国際競技連盟（IF）、国際ドーピング検査機関（ITA）などからの授権に基づき、第１審としてのドーピング処分を決定する仲裁を取り扱うアンチ・ドーピング部門が設立され、通常の CAS 仲裁規則とは別の仲裁規則が利用されている。

ウ　仲裁判断の概要

　1986年から2016年までの期間の統計では、CASに申立てられた仲裁件数は5,057件であり、うち仲裁判断が出された件数は3,123件である[44]。

　また、仲裁申立件数の内訳を見ると、1986年から2016年までの期間、通常仲裁は790件、上訴仲裁は4,053件と上訴仲裁が圧倒的に多い[45]。

　さらに、CASは、1996年のアトランタオリンピック以降、オリンピックなどの主要な国際大会において開催地に仲裁パネルを設置するという臨時仲裁手続（Ad hoc procedures）をスタートさせている。申立てから仲裁判断まで24時間以内に行うことを原則として、オリンピックなどの国際イベントの円滑な運営の実現に寄与することを目的とするものである。

〈3〉課題

　第1に、拘束力の問題がある。前記のとおり、CASの仲裁判断は最終のものであり、当事者を拘束するとされている（CAS仲裁規則R46及びR59参照）。通常仲裁の対象となるような金銭的請求のような紛争類型であれば、「外国仲裁判断の承認及び執行に関する条約」（ニューヨーク条約）を通して、仲裁判断の履行を強制的に実現することが可能である。しかし、上訴仲裁の対象となるような紛争類型の場合、仲裁判断の性質上、その履行を強制的に実現することができないことが多く、結局はスポーツ団体の自主的な履行に期待するほかない場面があることは否定できない。

　第2に、公平性の問題がある。1994年にICASが設立され、CASの運営はIOCから独立して行われることになったのであるが、それでも昨今はCASの仲裁手続の公平性の点が大きな問題となっている。

　これは、2015年に、ドイツの司法裁判所において、CASの仲裁手続の公平性に疑問を呈し、CASの仲裁合意を無効とする司法判断が出されたことを契機としている。

　このケースは、ドイツ出身のスピードスケート選手であるクラウディア・ペヒシュタイン（Claudia Pechstein）選手が、2010年バンクーバー冬季オリンピックにおいて、アスリート・バイオロジカル・パスポートによってドーピング以外には説明できない異常値が検出され、国際スケート連盟（International Skating Union；ISU）から2年

44) CASのウェブサイト上に公開されている統計資料による（スポーツ仲裁判所（CAS）「STATISTIQUES /STATISTICS」https://www.tas-cas.org/fileadmin/user_upload/CAS_statistics_2016_.pdf）。

45) ちなみに同期間中の照会手続（consultation procedure）の件数は、82件である。

間の資格停止処分を受けたことから始まった。ペヒシュタイン選手は、遺伝的な血液疾患が原因であるとの診断を得て、ISU の決定に対し、CAS に不服申立てを行ったが、仲裁パネルはペヒシュタイン選手の抗弁を認めず、2 年間の資格停止処分が確定した。ペヒシュタイン選手は、これを不服としてスイス連邦裁判所に対して上訴するがこれも棄却された。

　しかし、ペヒシュタイン選手は、2 年間の資格停止期間経過後、ドイツ・ミュンヘンの司法裁判所に対し、ISU を被告とし、資格停止処分が不当であったとして損害賠償請求訴訟を提起したところ、控訴審において CAS における仲裁合意がドイツの独占禁止法に違反し無効であることからその仲裁判断自体も無効であると判断された。その根拠として挙げられた点は、① ISU はスピードスケートの国際選手権大会を独占している、② CAS のメンバー構成が競技連盟寄りであり、公正な仲裁判断が期待できない、③ ISU が公正ではない仲裁機関による仲裁を選手に強制することは優越的地位の濫用に当たる、というものである。

　本事案は、さらに上訴され、上訴審のドイツ連邦最高裁判所は、CAS の仲裁廷には独立性、中立性が欠けるものではないとして、原判決を破棄し、ペヒシュタイン選手の請求を棄却した。

（5）その他の紛争解決
〈1〉概要

　前記のとおり、スポーツにおける紛争のうち、裁判所によって解決できないタイプの紛争は、スポーツ仲裁という方法によって解決することも可能である。国際的には CAS が、国内でも JSAA が存在し、手続きが整備され、スポーツ界の信頼も得ている。とはいえ、必ずしもすべての紛争についてスポーツ仲裁により解決することが理想的であるわけではない。また、仲裁合意がない以上はスポーツ仲裁による解決方法をとることはできない。

　このような場合、裁判所やスポーツ仲裁を利用する以外の解決方法を模索する必要があるが、スポーツにおける紛争では、紛争当事者であるスポーツ団体が加盟する上位団体の指導によってスポーツ団体に改善を促すという方法も実効性がある方法である。

〈2〉相談窓口の利用

　このような観点から、実効性が期待できる紛争解決の手段として、

相談窓口の利用が挙げられる。

　日本スポーツ振興センター（Japan Sport Council；JSC）は、「トップアスリート等の第三者相談・調査制度相談窓口」を設置している。これは、2013年12月に文部科学省において「スポーツを行う者を暴力等から守るための第三者相談・調査制度の構築に関する実践調査研究協力者会議報告」[46] が発表されたのを受けて、トップアスリート等を対象に、スポーツ指導における暴力行為等に関する相談窓口として設置されたものである。相談を受ける委員会は、弁護士、臨床心理士、選手OB等の委員8名により構成され、相談内容から調査が必要と判断する場合には、専門家からなる調査パネルを設置し、調査を行う。その調査結果を踏まえ、必要に応じて、助言や勧告等を行うことになっている。

　また、JSPOは、スポーツにおける暴力行為等相談窓口を設置し、日本スポーツ法支援・研究センター（Japan Sport Law Support and Research Center；JSLSRC）と連携し、暴力行為等に関する相談を受け、必要があれば事実の調査を行い、暴力行為等が明らかになった場合には、JSPOとして指導・処分等必要な対応を行っている。

　いずれも、暴力行為等に限定されているが、今後は相談の対象範囲を広げていくことで、こういった相談窓口がスポーツにおける紛争解決方法の一つとして広く利用されるようになる可能性もある。

46) 文部科学省「スポーツを行う者を暴力等から守るための第三者相談・調査制度の構築に関する実践調査研究協力者会議報告」http://www.mext.go.jp/b_menu/shingi/chousa/sports/020/toushin/__icsFiles/afieldfile/2014/01/17/1343415_01.pdf

第6編　国際法とスポーツ

　本編では、スポーツに関連する国際レベルにおける法について解説する。

　従来、スポーツにおける国際法としては、スポーツに関して定められた条約等に議論が限られることが多かった。

　しかしながら、スポーツのグローバル化、オリンピック・パラリンピックやワールドカップなどの国際スポーツイベントの隆盛に伴い、昨今、国際競技団体（IF）の定めるルールの影響力が強大になってきている。従来、スポーツにおける国際法として議論されてきた条約等に加えて、このような国際競技団体（IF）の定めるルールをどのように捉えるのか、それが現代のスポーツと国際法をめぐる議論である。例えば、国際オリンピック委員会（IOC）が定めるオリンピック憲章や、また国際的なドーピング規制である国際アンチ・ドーピング規程（いわゆる WADA 規程）などは、全世界的なルールとして定着しており、その影響力は計り知れない。その影響力は、時として、国家権力にも匹敵する力をもつことも出てきている。

　国際競技団体（IF）の定める団体内規約は、団体自治に基づくルールであり、その内容に関しては、国際競技団体（IF）の裁量に対する一定の尊重が必要であることは間違いないが、このようなルールも完全に自由ではなく、一方で、基本的人権などの様々な対立法益との調整が必要である。スポーツのグローバル化の中で、全世界に存在する、様々な人種、性別、世代を超えた普遍的なルール、バランスを実現する必要がある。

　本編においては、このような団体自治と様々な法益のバランスを影響力の大きな国際レベルにおいてどのように調整するのか解説する。

Contents

1 国際法の概要

国際法とは、伝統的には、国家間の関係を規律する法と定義され、主として国家や国際機構を名宛人とするものとされてきたが、今日では、国際人権法、国際刑事法、国際経済法など、個人や企業の国際的活動について規律するものも、広く国際法を形成している。この意味での国際法は、国際私法[1]と対比する意味で、国際公法とも呼ばれる。

国際法の法源は、成文法としての「条約」、慣習によって成り立つ不文法としての「国際慣習法」、文明国において一般に認められている「法の一般原則」であるとされる[2]。

2 国際法とスポーツ

(1) スポーツにおける「団体自治」と、その国際的な展開

スポーツは、その性質上、多くの国際的な法律関係を生み出すものである。オリンピック・パラリンピックや、サッカーのワールドカップのような国際スポーツイベントなどにまつわる規則、契約等はもちろんのこと、スポーツ選手の国際移籍、外国人選手の大会参加資格など、スポーツにおいて形成される国際的取引、法律関係は実に多岐にわたる。

しかしながら、こうしたスポーツに関する国際的取引、法律関係について、それを直接規制したり保護したりする、条約などの「国際法」は、ほとんど存在しない[3]。スポーツの世界においては、結社の自由（Freedom of Association[4]）に由来する「スポーツの団体自治」（Autonomy of sport）が、守られなければならない価値とされてきたため、国際競技団体（International Federations；IF）を軸とする「団体自治」に基づく団体内規約等による統治・ガバナンスが中心とされ、国家権力等を背景とする「法」による規制については、謙抑的であるべきものとされてきた。

その結果、国際スポーツ界において、関係者において遵守されている実際上の法規範の多くは、条約のような「国際法」ないしハード・ローに由来するものではなく、国際オリンピック委員会（International Olympic Committee；IOC）や国際サッカー連盟（Fédération Internationale de Football Association；FIFA）のような、大規模国際スポーツイベントを主催する団体を中心とする、スポー

---

1) 国際私法とは、渉外的な私法関係について、いずれの国の法律が適用されるかを指定する法律のことであり、日本では「法の適用に関する通則法」の第3章「準拠法に関する通則」などがそれに当たる。

2) 国際司法裁判所規定第38条は、この三つのほか、補助的な法源として、国際司法裁判所の判決・勧告や国際法学者の学説を規定している。

3) スポーツに関する主な条約としては、1975年のヨーロッパ・スポーツ担当大臣会議「ヨーロッパ・みんなのためのスポーツ憲章」、1978年に制定され、2015年に大幅に改正された、UNESCOの「体育、身体活動及びスポーツに関する国際憲章」などがある。世界人権宣言や国際人権規約も、スポーツに関する人権（スポーツ権）を保障するものと解釈する余地があるという意味で、スポーツに関連するものといえる。また、例えば国際労働機関（International Labour Organization；ILO）が、関連条約・勧告の解釈として、適用対象となる「労働者」にプロスポーツ選手が含まれる、といった解釈を行えば、かかる条約・勧告等も、スポーツに大きくかかわるものとなる（世界的に、関係労働法制上、プロスポーツ選手が「労働者」として扱われていない国も多いため、そうした解釈は大きな影響をもつ）。

4) 世界人権宣言（Universal Declaration of Human Rights）第20条

ツ団体が定めた団体内規則や関係者間の契約を「法源」としている。このようなオリンピック憲章、FIFA の規則など大規模な国際スポーツイベントの主催者が定めた団体規則は、それを遵守しない団体が、当該 IF が主催する大会への参加資格を失うという不利益を受けるため、そうした不利益が強制力となって、各加盟団体、選手に規則を遵守させる効果が生まれることになる。

　なお、IF は、このような規則制定権、すなわち「立法」や、「行政」権ばかりでなく、「司法」についても、競技団体内部の紛争解決機関（仲裁機関）により解決する傾向にあり（国際スポーツ界において、その中心的役割を果たしているのが、スポーツ仲裁裁判所（Court of Arbitration for Sport；CAS）である。CAS については第5編2（4）参照）、いわば、団体自治の名の下に、独立国家的、治外法権的体制を作り上げているともいえる状況である。特にオリンピックやワールドカップに参加させるかどうかの権限をもっている IOC や FIFA のような大規模な IF の国際的統括力は、どんどん強大なものとなっており、各主権国家とのパワーバランスも問題となりつつある。

（2）スポーツにおける団体自治の限界―国際的な「法の支配」

　このように、本来、一つの私的な団体に過ぎない IOC や FIFA といった IF [5] が、団体自治の名の下に、その強い影響力を行使して諸制度を作っているという事実は、時として、団体自治として許容される範囲を超えて、その制定する規則に、基本的人権を侵害する程度にわたる内容のものが盛り込まれる危険性があることを意味し、そのような場合には「法の支配」の観点から、その効力が制限されるべきことになる。つまり、例えば、日本において、国会が、基本的人権を侵害する内容の法律を制定した場合に裁判所において違憲無効とされるのと同様な意味において、スポーツ界において、IF が、そうした規則を制定した場合に、国際的に影響のある形で、それを無効として救済する方法が担保されなければならない。ここにおいて団体自治の限界を画するために「国際法」が機能する場面があり得ることになる。

　また、団体自治という枠組みでの国際統治では、団体規則の拘束を受けない業界外の第三者に対する実効的法規制を行うことができないため、その意味においては、「国際法」が、そのような第三者効力の限界を補う役割を期待される場面もあり得ることになる。

　以下では、「団体自治」の名の下に作られている、「スポーツ国際

5）いずれもスイス法上の法人に過ぎない。

法」のいくつかの具体例を見た上で、前記二つの「団体自治の限界」との関係での「国際法」の役割について述べることとする。

③ 「団体自治」によって作られるスポーツ国際法の姿

（1）国際競技団体（IF）の規則

　IF の規則の例としては、前述した IOC の制定するオリンピック憲章や、FIFA、国際バスケットボール連盟（Fédération Internationale de Basketball；FIBA）、国際的なラグビーユニオンの統括団体（World Rugby；WR）などといった、各種競技別の IF が定める規則がある。こうした規則には、当該規則の適用を受ける各国協会その他の団体、選手等が遵守すべき基本原則や参加資格、IF の権益（知的財産権など）、紛争解決の方法（CAS による仲裁を定める例が多い）などが規定されており、それらの規定に違反すると制裁（最悪の場合は資格停止、除名など）を受けることになる。

　規則違反として制裁を受ける例として多く見られるものが、IF に加盟する各国協会の意思決定に、当該国政府が関与することを禁止する規定に関する違反である[6]。オリンピックの公式スポンサーの権益等を保護するための、参加選手などの肖像に関する大会期間中の広告的使用の制限規定であるいわゆる「ルール 40」[7] もしばしば問題となる。また、2014 年 11 月に、国内リーグの分裂や協会のガバナンスなどに関連して FIBA から日本バスケットボール協会が資格停止処分を受けた件[8] も、こうした IF の定める規約違反に基づく制裁の一例である。

　また、ドーピングに関する制裁に関して、多くの IF が採択している、世界アンチ・ドーピング機構（World Anti-Doping Agency；WADA）のアンチ・ドーピング規程（詳細は第 4 編第 4 章 3（6）〈1〉参照）も、国際的に大きな影響力をもつ規則の一例である。

（2）判例法（Lex Sportiva）

　また、団体自治という観点からスポーツ界独自の紛争解決機関として設置され、スポーツ界の最高裁判所的な性格をもつ紛争解決機関である CAS が生み出す判例も、スポーツ国際法の法源の一つである判例法（Lex Sportiva）として重要な意味をもっている。CAS の仲裁判断に先例拘束性があるわけではないが、そこで示された IF の規則等に関する解釈は、事実上先例的価値を有するものとして、

6）オリンピック憲章第 16 条 1.5、第 27 条第 6 項・第 9 項や FIFA 規則第 13 条、第 17 条など。例えばクウェートオリンピック委員会は、政府が国内のスポーツ組織に干渉できる旨の法の存在をめぐって、2010 年 1 月、2015 年 10 月と 2 度にわたって、IOC から資格停止処分を受けている。こうした規定は、政府がスポーツの団体自治を脅かすことを防止する趣旨のものであるが、最近では、2015 年 5 月に下されたインドネシアサッカー協会に対する FIFA の制裁のように、インドネシア政府が、協会が課すクラブライセンスの基準とは異なる基準をもって臨んだ結果、政府の基準を満たさないクラブをリーグに参加させないという決定を下したことに対して、それが不当な干渉として制裁の理由とされるという例も出てきており、いわばグッド・ガバナンスの実現方針の違いという点にまで制裁が課せられるという事例が出てきている状況である。1980 年の西欧諸国によるモスクワオリンピックボイコットなど、スポーツの政治的利用から団体自治を守ることは重要であるが、IF 側も、公的資金投入などの観点から一定の利害関係を有するはずである国家機関に対し、一定の配慮をもって接することが望まれるといえる。

7）オリンピック憲章第 40 条付属細則 3 に基づいて、大会ごとに IOC からガイドラインが示されるが、プロ選手の参加が認められている現在において、大会期間中の選手の肖像の広告的使用が制限されるのは、スポンサーを得て活動をしている選手にとって死活問題にもなり得るものであり、ロンドンオリンピックの際にはそれに抗議するアメリカの陸上競技選手のツイッターキャンペーンも行われた。

8）制裁後、日本サッカー協会元会長である川淵三郎氏などを中心に問題解決のためのタスクフォースが設立されたことによって、リーグ統合などの解決が見られ、2015 年 8 月に制裁が解除された。

スポーツ国際法形成の大きな一翼を担っている。

CAS のみならず、各種スポーツ団体における固有の紛争解決機関の仲裁判断例も同じように先例的価値をもつものとして参照されることが多い。例えば、FIFA において、選手契約に関する紛争、育成補償金、連帯貢献金の紛争を取り扱う紛争解決室（Dispute Resolution Chamber；DRC）[9] には、毎年数千件の紛争が持ち込まれ、その中の一部の判例が公開されており [10]、蓄積した判例法が選手契約に関する実務に大きな影響を及ぼしている [11]。

（3）国際間合意の例

IF の規則という形ではなく、国内競技団体（National Federations；NF）間で国際間合意をすることによってルールを形成する例もある。例えば、日本のプロ野球である日本プロフェッショナル野球組織（Nippon Professional Baseball；NPB）と、アメリカのプロ野球であるアメリカ大リーグ（Major League Baseball；MLB）との間には、日米間の選手の移籍に関して「日米間選手契約に関する協定」[12] が締結されており、それがその一例である [13]。

 4 団体自治に基づくスポーツ国際法の限界—国際法の役割と「法の支配」

（1）団体自治の行き過ぎを修正する役割としての「国際法」 —「法の支配」の実現

前述のように、スポーツの世界においては、「団体自治の尊重」の観点から、スポーツ団体に、スポーツ業界における事実上の「立法権」が与えられ、そうしたスポーツ団体が作る団体内規則や関係者との契約が、業界における「法規範」としての機能を果たしているが、そうしたことを無制限に認めれば、スポーツ団体が、「立法権」を濫用的に行使して、関係者の基本的人権を侵害する「立法」を行うおそれがある。そこで、そうした団体自治の行き過ぎを修正する役割、すなわちスポーツ界に適切な「法の支配」を実現するための「国際法」の役割が重要となる。

この点、前述のようにスポーツを直接規律対象とする世界的な条約はほとんどないため、そうした条約を用いて、IF の規則の効力を否定する例はあまり見られないが、IF のルールが、ヨーロッパ地域の国際法によってその効力を否定され、その結果、ヨーロッパ以外の地域も含む全世界的なレベルで、IF のルールが改正され

9) 2001 年の FIFA の移籍規則の改正に基づいて設置された機関であり、簡易な紛争を除いて、委員長または副委員長 1 名、選手側から選ばれた仲裁人 1 名、クラブ側から選ばれた仲裁人 1 名の、最低 3 名からなる仲裁人パネルによって判断される。DRC の決定に対しては、CAS に上訴できるものとされている（FIFA 移籍規則第 24 条第 2 項）。

10) 国際サッカー連盟（FIFA）「Decisions of Dispute Resolution Chamber」https://www.fifa.com/about-fifa/who-we-are/legal/judicial-bodies/dispute-resolution-chamber/faq/

11) FIBA でも、2006 年以降、選手、エージェント、クラブ間の紛争を扱う Basketball Arbitral Tribunal（BAT）という仲裁機関が設けられている。

12) 2017 年 12 月 1 日に改正されたものが最新版である。

13) NPB は韓国、台湾、中国のプロ野球団体との間でも同様に、選手の移籍に関する協定を締結している。

るに至った例が存在する。それが、サッカーにおいて、スポーツ団体の制定にかかる選手の移籍の制限に関するルールが争われた、1995年のいわゆるボスマン判決[14]である。この事案では契約期間満了後の移籍に移籍金を課すという移籍制限制度が欧州共同体（European Communities；EC）法違反とされた結果、2001年にFIFAが国際移籍のルールを全面改正し、違法とされた欧州連合（European Union；EU）地域のみならず、全世界の国際移籍について契約期間満了後の移籍には移籍金がかからないものとされるようになった。つまり、この事例は「国際法」が、団体自治の行き過ぎに歯止めをかけ、「法の支配」を実現した典型例といえる[15]。

　また、こうした国際法によるアタックを受けたことによって、そもそもサッカーの移籍などに関するルール作りの段階において、クラブ側の人間だけでなく、選手会など選手側の利害関係人を関与させる動きが見られるようになり、現に、ボスマン判決を受けて制定された2001年の新移籍規則は、国際プロサッカー選手会（Fédération Internationale des Associations de Footballeurs Professionnels；FIFPro）が大きく関与した上で制定されている。しかしながら、未だにIFが、その規則制定、意思決定に当たって、選手などの利害関係者や外部の有識者を十分に関与させることは多いとはいえず、現に、WADAのアンチ・ドーピング規程に基づく、選手の居場所情報提供義務などは、選手のプライバシー権などの観点から、選手側の団体などから人権侵害として問題視されている[16]。ボスマン判決で、EC法が適用されたとはいえ、IFは、依然として、団体自治とスポーツの特殊性[17]を強調して、そうした法律の適用が免除ないしは制限されると主張する傾向にあるため、強大な独占的影響力を持つIFが行う各種規則の制定に対して、有効に「法の支配」を及ぼしていくことは、今なお容易ではないのが現状である。

　このような中、最近では、「国際法」としての規制よりも、IFという国際的影響力の強い民間団体の社会的責任（Corporate Social Responsibility；CSR）という観点からの実効的規制が試みられるようになってきている。すなわち、昨今、国際的な企業などに対して要求されているCSR＝企業の社会的責任という観点からの、利害関係人への説明責任や、持続可能な社会への貢献という観点からの人権尊重、労働環境整備、環境への配慮、腐敗防止義務といった要請が、IFに対しても行われるようになってきていることを受け、特に大規模スポーツイベントの主催者との間でスポンサー契約

14）Union Royale Belge des Societesde Football Association ASBL v Jean-Marc Bosman (1995) C-415/93)

15）同じように国際競技団体の規則、命令が、影響を及ぼす国において国内法違反とされた例もある。オーストラリアの判例、Barnard v Australian Soccer Federation, (1988) 81 ALR 51; ATPR40-862. では、FIFAが、当時対立していた競合インドアサッカーの国際団体であるFIFUSAの公認するインドアサッカー大会に出場した選手は、資格停止にするよう、オーストラリアサッカー協会を含めた傘下の協会に指示していたところ、同協会がさらに傘下の地域協会であるクイーンズランド協会に、実際に出場した選手の資格停止を求めたことが、いわゆる取引制限の法理（Restraint of trade）により違法とされた。なおこのように、競合する競技団体主催の大会への参加に厳罰を科する競技団体の規則については、欧州委員会は、反競争的行為を禁止する欧州機能条約第101条に違反するおそれがあるとして警告しており（国際スケート連盟の規則に関する2016年9月27日付、欧州委員会の予備的見解 http://europa.eu/rapid/press-release_IP-16-3201_en.htm）、こちらは「国際法」を使った「法の支配」の実現の例といえる。

16）サッカー、ラグビー、バスケットボール、クリケット、アメフト、野球、アイスホッケーなど世界各国の様々なスポーツの選手会により組織されている世界選手会（World Players Association / UNI Global Union）や、欧州の様々な選手会により組織されているEU Athletes などがこれを問題視している。

17）2009年1月発効の、欧州連合条約および欧州共同体設立条約を修正するリスボン条約（いわゆるリスボン条約）の第165条には、スポーツの特殊性（Specificity of sport）に関する言及がある。

を締結する大手スポンサーが、人権保障や適切な労働環境、環境などに配慮しない IF との契約を解除できるような「CSR 条項」を入れることによって、「法の支配」ないしはグッド・ガバナンスを実現しようという試みである。その一例が、国連グローバル・コンパクト（The United Nations Global Compact；UNGC）が 2014 年 3 月に発表した「スポーツのスポンサー契約等に関する腐敗防止実践ガイド」[18] である。これは、スポーツ団体とスポンサー契約をしようとする企業が、CSR の観点から、スポンサー対象である当該スポーツ団体の不祥事（人権侵害への関与など）、不正な利益供与の防止のためにとるべき手段を六つのステップに分けて詳細に解説するものであり、IF に対して「法の支配」ないしグッド・ガバナンスを及ぼしていくための実効的手段として注目されている。

　また、IF の腐敗防止という点に関しては、メディアから長らくバッシングを受けた末に、2015 年に、とうとう大量な理事の逮捕者を出した FIFA のように、メディアからの圧力や、国際刑事協力に基づく国際刑事事件としての立件といった手段も、IF の団体自治の行き過ぎの是正手段の一つとして機能しつつある[19]。

　そしてこうした流れを受けて、ついに今では、競技団体自身が、自らの規制の中に、そうした「CSR 条項」的なものを組み込む流れも出てきている。その代表例が、2015 年に前述の大スキャンダルに見舞われた FIFA である。FIFA は、2016 年 4 月に行われた FIFA 規則（Statutes）の改正により、国際的に認知された人種の尊重とその保護の促進に向けての努力を明確にうたう条文（FIFA 規則 3 条）を追加するなどして人権擁護へのコミットメントを表明するとともに、翌年 2017 年 5 月には、国際連合のビジネスと人権に関する指導原則の内容を遵守した、新たな人権ポリシーを制定、公表している[20]。また、2017 年には、IOC と、欧州サッカー連盟（Union of European Football Associations；UEFA）が相次いで、今後自らが主催するメガスポーツイベントである、五輪（IOC 主催）や、UEFA 欧州選手権（UEFA European Football Championship；EURO。UEFA 主催）について、開催都市・開催国となるためには、国際連合のビジネスと人権に関する指導原則を遵守することを条件とする旨を決定するなど、大規模競技団体を中心に、人権擁護へのコミットメントをうたう流れが加速してきている。

　なお、昨今では、スポーツ界の「立法」「行政」に対する「法の支配」のみならず、「司法」制度、具体的には CAS に対する「法の支配」

18) 国際連合 (UN)「FIGHTING CORRUPTION IN SPORTSSPONSORSHIP AND HOSPITALITY A Practical Guide for Companies」https://www.unglobalcompact.org/docs/issues_doc/Anti-Corruption/SportsSponsorshipHospitalityGuide.pdf

19) この FIFA 汚職事件は、スイス司法当局の協力を得ての、アメリカ刑事法に基づく訴追（いわゆる RICO 法に基づき商業賄賂その他の不正行為を問題視）であるが、起訴の訴因には、20 年以上にわたる不正行為も含まれており、長年それにメスが入らなかったことが、巨大な国際競技団体の腐敗防止対策の難しさを示しているともいえる。

20) https://resources.fifa.com/mm/document/affederation/footballgovernance/02/89/33/12/fifahumanrightspolicy_neutral.pdf

の必要性についても議論が起こってきている。2015年に、CASの仲裁人の構成の中立性を疑問視する判例[21]が出たことによって本格化しつつある動きであるが、CASのような国際的影響力の大きい「司法」機関についても、公正中立性などの担保という観点から、「法の支配」を及ぼしていくアプローチが考えられて然るべきであろう。現に2016年4月にFIFAからの依頼に基づいて提出された、ジョン・ラギー教授作成の「FIFAと人権」と題するレポートにも、人権侵害への効果的な救済手段という観点からCASなど既存の紛争解決機関の見直しが図られるべきであると記載されている[22]。

（2）第三者効力の欠如を補うものとしての「国際法」

団体自治のもう一つの限界としては、団体規則等に基づく私的契約関係の枠組みに入っていない、「業界外部」の第三者[23]に「法規範」の効力を及ぼせないことであり、ここにおいても「国際法」が役割を果たし得る余地が出てくる。そうした「国際法」が必要な領域としては、①スポーツ産業において金銭的価値を有する無体財産へのフリーライドを防止するための規制と、②スポーツ産業における重要な産業的価値・インテグリティ（Integrity）[24]を確保するための規制の二つが考えられる。

前者については、国際スポーツイベントの知的財産権保護についての国際法の例として、いわゆる5個のリングからなるオリンピック・マークの保護について定められた、オリンピック・シンボルの保護に関するナイロビ条約（Nairobi Treaty on the Protection of the Olympic Symbol。1981年採択、1982年発効）がある[25]。なお、国際スポーツイベントでたびたび問題となる、いわゆるアンブッシュ・マーケティング[26]対策としても、最近では、IOCやFIFAが、イベント招致国に対する強い交渉力を背景に、イベント招致の条件として、イベント開催地におけるアンブッシュ・マーケティング対策立法の制定を義務付けるなどの結果、そうした法律が制定される例[27]も出てきていることから、こうした対策法制を、条約レベルで整備することも考えられる。

後者の例としては、アンチ・ドーピングに関して、2005年の第33回UNESCO総会において採択された「スポーツにおけるドーピング防止に関する国際規約」がある（日本も2006年12月に締結）。しかしながら、これは、あくまでWADAを中心とした国内レベル及び世界レベルの協力活動を推進・強化する体制の確立を目的とす

---

21) 2015年1月15日に、スピードスケートのクラウディア・ペヒシュタイン選手のアンチ・ドーピング規程違反に関する事件において、ドイツの連邦高等裁判所が、CASの仲裁人選定における公平性を疑問視する判決を下したこと（OLG München, U1110/14 Kart）をきっかけに、FIFProがこれへの支持を表明するなど、CASへの風当たりが強まっている。各種競技団体の規則ではCASの判例は終局的な判断として関係者を拘束するものとされているにもかかわらず、それを不服としてスイス連邦最高裁判所に上訴される例（スイス連邦国際私法第12章に規定される、いわゆるスイス国際仲裁法の第191条に基づく無効申立）は珍しくなく、ペヒシュタイン事件もその一例であった（上記判決は、スイス連邦最高裁の後、さらにドイツでも訴訟したことによって得られた判決である）。

22) https://www.hks.harvard.edu/centers/mrcbg/programs/cri/research/reports/report68。報告書中の25、26頁記載の"Players' Access to Remady."など参照。

23) IF傘下の団体や選手等以外の第三者。

24) スポーツにおいて「インテグリティ」が重要な産業的価値とされる理由は、スポーツに期待されている社会倫理的観点からのみではなく、スポーツの本質的価値であるところの試合結果の予測不可能性を確保するためであるという点が大きい。この意味でドーピングや八百長のように、試合結果の操作につながる行為は、試合結果の予測不可能性を当然の前提としている観客、スポンサーなどの期待を裏切ることになり、スポーツ産業の価値を損なうという意味で「インテグリティ」確保としての規制が必要なのである。

25) この条約の締約国は、オリンピック憲章で定義するオリンピック・シンボル（前記のオリンピック・マーク）やこれを含む標識について、商標登録を拒絶し、または無効とする義務や、商業的利用を禁止する義務を負うものとされている（ただし本書執筆時現在において、締約国は世界52カ国に留まり、日本も未締結）。

26) オリンピックなどの公式スポンサーでない競合企業が、大会公式マーク等を使わずに、巧みな広告活動を行うことによって、あたかも公式スポンサーとしての権利を得たかのような広告活動を展開し、多額のスポンサー料を支払っている公式スポンサーの権益を侵害する事例。

27) ロンドンオリンピック中の時限立法として制定された"The London Olympic Games and Paralympic Games Act 2006"などがその例である。

るもので、いわゆる WADA 規程の内容について、関係各国に対し、国際法上の義務を創設するなどを目的とするものではない（スポーツにおけるドーピング防止に関する国際規約第 4 条第 2 項参照）。本来、アンチ・ドーピングの理念を完全な形で実現するためには、WADA 規程を含む、スポーツ界におけるスポーツ団体の規則に拘束されない第三者に対しても効力が及ぶような規制を考えなければならないが、WADA 規程が第三者効力を有しない現状では、例えば、2006 年のトリノオリンピックのときのように、スポーツイベント開催国において、アンチ・ドーピングに関する刑事法が存在する場合は格別[28]、そうでない場合は、第三者に対する捜査権限を持ち得ないため、2009 年 10 月には、IOC のロゲ会長（当時）が、2018 年冬季オリンピック以降の招致都市に対し、アンチ・ドーピング規定違反を警察当局が捜査するための国内法整備を求めていく考えを明らかにしている。

　こうした中では、ドーピング事犯に対する各国刑事当局の捜査権限、アンチ・ドーピング機構との情報共有などを含む、アンチ・ドーピング法制についての国際的な刑事法を整備することも考えられる[29]。なお、スポーツにおいて国際的な刑事協力を定めた例としては、フーリガン対策に関する EU 地域の条約、"European Convention on Spectator Violence and Misbehaviour at Sports Events and in particular at Football Matches" がある。

⑤　スポーツを通じた「国際的な法整備」

　以上、国際スポーツ界においては「団体自治」に基づいて、IF の規則を中心とする国際スポーツ法が形成されており、いわゆる「国際法」は、その団体自治の限界を補うものとしての役割が期待されるということ、しかしながら「国際法」はスポーツにおける「法の支配」の機動的な実現という役割を果たすことは困難であることから、今日的には、スポンサーを中心とする「CSR 条項」や、競技団体自身の人権擁護義務が重要となってきているということが本章の要点である。そのような CSR や人権擁護という観点からの、スポーツ団体のグッド・ガバナンスの実現という現象は、「スポーツにおける国際的法整備」に留まらず、「スポーツを通じた国際的法整備」をも実現する役割をも担い始めている。

　すなわち、オリンピックや、サッカーワールドカップなど、注目

28) これによってオーストリアのスキー代表チームの組織的なドーピングスキャンダルを警察機関の捜査によって明らかにできた。

29) しかしそれを進めるに当たっては、当然のことながら、関係者の基本的人権保障への配慮が不可欠である。この点、仮に現状の WADA 規程を基礎とした刑事法の国際的整備を考えるとした場合は、そもそも WADA 規程そのものに、訴追対象者である選手などの基本的人権保障という観点からは問題な点が多いことが留意されなければならない。その代表例が、近代刑事法の大原則である無罪推定の原則や責任主義の原則を覆す、厳格責任（Strict liability）の原則（競技者の検体から禁止物質が発見されれば、故意過失の有無にかかわらず、アンチ・ドーピング規程に違反したものと見なされる）が採用されていることである。仮にアンチ・ドーピング法制について国際的な刑事法整備が必要であるとしても、このような厳格責任の導入については、慎重でなければならない。

度の高い大規模スポーツイベントについては特に、スポーツが、平和の実現や、持続可能な社会の実現のためのプラットフォームであるべきとの役割が期待されている。そのことが、例えば、オリンピック憲章やFIFA規約に定められた差別禁止規定 [30] などの制定につながっているばかりでなく、そうした要請が、大規模スポーツイベントにおける物品等の調達におけるサプライチェーンなどにも及ぶ結果、例えば、ロンドンオリンピックでは、組織委員会のCSR、持続可能な社会への貢献という観点から、大会グッズなどの製造過程においての人権侵害、環境破壊がないことをサプライヤーに求めるとともに、そうした疑いがある場合についての苦情処理システムを設け、関係者からの申立てを受け付けるといった対処を行うまでに至っており [31]、こうした動きは2020年オリンピック・パラリンピック東京大会においても「持続可能性に配慮した調達コード」にかかる通報受付窓口の設置などといった形で見られる [32]。

2014年のソチオリンピックの際に、ロシア政府の反LGBT [33] 政策が問題とされたように、大規模スポーツイベントに対するCSR的要請に基づく人権擁護等の実現への社会的プレッシャーは高まっており [34]、こうした動きは、ともすれば、国際間条約など国家間合意という枠組みによっては実現の難しい「国際法整備」に向けての役割を、ある意味スポーツが担い始めてきていることを示すものともいえる [35]。

30) オリンピック憲章・オリンピズムの根本原則の第6項、FIFA規約第3条参照。

31) 第三者の監視機関として CSL(Commission for a Sustainable London2012) が設置され、オリンピック組織委員会に寄せられた持続可能性に関する苦情処理・仲裁（主に東南アジアの労働人権問題等に関する苦情処理・仲裁）に関しては、CDRM(Complaint and Dispute Resolution Mechanism＝苦情処理システム) が設置された。

32) https://www.2020games.metro.tokyo.jp/aa541b95556816974d6a73185bcbb362.pdf

33) LGBT とは、Lesbian（レズビアン：女性同性愛者）、Gay（ゲイ：男性同性愛者）、Bisexual（バイセクシュアル：両性愛者）、Transgender（トランスジェンダー：心と体の性が一致しない人）の総称である。

34) アムネスティ・インターナショナル、国際プロサッカー選手会(FIFPro)、Football Supporters Europe、ヒューマンライツウォッチなどの団体から構成される Sports and Rights Alliance (SRA) という団体が、IOCやFIFA などに対して労働者の人権を含む人権基準遵守を求める活動を2015年から開始し、2018年には、このための専門機関として、Centre for Sports and Human Rights(https://www.sporthumanrights.org) が設立された。特に大きな人権侵害として問題とされてきた代表例が、2022年のFIFA ワールドカップの開催地であるカタールにおける建設プロジェクトでの移民労働者の人権侵害であり、移民労働者の権利を著しく制限するカファラシステム (kafala system) が大きな批判の対象となった結果、カタール政府は制度の廃止を表明するに至っている。

35) 1985年のスポーツにおける反アパルトヘイト国際条約 (International Convention against Apartheid in Sports) のように、国際間条約の形となって実現した例もある。

（前文）

　スポーツは、世界共通の人類の文化である。

　スポーツは、心身の健全な発達、健康及び体力の保持増進、精神的な充足感の獲得、自律心その他の精神の涵 (かん) 養等のために個人又は集団で行われる運動競技その他の身体活動であり、今日、国民が生涯にわたり心身ともに健康で文化的な生活を営む上で不可欠のものとなっている。スポーツを通じて幸福で豊かな生活を営むことは、全ての人々の権利であり、全ての国民がその自発性の下に、各々の関心、適性等に応じて、安全かつ公正な環境の下で日常的にスポーツに親しみ、スポーツを楽しみ、又はスポーツを支える活動に参画することのできる機会が確保されなければならない。

　スポーツは、次代を担う青少年の体力を向上させるとともに、他者を尊重しこれと協同する精神、公正さと規律を尊ぶ態度や克己心を培い、実践的な思考力や判断力を育む等人格の形成に大きな影響を及ぼすものである。

　また、スポーツは、人と人との交流及び地域と地域との交流を促進し、地域の一体感や活力を醸成するものであり、人間関係の希薄化等の問題を抱える地域社会の再生に寄与するものである。さらに、スポーツは、心身の健康の保持増進にも重要な役割を果たすものであり、健康で活力に満ちた長寿社会の実現に不可欠である。

　スポーツ選手の不断の努力は、人間の可能性の極限を追求する有意義な営みであり、こうした努力に基づく国際競技大会における日本人選手の活躍は、国民に誇りと喜び、夢と感動を与え、国民のスポーツへの関心を高めるものである。これらを通じて、スポーツは、我が国社会に活力を生み出し、国民経済の発展に広く寄与するものである。また、スポーツの国際的な交流や貢献が、国際相互理解を促進し、国際平和に大きく貢献するなど、スポーツは、我が国の国際的地位の向上にも極めて重要な役割を果たすものである。

　そして、地域におけるスポーツを推進する中から優れたスポーツ選手が育まれ、そのスポーツ選手が地域におけるスポーツの推進に寄与することは、スポーツに係る多様な主体の連携と協働による我が国のスポーツの発展を支える好循環をもたらすものである。

　このような国民生活における多面にわたるスポーツの果たす役割の重要性に鑑み、スポーツ立国を実現することは、二十一世紀の我が国の発展のために不可欠な重要課題である。

　ここに、スポーツ立国の実現を目指し、国家戦略として、スポーツに関する施策を総合的かつ計画的に推進するため、この法律を制定する。

第一章　総則

（目的）

第一条　この法律は、スポーツに関し、基本理念を定め、並びに国及び地方公共団体の責務並びにスポーツ団体の努力等を明らかにするとともに、スポーツに関する施策の基本となる事項を定めることにより、スポーツに関する施策を総合的かつ計画的に推進し、もって国民の

心身の健全な発達、明るく豊かな国民生活の形成、活力ある社会の実現及び国際社会の調和ある発展に寄与することを目的とする。

（基本理念）

第二条　スポーツは、これを通じて幸福で豊かな生活を営むことが人々の権利であることに鑑み、国民が生涯にわたりあらゆる機会とあらゆる場所において、自主的かつ自律的にその適性及び健康状態に応じて行うことができるようにすることを旨として、推進されなければならない。

2　スポーツは、とりわけ心身の成長の過程にある青少年のスポーツが、体力を向上させ、公正さと規律を尊ぶ態度や克己心を培う等人格の形成に大きな影響を及ぼすものであり、国民の生涯にわたる健全な心と身体を培い、豊かな人間性を育む基礎となるものであるとの認識の下に、学校、スポーツ団体（スポーツの振興のための事業を行うことを主たる目的とする団体をいう。以下同じ。）、家庭及び地域における活動の相互の連携を図りながら推進されなければならない。

3　スポーツは、人々がその居住する地域において、主体的に協働することにより身近に親しむことができるようにするとともに、これを通じて、当該地域における全ての世代の人々の交流が促進され、かつ、地域間の交流の基盤が形成されるものとなるよう推進されなければならない。

4　スポーツは、スポーツを行う者の心身の健康の保持増進及び安全の確保が図られるよう推進されなければならない。

5　スポーツは、障害者が自主的かつ積極的にスポーツを行うことができるよう、障害の種類及び程度に応じ必要な配慮をしつつ推進されなければならない。

6　スポーツは、我が国のスポーツ選手（プロスポーツの選手を含む。以下同じ。）が国際競技大会（オリンピック競技大会、パラリンピック競技大会その他の国際的な規模のスポーツの競技会をいう。以下同じ。）又は全国的な規模のスポーツの競技会において優秀な成績を収めることができるよう、スポーツに関する競技水準（以下「競技水準」という。）の向上に資する諸施策相互の有機的な連携を図りつつ、効果的に推進されなければならない。

7　スポーツは、スポーツに係る国際的な交流及び貢献を推進することにより、国際相互理解の増進及び国際平和に寄与するものとなるよう推進されなければならない。

8　スポーツは、スポーツを行う者に対し、不当に差別的取扱いをせず、また、スポーツに関するあらゆる活動を公正かつ適切に実施することを旨として、ドーピングの防止の重要性に対する国民の認識を深めるなど、スポーツに対する国民の幅広い理解及び支援が得られるよう推進されなければならない。

（国の責務）

第三条　国は、前条の基本理念（以下「基本理念」という。）にのっとり、スポーツに関する施策を総合的に策定し、及び実施する責務を有する。

（地方公共団体の責務）

第四条　地方公共団体は、基本理念にのっとり、スポーツに関する施策に関し、国との連携を図りつつ、自主的かつ主体的に、その地域の特性に応じた施策を策定し、及び実施する責務を有する。

（スポーツ団体の努力）

第五条　スポーツ団体は、スポーツの普及及び競技水準の向上に果たすべき重要な役割に鑑み、基本理念にのっとり、スポーツを行う者の権利利益の保護、心身の健康の保持増進及び安全の確保に配慮しつつ、スポーツの推進に主体的に取り組むよう努めるものとする。

2　スポーツ団体は、スポーツの振興のための事業を適正に行うため、その運営の透明性の確保を図るとともに、その事業活動に関し自らが遵守すべき基準を作成するよう努めるものとする。

3　スポーツ団体は、スポーツに関する紛争について、迅速かつ適正な解決に努めるものとする。

（国民の参加及び支援の促進）

第六条　国、地方公共団体及びスポーツ団体は、国民が健やかで明るく豊かな生活を享受することができるよう、スポーツに対する国民の関心と理解を深め、スポーツへの国民の参加及び支援を促進するよう努めなければならない。

（関係者相互の連携及び協働）

第七条　国、独立行政法人、地方公共団体、学校、スポーツ団体及び民間事業者その他の関係者は、基本理念の実現を図るため、相互に連携を図りながら協働するよう努めなければならない。

（法制上の措置等）

第八条　政府は、スポーツに関する施策を実施するため必要な法制上、財政上又は税制上の措置その他の措置を講じなければならない。

第二章　スポーツ基本計画等

（スポーツ基本計画）

第九条　文部科学大臣は、スポーツに関する施策の総合的かつ計画的な推進を図るため、スポーツの推進に関する基本的な計画（以下「スポーツ基本計画」という。）を定めなければならない。

2　文部科学大臣は、スポーツ基本計画を定め、又はこれを変更しようとするときは、あらかじめ、審議会等（国家行政組織法（昭和二十三年法律第百二十号）第八条に規定する機関をいう。以下同じ。）で政令で定めるものの意見を聴かなければならない。

3 文部科学大臣は、スポーツ基本計画を定め、又はこれを変更しようとするときは、あらかじめ、関係行政機関の施策に係る事項について、第三十条に規定するスポーツ推進会議において連絡調整を図るものとする。

（地方スポーツ推進計画）
第十条　都道府県及び市（特別区を含む。以下同じ。）町村の教育委員会（地方教育行政の組織及び運営に関する法律（昭和三十一年法律第百六十二号）第二十四条の二第一項の条例の定めるところによりその長がスポーツに関する事務（学校における体育に関する事務を除く。）を管理し、及び執行することとされた地方公共団体（以下「特定地方公共団体」という。）にあっては、その長）は、スポーツ基本計画を参酌して、その地方の実情に即したスポーツの推進に関する計画（以下「地方スポーツ推進計画」という。）を定めるよう努めるものとする。
2　特定地方公共団体の長が地方スポーツ推進計画を定め、又はこれを変更しようとするときは、あらかじめ、当該特定地方公共団体の教育委員会の意見を聴かなければならない。

第三章　基本的施策

第一節　スポーツの推進のための基礎的条件の整備等

（指導者等の養成等）
第十一条　国及び地方公共団体は、スポーツの指導者その他スポーツの推進に寄与する人材（以下「指導者等」という。）の養成及び資質の向上並びにその活用のため、系統的な養成システムの開発又は利用への支援、研究集会又は講習会（以下「研究集会等」という。）の開催その他の必要な施策を講ずるよう努めなければならない。

（スポーツ施設の整備等）
第十二条　国及び地方公共団体は、国民が身近にスポーツに親しむことができるようにするとともに、競技水準の向上を図ることができるよう、スポーツ施設（スポーツの設備を含む。以下同じ。）の整備、利用者の需要に応じたスポーツ施設の運用の改善、スポーツ施設への指導者等の配置その他の必要な施策を講ずるよう努めなければならない。
2　前項の規定によりスポーツ施設を整備するに当たっては、当該スポーツ施設の利用の実態等に応じて、安全の確保を図るとともに、障害者等の利便性の向上を図るよう努めるものとする。

（学校施設の利用）
第十三条　学校教育法（昭和二十二年法律第二十六号）第二条第二項に規定する国立学校及び公立学校の設置者は、その設置する学校の教育に支障のない限り、当該学校のスポーツ施設を一般のスポーツのための利用に供するよう努めなければならない。

　2　国及び地方公共団体は、前項の利用を容易にさせるため、又はその利用上の利便性の向上を図るため、当該学校のスポーツ施設の改修、照明施設の設置その他の必要な施策を講ずるよう努めなければならない。

（スポーツ事故の防止等）

第十四条　国及び地方公共団体は、スポーツ事故その他スポーツによって生じる外傷、障害等の防止及びこれらの軽減に資するため、指導者等の研修、スポーツ施設の整備、スポーツにおける心身の健康の保持増進及び安全の確保に関する知識（スポーツ用具の適切な使用に係る知識を含む。）の普及その他の必要な措置を講ずるよう努めなければならない。

（スポーツに関する紛争の迅速かつ適正な解決）

第十五条　国は、スポーツに関する紛争の仲裁又は調停の中立性及び公正性が確保され、スポーツを行う者の権利利益の保護が図られるよう、スポーツに関する紛争の仲裁又は調停を行う機関への支援、仲裁人等の資質の向上、紛争解決手続についてのスポーツ団体の理解の増進その他のスポーツに関する紛争の迅速かつ適正な解決に資するために必要な施策を講ずるものとする。

（スポーツに関する科学的研究の推進等）

第十六条　国は、医学、歯学、生理学、心理学、力学等のスポーツに関する諸科学を総合して実際的及び基礎的な研究を推進し、これらの研究の成果を活用してスポーツに関する施策の効果的な推進を図るものとする。この場合において、研究体制の整備、国、独立行政法人、大学、スポーツ団体、民間事業者等の間の連携の強化その他の必要な施策を講ずるものとする。

　2　国は、我が国のスポーツの推進を図るため、スポーツの実施状況並びに競技水準の向上を図るための調査研究の成果及び取組の状況に関する情報その他のスポーツに関する国の内外の情報の収集、整理及び活用について必要な施策を講ずるものとする。

（学校における体育の充実）

第十七条　国及び地方公共団体は、学校における体育が青少年の心身の健全な発達に資するものであり、かつ、スポーツに関する技能及び生涯にわたってスポーツに親しむ態度を養う上で重要な役割を果たすものであることに鑑み、体育に関する指導の充実、体育館、運動場、水泳プール、武道場その他のスポーツ施設の整備、体育に関する教員の資質の向上、地域におけるスポーツの指導者等の活用その他の必要な施策を講ずるよう努めなければならない。

（スポーツ産業の事業者との連携等）

第十八条　国は、スポーツの普及又は競技水準の向上を図る上でスポーツ産業の事業者が果たす役割の重要性に鑑み、スポーツ団体とスポーツ産業の事業者との連携及び協力の促進そ

の他の必要な施策を講ずるものとする。

（スポーツに係る国際的な交流及び貢献の推進）
第十九条　国及び地方公共団体は、スポーツ選手及び指導者等の派遣及び招へい、スポーツに
　　関する国際団体への人材の派遣、国際競技大会及び国際的な規模のスポーツの研究集会等
　　の開催その他のスポーツに係る国際的な交流及び貢献を推進するために必要な施策を講ず
　　ることにより、我が国の競技水準の向上を図るよう努めるとともに、環境の保全に留意しつつ、
　　国際相互理解の増進及び国際平和に寄与するよう努めなければならない。

（顕彰）
第二十条　国及び地方公共団体は、スポーツの競技会において優秀な成績を収めた者及びス
　　ポーツの発展に寄与した者の顕彰に努めなければならない。

第二節　多様なスポーツの機会の確保のための環境の整備

（地域におけるスポーツの振興のための事業への支援等）
第二十一条　国及び地方公共団体は、国民がその興味又は関心に応じて身近にスポーツに親し
　　むことができるよう、住民が主体的に運営するスポーツ団体（以下「地域スポーツクラブ」と
　　いう。）が行う地域におけるスポーツの振興のための事業への支援、住民が安全かつ効果
　　的にスポーツを行うための指導者等の配置、住民が快適にスポーツを行い相互に交流を深
　　めることができるスポーツ施設の整備その他の必要な施策を講ずるよう努めなければなら
　　ない。

（スポーツ行事の実施及び奨励）
第二十二条　地方公共団体は、広く住民が自主的かつ積極的に参加できるような運動会、競技
　　会、体力テスト、スポーツ教室等のスポーツ行事を実施するよう努めるとともに、地域スポー
　　ツクラブその他の者がこれらの行事を実施するよう奨励に努めなければならない。
　2　国は、地方公共団体に対し、前項の行事の実施に関し必要な援助を行うものとする。

（スポーツの日の行事）
第二十三条　国及び地方公共団体は、国民の祝日に関する法律（昭和二十三年法律第百七十八
　　号）第二条に規定するスポーツの日において、国民の間に広くスポーツについての関心と理
　　解を深め、かつ、積極的にスポーツを行う意欲を高揚するような行事を実施するよう努める
　　とともに、広く国民があらゆる地域でそれぞれその生活の実情に即してスポーツを行うことが
　　できるような行事が実施されるよう、必要な施策を講じ、及び援助を行うよう努めなければ
　　ならない。

（野外活動及びスポーツ・レクリエーション活動の普及奨励）

第二十四条　国及び地方公共団体は、心身の健全な発達、生きがいのある豊かな生活の実現等のために行われるハイキング、サイクリング、キャンプ活動その他の野外活動及びスポーツとして行われるレクリエーション活動（以下この条において「スポーツ・レクリエーション活動」という。）を普及奨励するため、野外活動又はスポーツ・レクリエーション活動に係るスポーツ施設の整備、住民の交流の場となる行事の実施その他の必要な施策を講ずるよう努めなければならない。

第三節　競技水準の向上等

（優秀なスポーツ選手の育成等）

第二十五条　国は、優秀なスポーツ選手を確保し、及び育成するため、スポーツ団体が行う合宿、国際競技大会又は全国的な規模のスポーツの競技会へのスポーツ選手及び指導者等の派遣、優れた資質を有する青少年に対する指導その他の活動への支援、スポーツ選手の競技技術の向上及びその効果の十分な発揮を図る上で必要な環境の整備その他の必要な施策を講ずるものとする。

2　国は、優秀なスポーツ選手及び指導者等が、生涯にわたりその有する能力を幅広く社会に生かすことができるよう、社会の各分野で活躍できる知識及び技能の習得に対する支援並びに活躍できる環境の整備の促進その他の必要な施策を講ずるものとする。

（国民スポーツ大会及び全国障害者スポーツ大会）

第二十六条　国民スポーツ大会は、公益財団法人日本スポーツ協会（昭和二年八月八日に財団法人大日本体育協会という名称で設立された法人をいう。以下同じ。）、国及び開催地の都道府県が共同して開催するものとし、これらの開催者が定める方法により選出された選手が参加して総合的に運動競技をするものとする。

2　全国障害者スポーツ大会は、公益財団法人日本障がい者スポーツ協会（昭和四十年五月二十四日に財団法人日本身体障害者スポーツ協会という名称で設立された法人をいう。以下同じ。）、国及び開催地の都道府県が共同して開催するものとし、これらの開催者が定める方法により選出された選手が参加して総合的に運動競技をするものとする。

3　国は、国民スポーツ大会及び全国障害者スポーツ大会の円滑な実施及び運営に資するため、これらの開催者である公益財団法人日本スポーツ協会又は公益財団法人日本障がい者スポーツ協会及び開催地の都道府県に対し、必要な援助を行うものとする。

（国際競技大会の招致又は開催の支援等）

第二十七条　国は、国際競技大会の我が国への招致又はその開催が円滑になされるよう、環境の保全に留意しつつ、そのための社会的気運の醸成、当該招致又は開催に必要な資金の

確保、国際競技大会に参加する外国人の受入れ等に必要な特別の措置を講ずるものとする。

2 国は、公益財団法人日本オリンピック委員会（平成元年八月七日に財団法人日本オリンピック委員会という名称で設立された法人をいう。）、公益財団法人日本障がい者スポーツ協会その他のスポーツ団体が行う国際的な規模のスポーツの振興のための事業に関し必要な措置を講ずるに当たっては、当該スポーツ団体との緊密な連絡を図るものとする。

（企業、大学等によるスポーツへの支援）

第二十八条　国は、スポーツの普及又は競技水準の向上を図る上で企業のスポーツチーム等が果たす役割の重要性に鑑み、企業、大学等によるスポーツへの支援に必要な施策を講ずるものとする。

（ドーピング防止活動の推進）

第二十九条　国は、スポーツにおけるドーピングの防止に関する国際規約に従ってドーピングの防止活動を実施するため、公益財団法人日本アンチ・ドーピング機構（平成十三年九月十六日に財団法人日本アンチ・ドーピング機構という名称で設立された法人をいう。）と連携を図りつつ、ドーピングの検査、ドーピングの防止に関する教育及び啓発その他のドーピングの防止活動の実施に係る体制の整備、国際的なドーピングの防止に関する機関等への支援その他の必要な施策を講ずるものとする。

第四章　スポーツの推進に係る体制の整備

（スポーツ推進会議）

第三十条　政府は、スポーツに関する施策の総合的、一体的かつ効果的な推進を図るため、スポーツ推進会議を設け、文部科学省及び厚生労働省、経済産業省、国土交通省その他の関係行政機関相互の連絡調整を行うものとする。

（都道府県及び市町村のスポーツ推進審議会等）

第三十一条　都道府県及び市町村に、地方スポーツ推進計画その他のスポーツの推進に関する重要事項を調査審議させるため、条例で定めるところにより、審議会その他の合議制の機関（以下「スポーツ推進審議会等」という。）を置くことができる。

（スポーツ推進委員）

第三十二条　市町村の教育委員会（特定地方公共団体にあっては、その長）は、当該市町村におけるスポーツの推進に係る体制の整備を図るため、社会的信望があり、スポーツに関する深い関心と理解を有し、及び次項に規定する職務を行うのに必要な熱意と能力を有する者の中から、スポーツ推進委員を委嘱するものとする。

2　スポーツ推進委員は、当該市町村におけるスポーツの推進のため、教育委員会規則（特定地方公共団体にあっては、地方公共団体の規則）の定めるところにより、スポーツの推進のための事業の実施に係る連絡調整並びに住民に対するスポーツの実技の指導その他スポーツに関する指導及び助言を行うものとする。

3　スポーツ推進委員は、非常勤とする。

第五章　国の補助等

（国の補助）

第三十三条　国は、地方公共団体に対し、予算の範囲内において、政令で定めるところにより、次に掲げる経費について、その一部を補助する。

　　一　国民スポーツ大会及び全国障害者スポーツ大会の実施及び運営に要する経費であって、これらの開催地の都道府県において要するもの

　　二　その他スポーツの推進のために地方公共団体が行う事業に要する経費であって特に必要と認められるもの

2　国は、学校法人に対し、その設置する学校のスポーツ施設の整備に要する経費について、予算の範囲内において、その一部を補助することができる。この場合においては、私立学校振興助成法（昭和五十年法律第六十一号）第十一条から第十三条までの規定の適用があるものとする。

3　国は、スポーツ団体であってその行う事業が我が国のスポーツの振興に重要な意義を有すると認められるものに対し、当該事業に関し必要な経費について、予算の範囲内において、その一部を補助することができる。

（地方公共団体の補助）

第三十四条　地方公共団体は、スポーツ団体に対し、その行うスポーツの振興のための事業に関し必要な経費について、その一部を補助することができる。

（審議会等への諮問等）

第三十五条　国又は地方公共団体が第三十三条第三項又は前条の規定により社会教育関係団体（社会教育法（昭和二十四年法律第二百七号）第十条に規定する社会教育関係団体をいう。）であるスポーツ団体に対し補助金を交付しようとする場合には、あらかじめ、国にあっては文部科学大臣が第九条第二項の政令で定める審議会等の、地方公共団体にあっては教育委員会（特定地方公共団体におけるスポーツに関する事務（学校における体育に関する事務を除く。）に係る補助金の交付については、その長）がスポーツ推進審議会等その他の合議制の機関の意見を聴かなければならない。この意見を聴いた場合においては、同法第十三条の規定による意見を聴くことを要しない。

附 則 （平成三〇年六月二〇日法律第五六号） 抄

（施行期日）
1 この法律は、平成三十五年一月一日から施行する。ただし、第二十六条第一項の改正規定（「国民体育大会」を「国民スポーツ大会」に改める部分を除く。）、同条第二項の改正規定及び同条第三項の改正規定（「国民体育大会」を「国民スポーツ大会」に改める部分を除く。）並びに第二十七条第二項の改正規定は、公布の日から施行する。

附 則 （平成三〇年六月二〇日法律第五七号） 抄

（施行期日）
1 この法律は、平成三十二年一月一日から施行する。

（スポーツ基本法の一部改正）
2 スポーツ基本法（平成二十三年法律第七十八号）の一部を次のように改正する。
　 第二十三条（見出しを含む。）中「体育の日」を「スポーツの日」に改める。

スポーツにおけるドーピングの防止活動の推進に関する法律 (平成30年法律第58号)

第一章　総則

（目的）
第一条　この法律は、スポーツ基本法（平成二十三年法律第七十八号）及びスポーツにおけるドーピングの防止に関する国際規約（以下「国際規約」という。）の趣旨にのっとり、ドーピング防止活動の推進に関し、基本理念を定め、国の責務等を明らかにするとともに、基本方針の策定その他の必要な事項を定めることにより、ドーピング防止活動に関する施策を総合的に推進し、もってスポーツを行う者の心身の健全な発達及びスポーツの発展に寄与することを目的とする。

（定義）
第二条　この法律において「国際競技大会等出場スポーツ選手」とは、国際競技大会等（オリンピック競技大会、パラリンピック競技大会その他の国際的な規模のスポーツの競技会及び全国的な規模のスポーツの競技会をいう。第十五条第一項において同じ。）に出場し、又は出場しようとするスポーツ選手（プロスポーツの選手を含む。）をいう。

2　この法律において「スポーツ競技会運営団体」とは、スポーツの振興のための事業を行うことを主たる目的とする団体であって、スポーツの競技会の準備及び運営を行うものをいう。

3　この法律において「スポーツにおけるドーピング」とは、禁止物質（スポーツ選手の競技に関する能力を不当に向上させる効果を有するためスポーツにおける使用を禁止すべき物質として文部科学省令で定める物質をいう。）の国際競技大会等出場スポーツ選手に対する使用その他の国際競技大会等出場スポーツ選手の競技に関する能力を不当に向上させると認められる行為（以下この項において「禁止物質の使用等」という。）、禁止物質の使用等の目的でこれに用いられる薬品その他の物品を所持する行為、ドーピングの検査（禁止物質の使用等に係る検査に関する計画の立案、国際競技大会等出場スポーツ選手からの検体の採取、当該検体の保管及び当該検体の輸送を含む。以下同じ。）を妨げる行為その他の国際規約に違反する行為として文部科学省令で定める行為をいう。

4　この法律において「ドーピング防止活動」とは、ドーピングの検査、スポーツにおけるドーピングの防止に関する教育及び啓発その他のスポーツにおけるドーピングの防止に必要な活動をいう。

（基本理念）
第三条　ドーピング防止活動は、スポーツにおける公正性及びスポーツを行う者の心身の健康の保持増進が確保されることを旨として、推進されなければならない。

2　ドーピング防止活動は、ドーピングの検査における公平性及び透明性が確保されるよう推進されなければならない。

3　ドーピング防止活動は、スポーツ競技会運営団体の自主性及び自律性が確保されるよう推進されなければならない。

4　ドーピング防止活動は、スポーツの多様性に配慮しつつ推進されなければならない。

（スポーツにおけるドーピングの禁止）

第四条　国際競技大会等出場スポーツ選手は、不正の目的をもって、自己のためにスポーツにおけるドーピングを行い、又は他の国際競技大会等出場スポーツ選手のためにスポーツにおけるドーピングを行い、若しくは助けてはならない。

2　国際競技大会等出場スポーツ選手に対して指導又は訓練を行う者、国際競技大会等出場スポーツ選手が属するチームの業務に従事する者、国際競技大会等出場スポーツ選手に対して医療を提供する医師その他の国際競技大会等出場スポーツ選手の支援を行う者は、不正の目的をもって、国際競技大会等出場スポーツ選手のためにスポーツにおけるドーピングを行い、又は助けてはならない。

（国の責務）

第五条　国は、第三条の基本理念（以下単に「基本理念」という。）にのっとり、ドーピング防止活動の推進に関する施策を総合的に策定し、及び実施する責務を有する。

（日本スポーツ振興センターの役割）

第六条　独立行政法人日本スポーツ振興センター（以下「センター」という。）は、国及び公益財団法人日本アンチ・ドーピング機構（平成十三年九月十六日に財団法人日本アンチ・ドーピング機構という名称で設立された法人をいう。以下「日本アンチ・ドーピング機構」という。）と連携し、ドーピング防止活動における中核的な機関として積極的な役割を果たすものとする。

（スポーツ競技会運営団体の努力）

第七条　スポーツ競技会運営団体は、基本理念にのっとり、ドーピング防止活動に主体的かつ積極的に取り組むよう努めるものとする。

（関係者相互の連携及び協働）

第八条　国、センター、日本アンチ・ドーピング機構、スポーツ競技会運営団体及び民間事業者その他の関係者は、基本理念の実現を図るため、相互に連携を図りながら協働するよう努めなければならない。

（地方公共団体の努力義務）

第九条　地方公共団体は、基本理念にのっとり、ドーピング防止活動の推進に関し、国との適切な役割分担を踏まえて、その地方公共団体の地域の状況に応じた施策を策定し、及び実施するよう努めなければならない。

（法制上の措置等）

第十条　政府は、ドーピング防止活動の推進に関する施策を実施するため必要な法制上又は財政上の措置その他の措置を講じなければならない。

第二章　基本方針

第十一条　文部科学大臣は、ドーピング防止活動に関する施策を総合的に推進するための基本的な方針（以下この条において「基本方針」という。）を定めなければならない。

2　基本方針は、ドーピング防止活動を推進するための基本的な事項その他必要な事項について定めるものとする。

3　文部科学大臣は、基本方針を定め、又は変更しようとするときは、関係行政機関の長に協議するものとする。

4　文部科学大臣は、基本方針を定め、又は変更したときは、遅滞なく、これを公表するものとする。

第三章　基本的施策

（人材の育成及び確保）

第十二条　国は、ドーピングの検査を行う者、これを補助する者その他のドーピング防止活動を担う人材の育成及び確保が図られるよう、ドーピング防止活動に関する教育及び研修の実施その他の必要な施策を講ずるものとする。

（研究開発の促進）

第十三条　国は、大学その他の研究機関が行うドーピング防止活動に関する研究開発を促進するために必要な施策を講ずるものとする。

（教育及び啓発の推進等）

第十四条　国及び地方公共団体は、ドーピング防止活動に関する国民の理解と関心を深めるよう、ドーピング防止活動に関する教育及び啓発の推進その他の必要な施策を講ずるものとする。

2　国は、ドーピング防止活動に資するよう、医師、歯科医師、薬剤師その他の医療従事者に対する情報の提供、研修の機会の確保その他の必要な施策を講ずるものとする。

（情報の共有等）

第十五条　国は、我が国における国際競技大会等の開催が円滑になされるよう、国の行政機関、センター、日本アンチ・ドーピング機構及び国際的なスポーツにおけるドーピングの防止に関する機関の間におけるスポーツにおけるドーピングに関する情報の共有を図るために必要な施策を講ずるものとする。

2　文部科学大臣は、この法律の目的を達成するため必要があると認めるときは、関係行政機関の長に対し、資料又は情報の提供その他の必要な協力を求めることができる。

（国際協力の推進等）

第十六条　国は、前条第一項に定めるもののほか、ドーピング防止活動に関する国際協力を推
進するとともに、センター及び日本アンチ・ドーピング機構が国際的なスポーツにおけるドー
ピングの防止に関する機関との連携を図るために必要な施策を講ずるものとする。

附則

（施行期日）
　1　この法律は、平成三十年十月一日から施行する。

（検討）
　2　政府は、この法律の施行後速やかに、スポーツにおけるドーピングの防止のための対策につ
いてスポーツにおけるドーピングに関する国の関与の在り方を含めて検討を加え、その結果に
基づいて必要な措置を講ずるものとする。

学習を深めるために 「日本スポーツ法学会年報掲載論文目録」

*年報は、大会の「テーマ」に基づいた基調講演、シンポジウムで報告をした内容をとりまとめた「論稿」を収録している。さらに投稿（原著）論文、大会テーマに合わせた依頼論文、書評や判例研究、仲裁研究、研究ノート等々も収録している。本欄は、今後の学習・研究の参考に供するために基調講演のみその分類をして示したが、依頼論文、原著論文、投稿論文等々の分類はせずに収録した。括弧内は発行年

第1号：スポーツにおける当事者関係の特質（1994年）

【基調講演】

勝利を目指す練習と指導―早大ラグビー部を中心として― 日比野弘

スポーツ事故判例に見る当事者関係―スポーツの本質的危険性をめぐって― 伊藤堯

スポーツ法の国家性と自主性・世界性 千葉正士
国の「文化」としてのスポーツ―スポーツ法学の対象・方法とその課題― 永井憲一
スポーツ権をめぐる諸問題 濱野吉生

市民スポーツにおける当事者関係 唐木國彦
社会統制の媒介としての「スポーツ」と当事者性―青少年の健全育成政策から― 佐々木光明
スポーツにおける当事者関係の特質―学校体育における指導者と学生生徒― 齋藤勝
競技者の権利と義務 佐藤千春
判例に見るアメリカ・スポーツの当事者関係―高レベルのアマチュア競技をめぐって― 井上洋一
イギリスにおけるスポーツ行政組織の移管をめぐる法的検討 中村祐司
スポーツの権利と公共性 内海和雄
社会体育事故とスポーツ指導者の責任―社会体育事故判例にあらわれた社会体育指導者の注意義務― 三浦嘉久
ボン基本法の原理とスポーツ振興 小林真理
フランス・スポーツ法の歴史と理論 齋藤健司
オリンピック憲章の規範性―国際スポーツ法、国際スポーツ共同体法としてのオリンピック憲章― 永石啓高

第2号：スポーツにおける紛争と事故（1995年）

【基調講演】

スポーツ紛争と処理制度―スポーツ固有法の機能― 千葉正士
スポーツ障害・事故の法律的側面の現状と課題 望月浩一郎

スポーツ事故と自己責任による加害者側の減責 山田二郎
アメリカのスポーツ紛争―スポーツ・バイオレンスの規制をめぐって― 井上洋一

スポーツ・ボランティアとスポーツ事故 菅原哲朗
スポーツ事故の予防―社会状況の変化及び過失理念から見る指導上の注意― 日野一男
ニュージーランド事故補償法とスポーツ事故 根保宣行
スポーツ事故裁判の法理 小笠原正

フランススポーツ法におけるスポーツ施設制度の成立と展開 齋藤健司
イギリスにおけるサッカー・フーリガンをめぐる法的対応 中村祐司

スポーツ施設と環境保護―第18連邦インミッシオン防止法実施令「スポーツ施設騒音防止法」を中心に― 小林真理
アメリカのスポーツ事故判例における WAIVER FOME について 鈴木モモ子
スポーツ事故考察の方向 木戸啓起
スポーツ事故と「危険引受の法理」 及川伸

第3号：スポーツにおける契約の諸問題（1996年）

【基調講演】

スポーツ法における個人・団体・国家―競技者の「自己決定権」をめぐって― 中村浩爾

クリステル・マルムステーン「スウェーデンにおけるスポーツ法とスポーツに関する紛争の解決」 萩原金美
スポーツ選手契約の法的課題 坂本重雄

スポーツ事故における契約構成 佐藤千春
Jリーグ規約の運用実態 加藤久
スポーツ選手契約の諸実態 山田新

イギリスにおけるスポーツ市場をめぐる関連法規の検討 中村祐司
中国のスポーツ事故の補償問題について 金信敬
スポーツ事故とルールとの関連 木戸啓起
スクーバダイビング業界における「免責同意書」の実態 中田誠
体育授業中・クラブ活動中の事故と安全配慮義務 増尾均
スポーツ部活動と在学契約の問題―スポーツ権理論の理解を深めるために― 入澤充
EUにおける職業としてのスポーツ―ボスマン事件を中心に― 高橋雅夫

第4号：スポーツの権利性と文化性（1997年）

【基調講演】

スポーツにおける自己決定権と契約責任―登山事故をめぐって― 濱野吉生
文化としてのスポーツ 寒川恒夫

スポーツの文化性・権利性と法理念 千葉正士
スポーツ文化における権利の形成・侵害・放棄 及川伸

スポーツの文化性について―「比較スポーツ文化論」の立場から― 稲垣正浩
スポーツルールの構造特性 小谷寛二
テニス環境の保護について―テニス会員権訴訟における問題点― 吉田雅子

野球型スポーツ事故判例に関する一考察―これまでに公にされた判例を概観する― 吉田勝光
ニュージーランドにおけるスポーツ振興政策とスポーツ事故防止政策 根保宣行
スポーツ事故における「安全配慮義務」理論の機能 田中淳子
スキービンディングとPL法に関する研究 水沢利栄
イギリスのFLAをめぐる諸規程についての一考察―サッカー競技場の安全政策におけるライセンス機関、地方行政機関、クラブの機能的連携― 中村祐司

学習を深めるために　「日本スポーツ法学会年報掲載論文目録」

第9号：アマチュアスポーツをめぐる法律問題（2002年）

【基調講演】
青少年スポーツのあり方と倫理のルール化の進展　中村浩爾
スポーツと倫理—現代スポーツのアポリアと関連して—　友添秀則

スポーツと国籍—国内のスポーツへの参加と国籍—　荻野淳

実業団選手の嘱託契約　牛木素吉郎
コーチと企業の雇用関係　日置雅晴
スポーツによる特別推薦入学と在学契約の関係　鈴木周
実業団選手の法的地位　川井圭司

ヨーロッパにおけるスポーツ立法政策—文化政策的視点からの検証—　小林真理
スクーバダイビング事故の裁判における五秒テストの提案　中田誠
スポーツ振興法の改正によるスポーツ行政をめぐる「分権」の課題　中村祐司
フランスにおけるスポーツ紛争処理制度の形成　齋藤健司

第10号：スポーツ法と文化—スポーツと女性—（2003年）

【記念講演】
日本のスポーツ法学10年を振り返って　千葉正士
韓国スポーツ法の現況と課題　延基榮
文化法政策からのジェンダーとスポーツ　小笠原正
日本スポーツ法学のこれまでの課題とこれからの課題　中村祐司

スポーツにおけるセクシャルハラスメント　白井久明
女性のスポーツへの参加—歴史と現状　來田享子
女性スポーツの平等機会とTitle IX　井上洋一
ジェンダーをめぐる人類文化とスポーツ　寒川恒夫

フランスにおけるスポーツ調停制度の展開　齋藤健司
オーストラリアスポーツにおける団体の法人制度の展開　森浩寿
イギリスにおけるドーピングの法的規制論　森克己
事故予防かの側面からみたアスレティックトレーナー　平井千貴

第11号：生涯スポーツをめぐる諸問題・法と政策（2004年）

【基調講演】
地域スポーツクラブの育成と法—日本と外国の比較　生涯スポーツ振興の観点から—　佐藤由夫

総合型地域スポーツクラブと地域社会　中村祐司
地域スポーツクラブの運営と事故についての法的責任　鈴木知幸

リスクが高い演習における大学生の「危険の引き受け」をめぐって—卒業研究課題遂行中の事故をケーススタディーとして—　小谷寛二
スポーツイベントにおける参加受付時の安全対策の試み　水沢利栄
イギリス1998年人権法とスポーツ　森克己
スポーツにおける階級分け決定および代表選抜に関する紛争の

法的性質—フランスにおけるスポーツ訴訟およびスポーツ調停の事例を通して—　齋藤健司

高校サッカー部員落雷受傷事故裁判の一審判決と教育的視点　宮田和信
五竜遠見雪崩死亡訴訟(国家賠償法に基づく損害賠償請求)についての報告　中島嘉尚
免責同意書の有効性　富士スピードウエイレース事故　秋山誠

第12号：スポーツをめぐる法と環境（2005年）

【基調講演】
登山と環境保護　湯浅道男

スポーツと環境　水野正人
スポーツフィッシングと環境　奥山文弥
近鉄の野球場ナイター計画と住環境—ナイター反対仮処分事件—　辻公雄

公共スポーツ施設が直面している現実から指定管理者制度を考える　伊賀野明
「商品スポーツ」法的責任　中田誠
市民マラソンの安全対策・法的問題—第8回全国市民マラソンサミットの報告から—　山中鹿次
プロ野球界再編をめぐる法的論議の整理　川井圭司
フランスにおける1965年のドーピング法に関する立法過程研究　齋藤健司

指定管理者制度一般に関する法的問題とスポーツ施設—文化施設との比較から—　小林真理
指定管理者制度に係る地方自治体での取り組みの現状　吉田勝光
指定管理者制度のはらむ問題—利用の立場から考える—　伊賀野明

第13号：スポーツにおける法の下の平等（2006年）

【基調講演】
スポーツにおける平等の諸次元　井上典之

市民スポーツに見るスポーツ権の実際と課題　辻田宏
障害者スポーツの歴史的変遷からみた意義と今後の方向性　田中信行
スポーツにおける朝鮮学校等に対する差別　矢花公平

イギリスにおけるスポーツメディアへの法的規制とユニバーサル・アクセス権　森克己
ハイレベルスポーツ選手育成に関する法整備（フランス）　石井信輝、守能信次
フランスにおける1989年のドーピング法の成立過程に関する研究　齋藤健司
地方自治体のスポーツに係る立法政策　吉田勝光
スポーツ選手の資金調達手段　神谷宗之介
生命科学・倫理及び関連法に基づくアンチドーピング啓蒙プログラムの概念設計　塩野谷明、永森正仁

落雷による大会参加学生の受傷事故と学校設置者および大会主催者の責任について　一木孝之

プロスポーツと独占禁止法　神谷宗之介

第14号：プロスポーツの法的環境（2007年）

【基調講演】
日本のプロ・スポーツの現状と問題点―イギリス、アメリカとの比較において　内海和雄

日本におけるプロスポーツ法の現状と問題点―選手の権利をめぐって　日米欧比較の観点から　川井圭司
日本におけるプロスポーツ法の現状と問題点―実務的観点から見る日本のプロスポーツの問題点　山崎卓也
日本におけるスポーツ法の現状と問題点―米欧比較と競争法的視点　石岡克俊

プロ野球球団によるプロ野球選手の肖像利用について―独占禁止法上の観点からの検証　神谷宗之介
商品スポーツを販売する旅行会社の説明責任　中田誠
スキー場における対人衝突事故の過失割合に関する研究　水沢利栄

日本におけるスポーツ法の現況と課題　菅原哲朗
スポーツ産業振興のための法的課題　浦川道太郎
オリンピック日本代表選出における紛争とADR制度　八木由里
スポーツビジネスと契約をめぐる問題状況　笠井修

高校生のボート競技新人戦での死亡事故事件の報告　吉川武

第15号：スポーツ仲裁・調停（2008年）

【基調講演】
日本スポーツ仲裁機構とその活動　道垣内正人

CAS及び諸外国のスポーツ仲裁・調停　齋藤健司
スポーツ仲裁・調停になじむ紛争なじまない紛争　辻口信良
わが国におけるスポーツ仲裁・調停の課題　森浩寿

ドーピング違反の事実認定について　神谷宗之介
スポーツ審判の法的問題に関する研究　吉田勝光
FIFA選手代理人に関する研究　馬淵雄紀
アスリートのパブリシティ権に関する一考察　森克己
フランスにおけるスポーツ法典編纂に関して　石井信輝、守能信次
スキー場における対人衝突事故の過失割合に関する研究　水沢利栄

パウエル二重契約問題が残したもの　水戸重之

スポーツ事故の現状と対策　望月浩一郎
野球をめぐる事故の裁判例と注意義務・過失割合　西山一博
学校のプール開放中の事故　吉田勝光

第16号：スポーツと人権（2009年）

【基調講演】
スポーツと人権　森川貞夫

子どものスポーツと人権　宮島繁成
上訴と仲裁―ドーピング紛争の争訟性　上柳敏郎
プロ野球選手のドーピング問題と人権　松本泰介

商品スポーツ事故における業者の刑事責任　中田誠

イギリスにおけるスポーツ団体のチャイルドプロテクションについて　森克己
プロスポーツにおける移籍制限制度と「取引制限の法理」　松本泰介
ドーピング規則違反に対する制裁措置の判断基準　齋藤健司

「スポーツ大会参加学生の落雷受傷事故に関する学校設置者及び大会主催者の責任」再論　一木孝之

スポーツ権の位置づけと基本法の役割　尹龍澤
スポーツ振興法の改正論議におけるプロセスと内容についての考察　中村裕司
アドバイザリーボードから見たスポーツ法創設の動きとその政治的背景　佐伯年詩雄

第17号：アジア各国におけるスポーツ法の比較研究（2010年）

【基調講演】
国際スポーツ法とアジアの課題　小寺彰

韓国におけるスポーツ法の比較研究の課題　延基栄
北京オリンピック後中国体育・スポーツ法治整備の理論と実践　董小龍
日本におけるスポーツ法の体系の現状と課題　齋藤健司
アジアスポーツ法学の現状と方途　尹龍澤

スポーツ基本法立法とスポーツ権の確立を求める　菅原哲朗

委託された学校教育と事故の責任―野外スポーツ授業における事故―　中田誠
スポーツ事故と災害共済給付制度　宮島繁成
日本及び韓国におけるプロ野球選手の肖像権訴訟　松本泰介
プロスポーツにおける代理人規制―規制原理とアジア各国への示唆―　馬淵雄紀
アジアにおけるプロサッカー選手の権利とFIFPro Asiaの役割　山崎卓也
オリンピック憲章からみた東京都のオリンピック開催計画の現状と課題　高石育子
日本の競技団体のドーピング防止規程の現状と課題　白井久明 他

第18号：スポーツ団体の自立・自律とガバナンスをめぐる法的諸問題（2011年）

【基調講演】
スポーツ団体の自立・自律とガバナンスをめぐる法的考え方　奥島孝康

スポーツ基本法制定に向けて　鈴木寛
スポーツ法ガバナンスにおける弁護士の役割　菅原哲朗
学生野球団体のガバナンスの歴史的検討―高校野球の処分問題を中心にして―　中村哲也
スポーツ団体のガバナンス―日弁連意見書とスポーツ団体にこれから求められるもの―　伊東卓

スポーツ界の自律と刑事罰介入について　森本陽美
スポーツ競技者の安全に対する審判の法的責任に関する一考察―ラグビーのレフリーの注意義務を中心に―　松宮智生
スキーの対人衝突事故における調査方法―アメリカの事故

報告書作成システム― 水沢利栄
スポーツにおける暴力からの子ども保護―ユニセフ報告書が指摘するチャイルド・プロテクションの現状と課題を中心として― 森 克己
スポーツ振興法の改正の実情と問題点について―日本のスポーツ立法政策の改善にむけて― 武田丈太郎

小規模スポーツ団体におけるガバナンスの現状と展望―日本スポーツ仲裁機構 JSAA-AP-2010-005 を題材に― 高松正裕、大橋卓生、望月浩一郎

第 19 号：スポーツ基本法制定と今後の課題（2012 年）

【基調講演論文】
スポーツ基本法の制定と今後の課題 齋藤健司

スポーツ基本法制定と今後の課題 河野一郎
スポーツ基本法が出来た日本のスポーツ界に望むこと 宮嶋泰子

地域スポーツ推進に資する学校開放事業の提案 鈴木知幸

ルールと法の交錯―ラグビーにおけるジュディシャル・サイティングシステム― 宮島繁成
スポーツにおけるチャイルド・プロテクション制度の制度導入に向けた課題―子どものスポーツ選手の人権保障の観点から― 森 克己
ダイビング事故に関わる人数比問題と民間規準の法的問題の研究 中田 誠
韓国国民体育振興法の体系と構造に関する一考察―日本のスポーツ基本法との比較を中心にして― 金永聖

韓国国民体育振興法逐条訳 金永聖

第 20 号：法的観点から見た競技スポーツの Integrity―八百長、無気力試合とその対策を中心に―（2013 年）

【基調講演論文】
競技スポーツにおける Integrity とは何か―八百長、無気力試合とフェアネス― 菊 幸一

Integrity 問題の法的な論点整理と国際的傾向―Sports Betting に関する八百長問題、無気力試合・故意的敗退行為、その他― 山崎卓也

大相撲における Integrity 問題―八百長問題を中心に― 望月浩一郎

Integrity 実現に向けて―アジアサッカーにおけるマネジメント向上のための取り組み― 杉原海太
Integrity 実現に向けて―わが国のプロスポーツにおける暴力団排除活動の現状― 松本泰介

アメリカスポーツ界の薬物問題―MLB にみる法的論点と労使関係― 川井圭司
ドーピング検査におけるアスリートの権利保護のあり方―JSAA-DP-2012-001 号事件を通じて― 大橋卓也、望月浩一郎
子どもに対するスポーツ指導のあり方に関するガイドライン構築の必要性について―国際的動向及びイギリスにおけるスポーツ団体のチャイルド・プロテクション制度を参考にして― 森 克己

「スポーツから暴力・人権侵害行為を根絶するために」の声明について 井上洋一
「アスリートの尊厳を守るためのシンポジウム」報告 境田正樹

第 21 号：スポーツにおける第三者委員会の現状と課題（2014 年）

【基調講演】
第三者委員会の現状と課題―企業等不祥事における第三者委員会ガイドラインの基本を理解する― 國廣 正

全柔連「スポーツ振興センター助成金問題に関する第三者委員会」の経験から 山内貴博
日本相撲協会「ガバナンスの整備に関する独立委員会」の経験から 森まゆみ
日本オリンピック委員会の「国庫補助金の不正受給問題第三者特別調査委員会」の経験から 飯田 隆

野球観戦中の負傷事故と球場管理者の賠償責任―アメリカ法における限定義務の法理をめぐって― 磯山 海
スポーツ仲裁裁判所と世界アンチドーピング機構による法規範（Lex Sportiva）の形成―オリンピック代表選考基準をめぐる仲裁事例を通じて― 石堂典秀、高松政裕
スポーツ条例の比較考察―文化条例との対比の視点から― 吉田隆之、吉田勝光

スポーツ法とは何か？ ロバート・C・R・シークマン

スポーツをめぐる重篤事故と補償制度の課題と今後の方向性 中村周平

日本スポーツ法学会による「暴力問題に関するアンケート」の分析結果 大橋卓生、松本泰介

第 22 号：スポーツ法学教育の在り方を考える（2015 年）

【基調講演】
スポーツ法学教育の生成と展開 浦川道太郎
(1) アメリカにおけるスポーツ法教育 Daniel P.Connaugthon
(2) 日本のスポーツ法学教育の現状と課題―アンケート及び独自調査結果報告にみる―
①スポーツ法学に関する授業科目についてのアンケート調査結果についての分析 石堂典秀
②日本のスポーツ法学教育の現状と課題―スポーツ法学授業担当者が抱く課題と工夫の分析― 吉田勝光

スポーツ健康科学系学生を対象とした授業に関する報告 井上洋一
スポーツ系学生を対象とした授業に関する報告 鈴木知幸
社会科学系学生を対象とした授業に関する報告 松本泰介
法学部系学生を対象とした授業に関する報告 入澤 充
大学院生（法科大学院を含む）を対象とした授業に関する報告 山崎卓也

スポーツにおける子ども保護の国際標準化の動向と課題 森 克己

第 23 号：アジアにおけるオリンピック・パラリンピック開催をめぐる法的諸問題—平昌、東京そして北京への法的整備の推進と課題—（2016 年）

【記念講演】
東京 2020 オリンピック・パラリンピック競技大会の準備状況　杉浦弘弘

【基調講演】
スポーツ庁の概要と果たすべき役割　鈴木 寛

2020 年東京オリンピック・パラリンピックの成功に向けた「法」の役割　鈴木知幸

五輪におけるソフトレガシーとしての Integrity 関連規制はいかにあるべきか—求められる罪刑法定主義の理念と明確な規定の必要性—　山崎卓也

2020 年東京五輪とアジアスポーツガバナンスの新展開　中村祐司

日本バスケットボール協会に対する制裁（資格停止処分）が解除されるまでの経緯　境田正樹
スポーツ庁設置の沿革と課題　鈴木知幸
団体自治とスポーツ庁の役割に関する政策的観点からの検討—財源を取っ掛かりとして—　中村祐司

「スポーツ法学教育の普及・推進に関する声明」について　吉田勝光

学校運動部活動時の「体罰」判例に見る体罰の特徴とその要因に関する研究　村本宗太郎

第 24 号：アンチ・ドーピング体制の整備に関する法的課題（2017 年）

ロシアドーピング問題が提起した課題　山崎卓也
タスクフォース等報告と課題　境田正樹
刑法・比較法の視点から　髙山佳奈子
アンチ・ドーピング体制の整備に関する法的課題—民事法の視点から　棚村政行
規律パネル・規則違反・不服申立の視点から　早川吉尚

ニュージーランドの代表選手選考仲裁における判断基準—スポーツ仲裁における司法審査のあり方—　松本泰介
イギリスラグビー・フットボール・ユニオンのチャイルド・プロテクション制度の意義と課題　森克己
ロシアの組織的ドーピング不正とリオ後のアンチ・ドーピング体制の考察　杉山翔一、金刺廣長、井神貴仁、石堂典秀

第 25 号：アスリートの権利は如何に保護されるべきか～選手会・選手委員会の未来像（2018 年）

【基調講演】
アスリートの権利は如何に保護されるべきか—スポーツの平和創造機能—　辻口信良

選手会・選手委員会の未来像—リーグにおける労使関係の国際的動向—　川井圭司
日本のスポーツ団体の意思決定への選手組織の関与の現状について—Athlete Involvement 調査（2017）から—　松本泰介、岡村英祐
競技団体の立場から　渡辺伸行
アスリートの立場から　髙橋美穂

中国におけるスポーツ事故賠償責任—危険の引受けと公平責任に基づく責任の調整—毛東恒
欧州連合のアンチ・ドーピング：超国家的法体制の構築に向けて　野寺巧寛
代表選手選考仲裁における統一的規範形成の可能性　松本泰介
スポーツ参加者の保護とスポーツ団体のガバナンスの重要性について—イギリスでの学術調査を踏まえて—　森 克己、内田 良、山田理恵
カナダの代表選手選考仲裁における法的審査の範囲と限界　松本泰介

第 26 号：日本のスポーツとジェンダー～国際的視点から見た課題（2019 年）

スポーツ連盟およびスポーツ仲裁におけるジェンダー　八木由里
スポーツ連盟およびスポーツ仲裁におけるジェンダー　アンソニー・ル・ソード
ハラスメント・虐待・暴力からの選手保護—オーストラリアの状況—　アンソニー・ル・ソード
女性アスリートのキャリア形成　河合美香
スポーツと LGBT　村木真央
スポーツにおける暴力・ハラスメントに対する海外での取り組み事例　石堂典秀

スポーツ選手への新しい法的救済手段の出現可能性に関する一考察—ヨーロッパ人権裁判所とスポーツ法秩序との関係性の考察を通じて—（一）　篠原 翼
競技団体の資格停止処分をめぐる法規範と法的諸問題—スポーツ仲裁裁判所（CAS）による仲裁判断を中心に—　杉山翔一、石堂典秀、八木由里、高松政裕、岡村英祐、飯田研吾、冨田英司、山田尚史
代表選手選考における選手の権利内容の具体化～アメリカ合衆国の代表選手選考制度及びスポーツ仲裁判断からの示唆～　松本泰介
スイス連邦と日本の比較法：ドーピング防止に関する国家の関与の状況　杉山翔一、Sena Hangartner

スポーツ団体の倫理規程の在り方に関する考察—パワーハラスメントの定義を中心に—　中川義宏、西脇威夫、大橋卓生、関谷綾子、堀口雅則、安田栄哲、田原洋太、望月浩一郎

スポーツ法学教育の新たな試みに関する研究—A 大学法学部の事例を踏まえて—　吉田勝光、高瀬武志
IOC によるアスリート保護のためのガイドラインの意義と課題　森 克己、山田理恵、内田 良、栗山靖弘

第 1 編　スポーツ法学の入り口

（編 集・執 筆）吉田　勝光（桐蔭横浜大学 名誉教授）

第 2 編　公法とスポーツ

（編 集）　　入澤　　充（国士舘大学法学部 教授）

（執 筆）　　入澤　　充（国士舘大学法学部 教授）

　　　担当：第 1 章 1 〜 2（3）、2（9）、2（12）、第 3 章

　　　森　　浩寿（大東文化大学スポーツ・健康科学部 教授）

　　　担当：第 1 章 2（4）

　　　森　　克己（鹿屋体育大学スポーツ人文・応用社会科学系 教授）

　　　担当：第 1 章 2（5）、3

　　　鈴木モモ子（東京女子体育大学 非常勤講師）

　　　担当：第 1 章 2（6）

　　　新井喜代加（松本大学人間健康学部 准教授）

　　　担当：第 1 章 2（7）〜（8）

　　　井上　洋一（奈良女子大学研究院生活環境科学系 教授）

　　　担当：第 1 章 2（10）〜（11）

　　　吉田　勝光（桐蔭横浜大学 名誉教授）

　　　担当：第 2 章 1、2、5、6（4）

　　　鈴木　知幸（国士舘大学法学部 客員教授）

　　　担当：第 2 章 3、4

　　　齋藤　健司（筑波大学体育系 教授）

　　　担当：第 2 章 6（1）

　　　武田丈太郎（新潟医療福祉大学健康科学部 講師）

　　　担当：第 2 章 6（2）、6（3）

第 3 編　刑事法とスポーツ

（編 集）　　吉田　勝光（桐蔭横浜大学 名誉教授）

　　　松本　泰介（早稲田大学スポーツ科学学術院 准教授・弁護士）

（執 筆）　　中川　義宏（弁護士法人下山法律事務所 弁護士）

　　　松本　泰介（早稲田大学スポーツ科学学術院 准教授・弁護士）

第 4 編　民事法とスポーツ

（編 集）　　石堂　典秀（中京大学スポーツ科学部 教授）

　　　松本　泰介（早稲田大学スポーツ科学学術院 准教授・弁護士）

（執 筆）　　石堂　典秀（中京大学スポーツ科学部 教授）

　　　担当：第 1 章、第 2 章 1、2（2）

安藤　尚徳（東京フィールド法律事務所 弁護士）
　　担当：第2章2（1）

笠井　　修（中央大学法科大学院 教授）
　　担当：第2章2（3）

合田雄治郎（合田綜合法律事務所 弁護士）
　　担当：第3章、第4章3（6）〈5〉

杉山　翔一（Field-R法律事務所 弁護士）
　　担当：第4章1、2、3（6）〈2〉、〈4〉、〈6〉

松本　泰介（早稲田大学スポーツ科学学術院 准教授・弁護士）
　　担当：第4章3（1）〜（4）、3（6）〈2〉、〈4〉、3（7）、第5章、第7章

辻口　信良（太陽法律事務所 弁護士）
　　担当：第4章3（5）

岡村　英祐（太陽法律事務所 弁護士）
　　担当：第4章3（5）

飯田　研吾（兼子・岩松法律事務所 弁護士）
　　担当：第4章3（6）〈1〉

棚村　政行（早稲田大学法学学術院 教授）
　　担当：第4章3（6）〈3〉

大橋　卓生（金沢工業大学虎ノ門大学院 教授・弁護士）
　　担当：第5章

川井　圭司（同志社大学政策学部 教授）
　　担当：第6章

水戸　重之（TMI総合法律事務所 弁護士）
　　担当：第7章

第5編　紛争解決法とスポーツ
（編　集）　松本　泰介（早稲田大学スポーツ科学学術院 准教授・弁護士）
（執　筆）　伊東　　卓（新四谷法律事務所 弁護士）
　　　　　　高松　政裕（京橋法律事務所 弁護士）
　　　　　　松本　泰介（早稲田大学スポーツ科学学術院 准教授・弁護士）

第6編　国際法とスポーツ
（編　集）　松本　泰介（早稲田大学スポーツ科学学術院 准教授・弁護士）
（執　筆）　山崎　卓也（Field-R法律事務所 弁護士）

コンテンツ一覧

事項索引

事項索引

標準テキスト スポーツ法学　第3版

2016年6月13日　初　版第1刷発行
2017年9月22日　第2版第1刷発行
2020年4月30日　第3版第1刷発行
2022年4月30日　第3版第2刷発行

監　　修　日本スポーツ法学会
編　　集　浦川 道太郎（代表）
　　　　　吉田　勝光
　　　　　石堂　典秀
　　　　　松本　泰介
　　　　　入澤　　充
発 行 者　大塚　孝喜
発 行 所　株式会社エイデル研究所
　　　　　〒102-0073
　　　　　東京都千代田区九段北4-1-9
　　　　　TEL. 03-3234-4641
　　　　　FAX. 03-3234-4644
装幀・本文
デザイン　株式会社オセロ
印刷・製本　中央精版印刷株式会社

＊落丁・乱丁のときはおとりかえいたします。